Regina Navarro Lins

LIVRO DO AMOR

Vol. 1
Da Pré-história
à Renascença

Regina Navarro Lins

Livro do Amor

Vol. 1
Da Pré-história à Renascença

10ª edição

Rio de Janeiro | 2025

CIP-BRASIL. CATALOGAÇÃO-NA-FONTE
SINDICATO NACIONAL DOS EDITORES DE LIVROS, RJ

L733l

10ª ed.

Lins, Regina Navarro, 1948-
    O livro do amor, volume 1/Regina Navarro Lins - 10ª ed. Rio de Janeiro:
Best*Seller*, 2025.

    ISBN 978-85-7684-340-5

    1. Amor. 2. Sexo. 3. Relação amorosa. 4. História. I. Título.

12-0579

CDD: 306.7
CDU: 392.6

Texto revisado segundo o novo Acordo Ortográfico da Língua Portuguesa.

Título original:
O LIVRO DO AMOR

Copyright © 2012 by Regina Navarro Lins

Capa: Estúdio Insólito
Editoração eletrônica: Ilustrarte Design e Produção Editorial

Todos os direitos reservados. Proibida a reprodução, no todo ou em parte,
sem autorização prévia por escrito da editora, sejam quais forem os meios
empregados.

Direitos exclusivos de publicação em língua portuguesa para o mundo
reservados pela
Editora BEST SELLER Ltda.
Rua Argentina, 171, 3º andar, São Cristóvão
Rio de Janeiro, RJ – 20921-380

Impresso no Brasil

ISBN 978-85-7684-340-5

Seja um leitor preferencial Record.
Cadastre-se no site www.record.com.br e receba informações
obre nossos lançamentos e nossas promoções.

Atendimento e venda direta ao leitor:
sac@record.com.br

Para

Giovanni de Polli, grande amigo, que muito contribuiu para que eu me tornasse escritora.

Gilda Cerqueira Lima, amiga querida, que leu atentamente todos os capítulos e fez preciosas observações.

Flávio Braga, amigo, amante, parceiro.

Taísa e Deni, meus filhos, e Diana, minha neta.

Agradeço aos amigos

Ana Cláudia Simão, Bernardo Valansi, Cristina Gama Filho, Francisco Azevedo, Fernanda Borges, Flávio Braga, Giovanni de Polli, Henrique Guimarães, Jefferson Guedes, Ju Barros, Leila Ferreira, Leila Navarro Lins, Luís Daltro, Marcelo Verzoni, Neide Pacheco, Rozane Braga, Telma Ruth, Vera Antoun, Walmor Pamplona, Zil Ribas,

por terem lido trechos do livro e opinado.

SUMÁRIO

INTRODUÇÃO 11

A PRÉ-HISTÓRIA — ATÉ A INVENÇÃO DA ESCRITA, EM 3000 A.C. 17

A luta pela sobrevivência. A primeira manifestação de amor. A vida nas cavernas. As divindades. O surgimento do patriarcado — a dominação do homem. Links: O machão e o sexo. Masculino e feminino não existem. Bissexualidade.

GRÉCIA — 4500 A.C. A 146 A.C. 35

Homero. A guerra de Troia. Ulisses e Penélope. Afrodite e Eros. Mito do andrógino. Mulheres de Atenas. Repulsa ao casamento. A vida conjugal. Prostitutas, concubinas e hetairas. O dilema do homem grego. O amor entre homens. Os efebos. Safo. Os limites do amor grego. O declínio grego. Links: Homossexualidade. Homofobia. Abandono e vingança. Sexo.

ROMA — 146 A.C. AO SÉCULO III 87

A paixão de Catulo. O homem prudente. O amor sem pecado. A civilização romana. O imperador Augusto e Lívia. Mulheres romanas. O poder do homem. O medo da liberdade. Cleópatra. A procura de marido. A primeira noite. Contraceptivos. Infanticídio. Infertilidade. Obrigação de casar. Sexo oral, não!!! Adultério. Lex Julia. A filha rebelde do imperador. Links: Amor e ódio. Medo de amar. Intimidade. Sexo. A mulher fatal.

ANTIGUIDADE TARDIA — SÉCULO III AO V 137

Os primeiros cristãos. A recusa do prazer. A castidade. Maravilhas da virgindade. Santo Agostinho. A culpa cristã. Luta contra a luxúria. Fuga para o deserto. Flagelação. Eunucos voluntários. Regras conjugais. Casamento continente. Adultério. Casamento espiritual. Repressão ao paganismo. A queda de Roma. O fim do mundo clássico.
Links: Não ao prazer. Desvalorização do corpo. Contato físico: uma necessidade. A comunicação do corpo. Vida sem sexo. Os riscos da ausência de sexo. Casamento: onde menos se faz sexo.

IDADE MÉDIA — SÉCULO V AO XV 173

Ausência de individualidade. Amor: só a Deus. Contradições. Erotização de Deus. O corpo desprezado. Veneno da alma. Nudez. A doença e o pecado. Luxúria e gula. Impossível controlar o corpo. Origem da repressão ocidental. O pecado original. Antifeminismo. Luta contra as tentações. Rapto e estupro. O Renascimento do século XII. Amor cortês: novo sentido para o amor.
Links: O amor. Amor não correspondido. Mulheres: Evas e Marias. Violência no casal. Agressões físicas. Violência sexual. Por que as vítimas não vão embora. Stalking.

RENASCENÇA — SÉCULOS XV E XVII 255

Vantagem do casamento para a mulher. Em busca de uma esposa. A esposa ideal. O amor no casamento. A vida cotidiana. Casamentos secretos. Amor puro X amor sensual. O ideal romântico se propaga. Mulher: um ser inferior. O corpo da mulher. Mulheres rebeldes. Amor e ódio pelas mulheres. Caça às bruxas. As feiticeiras. Sexo com o diabo. O martelo das feiticeiras. A reforma protestante: Lutero e Calvino. Henrique VIII.
Links: Ódio às mulheres. Idosas. Amor romântico. Casamento. Fidelidade. A infidelidade feminina. O controle da fidelidade. O porquê das relações extraconjugais. Orgasmo. O controle dos prazeres. A bíblia e a ciência.

NOTAS 345

BIBLIOGRAFIA 357

INTRODUÇÃO

DESEJOS, SEDUÇÕES, ENCONTROS, PAIXÕES, casamentos, ciúme, infidelidade, separações... Este livro não trata do amor pelos filhos, pelos pais, pela arte, pelos animais de estimação. Nem trata do amor a Deus ou à humanidade. Trata do amor que pode existir entre um homem e uma mulher, ou entre dois homens ou entre duas mulheres. Refere-se a qualquer forma de relação entre seres humanos que tem a ver com as expressões "apaixonar-se" ou "estar enamorado de".

Como foi o amor nos últimos três milênios? A pesquisa para este livro durou cinco anos, durante os quais li, fichei e cruzei informações de mais de duzentas obras. Começo na Pré-História e sigo por todos os períodos da História do Ocidente: Grécia, Roma, Antiguidade Tardia, Idade Média, Renascença, Iluminismo, Romantismo, século XX — primeira metade, pós-guerra e revoluções — e século XXI. No final de cada um, seleciono aspectos que nos afetam hoje. A essa parte dei o nome de Links.

Exponho casos amorosos das diversas épocas. Como as pessoas viviam, pensavam, o que desejavam ou temiam. Isso só foi possível porque no século XX, diferente de antes, quando só aprendíamos fatos e datas, surgiu a História das Mentalidades. Estudos que se referem a sentimentos e comportamentos coletivos de determinado período ou lugar. Mas, como se pode imaginar, a massa de informações excedeu em muito o espaço das obras para um único volume. Optamos por dividir o texto em duas partes.

A primeira conduz o leitor da Pré-História à Renascença e a segunda, do Iluminismo aos nossos dias. Cada um dos volumes pode ser lido de forma independente, mas em conjunto formam a unidade pretendida.

A atuação profissional como psicanalista e em várias mídias — coluna em jornal, programa de rádio, palestras, Twitter, Facebook — me fez perceber que as relações amorosas e sexuais, excluindo a miséria e a doença, claro, são a maior fonte de sofrimento humano. Apesar da evolução nas décadas de 1960 e 1970, homens e mulheres ainda sofrem demais com seus medos, suas culpas e frustrações.

Mas felizmente as mentalidades mudam. Nem precisamos ir tão longe para comprovar isso. Nos anos 1950 a virgindade era valor; uma moça que não a preservasse teria dificuldade em se casar. Viviam-se as separações de forma dramática. A mulher e seus filhos sofriam discriminação a ponto de vários colégios não aceitarem alunos de pais separados. Não existe o ser humano natural; o comportamento é modelado pela cultura. A forma como amamos e praticamos sexo é construída socialmente. Crenças, valores, expectativas determinam a conduta íntima de homens e mulheres.

Quando inicio um livro não tenho ideia clara do rumo que vai tomar e sempre fico surpresa quando chego ao fim. Desta vez não foi diferente. Minha ampla pesquisa satisfez a curiosidade sobre o que ocorreu no nosso passado, gerando tanta infelicidade, tão pouco prazer. O amor foi normatizado, reprimido, violentado. A ordem moral reinou, exercendo nociva tirania sobre a vida privada. Ao observar a mentalidade das épocas nos deparamos com peculiaridades inacreditáveis. O nosso olhar atual as faria divertidas, mas algumas são amargas.

Até cinco mil anos atrás, na Pré-História, ignorava-se a participação do homem na procriação e supunha-se que a vida pré-natal das crianças começava nas águas, nas pedras, nas árvores ou nas grutas, no coração da terra-mãe, antes de ser introduzida por um sopro no ventre da mãe humana. Na Grécia clássica, o sentimento amoroso mais valorizado era entre os homens, sendo a bravura resultado de tal amor, uma vez que tanto o amante quanto o jovem amado preferiam a morte a demonstrar fraqueza diante do outro. O Batalhão Sagrado de Tebas — tropas de choque compostas de casais homossexuais — é o exemplo.

Era comum, na primeira noite dos casais romanos, a abstenção de desvirginar a noiva, em consideração à sua timidez; em compensação, o noivo penetrava seu ânus. Na Antiguidade Tardia, entre os séculos III e V, o sexo era algo tão abominado pela Igreja que o casamento continente — totalmente sem sexo — tornou-se o ideal cristão. Isso enquanto milhares fugiam para o deserto em busca de pureza. Acreditavam que, ao martirizar os corpos contra os desejos sexuais, se livrariam da danação eterna.

Durante a Idade Média deu-se um grande passo, do amor unilateral para o amor recíproco. A Igreja ordenava amar unicamente a Deus. Até o século XII o amor por outra pessoa era impensável. Amava-se a Deus sem exigir nada em troca. Poetas e nobres construíram uma nova relação bastante original entre o homem e a mulher, conhecida como amor cortês, origem do amor romântico, que todos anseiam.

O sexo, porém, era visto como abominável. Qualquer coisa que tornasse o corpo mais atraente era vista como incentivo ao pecado. Evitavam-se os banhos, a sujeira tornou-se virtude. Os piolhos eram chamados de pérolas de Deus, e estar sempre coberto por eles era marca indispensável de santidade.

A Renascença, séculos XV e XVI, foi cruel. Milhares de mulheres, durante a "caça às bruxas", foram torturadas e queimadas vivas nas fogueiras, acusadas de feitiçaria, roubo do sêmen de homens adormecidos, de provocar impotência, esterilidade e abortos, além de doenças e deformidades às partes íntimas das pessoas. Moças atraentes eram suspeitas de ter relações sexuais com Satã. Este era representado com pênis longo, duro, guarnecido de ferro e de escamas, de onde escorria um esperma glacial. Sob tortura, muitas mulheres confessavam sua relação com o Diabo e afirmavam voar à noite montadas em vassouras.

No Iluminismo ou Idade da Razão, século XVIII, o amor caiu em desprestígio entre as classes superiores e os intelectuais. O estilo romântico, sofredor e idealizado parecia-lhes uma loucura supersticiosa da infância da humanidade. As emoções tinham que ser ocultadas. Os bailes de máscaras tornaram-se populares.

O século XIX, período romântico, desbancou o controle das emoções por uma atitude burguesa, resumida na palavra "sensibilidade". Um estado de espírito hiperemocional, afetado por qualquer acontecimento ou pensamento. Valorizavam-se a palidez e a decadência física como prova de sensibilidade da alma. As mulheres, imobilizadas em espartilhos, aprendiam em manuais a forma adequada de desmaiar. O amor no casamento passou a ser uma possibilidade. A repressão sexual foi intensa.

Uma grande novidade do século XX foi o encontro marcado. Telefone e automóvel transformaram as relações amorosas. Em lugar do encontro na igreja, da conversa preliminar com o pai e das tardes muito bem vigiadas na sala de visitas da família, os jovens passaram a marcar encontros por telefone e sair a passeio a sós, de carro. A partir de 1940, o casamento por amor se generalizou.

Na década de 1950, ainda se reprimia a sexualidade, e a conduta, principalmente das mulheres, era controlada. "O que os outros vão dizer?", perguntavam-se mães aflitas diante de pequenas ousadias das filhas. As aparências e as normas sociais tinham peso excessivo. A reputação apoiava-se na capacidade de resistir aos avanços sexuais dos rapazes. Se uma moça cedesse ao namorado, não resistiria a outros apelos depois de casada. Os homens insistiam por mais intimidade, mas os que alcançavam seus intentos se desencantavam. Casar, para a mulher, era a principal meta a ser alcançada na vida. E para isso era necessário impor respeito. A "fácil", aquela que permitia certas liberdades, ficava mal falada, diminuindo, assim, suas chances de encontrar um marido.

Ao mesmo tempo, após a Segunda Guerra, com a destruição de Hiroxima e Nagasaki, a ameaça da bomba atômica paira na cabeça dos jovens, que começam a questionar os valores de seus pais. O teenager ou adolescente aparece nos anos 1950, nos Estados Unidos. A Geração Beat, jovens intelectuais americanos cansados da monotonia do American Way of Life, surge no período. Imersos em jazz, drogas, sexo livre e pé na estrada, fazem sua própria revolução cultural por meio da literatura. O rock and roll libera a juventude do conformismo. Um ritmo claramente erótico faz com que homens e mulheres movimentem os quadris.

Elvis Presley rebolava sensualmente na TV e era mostrado só da cintura para cima, sinal de que a revolução sexual começava. Mas a mudança radical foi possível devido à tecnologia, quando chegou ao mercado a pílula anticoncepcional. Aconteceu a dissociação entre procriação e prazer. Com o fim da maternidade indesejada, o movimento feminista ganha força. A pílula também favoreceu o movimento gay. O controle da procriação aproximou as práticas hétero e homo. Todos podem fazer sexo pelo prazer.

Para os jovens dos anos 1960, a geração *sexo, drogas e rock and roll*, e *make love, not war*, o sexo vinha indiscutivelmente em primeiro lugar. Ele foi o traço de comportamento que caracterizou o *Flower Power* dos hippies. O slogan contra a guerra foi usado nos protestos pelo fim do conflito no Vietnã. John Lennon e Yoko Ono foram entrevistados nus na cama, buscando uma chance à paz. Durante vinte anos, entre 1960 e 1980, houve mais celebração ao sexo do que em qualquer outro período da História; já reinava a pílula anticoncepcional e ainda não havia o HIV.

Os jovens contemporâneos, do terceiro milênio, vivem outros padrões. A sexualidade é discutida dia a dia nos meios de comunicação, e a sociedade aceita comportamentos antes considerados ultrajantes. Mães solteiras, pais criando sozinhos seus filhos, jovens vivendo juntos — sem pensar em casamento oficial —, namorados dormindo no quarto das namoradas — na casa dos pais delas — são comportamentos absorvidos com naturalidade.

Não há dúvida de que literatura, direito, linguagem, ciências, artes, tudo o que constitui a nossa cultura é afetado pelo passado. Só refletindo sobre a mentalidade das épocas anteriores repensaremos nossos valores, transpondo as dificuldades presentes. Para nos libertarmos do passado precisamos dar atenção a ele.

Concordo com os pensadores que se espantaram diante dos adeptos da psicanálise, que não têm consciência sobre a força do passado. A psicanálise nos acostumou a pensar que nossos comportamentos habituais podem ser explicados apenas pelo inconsciente individual. É ilógico dar tanta atenção ao histórico de indivíduos sob tratamento psicanalítico e tão pouco ao seu passado coletivo. Há que se identificar a atuação do inconsciente social e cultural sobre a nossa vida amorosa.

Ao perguntarmos o que é o amor, ouviremos respostas divergentes. Entre a coisa mais maravilhosa no mundo, até a fonte de grandes tormentos. O amor não tem medida nem mapa.

É comum se pensar o amor como imutável. Mas vimos, na História, os elementos que o compõem serem isolados e muitas vezes recompostos para se adaptarem. "Os humanos são capazes de introduzir novos significados no amor, sem parar, e ficar surpresos como quem acabou de transformar trigo em pão, pudim de frutas em mil-folhas. Há muitas formas de conversa amorosa e cada uma gerou diferentes relacionamentos. Mas todos se transformaram em linguagens que não nos servem mais", afirma o historiador inglês Theodore Zeldin.[1]

As relações amorosas daqui para a frente provavelmente serão bem diferentes das que vivemos hoje. Ao refletir sobre isso, escrevi este livro. Convido-os a empreender comigo esta viagem — da Pré-História aos nossos dias.

A PRÉ-HISTÓRIA

ATÉ A INVENÇÃO DA ESCRITA, EM 3000 A.C.

Um dia, ou talvez uma noite, muitas dezenas de milênios antes da nossa era, um gesto foi feito, uma palavra foi dita, um sentimento nasceu... Talvez seja preciso ir procurar bem longe em nosso passado o despertar daquilo que mais tarde terá o nome de "amor"...

Dominique Simonnet

Ela caminhava sobre as pedras em frente ao mar, entre blocos de rocha descontínuos, aqui e ali cobertos pelo limo marítimo. Equilibrava-se, quando escorregou. Após chocar-se contra os desníveis, permaneceu gemendo, ensanguentada e incapaz de se mover. Foi retirada com vida, mas perdeu a capacidade para o trabalho e passou a viver da boa vontade de seus pares.

Essa mulher, de quem não sabemos o nome nem conhecemos o rosto ou origem exata, permaneceu submersa numa enseada profunda da Córsega. Seu esqueleto é uma das provas que temos hoje da solidariedade humana em época tão longínqua. A exumação concluiu que ela foi enterrada aos 35 anos, com seus ornamentos e coberta de ocre vermelho. Mas as fraturas em seu braço esquerdo levam a crer que sofreu uma queda nos rochedos, provavelmente na juventude.

Além disso, uma inflamação no tecido ósseo lhe imobilizara a mandíbula inferior, impedindo-a de mastigar alimentos e limitando sua sobrevivência à ingestão de caldos. No período vivia-se de caça, pesca e coleta de moluscos, o que a tornava, portanto, dependente de seus semelhantes. Um companheiro a alimentou? Os filhos? Os pais? Alguém a quis, solidarizou-se, amou-a.

Histórias como esta, ocorrida há 35 mil anos, reproduzidas a partir de fragmentos ósseos, reconstituídas por dedução e probabilidade, preenchem vácuos de nossa pré-história afetiva. Mesmo entre os homens de Neandertal, espécie extinta de seres atarracados, pernas curtas e braços largos, olfato aguçado para a caça, mesmo entre esses seres de 60 mil a 80 mil anos atrás, traços de amor têm registro.

Eles enterravam seus semelhantes e auxiliavam aqueles que sofriam fraturas. Um dos traços mais pungentes de ternura solidária foi encontrado numa tumba neandertalense: o corpo de uma mulher, forrado com flores de pântanos distantes algumas horas do lugar. Enterrar os mortos e ornamentar seus túmulos é a mais antiga demonstração de amor de que se tem notícia. O amor é específico do ser humano, e fomos nós, *Cro-Magnon* de cérebro complicado, que o inventamos.

AS ORIGENS

Os estudiosos se dividem quanto à origem da humanidade. Há o grupo dos que defendem a identificação de traços genéticos e aqueles que preferem uma abordagem de evolução cultural. Mas de qualquer forma podemos demarcar três grandes momentos registrados. O *Cro-Magnon* foi o primeiro representante do *Homo sapiens*. Seus restos foram encontrados nos sítios arqueológicos mais antigos da Europa e da África. Eles viviam em cavernas da caça e da pesca, há cerca de 100 mil anos.

O segundo registro identificado é o do chamado *Homem de Neandertal*, que habitou a Europa e a Ásia até 30 mil anos antes de nossa era. Os neandertais desenvolveram ferramentas a partir de lascas de pedra, que viriam a ser as primeiras armas da humanidade.

Finalmente, temos o *Homo sapiens*, o nosso ancestral direto, que foi contemporâneo do Neandertal, este desaparecido por razões que não conhecemos. O que nos torna mais próximos do *Homo sapiens*, são mais as semelhanças estruturais da ossatura do que propriamente traços de uma cultura em comum.

No começo era a sobrevivência...

Mesmo considerando que o amor possui um registro tão antigo, não se pode afirmar que tenha havido evidência inequívoca sobre relacionamentos amorosos entre os sexos antes de 3000 a.C., o início da história registrada. O chamado período Paleolítico, ou Idade da Pedra, é muito longo — 2,5 milhões de anos — e se divide em Paleolítico Inferior, até há aproximadamente 300 mil anos, e Paleolítico Superior, até 10 mil a.C., quando se inicia o chamado período Neolítico.

As características que determinam o Paleolítico são as evidências da cunhagem de ferramentas de pedra, pau e osso. O Neolítico é caracterizado pelo incremento da agricultura e pela formação de aldeias estáveis. Quanto à fala há registro da área de Broca — estrutura cerebral responsável pela linguagem nos seres humanos — num fóssil de 1,4 milhão de anos. É o chamado "menino de Nariokotome".

A vida nas cavernas no Paleolítico era uma constante luta pela sobrevivência e a natureza era tanto a provedora quanto o verdugo da humanidade. Há cerca de 4,5 milhões de anos, nossos ancestrais andaram eretos pela primeira vez. Essa evolução certamente interferiu no relacionamento amoroso.

Desconhecia-se o vínculo entre sexo e procriação. Os homens não imaginavam que tivessem alguma participação no nascimento de uma criança, o que continuou sendo ignorado por milênios. A fertilidade era característica exclusivamente feminina, estando a mulher associada aos poderes que governam a vida e a morte.

A historiadora Riane Eisler diz que nossos ancestrais do Paleolítico e do começo do Neolítico imaginavam o corpo da mulher como um receptáculo mágico. Devem ter observado como sangrava de acordo com a Lua e como miraculosamente produzia gente. Também devem ter se maravilhado com o fato de ele prover alimento, produzindo leite. Acrescente a isso o poder aparentemente mágico de fazer com que o órgão sexual masculino se erguesse e a capacidade extraordinária para o prazer sexual — tanto para experimentá-lo quanto para oferecê-lo — e não é de admirar que o poder sexual da mulher tenha infundido tanto respeito em nossos ancestrais.[1]

Embora tudo indique que a mulher tivesse mais poder do que o homem, não havia submissão. A ideia de casal era desconhecida. Cada mulher pertencia igualmente a todos os homens e cada homem a todas as mulheres. O matrimônio era por grupos. Cada criança tinha vários pais e várias mães e só havia a linhagem materna.

O conhecimento sobre as funções do casal parece só ter chegado nos dias iniciais da agricultura, por volta de 5 mil anos atrás. A ideia também cristalizou o senso de posse do homem, uma vez que o conceito de "meu filho" requeria que a mãe da criança estivesse ligada a um homem apenas. "Mas não devemos passar a falsa ideia de que surgiu aí um imutável conceito de família. Entre os caçadores/coletores há sinais de exogamia: em encontros anuais, grandes festas, quando se faziam trocas ou se formavam uniões."[2]

No Paleolítico foram descobertas algumas tumbas duplas: um homem enterrado com duas mulheres. Elas foram mortas ao mesmo tempo, para acompanhá-lo na morte. Essa prática seria encontrada mais tarde na Antiguidade. Em Dolní Věstonice, na Morávia, em um sítio de caçadores de mamutes, datado de 25 mil anos, descobriu-se uma jovem mulher cercada por dois homens também jovens, um deles com a mão sobre a bacia (ou sobre o sexo) dela, recoberta de ocre.[3] Seriam eles os precursores de práticas sexuais que agora ganham força? Posteriormente, no período Neolítico, com a sociedade mais organizada, desapareceu boa parte da liberdade da Pré-História.

E darwin explicou: machos e fêmeas se multiplicaram...

Durante o coito dos primatas, a fêmea se oferece voltando os quadris para o macho e o ato é breve e com uma finalidade específica. Entretanto, as razões fisiológicas para isto não encontram aplicação quando os parceiros têm um encontro face a face. Quando isto acontece, os músculos, terminais nervosos, tecidos sensitivos e o ângulo de penetração contribuem para uma experiência sensual que é impossível para qualquer primata não humano.

O orgasmo feminino é privilégio dos seres humanos. "A teoria adiantou que o orgasmo feminino, o qual é desconhecido de outros primatas, emergiu em resposta à nova posição para o intercurso. Seja qual for o caso, o sexo se tornava agora ativamente agradável, bem como instintivamente premeditado — e a busca do prazer e consecução do objetivo tiveram sua influência, por vezes óbvia, por vezes sutil, em todo o curso subsequente do desenvolvimento humano."[4]

Essa particularidade emergiu de uma observação do naturalista Charles Darwin: "O que a postura vertical fez pela humanidade foi forçá-la a reconsiderar a tradicional posição de acasalamento dos primatas e, mais tarde, estabelecer a beleza sob um diferente conceito". Ou seja, o amor e a beleza são traços que distinguem a humanidade.

Contudo, para encontrar um verdadeiro sentimento profundo, que incite a avaliar as qualidades do outro, a escolher um parceiro, a decidir passar o tempo com ele, é preciso esperar o desenvolvimento do cérebro, e portanto do *Homo sapiens*, ou seja, o homem moderno.[5]

A INVENÇÃO DO PATRIARCA

A organização social e os avanços civilizatórios do Neolítico, contraditoriamente, criaram os primeiros conflitos sociais e familiares. Na Idade Paleolítica, não havia casos de mortes violentas provocadas por outros homens, nem ferimentos por projéteis, ao contrário do que se verificará nas épocas posteriores. Tudo indica ter havido uma sociedade de parceria, e não de dominação.

As condições de vida e de relacionamento se agravaram especialmente para as mulheres. No Neolítico as tarefas das mulheres se multiplicaram. O período inaugurou para elas, com o advento da agricultura, o começo das obrigações. E é provável que os sentimentos entre as pessoas e a sexualidade tenham se tornado cada vez mais normatizados e que o rapto, a violação e a escravidão tenham nascido e se desenvolvido desde então.

O homem-caçador se tornou homem-pastor, enquanto a mulher-colhedora se transformava em mulher-fazendeira. E esta seria uma mudança de efeitos quase incalculáveis nos relacionamentos futuros homem-mulher, mas a descoberta das causas da reprodução é que entronizou o homem como patriarca. Em todos os longos milênios da Era Paleolítica não existe prova alguma de que o homem sabia de seu papel de pai.

Três fatores sugerem que o momento da verdade pode ter ocorrido na fase inicial da Era Neolítica. Em primeiro lugar, até então nenhum dos sexos parece ter sido o dominante. Em segundo, se a descoberta foi incitada por algum estímulo externo, o pastoreio dos animais foi o mais óbvio e provável. A domesticação do gado começou com cabras ou — mais provavelmente — ovelhas, sendo que os primeiros agricultores logo aprenderam que as ovelhas segregadas não produziam cordeiros nem leite. Quando um ou dois carneiros eram introduzidos no rebanho, os resultados eram espetaculares.[6]

Foi o momento em que o homem, pela primeira vez, observou um grupo de animais durante um longo período. Foi como um laboratório. O homem descobriu que tinha, no seu meio, a função que o carneiro cumpria entre as ovelhas. "O terceiro fator — mais problemático, porém em muitos sentidos o mais convincente — é que, simplesmente, *algo* aconteceu durante os misteriosos sete mil anos do Neolítico, no Oriente Próximo, para transformar o homem de um parceiro mais ou menos igual na sociedade humana em um déspota reconhecido."[7]

O TABU DO INCESTO

O crescimento da população, até a ocupação quase total do planeta, como na atualidade, exigiu a criação de um tabu que permitisse o contato entre as tribos. A consanguinidade era quase inevitável. Houve longos períodos da História em que grupos compostos por não mais de quarenta ou cinquenta pessoas podiam viver juntos sem jamais verem outro ser humano. O tabu surgiu como um salto para além dos grupos humanos fechados. Tão logo houve contato suficiente entre as tribos para que fosse possível um acasalamento externo, esta parece ter sido a prática geral. A acelerada rapidez do desenvolvimento humano durante os 50 mil anos imediatamente anteriores à revolução neolítica foi, pelo menos em parte, devida à adaptabilidade física e intelectual daí resultante.

Divindades

A Pré-História não conseguiu registrar suas divindades com precisão pela ausência de uma linguagem escrita. A historiadora Reay Tannahill assinala alguns aspectos importantes.[8] Os elementos da natureza seriam os deuses da época? Sol, Lua, mar, chuva, terra? Eram, afinal, as realidades naturais que, nesse tempo, mantinham os seres vivos ou os destruíam.

Há indicações do culto à fertilidade em Çatal Hüyük, na Anatólia, Turquia, por volta de 6000 a.C., representado em um relicário, sob a forma da cabeça de três touros, plenamente realçadas, uma sobre a outra, tendo sobre elas uma figura feminina, braços e pernas estendidos, dando à luz um bezerro. Essa ilustração da fertilidade, assim como narrativas míticas do surgimento da vida na Terra, chegou até nós pelas religiões primitivas, demonstrando as preocupações dos caçadores e pastores do Neolítico. O mito da ressurreição, explicando a morte e o renascimento anuais do solo, também era uma crença dos agricultores.

No mais primitivo mito conhecido sobre a criação, o da Suméria, Mesopotâmia, atual Curdistão, que sobrevive apenas em estado fragmentário, a deusa Nammu, "o mar", é considerada responsável pela criação do universo, dando à luz o céu e a terra, aparentemente sem auxílio. A deusa Nammu, também conhecida como Tiamat — oceano da água salgada —, sofreu um violento boicote durante as invasões pastoris e foi sendo substituída por Apsu, um deus masculino.

A contínua influência sobre a produtividade proporcionava pelo menos algumas armas às deusas da fertilidade, para sua luta contra os deuses predatórios dos nômades. Entretanto a mulher perdeu a última e a mais importante batalha. Na forma mais primitiva do mito sumério da ressurreição, a deusa Inanna parte da terra para uma permanência temporária no submundo. Enquanto ela não volta o solo permanece estéril. Com uma única exceção, no entanto, todas as deidades da fertilidade que figuram na literatura remanescente são masculinas.

Assim, as deusas da Pré-História perderam o seu espaço e registro, quando o homem descobriu o seu papel sexual. Após a instalação do patriarcado, há 5 mil anos, a mulher adquiriu o status de mercadoria: podia ser comprada, vendida ou trocada. Passou a ser considerada inferior ao homem e, por conseguinte, subordinada à sua dominação.

Quando o sistema patriarcal se estabeleceu entre nós, há aproximadamente 5 mil anos, dividiu a humanidade em duas partes — homens e mulheres — e colocou uma contra a outra. Determinou com clareza o que é masculino e feminino, subordinando ambos os sexos a esses conceitos. E, ao fazer isso, dividiu cada indivíduo contra si próprio, porque para corresponder ao ideal masculino ou feminino da nossa cultura, cada um tem que rejeitar uma parte de si, de alguma forma, se mutilando.

A abrangência da ideologia de dominação é ampla. Partindo da opressão do homem sobre a mulher, a mentalidade patriarcal se estendeu a outras esferas de dominação: homens mais fracos, raças, nações e a própria natureza. Durante esse período, a cultura dominada pelo homem, autoritária e, em geral, violenta acabou por ser vista não apenas como normal, mas também como adequada. Apoiando-se em dois pilares básicos — controle da fecundidade da mulher e divisão sexual de tarefas — a sujeição física e mental da mulher foi o único meio de restringir sua sexualidade e mantê-la limitada a tarefas específicas.

O estabelecimento do patriarcado na civilização ocidental foi um processo gradual que levou quase 2.500 anos, desde cerca de 3100 até 600 a.C. "A lógica patriarcal começa no Ocidente com a democracia ateniense, no século V a.C., e o fim dessa lógica se enraíza na Revolução Francesa, quando a democracia pretende aplicar-se a todos."[9]

Entretanto, o golpe fatal nesse sistema ocorreu na década de 1960, com o surgimento da pílula anticoncepcional, como veremos mais adiante. A partir de então o homem não pôde mais controlar a fecundidade da mulher. Encontramo-nos agora no meio de um processo de profunda mudança das mentalidades, com consequências diretas para as relações amorosas e sexuais.

LINKS

Talvez não estejamos conscientes disso, mas todos fomos influenciados na nossa maneira de pensar o sexo pelo que nos foi ensinado acerca de nossas origens sexuais. A caricatura popular do homem das cavernas carregando um bastão e arrastando uma mulher pelo cabelo, com alguns traços "divertidos", nos diz que, desde um tempo imemorial, os homens equiparam sexo à violência e as mulheres são objetos sexuais passivos. Em outras palavras, nos ensina que o sexo, a dominação masculina e a violência coincidem — e que por baixo do verniz da civilização é assim que acontece.[10]

O MACHÃO E O SEXO

Homens e mulheres foram inibidos na sua capacidade para o prazer sexual. As mulheres tiveram sua sexualidade reprimida e distorcida, a ponto de até hoje muitas serem incapazes de se expressar sexualmente, muito menos atingir o orgasmo. Os homens, por sua vez, também tiveram a sexualidade bloqueada. A preocupação em não perder a ereção é tanta que fazem um sexo apressado, com o único objetivo de ejacular. A mulher acaba se adaptando ao estilo imposto pelo homem, principalmente por temer desagradá-lo. Resultado? Nenhum dos dois usufrui do prazer que um bom sexo proporciona.

Brenda, professora de 32 anos, se separou do marido após oito anos de relação. Agora, solteira, estava decidida a viver um sexo intenso, de muita entrega, o que não ocorria no casamento. Conheceu Luiz, e numa das primeiras saídas foram para um motel. Voltou desanimada. "Logo depois que ele gozou, esqueceu que eu existia. Em vez de se ligar em mim, ficou um tempão contemplando a camisinha com seu sêmen... Olhava orgulhoso, e ficava falando sozinho, elogiando a quantidade de sêmen... Me senti péssima... se pudesse, teria largado ele lá e ido embora."

É difícil de acreditar, mas a sexualidade típica do machão é assim mesmo: impessoal, estereotipada, limitada. Cumprir o papel de macho é o principal objetivo. Trocar afeto e prazer com a parceira é secundário. Importante mesmo é o pênis ficar ereto, bem rígido e ejacular bastante. A mulher, para tal homem, só é interessante como meio de lhe proporcionar esse prazer que, na realidade, não tem nada a ver com prazer sexual.

Durante muito tempo a visão que se teve da mulher, e na qual ela também acreditou, era assim: frágil, desamparada, necessitando desesperadamente encontrar um homem que lhe desse amor e proteção e, mais do que tudo, um significado à sua vida. Mas quando começou o movimento de emancipação feminina, os homens ainda acreditavam que não tinham nada do que se libertar, desprezando o fato de que o sistema patriarcal oprime ambos os sexos, e estar submetido ao mito da masculinidade não é nada fácil.

A maioria dos homens ainda persegue o ideal masculino — força, sucesso, poder —, mas eles têm as mesmas necessidades psicológicas das mulheres: amar e serem amados, comunicar emoções e sentimentos. A questão é que desde criança são ensinados a desprezar as emoções delicadas e a controlar os sentimentos. Demonstrar ternura, se entregar relaxado à troca de prazer sexual com a parceira, é difícil; perder o controle ou falhar é uma ameaça constante. O processo de socialização que transforma os meninos em homens "machos" impede a espontaneidade na relação com as mulheres. É impossível ser amoroso quando se é "travado" emocionalmente.

Nos papos com os amigos eles aprendem a contar vantagens, suas conquistas sexuais e detalhes engraçados sobre as transas, muitas vezes desvalorizando as mulheres. Se os fatos correspondem ou não à realidade é o que menos importa. O sexo passa a ser um esporte, um jogo, em que se disputa a dominação da mulher. Esse roteiro "homem-caçador"/"mulher-presa" causa sérios prejuízos à sexualidade masculina. Os homens são levados a organizar sua energia e percepção em torno do desempenho e, assim, se transformam em máquinas de fazer sexo, preocupados apenas em "marcar pontos" e ter ereções.

Apesar das aparências em contrário, na vida adulta a sexualidade masculina continua sendo uma experiência ansiosa e limitada. Poucos homens conseguem conhecer a intimidade emocional com a mulher, em vez de somente a sexual. Além disso, os estereótipos tradicionais de masculinidade inibem a capacidade de prazer sexual do homem. Na lenda de Don Juan e nas memórias de Casanova isso fica claro. A motivação primeira não é a troca de afeto e prazer com as mulheres, e sim o poder e o controle sobre elas, sendo as conquistas admiradas e invejadas por outros homens.

Pesquisas mostram que os homens que definem as relações humanas em termos de papéis rígidos "masculino-superior" e "feminino-inferior", assim como os que definem sua identidade masculina em termos de controle, violência e repressão dos afetos, apresentam, em muitos casos, um quadro de deterioração da sexualidade. Um estudo, na década de 1970, sobre extremistas políticos alemães da direita e da esquerda — inclusive membros do grupo terrorista alemão de esquerda Baader-Meinhof —, constatou que esses homens apresentavam problemas de disfunção sexual, inclusive incapacidade de atingir o orgasmo.

Num outro estudo, sobre a recusa das mulheres em continuar subordinadas, concluiu-se que apenas 5 a 10% dos homens chegam perto de aceitar as mulheres como iguais, enquanto os demais expressam seus sentimentos de raiva, medo e inveja por meio de uma hostilidade evidente ou dissimulada. E o que os homens consideraram mais ameaçador nas mulheres foi a combinação de competência e sexualidade.

É inegável que a masculinidade está em crise. Nos últimos quarenta anos foi constatado nos homens o aumento da depressão psicológica e em vários países registram-se doenças do homem esgotado. Todo o esforço exigido para ser considerados "homens de verdade" provoca angústia, medo do fracasso e dificuldades afetivas. Mas como resolver o impasse entre a proibição social de expressar sentimentos considerados femininos e a crítica cada vez mais acirrada ao homem machista? Como os homens podem recuperar sua autonomia?

Talvez o jeito seja se unir às mulheres e, examinando o mito da masculinidade, pensar em sua própria saída do patriarcado, repudiando essa masculinidade como natural e desejável. Nem todos aceitam o roteiro do macho e cada vez mais homens, em todo o mundo, tomam consciência da desvantagem desse papel e empreendem a desconstrução e a reconstrução da masculinidade.

Quem sabe se dessa forma as relações afetivas e sexuais não se tornam mais plenas? Talvez o sexo insensível, considerado viril, passe a ser coisa do passado, e ninguém mais veja graça na anedota que diz que nenhum dos parceiros sente prazer na primeira experiência sexual, mas que o menino atinge o orgasmo no dia seguinte... quando conta a seus amigos.

MASCULINO E FEMININO NÃO EXISTEM

"A mulher pode ser feminina e ao mesmo tempo ser autônoma?" Fiz essa pergunta para mais de cem pessoas, homens e mulheres com idades entre 20 e 55 anos. As respostas foram instantâneas e veementes: claro, lógico, óbvio. Em seguida coloquei a segunda questão: O que é uma mulher feminina? O comportamento de todos foi semelhante. Silêncio por algum tempo, como se tivessem sido pegos de surpresa. Hesitantes e confusas, as pessoas tentavam explicar. Reunindo todas as respostas, surgiu o perfil da mulher feminina: delicada, frágil, sensível, cheirosa, dependente, pouco competitiva, se emociona à toa, chora com facilidade, indecisa, pouco ousada, recatada. Concluí, então, que a mulher considerada feminina é uma mulher estereotipada. Por isso, uma mulher não pode ser autônoma e feminina ao mesmo tempo. Autonomia implica ser você mesma, sem negar ou repudiar aspectos de sua personalidade para se submeter às exigências sociais. Mas isso não é uma tarefa fácil.

A primeira pergunta feita ao se saber que um casal vai ter um filho é sobre o sexo da criança. Mesmo antes do nascimento o papel social que ela deverá desempenhar está claramente definido: masculino ou feminino. Os padrões de comportamento são distintos e determinados para cada um dos sexos. Os meninos são presenteados com carrinhos, revólveres e bolas, enquanto as meninas recebem bonecas, panelinhas e mamadeiras. E isso é só o início. A expectativa da sociedade é de que as pessoas cumpram seu papel sexual, que sofre variações de acordo com a época e o lugar. Até algumas décadas atrás, não se admitia que um homem usasse cabelo comprido e muito menos brinco. Eram coisas femininas. As mulheres, por sua vez, não sonhavam usar calças, nem dirigir automóveis. Era masculino.

Na realidade, a diferença entre os sexos é anatômica e fisiológica, o resto é produto de cada cultura ou grupo social. Tanto o homem como a mulher podem ser fortes e fracos, corajosos e medrosos, agressivos e dóceis, passivos e ativos, dependendo do momento e das características que predominam em cada um, independente do sexo. Insistir em manter os conceitos de feminino e masculino é prejudicial a ambos os sexos por limitar as pessoas, aprisionando-as a estereótipos.

SEM PAPÉIS SEXUAIS DEFINIDOS

Na Suécia há uma tentativa de combater os estereótipos dos papéis sexuais. Uma pré-escola do distrito de Sodermalm, em Estocolmo, incorporou uma pedagogia sexualmente neutra que elimina completamente todas as referências ao sexo masculino e feminino. Os professores e funcionários da pré-escola Egalia evitam usar palavras como "ele" ou "ela".

A professora Jenny Johnsson, de 31 anos, disse que "a sociedade espera que as meninas sejam garotinhas gentis e elegantes, e que os meninos sejam viris, duros e expansivos. A Egalia lhes dá uma oportunidade fantástica de ser quem quer que eles queiram ser". A diretora Lotta Rajalin disse que a escola contratou um "pedagogo de diversidade sexual" para ajudar os professores e funcionários a remover as referências masculinas e femininas na linguagem e conduta, indo ao ponto de garantir que os jogos infantis de blocos Lego e outros brinquedos de montagem sejam mantidos próximos aos brinquedos de utensílios de cozinha a fim de evitar que algum papel sexual tenha preferência.

As crianças poderão imaginar que possuem características consideradas masculinas e femininas, e isso amplia a perspectiva delas. Além disso, não há livros infantis tradicionais como *Branca de Neve*, *Cinderela* ou os contos de fadas clássicos, disse Rajalin. Em vez disso, as prateleiras têm livros que lidam com duplas homossexuais, mães solteiras, filhos adotados e obras sobre "maneiras modernas de brincar". A diretora dá um exemplo concreto: "Quando as meninas estão brincando de casinha e o papel de mãe já foi pego por uma, elas começam a disputar. Então sugerimos duas ou três mães e assim por diante".[11]

BISSEXUALIDADE: SEXO DO FUTURO?

A mentalidade patriarcal, que definiu com tanto rigor o masculino e o feminino, está perdendo as suas bases. É cada vez mais difícil encontrar diferenças entre anseios e comportamentos de homens e mulheres. Todos desejam ser o todo, não ter que reprimir aspectos de sua personalidade para corresponder às expectativas de atitudes consideradas masculinas ou femininas.

Acredito que a dissolução da fronteira entre masculino e feminino possibilite uma sociedade de parceria, longe do modelo de dominação de uma parte da humanidade sobre a outra, que existiu nos últimos milênios, como veremos nos próximos capítulos. É possível também que as pessoas venham a escolher seus parceiros amorosos e sexuais pelas características de personalidade, e não mais por serem homens ou mulheres.

Cíntia está casada há 11 anos e tem três filhos. Procurou terapia por se sentir confusa, sem saber o que decidir da sua vida. "Amo meu marido, sempre tivemos um ótimo sexo, e não quero me separar dele. Só que aconteceu algo totalmente inesperado. Nunca havia me passado pela cabeça que eu poderia me interessar por uma mulher. Só que conheci Cris e me apaixonei. Começamos a fazer um curso de especialização juntas. Diversas vezes fui à sua casa fazer trabalhos do curso. Um dia, quase que por acaso, nos beijamos. Fiquei bastante assustada com meus próprios desejos, mas mesmo assim resolvi ir em frente. Estamos tendo uma relação maravilhosa, de muito amor e muito sexo. Às vezes, nem acredito que isso está acontecendo comigo."

As estatísticas mostram que a grande maioria já sentiu, de alguma forma, desejo por ambos os sexos. Pesquisas indicam que nos Estados Unidos em torno de 40% dos homens se envolveram em sexo com outros homens. Entretanto, os que transam com os dois sexos sempre foram acusados de indecisos, de estar em cima do muro, de não conseguir se definir. Os heterossexuais costumam ver a bissexualidade como um *estágio* e não como uma condição alcançada na vida. Muitos gays e lésbicas desprezam os bissexuais acusando-os de insistir em manter os "privilégios heterossexuais" e de não ter coragem de se assumir. Não concordo com essas afirmações por me parecerem preconceituosas.

O fato é que nunca se falou tanto em bissexualidade como dos anos 1990 para cá. A manchete de capa da revista americana *Newsweek* de julho de 1995 era: "Bissexualidade: nem homo nem hétero. Uma nova identidade sexual emerge". A atriz americana Jodie Foster teve seu desejo sexual por mulheres revelado num livro escrito por seu próprio irmão. Entrevistada pelos jornais, declarou: "Tive uma ótima educação, que nunca me fez diferenciar homens e mulheres". Essa discussão existe desde a década de 1970. A *Newsweek* de 27 de maio de 1974 publicou uma matéria em que a cantora Joan Baez declarava que um dos maiores amores de sua vida havia sido uma mulher e que, após quatro anos de relacionamentos exclusivamente lésbicos, estava namorando um homem.

Dois psiquiatras com pontos de vista opostos foram chamados para comentar o assunto. "A bissexualidade é um desastre para a cultura e a sociedade", proclamou um, enquanto o outro, presidente eleito da Associação Psiquiátrica Americana, anunciou: "Está chegando o ponto em que a heterossexualidade pode ser vista como uma inibição". Na mesma semana a revista *Time* descreveu, num artigo chamado "Os novos bissexuais", os triunfos e os fracassos desse fenômeno sexual, indo das biografias de atrizes e escritores consagrados ao surgimento de romances, memórias e filmes bissexuais.

Seríamos todos bissexuais dependendo apenas da permissividade da cultura em que vivemos? O pesquisador americano Alfred Kinsey acredita que a homossexualidade e a heterossexualidade exclusivas representam extremos do amplo espectro da sexualidade humana. Para ele a fluidez dos desejos sexuais faz com que pelo menos metade das pessoas sinta, em graus variados, desejo pelos dois sexos. Em 1948, ele desenvolveu a famosa escala Kinsey para medir a homo, a hétero e a bissexualidade. Entrevistando 12 mil homens e 8 mil mulheres, elaborou uma classificação da sexualidade de 0 a 6:

(0) Exclusivamente heterossexual.

(1) Predominantemente heterossexual, apenas incidentalmente homossexual.

(2) Predominantemente heterossexual, mais do que eventualmente homossexual.

(3) Igualmente heterossexual e homossexual.

(4) Predominantemente homossexual, mais do que eventualmente heterossexual.

(5) Predominantemente homossexual, apenas incidentalmente heterossexual.

(6) Exclusivamente homossexual.

Na pesquisa feita pelo americano Harry Harlow, mais de 50% das mulheres, numa cena de sexo em grupo, se engajaram em jogos íntimos com o mesmo sexo, contra apenas 1% dos homens. Entretanto, quando o anonimato é garantido a proporção de homens bissexuais aumenta a um nível quase idêntico.

A respeitada antropóloga Margaret Mead declarou: "Acho que chegou o tempo em que devemos reconhecer a bissexualidade como uma forma normal de comportamento humano. É importante mudar atitudes tradicionais em relação à homossexualidade, mas realmente não conseguiremos retirar a carapaça de nossas crenças culturais sobre escolha sexual se não admitirmos a capacidade bem documentada (atestada no correr dos tempos) de o ser humano amar pessoas de ambos os sexos".

Marjorie Garber, professora da Universidade de Harvard, que elaborou um profundo estudo sobre o tema, compara a afirmação de que os seres humanos são heterossexuais ou homossexuais às crenças de antigamente, como: o mundo é plano, o Sol gira ao redor da Terra. E pergunta: "Será que a bissexualidade é um 'terceiro tipo' de identidade sexual, entre a homossexualidade e a heterossexualidade — ou além dessas duas categorias?". Acreditando que a bissexualidade tem algo fundamental a nos ensinar sobre a natureza do erotismo humano, ela sugere que em vez de hétero, homo, auto, pan e bissexualidade, digamos simplesmente "sexualidade".[12]

Será que o amor pelos dois sexos se tornará uma opção cada vez mais comum a ponto de predominar? A bissexualidade, como muitos afirmam, será mesmo o sexo do futuro?

ESTUDO MOSTRA QUE O DESEJO BISSEXUAL EXISTE

Pesquisadores da Universidade Northwestern, Illinois, Estados Unidos, encontraram evidências científicas de que alguns homens que se identificam como bissexuais são, de fato, sexualmente excitados por homens e mulheres. Para melhorar suas chances de encontrar homens estimulados por mulheres, assim como homens estimulados por homens, os pesquisadores recrutaram sujeitos de espaços on-line especificamente dedicados a promover encontros entre bissexuais.

Eles também exigiram que os participantes tivessem experiências sexuais com pelo menos duas pessoas de cada sexo e um relacionamento romântico de no mínimo três meses com pelo menos uma pessoa de cada sexo. Os homens assistiram a vídeos eróticos feitos para homens e mulheres, mostrando intimidade com ambos os sexos, enquanto sensores genitais monitoravam suas respostas em termos de ereção.

O estudo encontrou os homens bissexuais que responderam fisicamente aos dois tipos de vídeos, masculinos e femininos. Já os homens gays e heterossexuais que participaram do estudo não apresentaram a mesma resposta física, independentemente do vídeo exibido. Ambos os estudos também descobriram que os bissexuais relataram excitação subjetiva para ambos os sexos, não obstante as suas respostas genitais.

Outro estudo foi publicado, também em 2011, para relatar um padrão distinto de excitação sexual entre os homens bissexuais. Em março do mesmo ano, um estudo na revista *Archives of Sexual Behavior* relatou os resultados de uma abordagem diferente para a questão. Como no estudo de Northwestern, os pesquisadores mostraram aos participantes vídeos eróticos de dois homens e duas mulheres. Os participantes foram também monitorados genitalmente, assim como sua excitação subjetiva. Os vídeos também incluíram cenas de relações sexuais entre homens, assim como entre uma mulher e outro homem.

Os pesquisadores Jerome Cerny, professor de psicologia da Universidade Estadual de Indiana, e Erick Janssen, cientista sênior do Instituto Kinsey, descobriram que os homens bissexuais eram mais suscetíveis do que os heterossexuais ou gays a experimentar excitação tanto genital quanto subjetiva enquanto assistiam a esses vídeos. A Dra. Lisa Diamond, professora de psicologia da Universidade de Utah e especialista em orientação sexual, disse que os dois novos estudos, em conjunto, representaram um passo significativo para demonstrar que os bissexuais têm padrões de excitação específica.

Hétero, homo ou bi

Tradicionalmente, sempre se acreditou que é melhor que as qualidades do sexo oposto permaneçam em segundo plano para que uma forte identidade de gênero seja estabelecida e preservada. As pessoas, em sua maioria, acreditam pertencer a uma das três categorias: heterossexuais, homossexuais ou bissexuais. Caso não se aceitem membros de uma categoria fixa, buscam modificações para se enquadrarem numa delas. "Acredito que essas categorias sexuais, quando usadas como rótulos, fixam na mente uma ideia que não deveria ser fixa, mas extremamente fluida. Nós só estamos encapsulados numa categoria quando deixamos que isso aconteça conosco."[13]

GRÉCIA

4500 a.C. a 146 a.C

Se partires um dia rumo a Ítaca
faz votos para que seja longo o caminho,
repleto de aventuras, repleto de experiências.

Aos Lestrigões, aos Ciclopes
ou ao colérico Poseidon, nunca temas;
não encontrarás tais seres no caminho
se teu pensamento se mantiver elevado,
se emoção sutil tocar teu corpo e teu espírito.

Nem aos Lestrigões, nem aos Ciclopes,
nem ao feroz Poseidon vais encontrar,
se não os levares na alma,
e se tua alma não os puser diante de ti.

Faz votos de que seja longo o caminho.
Que muitas sejam as manhãs de verão
em que — com que prazer, com que alegria! —
entrarás em portos antes nunca vistos.

Detenha-se nos mercados fenícios
para adquirir finas mercadorias,
madrepérolas, corais, âmbares e ébanos,

e excitantes perfumes de todos os tipos,
tantos perfumes excitantes quanto possas.
Vejas as muitas cidades egípcias e aprendas,
aprendas dos sábios.

Sempre na mente hás de ter Ítaca.
Chegar lá é teu destino.
Mas nunca apresses a viagem.
É melhor que ela dure muitos anos
E que já velho chegues à ilha,
rico de tudo o que ganhastes pelo caminho,
sem esperar que Ítaca te dê riquezas.

Ítaca te deu a bela viagem.
Sem ela não terias empreendido o caminho.
Já não tem outra coisa que te dar.

E se a encontras pobre, Ítaca não te enganou.
Sábio como te tornaste, com tantas experiências,
terás compreendido o que significam as Ítacas.

O poeta grego Konstantínos Kaváfis (1863-1933) escreveu o poema "Ítaca" sobre a volta de Ulisses para sua terra natal.[*]

Atena, deusa da sabedoria, foi tola: disputou um concurso de beleza com Hera e Afrodite. Era a festa de casamento do rei Peleu, um humano, com Tétis, deusa do mar. Todos os deuses do Olimpo foram convidados, com exceção de Eris, deusa da discórdia. Furiosa, a deusa se insinuou entre os convivas e atirou um pomo de ouro com a inscrição: "À mais bela". As deusas Hera, Atena e Afrodite quiseram para si o fruto dourado.

---

[*] Livro "Poemas", Editora José Olympio, Rio de Janeiro, 2006.

Zeus, evitando assunto tão delicado, recomendou às deusas que pedissem ao jovem Páris, pastor local, filho de Príamo, rei de Troia, que decidisse a contenda. Frente a ele, cada uma prometeu-lhe algo: Hera, poder e riqueza; Atena, glória e fama na guerra; Afrodite, a deusa do amor, prometeu-lhe a mulher mais bela do mundo como esposa: Helena, rainha de Esparta. Assim, o destino de Troia foi traçado, visto que a sentença de Páris foi a favor de Afrodite. Páris viajou para a Grécia e foi bem recebido por Menelau, rei de Esparta, e sua mulher, Helena. Com a ajuda de Afrodite, Páris convenceu-a a abandonar o marido e fugir para Troia com ele, o que provocou a famosa guerra.

Menelau apelou para seus irmãos, chefes da Grécia, para que cumprissem o prometido e o ajudassem em seus esforços para recuperar a esposa. De modo geral, todos atenderam ao apelo, mas Ulisses, que se casara com Penélope e se sentia muito feliz com a esposa e o filho, foi o que mais relutou. Acabou se juntando, no entanto, aos outros na guerra.

Durante os dez anos seguintes os gregos, acampados na planície em frente a Troia, tentaram tomar de assalto a grande cidade. A resistência do rei Príamo e dos seus filhos fez os sitiantes amargarem derrotas.

Desanimados com a resistência de Troia, os gregos, a conselho de Ulisses, resolveram recorrer a uma estratégia. Simularam uma retirada deixando em frente ao portão central de Troia um imenso cavalo de madeira, que fingiram ser um presente oferecido a Atena, mas que de fato estava cheio de homens armados. Imprevidentes, os troianos, não dando ouvidos ao que alertara Cassandra, a profetiza, arrastaram o cavalo para dentro da cidade. Foi o fim de Troia.

À noite, aproveitando-se de que a população dormia embriagada pelo vinho bebido na festa da vitória, Ulisses e um grupo de guerreiros desceram de dentro da barriga do cavalo e, abrindo as portas, permitiram que o restante dos gregos entrasse de surpresa na cidade. Houve um massacre. Troia viu-se pilhada e depois incendiada. Toda a família real sucumbiu. Helena, encontrada em meio às ruínas, foi devolvida a Menelau.

Esses são os acontecimentos míticos da Guerra de Troia, narrados por Homero. Para pensar sobre o amor no Ocidente, temos que iniciar com seus poemas. Helena, a rainha de Esparta, apaixonou-se pelo príncipe troiano, Páris. Ambos fugiram para Troia. Eros foi a causa, e o poeta descreve com riqueza de detalhes — destacando a influência de deuses e de outros seres — os acontecimentos da época (1200 a 750 a.C.) em duas obras-primas: *Ilíada* e *Odisseia*. O nome "Ilíada" veio da palavra "Ilion", que em grego significa Troia, e nesta obra é narrado o último ano da Guerra de Troia.

"Odisseia" vem da palavra "Odisseu" (Ulisses, para os romanos). Nessa obra Homero narra as desventuras de Ulisses desde que deixa Troia. A viagem de volta dura dez anos. Responsável pela estratégia que levou Troia à perdição, ele é punido de maneira exemplar pelos deuses.

Condenado a vagar pelos mares, Ulisses é atingido por tempestades terríveis, tem que resistir ao canto das perigosas sereias, escapar de feiticeiras, enfrentar os Ciclopes — gigantes imortais com um só olho no meio da testa —, os Lestrigões — gigantes canibais —, e Poseidon (ou Netuno) — deus do mar. Naufraga, perde as naus, os frutos do saque e todos aqueles que o haviam acompanhado na aventura. Em Ítaca, a terra natal, sua esposa, Penélope, o espera com uma fidelidade obstinada, apesar da demora.

Segundo Homero, uma brincadeira de Afrodite com Helena ocasionou a guerra. O amor era um sentimento tão automático e poderoso que forçosamente teria de ter sua origem em outro mundo. "Aquilo que hoje chamamos de 'consciência' ou 'reflexão' o povo antigo considerava uma espécie de comando ventríloquo, que percebiam como a palavra do deus dizendo-lhes o que fazer. O amor fomenta de tal maneira a discórdia que a ideia de mortais promovendo-o por si próprios era impossível."[1]

Durante muito tempo se pensou que Troia fizesse parte apenas da mitologia grega. Porém, as escavações arqueológicas mais recentes (as primeiras começaram em 1871) feitas no sítio de Hissarlik, onde se presume que a lendária Troia tenha sido erguida, datam a sua fundação ao redor do ano de 2250 a.C. Sendo assim, supõe-se que ela tenha sido destruída pelos gregos mais ou menos mil anos depois disso, entre 1260 a 1250 a.C. "A Guerra de Troia foi travada em nome do amor a uma mulher, ou porque a propriedade particular de um rei havia sido usurpada?"[2]

As razões materiais da guerra até hoje são controversas. É possível que os tesouros de Troia, que era uma cidade rica, tenham atraído a cobiça dos gregos. Além disso, Troia era passagem obrigatória dos navios carregados de trigo que vinham do mar Negro em direção à Grécia, e eram cobrados tributos por cada barco que navegasse por sua costa. O rapto de Helena, a rainha de Esparta, pode ter servido de pretexto para o ataque à cidade.

ULISSES E PENÉLOPE

Ulisses por várias vezes se encontra com a vida por um fio, até que no vigésimo ano, desde que partiu, chega às praias de sua ilha natal. Ulisses e Penélope estavam juntos há pouco mais de um ano, quando tiveram de interromper sua união em virtude dos acontecimentos que o levaram à Guerra de Troia. Durante sua longa ausência, e quando era duvidoso que ele ainda vivesse, e muito improvável que regressasse, Penélope foi importunada por inúmeros pretendentes, do quais parecia não poder se livrar senão escolhendo um deles para marido.

Ela, contudo, lança mão de todos os artifícios para ganhar tempo, ainda esperançosa pelo regresso de Ulisses. Um desses artifícios foi o de alegar que estava empenhada em tecer uma tela para o dossel funerário de Laertes, pai de Ulisses, comprometendo-se a fazer sua escolha entre os pretendentes quando a obra estivesse pronta.

Durante o dia, trabalhava na tela, mas, à noite, desfazia o trabalho feito. É a famosa tela de Penélope, que passou a ser uma expressão para designar qualquer coisa que está sempre sendo feita, mas não se acaba de fazer. Depois de muitas dificuldades, Ulisses e Penélope se reencontram e continuaram reinando em Ítaca.

<hr />

Durante a era de Homero, Penélope era considerada a esposa ideal — madura, inteligente e dedicada. "No mundo greco-romano, Penélope e Helena representaram os exemplos de esposa boa e má, respectivamente, uma oposição que os cristãos atribuiriam mais tarde a Eva e à Virgem Maria."[3] A obra de Homero continua a ser lida por todo o mundo, tanto no original como em inúmeras traduções para os idiomas atuais.

Durante centenas de anos estes poemas ajudaram a formar as ideias e o gosto dos gregos, e, como consequência, da humanidade, por um período ainda maior. "É significativo que os gregos em geral não se refiram a Homero pelo nome, mas simplesmente como 'O Poeta'."[4] Em português, bem como em diversos outros idiomas, a palavra "odisseia" passou a se referir a qualquer viagem longa, especialmente se apresentar características épicas.

PERÍODO HOMÉRICO (SÉCULOS XII A VIII A.C)

Ao longo da história ocidental, os mitos gregos, inicialmente divulgados por tradição oral, foram expressos por meio de uma extensa coleção de narrativas, que constituem a literatura grega. Hesíodo (século VIII a.C.) é autor de *Teogonia* e *Os trabalhos e os dias*. A primeira dessas obras, também conhecida por *Genealogia dos deuses*, é um poema que trata da gênese dos deuses, descreve a origem do mundo, os reinados de Cronos, Zeus e Urano e a união dos mortais aos deuses, nascendo, desta forma, os heróis mitológicos.

O Período Homérico recebe este nome devido à grande importância cultural que teve o poeta Homero. Com base em informações do historiador Heródoto, os estudiosos de Homero situam seu nascimento entre os séculos IX e VIII a.C. Sua origem também é incerta, mas consideram provável que ele tenha nascido em Esmirna ou na Ilha de Quios, na Grécia. Devido à insuficiência de provas, alguns chegam a duvidar da existência de Homero. A obra atribuída a ele foi composta e transmitida oralmente.

Qualquer obra séria sobre a Grécia antiga trata de Homero e de seus poemas épicos imortais. A *Ilíada* e a *Odisseia* formaram e instruíram incontáveis gerações de gregos. Foi através desses poemas que eles aprenderam a escrever. O orador Heráclito (Éfeso, c. 540-470 a.C.) escreveu:

> *Desde a mais tenra idade, o espírito da criança que aprende as primeiras letras aceita Homero como um alimento... Crescemos e Homero está sempre ao nosso lado. Aos poucos nos tornamos homens e ele permanece como companheiro de nossa vida. Quando atingimos a maturidade, então começamos a compreender toda a sua importância. Jamais, porém, nem mesmo em nossa idade provecta, sentimos o mínimo de fastio...*[5]

AS RELAÇÕES AMOROSAS

As poucas informações sobre a vida amorosa do Período Homérico indicam uma moral não tão rígida como viria a ser, no Período Clássico. A *Ilíada* e a *Odisseia* não fazem referências à exclusão extrema das mulheres, como a que existiria alguns séculos depois. As mulheres, com frequência, exerciam influência sobre seus homens e o curso da História. Algumas são arquétipos da fidelidade e da lealdade. "É descrita uma harmoniosa intimidade doméstica entre Penélope e Ulisses, na verdade, rara nas páginas da antiga literatura. Ela apresenta evidências literárias para a crença, compartilhada por muitos autores clássicos, de que o casamento na época de Homero oferecia mais igualdade de direitos entre homens e mulheres do que três séculos depois em Atenas, e que as mulheres da era de Homero desfrutaram do respeito e da liberdade que as mulheres gregas do período clássico desconheceram."[6]

Apesar de maior liberdade, à mulher se negava participação nos banquetes cerimoniais; o jovem Telêmaco diz à sua mãe, Penélope, que se retire do salão do banquete e volte para as suas tarefas propriamente femininas. Os casamentos eram combinados inteiramente pelos homens, sem a interferência nem o consentimento das mulheres, compradas pelo marido, negociadas, emprestadas ou dadas, como qualquer propriedade do homem. Elas eram acumuladas em quantidade pelos ricos, escravizadas, estupradas ou mortas no lugar pelos inimigos conquistadores.[7]

Apesar de raras, as relações significativas e de forte apego entre maridos e esposas na sociedade homérica eram genuinamente importantes para os homens, como acontece nas sociedades primitivas. Elas preparavam os alimentos, confeccionavam roupas, criavam os filhos, eram enfermeiras de doentes, cuidavam da casa e da terra na ausência dos guerreiros, e muito mais. "Não admira, pois, que elas possam bem ter sido mais ativas e mais importantes do que as suas descendentes de seiscentos anos mais tarde. A exclusão — e a misoginia intelectual — só apareceria com a formação de uma sociedade suficientemente rica, capaz, por isso, de suprimir da mulher a maior parte das suas funções vitais, e de induzi-la a ser quase que de todo inútil."[8]

Séculos após a época de Homero — de economias tribais e agrárias —, as cidades-Estado da Grécia foram desenvolvendo atividades tanto manufatureiras como mercantis. Por fim, depois que os gregos repeliram os grandes ataques persas do século V a.C., a cidade de Atenas emergiu como potência marítima predominante, e também como centro industrial. Minas, fábricas, fazendas e outros empreendimentos passaram a ser operados com proveito por meio da força escrava.

Utilizando um grande bloco de mão de obra, como nós utilizamos a maquinaria nos dias de hoje, a cidade de Atenas passou rapidamente da economia doméstica, semiprimitiva, para a economia urbana, e daí para o imperialismo. "Entre os resultados disso figuraram a riqueza, os lazeres e a grande florescência das artes e das ideias. Todavia, outro resultado, menos feliz, foi a severa mutilação dos propósitos da vida da família."[9]

Quando o lar perdeu sua posição, que era a de fonte única de alimentação, vestimenta e outros itens essenciais, ele deixou de ser o centro da existência do homem; transformou-se em mera obrigação social, de resto dispendiosa. Os vínculos de um marido, em relação à sua esposa e sua dona de casa, deixaram de ser os de sobrevivência pessoal e de cooperação para ser os de dominação.

Assim, os maridos se tornaram ausentes da vida familiar. Não valorizavam as esposas e tinham muito pouco contato com elas. "As mulheres conservaram as suas desvantagens primitivas, mas perderam muito da sua importância de outrora. Por força da riqueza, dos lazeres e da mão de obra escrava à sua disposição, elas mesmas se tornaram escravizadas."[10]

CIDADES GREGAS

A história da Grécia Antiga abrange um período que começa por volta de 4500 a.C e termina em 146 a.C., com a conquista das cidades gregas pelos romanos. A Grécia Antiga não era um país, mas uma série de cidades-Estado autogovernadas. Atenas, Esparta, Corinto, Tebas, Delfos, Mileto, Éfeso eram algumas das cidades-Estado gregas, sendo as três primeiras as mais importantes. Em 776 a.C. houve um evento significativo: os primeiros

Jogos Olímpicos, que receberam o nome do local em que foram realizados — Olímpia, a oeste da Grécia.

A mais avançada das cidades-Estado era Atenas, o lugar do nascimento da cultura e da democracia. Esparta, no Peloponeso, ao sul da Grécia, era arquirrival de Atenas, e possuía uma temível potência militar, com a melhor infantaria do mundo grego. Os meninos espartanos eram retirados das mães dos 7 aos 13 anos de idade para realizar o pesado treinamento militar. Corinto construiu a sua riqueza com manufaturas e comércio marítimo. Era uma cidade bem conhecida no mundo antigo como um centro de luxo e lugar de entretenimento dos ricos, que vinham em grandes quantidades procurando as prostitutas sagradas do Templo de Afrodite.

MITOLOGIA

Mitologia grega é o conjunto de narrativas a respeito dos mitos gregos e de seus significados. Conhecer esses mitos contribui para a compreensão da mentalidade da sociedade grega antiga — suas crenças, seus anseios e seu comportamento. Os gregos antigos enxergavam vida em quase tudo que os cercava, e buscavam explicações para todas as coisas. A imaginação desse povo criou personagens e figuras mitológicas das mais diversas. O mito grego explica as origens do mundo e os pormenores das vidas e aventuras de uma ampla variedade de deuses, deusas, heróis, heroínas e outras criaturas mitológicas.

AFRODITE: DEUSA DA BELEZA E DO AMOR

Cronos era filho de Urano, o céu, e de Gaia, a terra. Quando Gaia tinha um filho, Urano o devolvia ao seu ventre. Cansada, Gaia tramou um plano com seu filho Cronos. Ela fez de seu seio uma pedra em forma de lâmina e a deu para Cronos, que esperou Urano, seu pai, dormir e o castrou, o que separou o céu da terra.

Os genitais de Urano, atirados ao mar, foram carregados nas ondas por um longo tempo. Em torno deles, uma espuma branca surgiu, formando uma concha, que se aproximou de Chipre. Chegando à praia, a concha se abriu e surgiu uma bela deusa, com um suave sorriso. À medida que caminhava pela areia, flores brotavam sob os seus pés. Afrodite — Vênus para os romanos — foi acolhida pelas deusas Horas, que a vestiram com roupas perfumadas, uma coroa de ouro e colares. Em seguida, Afrodite foi levada por duas pombas ao mundo dos deuses.

Tão graciosa e sedutora ela era que todos se colocaram de pé, saudando-a como nova rainha. O poder de Afrodite inflamava os homens, podia, à sua vontade, fazer nascer neles o amor, enchê-los de felicidade ou de tristezas. Ela reinou sobre a natureza. No mar, dominava como senhora luminosa e bastava aparecer para que as ondas logo se acalmassem, os ventos se apaziguassem.

Na terra, sua fecundidade mantinha por todos os lugares a vida inesgotável. Todo inverno ela retornava a Chipre com suas pombas para o banho sagrado em Paphos. Lá era atendida por suas Graças: Florescência, Crescimento, Beleza, Alegria e Resplendor. Elas a coroavam com mirto e espalhavam pétalas de rosas a seus pés. Afrodite caminhava para o mar, para os ritmos lunares da maré. Quando emergia, com o espírito renovado, a primavera florescia plenamente.

O seu culto estendeu-se a Esparta, Corinto e Atenas. Suas festas eram chamadas de afrodisíacas e celebradas por toda a Grécia. Povos do mundo inteiro têm rendido culto a Afrodite, por meio do uso de substâncias afrodisíacas. São comidas, bebidas e magias que estimulam a libido e fazem crescer o desejo amoroso.

EROS: O DEUS DO AMOR

Eros, deus grego do amor e do desejo, era um belo jovem, às vezes alado, disparando flechas de amor nos corações dos deuses e dos humanos. Frequentemente o retratavam com olhos cobertos para simbolizar a cegueira do amor. Eros aparece pela primeira vez na *Teogonia*, de Hesíodo, que o descreve como o mais belo dos imortais, capaz de subjugar corações e triunfar sobre o bom-senso.

Ao fazê-lo filho do Caos, vazio original do universo, a tradição mais antiga apresentava-o como força ordenadora e unificadora. Seu poder unia os elementos para fazê-los passar do caos ao cosmos, ou seja, ao mundo organizado. Ele aparece então como o Amor, a força poderosa que faz com que todos os seres sejam atraídos uns pelos outros, assegurando a continuidade da espécie. Com o passar do tempo, Eros perdeu essa dimensão cósmica e, com a evolução do mito, foi transformado numa criança alada com origens diversas e que os romanos denominaram Cupido.

GRÉCIA CLÁSSICA (SÉCULOS V E IV A.C)

Ao contrário do Período Homérico, do qual as únicas fontes de informação são a *Ilíada* e a *Odisseia*, nos séculos V e IV a.C. há muitos textos escritos que facilitam a pesquisa. Há obras teatrais, históricas, econômicas, políticas e filosóficas, antologias, poemas e também discursos jurídicos. Além dos textos, obtemos informações sobre a mentalidade grega nas pinturas dos vasos. Mas estamos limitados a Atenas. De outras cidades gregas as informações são escassas. A maior parte do que herdamos da Grécia antiga, e sobre a qual se fundou a moderna cultura ocidental, provém da Atenas desse período.

AMOR

Nobre e rico, Alcibíades cedo perdeu o pai e foi educado pelo parente de sua mãe, Péricles, o grande estadista e líder de Atenas. Alcibíades era tido como o mais belo jovem de Atenas, e era visto acompanhado por bandos de homens que o cortejavam como se fosse uma linda moça. Ele flertava e frustrava os amantes, concedendo favores homossexuais quando lhe agradavam ou quando tirava algum proveito deles. Rapazes lhe copiavam o estilo e as suas extravagâncias centralizavam as conversas da cidade.

Contudo, Alcibíades era brilhante e sensível. Estudava com Sócrates, e quando o filósofo lhe falava da vida virtuosa, lágrimas escorriam. "Se eu não fechasse meus ouvidos contra ele, e não fugisse como se fora da voz de uma sereia" — declarou Alcibíades mais tarde — "o meu destino teria sido como o destino dos outros: eu me tornaria velho, sempre sentado a seus pés. Porque ele me fazia confessar que eu não devia viver como vivo... E, por isto, eu saía correndo e fugia dele."

Jovem, Alcibíades foi insolente e impune. Anito, um rico amante, convidou-o para um banquete. Alcibíades chegou apenas à porta e ordenou aos seus escravos, diante dos convidados, que levassem para sua casa os vasos de ouro e prata. Os presentes protestaram junto a Anito, mas o apaixonado anfitrião replicou: "Não dessa maneira, mas moderadamente e delicadamente. Ele poderia ter levado tudo o que lá se achava, entretanto, deixou-nos a metade".

Para se equiparar à ousadia dos seus companheiros de algazarra, Alcibíades esbofeteou Hipônico, um cidadão rico e poderoso de Atenas. Mas, no dia seguinte, ficou nu e pediu ao homem mais velho que o chicoteasse. Hipônico, emocionado, não somente perdoou o jovem, como também lhe ofereceu a própria filha, Hiparte, em casamento, com um elevado dote. Para a maneira de pensar de Alcibíades, este foi talvez o único atrativo de esposa.

Alcibíades logo deixou de dispensar atenção a Hiparte. Com o dinheiro do dote encheu a casa de móveis caros, artistas lhe pintaram as paredes, ele promoveu banquetes e viveu numa atmosfera de luxo e de esplendor rara em Atenas naquele tempo.

Como ateniense das camadas sociais superiores, Alcibíades sentia-se igualmente atraído por ambos os sexos. As mulheres que o intrigavam e fascinavam eram aquelas que vendiam os próprios favores; delas, ele gostava sem reservas, desde as cortesãs elegantes até as inquilinas de lupanares. Isto não interferia na contínua afeição para com os homens. Era tamanho o seu sucesso em todas as frentes que escolheu para símbolo de seu escudo o desenho de Eros brandindo um raio. Indicava a sua própria invencibilidade no amor.

É com este relato sobre Alcibíades que o historiador americano Morton M. Hunt nos mostra que os gostos e as preferências dos atenienses não eram sempre nobres e elevados como frequentemente se supõe. Alcibíades (450-404 a.C.), que, segundo Hunt, ajudou a dar brilho à Idade de Péricles, era seu filho adotivo, e foi homem de muitos contrastes: aluno de Sócrates, guerreiro magnífico e preguiçoso devasso, devotado à filosofia e à oratória, apaixonado amante das mulheres e dos rapazes.[11]

Os gregos admiravam a sabedoria, mas admiravam mais ainda a beleza física. Manifestavam apreço pela moderação e o autocontrole, mas admiravam enormemente a *hybris* (orgulho insolente) e a paixão ardorosa. Embora louvassem a virtude, sentiam-se fascinados pela argúcia e pela artimanha. No reino do amor, dava-se exatamente o mesmo: estudavam-no, discutiam a seu respeito, exaltavam-lhe os prazeres e lamentavam os seus sofrimentos — mas, no fundo, eram capazes de senti-lo somente com as prostitutas e os rapazes.

O MITO DO ANDRÓGINO

O primeiro filósofo do amor foi Platão. Em *O banquete*, livro/diálogo, Platão narra uma festa em que os sete convidados presentes fazem discursos sobre o amor. Destaca-se o de Aristófanes, no qual ele explica o mistério da atração que uns sentem pelos outros, relatando o mito do andrógino original, que evoca o dualismo das criaturas.

No início cada ser humano tinha forma redonda, uma esfera fechada sobre si, quatro mãos, quatro pernas, duas cabeças, dois órgãos sexuais e todo o resto harmonioso. Havia três espécies de seres: *Andros, Gynos* e *Androgynos*, sendo *Andros* uma entidade masculina composta de oito membros e duas cabeças, ambas masculinas, *Gynos* idem, porém femininas, e *Androgynos* composto por metade masculina, metade feminina.

Dotados de coragem extraordinária, eles atacaram os deuses, que, para puni-los e fazer com que se tornassem menos poderosos, os dividiram em dois. Seccionado, de *Andros* surgiram dois homens; apesar de seus corpos estarem agora separados, suas almas estavam ligadas, por isso cada um procurava a sua metade.

Andros deu origem aos homens homossexuais. O mesmo ocorre com os outros dois seres. *Gynos* originou as lésbicas, e *Androgynos*, os heterossexuais.

Quando se encontravam eram tomados por ternura, confiança, amor e o desejo de se fundirem ao objeto amado e constituírem um só em vez de dois. Desde então, as metades separadas andam em busca de sua metade complementar.

Eros e Ágape

Os gregos inventaram o amor, dando-lhe dois nomes: Eros (amor físico) e Ágape (amor espiritual), elaborando, a respeito dos dois, tanto a teoria como a prática. Ágape significa afeto profundo e afeição. Eros é uma atração intensa por algo ou alguém; desejo vigoroso; princípio de ação, cuja energia é a libido. Nos idiomas ocidentais há várias palavras derivadas de Eros. Em português, por exemplo, temos erotismo, erótico, erógeno. Eros se apresentava em múltiplas representações figurativas. Na poesia, filosofia e literatura, ocupava um lugar de destaque.

MULHERES DE ATENAS

"As mulheres não são de modo algum inferiores aos homens", comentou Sócrates gentilmente — mas depois avaliou o efeito, acrescentando: "Tudo de que precisam é um pouco mais de força física e energia mental".[12] De qualquer modo, ele estava sendo generoso, porque os gregos não tinham a mulher em conta muito alta.

A cidadania ateniense era preciosa, tanto para mulheres como para homens. Entretanto, havia entre os sexos uma diferença tão grande como a que se observava entre cidadão e escravo. Um menino ia para a escola aos 7 anos. Aprendia gramática, poesia, música, aritmética, mitologia, esportes. Com 18 ou 19 anos, ele adotava a clâmide, que era a capa de homem, e fazia juramento perante o Estado. Tornava-se gentil-homem, guerreiro, gerente de bens e filósofo amador.

Uma jovem, ao contrário, permanecia confinada em casa, desde o nascimento até o casamento, e nada aprendia, além de poucas tarefas domésticas. Era condenada a passar a maior parte do tempo nos aposentos destinados às mulheres em seu lar, o *gineceu*, em geral situado no andar superior da residência. Quando chegava à adolescência, tinha o noivado arranjado por seus pais. Muitas jovens punham de lado suas bonecas, ou as dedicavam a Ártemis, apenas na véspera do casamento.

Uma esposa raramente fazia refeições com o marido — e se ele tinha convidados, jamais. Qualquer mulher vista em uma reunião de homens — ainda que participando unicamente da conversa — era considerada prostituta. "Quando saía, era ilegal para ela levar consigo mais de três peças de vestuário, uma moeda no valor de um sanduíche e um copo de leite e, caso saísse após escurecer, teria que ser de carruagem, com uma lanterna acesa."[13]

As mulheres não tinham mais direitos políticos e legais do que os escravos. Não podiam efetuar qualquer transação: mover processos nem possuir, comprar ou vender bens e propriedades. Para isso tinham que ser representadas pelo pai, marido ou irmão, ou ainda, na ausência destes, pelo parente masculino mais próximo.

Mesmo se recebessem herança do pai e não tivessem irmãos, não podiam administrar ou vender a herança. No caso de serem solteiras, eram obrigadas a se casar o mais breve possível com o parente mais próximo por parte de pai, geralmente um primo ou tio, a fim de que a herança permanecesse com a família. Durante toda a vida, eram sujeitas à autoridade absoluta de um homem. As moças não podiam aparecer em público, a menos que fossem a uma reunião de caráter religioso ou familiar, ou então para fazer suas compras pessoais; e mesmo assim, sempre acompanhadas por seu tutor ou uma escrava.

A cidadã grega só possuía dois direitos: gerar descendentes legítimos e o de herança. "Os gregos condenavam todas as mulheres como irracionais, hipersexuadas e moralmente defeituosas. Pode-se deduzir que elas fossem irracionais por lhes ter sido negada a instrução, hipersexuadas porque se queixavam de que os maridos raramente dormiam com elas e moralmente defeituosas porque os criticavam ao perderem tanto tempo filosofando na Assembleia, quando deviam estar fora dali, ganhando a vida. A harmonia doméstica não era uma característica da vida grega."[14]

Para a mulher, era raro travar conhecimento com qualquer homem que não fosse o marido ou os parentes masculinos. Plutarco registrou a história do governante Hiero, que foi ridicularizado por um adversário como tendo mau hálito. Voltando furioso para casa, ele exigiu saber da mulher por que não lhe havia contado aquilo. "Pensei que todos os homens cheirassem assim", respondeu ela ingenuamente.[15]

Em Esparta as moças participavam das atividades físicas, algo que lhes era imposto pelo princípio de eugenia ("excelência da raça") do regime espartano. Tal costume escandalizava os atenienses, que as denominavam "as que mostravam as coxas", já que, durante os exercícios, suas coxas ficavam expostas. Famosos também eram os coros de garotas espartanas.

CASAMENTO

"O casamento proporciona ao homem apenas dois dias felizes: o dia em que ele conduz a noiva para a cama e o dia em que ele a deposita no túmulo."[16] Essa é a síntese do que pensavam os homens na Grécia clássica, há 2.500 anos, sobre a união com uma mulher.

Era comum que as esposas fossem de dez a vinte anos mais jovens do que os maridos. Como elas eram excluídas de quase todas as atividades fora de casa, raramente estavam junto deles. Os maridos ficavam pouco tempo em casa; passavam grande parte do dia e da noite nos mercados, nas praças, nos ginásios e bordéis. O casamento tinha como finalidade apenas o aumento da prole e os cuidados com o lar.

REPULSA AO CASAMENTO

A posição que a mulher tinha na sociedade ateniense foi assim resumida por Demóstenes: "Temos as hetairas para o prazer, as concubinas para nossos cuidados diários, e as esposas para a procriação de herdeiros legítimos e para cuidar do lar". Riane Eisler assinala que essa visão das mulheres, como colocadas na terra apenas para o uso e abuso dos homens, era simbolizada pela obsessão ateniense pelo pênis como símbolo do poder e da autoridade masculina.[17]

Os homens gregos consideravam desagradável estar casado. Para eles, era um estado dispendioso, incômodo, e um obstáculo à liberdade. Contudo, o casamento era inevitável. O homem precisava de uma dona de casa e era dever dele para com o Estado e a religião ter filhos. Por meio da total subjugação de sua esposa, o homem ateniense tratava de diminuir seu sacrifício. De qualquer forma, tinha de ficar com ela, a menos que estivesse disposto a devolvê-la à casa dos pais, com o respectivo dote. Os gregos olhavam para as esposas como se elas fossem um fardo necessário; e esperavam encontrar amor somente fora do lar.

O casamento era tão impopular que o Estado se sentiu em perigo. Em Atenas, somente os homens casados podiam tornar-se oradores ou generais. Criaram, durante um período, uma multa para quem passasse dos 40 anos e permanecesse solteiro. Em Esparta havia uma lei semelhante, instituída pelo legislador Licurgo, que punia todos os homens que deliberadamente evitavam o casamento depois de uma determinada idade. Muitos homens adiavam o casamento tanto quanto possível e se casavam apenas quando já não ousavam mais contornar essa obrigação.

O DOTE

O casamento era arranjo de propriedades — negócios financeiros, com muito pouca consideração em relação aos sentimentos dos noivos. Uma parte inseparável do acordo nupcial era o dote. Uma família de classe média ou alta, com um filho na idade de casar, procuraria uma nora com um dote suficiente para sustentar o jovem casal. Além da promessa oficial firmada por ambas as partes, o dote que os pais da noiva dariam ao noivo era visto como uma espécie de indenização pelo fato de sua filha vir a ser sustentada pelo marido.

Esse costume tinha dois objetivos: atrair e desestimular. Por um lado, atraía pretendentes ao proporcionar uma oportunidade para ampliarem sua propriedade pessoal e, simultaneamente, multiplicava as chances de a mulher se casar e subir de posição na escala social. Por outro lado, desestimulava os divórcios, pois, neste caso, o dote retornava à família da mulher. O costume tinha tanta importância que o próprio Estado providenciava o dote para as filhas de cidadãos pobres. Uma lei elaborada especialmente para a classe menos favorecida dos trabalhadores sem propriedade obrigava os parentes de uma moça sem recursos a angariar-lhe um dote.[18]

A festa de casamento

Em Atenas, antes do casamento, ocorriam os sacrifícios aos deuses e a purificação do casal. O pai da noiva fazia sacrifícios a Zeus, Hera, Afrodite e Ártemis e a futura esposa consagrava a Ártemis objetos da infância agora abandonados: brinquedos, espelhos, presilhas, fitinhas etc. O banho cerimonial não era somente um ato de purificação, mas também simbólico: assim como os rios e as águas das fontes irrigam e fertilizam a terra, o banho contribuía para assegurar a fertilidade aos recém-casados.

A última etapa dos cerimoniais era uma ceia oferecida na casa do pai da noiva. Mulheres sentavam-se à parte. Havia músicos profissionais. A noiva era acompanhada pela melhor amiga e uma madrinha de casamento segurava o véu. Este cobria a futura esposa da cabeça aos pés, com uma pequena abertura para os olhos. Seria retirado somente depois da ceia. Sua função era proteger a noiva contra mau-olhado. O noivo, coroado por grinalda, era acompanhado pelo melhor amigo.

Antes de a noiva acompanhar o futuro marido, ocorria a cerimônia do "desvelamento": a melhor amiga retirava o véu e a revelava. Os convidados aplaudiam e ofereciam presentes. O casal, numa carruagem enfeitada, se dirigia à casa do noivo. Ele conduzia enquanto a noiva ficava à sua esquerda, segurando uma guirlanda de flores ou um berço, símbolo de sua futura vida de casada. O principal motivo dessa procissão, denominada *nymphagogía*, condução da noiva, era tornar o casamento público, simbolizando a alteração da autoridade sobre a noiva, que agora passava de seu pai para seu marido.[19]

Noiva raptada

Em Esparta, "o homem raptava a moça que estava na idade de casar. A madrinha recebia a donzela que havia sido arrebatada, raspava sua cabeça, a vestia com roupas e sapatos de homem e a deixava, sozinha, num quarto escuro, sobre um colchão de palha. O noivo então saía de sua tenda militar, depois de haver ceado com seus companheiros de caserna, e, tomando todas as precauções, penetrava no quarto onde a noiva se encontrava. Após despi-la, levava-a para uma outra cama, passava pouco tempo com ela e, em seguida, saía silenciosamente, regressando aos seus companheiros. O mesmo procedimento repetia-se toda vez que ele queria dormir com a sua esposa".[20]

Plutarco ria dos espartanos: casamento era o marido com seus amigos homens, em raras e secretas ocasiões visitando a esposa. Havia marido que jamais vira a esposa à luz do dia. Nas cidades gregas, os votos eram apenas de prosperidade e fertilidade para os recém-casados.

ANTIFEMINISMO

A repulsa contra o casamento era parte da repulsa geral contra a mulher e seu mundo. O antifeminismo grego começava com as crianças levadas, ameaçadas com demônios em forma de mulher. Elas cresciam ouvindo lendas como a de Pandora, fonte dos males humanos, e de Helena, causa da terrível Guerra de Troia. Os gregos acreditavam numa mulher por trás de todas as guerras.

Aristóteles afirmava o masculino como superior ao feminino em mente, corpo e processo procriador. Para ele, o sêmen continha a alma e as secreções femininas formavam o corpo físico. Eurípedes retratou a mulher como adúltera e perversa; Aristófanes satirizava-a beberrona, fofoqueira, briguenta e ambiciosa.

A VIDA CONJUGAL

Os cidadãos gregos casavam para ter filhos do sexo masculino, assegurando a continuação da família, unindo os clãs poderosos e suas fortunas e protegendo, assim, interesses comuns. Não era cogitado sentimento entre noivos. Muitas vezes nunca tinham se visto antes que tudo fosse combinado por suas famílias. "A esposa ateniense, enclausurada, presa ao dever, mentalmente circunscrita, não é invenção de sátira nem de romance, é, ao contrário, um retrato da dona de casa das classes superiores de Atenas, lá pelo ano de 400 a.C."[21]

Mulher respeitável não devia ser vista em público, a não ser por algum sério motivo. Quando recebiam convidados, eram confinadas ao gineceu. Escravos cuidavam dos visitantes. O homem saía sozinho e passava o dia em lugares públicos. Encontrava amigos e se divertia nas palestras, nos jogos e jantares organizados para os homens, seguidos por bebedeira, discussões e passatempos, que, na maioria das vezes, terminavam em orgias, com a participação das indispensáveis hetairas.

Quando finalmente regressava à noite, não compartilhava as experiências preciosas do seu dia. Iam dormir. Separados. As mulheres no gineceu e os homens no androceu. Permitiam-se mulheres no teatro, mas só podiam assistir a tragédias. Com a rígida moralidade da sociedade ateniense em relação à mulher, a licenciosidade e a linguagem indecorosa da comédia não eram vistas como adequadas a elas.

O conceito de boa esposa era quase um exato eco do ponto de vista hebreu. Ela teria que ser casta e sensata, competente em fiar, tecer e costurar, capaz de distribuir tarefas adequadas aos empregados, ser econômica com o dinheiro e os bens do marido, gerar filhos e administrar a casa com sabedoria e virtuosamente. Se houvesse necessidade urgente de um herdeiro, esperava-se que ela fizesse sexo com o marido pelo menos três vezes por mês, até que a questão fosse resolvida.[22]

Estima, respeito e honra eram os maiores prazeres do casamento. Hoje parece pouco, mas não era nada desprezível para a mulher de Atenas.

Infanticídio

Na Grécia antiga as famílias preferiam ter menos filhos para não dividir o patrimônio. Meninas eram menos bem-vindas que meninos. Elas não produziam e o dote reduzia as propriedades da família. Uma gravidez acidental era indesejável para mulheres casadas, hetairas e prostitutas. Recorria-se ao infanticídio e ao abandono de crianças para a morte por inanição.

Isso era efetuado antes do décimo dia, quando, em Atenas, a criança recebia um nome, pois somente a partir daí ela passava a existir socialmente. A maior parte das vítimas era composta por crianças ilegítimas ou meninas. Os sobreviventes eram considerados escravos, e as meninas terminavam na prostituição. Algumas crianças, no entanto, tinham mais sorte; eram criadas por pessoas que as encontravam e desejavam mantê-las consigo por algum motivo.[23]

Outro fator justificava o infanticídio: o excesso de mulheres sem casar. Havia ainda a alta taxa de mortalidade masculina nas guerras. O assassinato de meninas corrigia o desequilíbrio. Em Esparta, o próprio Estado praticava o infanticídio. Assim, os fracos, frágeis ou deformados eram lançados numa caverna profunda, próxima ao monte Taígeto, onde os espartanos também lançavam os condenados à morte.

O SEXO

Os homens não costumavam fazer mais sexo com a esposa se considerassem o número de descendentes suficiente. A completa submissão da mulher tornava impróprias práticas como sexo oral, em que o homem proporciona prazer à mulher. Da mesma forma o homem não podia receber esse prazer, pois permanecer passivo era uma atitude inaceitável.

A comédia grega, apesar de exagerada, mostrava aspectos da relação conjugal. Em *Lisístrata*, de 411 a.C., Aristófanes mostra a esposa que recusa o sexo ao marido, numa estranha comédia política. Provavelmente, o fato de não ter herdeiros apavorava o homem. "Quando Lisístrata e suas irmãs decidem se opor ao jeito guerreiro de ser dos homens, simplesmente negando-se a ir para a cama com eles, há comoção na sociedade grega. Pelo menos neste momento, o poder da cama provou ser mais forte do que o poder da espada. Com seus comentários obscenos, a peça parece tão atual quando o slogan dos anos 1960: 'Faça amor, não faça guerra.'"[24]

O sexo no casamento devia ser profundamente insatisfatório para marido e mulher. Os homens viviam outras experiências abertamente, mas mulheres buscavam paliativos discretos. Nem sempre as esposas negligenciadas se queixavam. Algumas conseguiam consolo com a ajuda de alcoviteiras profissionais. Mas a maioria parece ter recorrido aos expedientes menos arriscados da masturbação ou da homossexualidade.

MASTURBAÇÃO E PÊNIS ARTIFICIAIS

A masturbação não era considerada um vício, mas válvula de segurança. Existem referências literárias a ela, especialmente na comédia ática. Antes do século III a.C., escrevia-se pouco e sabe-se menos acerca da vida privada das mulheres. "Entretanto, se as mulheres também não a praticassem, então os vendedores de Mileto estariam fracassando em seu trabalho. Mileto, uma importante cidade comercial na costa da Ásia Menor, era o centro fabricante e exportador do que os gregos chamavam *olisbos*, e gerações posteriores denominavam *dildo*, ou seja, pênis artificiais. Eles eram feitos tanto de madeira como de couro acolchoado, tendo que ser untados com óleo de oliva, antes do uso."[25]

Entre as relíquias literárias do século III a.C. há uma curta peça, um diálogo entre duas jovens: Metro insiste que Coritto lhe empreste seu dildo. Infelizmente, esta o repassou a alguém que o cedeu a uma amiga. Desapontada, Metro quer comprar um e Coritto recomenda um sapateiro-remendão chamado Cerdon. "Oh!, não!" Ela conhece dois mestres sapateiros com tal nome, mas "não confiaria semelhante trabalho" a nenhum deles. Mas a euforia de Coritto sobre o belo acabamento do seu convence Metro.[26]

VIOLÊNCIA DOMÉSTICA

As grandes tragédias de Ésquilo, Sófocles e Eurípedes mostram Édipo e Jocasta, Agamenon e Clitemnestra, Jasão e Medeia destruindo-se uns aos outros. Clitemnestra, junto com o amante, matam seu marido Agamenon, que sacrificara a filha do casal, Ifigênia, antes de partir para Troia. Édipo, assassino inconsciente do pai, Laio, casa-se com a mãe, Jocasta. Ao descobrir a verdade, anos depois, fura os olhos, induzindo Jocasta ao suicídio.

"Essas histórias revelam um medo profundo e estabelecido das esposas vingativas, como Clitemnestra e Medeia, e a confusão mental que, apesar de inconsciente, podia resultar na atitude de uma viúva incestuosa, como Jocasta. As profundas verdades contidas nesses dramas sugerem uma tensão constante que existia na época e continua a existir entre muitos casais. As mulheres alimentavam pensamentos homicidas em relação aos maridos quando eram substituídas por outras ou quando eles machucavam seus filhos, apesar de raramente reagirem de maneira tão dramática."[27]

As mulheres, oprimidas ao longo de séculos, fizeram eco ao receio dos homens em relação a elas. Xantipa, esposa de Sócrates, era uma mulher feroz e o atacava fisicamente. "Como é que" — perguntou certa vez um amigo ao filósofo — "você se mostra satisfeito por tê-la como esposa, embora ela seja a mais malcriada de todas as mulheres que existem?" O filósofo explicou: "Visto que desejo conversar e associar-me à humanidade, escolhi essa esposa sabendo muito bem que, se eu conseguisse aprender a suportá-la, fácil me seria tolerar a companhia de outras pessoas."[28]

A lei oferecia poucos recursos às esposas ofendidas. O mais cruel dos casamentos não podia ser desfeito a pedido da esposa, especialmente após o nascimento de um filho. Seu recurso era abandonar a moradia conjugal — processo que exigia a autorização do arconte (um dos nove chefes magistrados) — e voltar à custódia de seu pai ou de outra pessoa apontada como *kyrios*. Uma lei especial vigiava os interesses da mulher cujo casamento, realizado apenas com interesses financeiros, era ignorado pelo marido logo depois de gerar um herdeiro. Ela podia, por lei, forçar o marido a ter relações sexuais com ela pelo menos três vezes por mês.[29]

Adultério e divórcio

O casamento heterossexual era o único reconhecido na Grécia clássica, mas os maridos não sofriam limitações sexuais. "Para o marido grego, ser privado de prazer estético ou sensual, pelo fato de estar casado, era algo que estava além de seu entendimento. A sociedade e a moral da época reconheciam a natureza poligâmica do homem que, naturalmente, atuava de modo correspondente."[30] Os homens podiam ter relações extraconjugais com concubinas, cortesãs e efebos — jovens rapazes.

A única proibição eram mulheres casadas. Menos para quem dispunha de recursos ou influência. Alcibíades, exilado em Esparta, se envolveu com a esposa do rei Ages, fato amplamente conhecido em Esparta e Atenas. "Mas, de maneira geral, todo aquele que fosse surpreendido cometendo adultério com uma mulher casada podia escapar, no melhor dos casos, pagando uma multa e, no pior, pelo infamante costume do *rapanismós*, ou seja, era enfiado, em público, um rabanete no seu ânus."[31]

A honra do marido era tão importante que, de acordo com uma antiga lei de Drácon — legislador ateniense do século VI a.C., o primeiro a instituir leis escritas, consideradas tão severas que, dizia-se, haviam sido escritas com sangue —, caso o marido traído surpreendesse os adúlteros em flagrante e matasse o amante da mulher, seria absolvido. Poderia contentar-se em espancar o usurpador, ou mandar um servo musculoso executar a tarefa. Também podia se limitar a uma indenização. Aristóteles, em sua obra *Constituição de Atenas*, informa-nos que essa lei ainda estava em vigor na época.

Eufileto, um marido grego, matou o amante da esposa, Eratóstenes, e foi absolvido. Ao encontrar o casal dormindo, ele jogou o amante no chão, amarrou suas mãos, recusou uma boa quantia em dinheiro e matou-o ali mesmo. Em julgamento, o marido traído defendeu-se com um discurso preparado pelo escritor de cartas, Lísias, que mais tarde registrou o incidente para a posteridade.

Eufileto explica o expediente que a mulher empregou para traí-lo: alegou ser mais cômodo deixar o bebê na parte de baixo da casa — normalmente o bebê ficava no gineceu, andar superior — pois ficaria mais perto da água para banhá-lo etc. A mulher de Eufileto combinava com a escrava, e esta, no meio da noite, beliscava o bebê, que chorava; a esposa descia e a escrava abria a porta para Eratóstenes, o amante. Eles mantinham relações sexuais na parte de baixo, enquanto o marido continuava a dormir.[32]

A mulher adúltera

O adultério resultava na expulsão da esposa de casa, pois não se podia mais garantir a legitimidade dos descendentes. Era a dissolução do casamento. A seguir sintetizo o que diz o historiador grego Nikolaos Vrissimtzis sobre o adultério na Grécia clássica.[33] Era o insulto mais severo contra a honra de um homem e seu direito de posse. O marido traído devia separar-se, sob pena de ser estigmatizado por *atimía* ("perda da honra"). Honra e desonra eram conceitos de excepcional importância na sociedade grega. A expulsão da adúltera implicava devolução do dote à família da mulher, perda financeira substancial. Assim, maridos traídos engoliam o orgulho e aceitavam o arrependimento de suas mulheres. O marido que recebia um belo dote demonstraria complacência maior em relação à esposa.

O costume prescrevia que a mulher pega em flagrante de adultério não podia mais assistir a sacrifícios públicos. Se o fizesse, os transeuntes teriam o direito de espancá-la. Segundo Sólon, o legislador, a adúltera "não pode ostentar joias, nem visitar os templos públicos, pois poderá corromper as mulheres honradas; mas se ela o fizer ou ostentar enfeites, então o primeiro homem que a encontrar poderá arrancar suas roupas, seus ornamentos, e açoitá-la. Não poderá, contudo, matá-la ou mutilá-la".

A mulher não podia alegar adultério, mesmo explícito, como motivo para o divórcio. Se ela provasse ter sido vítima de abuso ou de violência física por parte do marido, o divórcio poderia ser concedido. Como resultado do processo de divórcio, todavia, o nome da mulher seria publicamente divulgado e isso era extremamente indesejável, pois as mulheres divorciadas, embora não fossem impedidas de se casar novamente, eram tratadas com desconfiança.

Em Esparta, Licurgo — legislador que viveu e governou no século VIII a.C. — informa que um marido idoso ou estéril podia permitir que um homem jovem tivesse relações com sua esposa com a intenção específica de gerar crianças sadias e vigorosas, que seriam consideradas seus filhos, sem que seu casamento fosse anulado. Do mesmo modo, um nobre que apreciasse uma mulher casada podia pedir permissão ao marido para ter relações sexuais com ela, no intuito de que a pólis obtivesse crianças robustas e de excelente raça. Igualmente, se um espartano tivesse um número de filhos suficientes com sua esposa, era comum ele oferecê-la aos seus amigos para que tivessem relações sexuais com ela. Mas, naturalmente, todos esses atos não eram considerados adultério.

Na Grécia, absolutamente patriarcal, o homem era inquestionável. Foi o "clube masculino mais exclusivista de todos os tempos". O cidadão grego gozava de todos os direitos civis e políticos, e tinha poder absoluto sobre a mulher. Podia, casado, manter concubinas e se relacionar com as hetairas onde e como quisesse, sem prestar contas de suas ações para ninguém, muito menos para sua esposa.

O QUE AS MULHERES SENTIAM?

A História é escrita pelos vitoriosos, e nessa guerra entre homens e mulheres não é diferente. Não há livros sobre o amor escrito pelas esposas gregas. O máximo que se pode fazer é colher dados das tragédias de Sófocles e Eurípedes, e nas comédias de Aristófanes. "Mas isso não provaria nada; toda literatura foi escrita por homens e, principalmente, para homens. O produto não seria propriamente uma reprodução das atitudes da esposa grega; seria uma ficção do espírito grego masculino; uma imaginária megera criada pelo homem para justificar a sua própria atitude, hostil e opressora, com a mulher."[34]

A esposa ateniense só tinha contato com seu marido. Ele era seu senhor, pai dos seus filhos e provedor do lar. É comum, apesar do ódio pelos opressores, pessoas desenvolverem um tipo de afeto por eles. Podemos imaginar então que a esposa grega tenha sentido uma espécie de amor pelo marido, embora esse sentimento possa não ter nada a ver com o que chamamos hoje de amor.

Entretanto, dados relativos ao casamento, ao divórcio e à herança de propriedade na Grécia clássica deixam claro que os vínculos das mulheres com sua família eram sempre mais fortes do que os vínculos com seus maridos. A tragédia de Antígona, na peça de Sófocles, exemplifica isso com o autossacrifício que ela faz por seu irmão, afirmando que um irmão é insubstituível, ao passo que um marido, não.

OS HOMENS FORA DO LAR

O papel tão insignificante das esposas criou uma hierarquia complexa de amantes. Havia as prostitutas, as concubinas, as hetairas e os efebos.

As prostitutas

O legislador Sólon (639-559 a.C.) estabeleceu bordéis em Atenas com a intenção de prevenir que jovens que atingiam a idade adulta cometessem adultério com mulheres respeitáveis. A prostituição inconsequente e descontrolada chegava ao fim. "Você fez bem a todos os homens oh Sólon!" — exultou um poeta. — "Você viu que o Estado estava cheio de homens jovens, e que andando ao léu, na sua concupiscência, por lugares que não tinham nada a fazer, compravam mulheres; em alguns lugares substituíam-nas, prontos para servir a todos os que aparecessem."[35] Sólon, com o dinheiro obtido pela tributação dos primeiros prostíbulos, construiu um templo dedicado a Afrodite Pandemia, a deusa que velava pela prostituição.

Por volta do século IV a.C. as jovens passaram a ser enfileiradas fora das casas, com os seios nus e trajando finas gazes. Escolhia-se a que mais agradasse: magra, gorda, de cabelos lisos ou crespos, jovem ou velha, alta ou baixa. Elas chamavam os homens de "paizinho" se fosse um velho ou "maninho" e "rapazinho". As prostitutas de rua podiam usar uma sandália que sobreviveu aos séculos. Na sola, uma mensagem imprimia na terra a mensagem: "siga-me".[36]

Elas eram escravas ou ex-escravas libertas por amantes ou clientes. Havia imigrantes estrangeiras e meninas abandonadas pelos pais. No subsolo da hierarquia achavam-se as *pornae*. Trabalhavam por salários pequenos em bordéis, em cuja entrada havia um pênis vermelho. Elas não tinham direitos sociais. A fim de se distinguirem usavam roupa ornamentada e tingiam o cabelo com açafrão.

As *auletrides*, ou tocadoras de flauta, eram de uma classe acima e com frequência eram alugadas para festas, a fim de proporcionarem o entretenimento e, depois de servida bebida suficiente, partilharem os leitos dos convidados. No topo da profissão havia as hetairas, que pela importância que tinham na sociedade grega, merecem um espaço próprio. Falaremos delas mais adiante.

As concubinas

A esposa estéril ou que não tivesse gerado meninos e da qual o marido não quisesse se divorciar — para não ter que devolver o dote — podia recorrer ao concubinato como solução. O costume do concubinato conservou-se até o século XX na Grécia e em algumas nações do Oriente mantém-se até hoje. O objetivo do concubinato era a procriação incentivada pelo Estado, caso a legítima esposa fosse estéril ou gerasse apenas meninas. Em Atenas, durante a Guerra do Peloponeso, no século V a.C., cidadãos atenienses casados foram encorajados a ter uma concubina, mesmo estrangeira, para aumentar o número de nascimentos e compensar as perdas na guerra.

As concubinas eram mulheres livres ou metecas e, raramente, escravas. Os metecos eram imigrantes e, como tal, desprovidos de direitos civis e políticos; a partir de 451 a.C., não podiam se casar com atenienses, fossem homens ou mulheres. O concubinato era a saída para as mulheres estrangeiras. As atenienses recorriam ao concubinato em caso de extrema pobreza, por não disporem de dote. O pai incapaz de angariar o dote preferia dá-la como concubina a um cidadão rico, assegurando previamente uma compensação financeira em caso de separação.[37]

As hetairas

Após tempos homéricos, em que as pequenas tribos foram evoluindo e se transformando em cidades-Estado imperialistas, os antigos vínculos de clã se deterioraram. A Grécia precisou reorganizar as ligações afetivas, desviadas na direção dos indivíduos. As esposas gregas, ligadas ao lar, satisfaziam suas necessidades emocionais cuidando dos filhos.

Os homens gregos buscaram pessoas para desenvolver um novo tipo de relação. As esposas eram totalmente ignorantes e nada sabiam sobre a vida de Atenas. "Os homens gregos se mostravam desejosos de fazer experiências com uma ordem nova e mais intensa de relações com as mulheres, desde que encontrassem algumas que lhes oferecessem tanto satisfação para o corpo como entretenimento para o espírito."[38]

Se as mulheres de Atenas, intelectuais, cultas e amorosas, desejassem conversar com homens a respeito de coisas importantes, tornavam-se hetairas — cortesãs de alto nível. Apesar das incertezas da vida, elas podiam usufruir das riquezas da cultura ateniense. Geralmente, a hetaira possuía cidadania ateniense, mas, ao contrário das moças bem-nascidas, era treinada com rigor para ser sexualmente excitante, mentalmente estimulante, cheia de encantos e capaz de interessar a homens inteligentes.

Elas eram elegantes, espirituosas, versadas na arte, na literatura clássica e na política e, por vocação, algo entre uma gueixa e uma prostituta. "A verdade é que as hetairas foram pioneiras — o primeiro grupo de mulheres na história registrada a alcançar um relacionamento pacífico com os homens. As sacerdotisas *naditu*, da Babilônia, eram aceitas pela qualidade de suas mentes; as prostitutas de todos os países, por seus corpos. Entretanto, as hetairas usaram ambos e por ambos eram admiradas."[39]

O que os homens atenienses mais admiravam nas hetairas era o fato de serem exímias em tudo que esses mesmos homens impediam que suas esposas aprendessem. "Ao contrário das hetairas, elas não tinham permissão de se juntar aos maridos à mesa de refeições, onde poderiam ter captado o suficiente sobre cultura e assuntos públicos que lhes permitisse manter uma conversa inteligente. Haviam sido criadas num regime de *kinder, küche und kirche* (filhos, cozinha e religião). Elas não tinham como competir. Como aconteceu através da história, as cortesãs levavam uma vida muito melhor do que as esposas."[40]

Como viviam as hetairas

A hetaira morava, geralmente, em casa própria, e recebia os admiradores e amantes em sua residência. Permitia que certo número de admiradores lhe fizesse a corte; podia também, durante algum tempo, tornar-se companheira exclusiva de determinado homem. Suas roupas, seus cabelos e sua maquiagem eram elegantes; a mesa se apresentava artisticamente posta; sua residência integrava beleza e refúgio, e era um lugar onde um homem podia passar o tempo agradavelmente.

A hetaira era cativante e complexa, estava numa posição muito superior à da esposa ateniense. "A literatura grega desse período refere-se muitas vezes à hetaira como se ela fosse uma verdadeira amiga, uma nobre companheira, uma mulher de caráter de ouro, muito superior à mulher virtuosa. Como o poeta Filitero observou: 'Não admira que haja um altar erguido à Companheira por toda parte, mas em nenhum lugar, em toda a Grécia, há sequer um altar erguido à Esposa.'"[41]

OS EFEBOS

A efebia — relação homossexual grega básica — se dava entre um homem mais velho e um jovem. O jovem tinha qualidades masculinas: força, velocidade, habilidade, resistência e beleza. O mais velho possuía experiência, sabedoria e comando. O efebo — púbere — entregue a um tutor se transformava em cidadão grego. Era treinado, educado e protegido. Ambos desenvolviam paixão mútua, mas sabiam dominar essa atração. Esse controle era a base do sistema de efebia. Havia sexo, mas quando o efebo crescia e se tornava um cidadão grego, deixava de ser o amante-pupilo e tornava-se amigo do tutor; casava-se, tinha filhos e buscava seus próprios efebos.

O AMOR ENTRE PÉRICLES E ASPÁSIA

O período compreendido entre os anos de 461 a.C. e 429 a.C. é considerado a "Idade de Ouro" de Atenas, quando a cidade viveu o seu auge econômico, militar, político e cultural. Nesse período, Atenas foi governada por Péricles (495 a 429 a.C.), a maior personalidade política do século V a.C. Sob sua liderança, Atenas tornou-se a cidade mais importante da Grécia, um centro de cultura, arte, literatura, filosofia e ciências.

Dispondo de parte do tesouro da cidade, o líder político dessa pólis decidiu reconstruir os templos destruídos pelos persas e erigiu novas estruturas, entre as quais se destacam o Partenon e outros edifícios da Acrópole.

Durante seu governo, Atenas alcançou tamanho apogeu e o século em que viveu foi chamado de "século de Péricles".

Nessa época, a cidadania era hereditária, mas apenas se ambos os pais fossem atenienses e da classe cidadã. Em 451-450 a.C., sob as leis instituídas por Péricles, os cidadãos tinham que se casar com mulheres cujos pais fossem nascidos em Atenas se quisessem que seus filhos tivessem o mesmo almejado status.

O historiador Morton M. Hunt conta em seu livro o ardente caso de amor entre Péricles e a hetaira Aspásia.[42] Nessa época, nenhuma mulher exerceu maior influência do que Aspásia, hetaira que aprendeu e praticou sua profissão em Mileto, mudando-se depois para Atenas em 450 a.C. Sua habilidade de cativar residia no fato de que sua beleza se encontrava aliada a outras qualidades ainda mais arrebatadoras. Era muito culta, altamente habilidosa no falar e revelava grande talento nas discussões filosóficas. No *Menexeno*, de Platão, Sócrates diz que estudou retórica com Aspásia, e que ela foi mestre e treinadora de alguns dos melhores oradores atenienses.

Hunt considera uma pena não haver nenhum registro digno de fé dos primeiros encontros de Péricles com Aspásia. Seria interessante saber se ele foi à casa dela para aprender retórica e acabou lá ficando para amar, ou se apareceu para fazer galanteios, sendo, afinal, cativado pelo espírito e pela alma da cortesã. Seja qual for o caso, Péricles e sua esposa logo se divorciaram. Péricles levou Aspásia para a sua própria residência, na qualidade de amante exclusiva.

Daí por diante, Aspásia passou a ser a rainha sem coroa de Atenas. Para os conservadores, entretanto, ela era um perigo. Acusavam-na de ser alcoviteira, intrigante e uma força malévola em política. Chegou-se mesmo a dizer que a longa Guerra do Peloponeso fora iniciada a pedido de Aspásia, simplesmente porque duas das suas camareiras haviam sido roubadas por malfeitores procedentes da cidade de Megara.

Péricles era inteiramente devotado a Aspásia e teria se casado com ela se a lei não proibisse que cidadãos se casassem com não cidadãs. Mas ele fez muito por ela. Além de legar sua fortuna ao filho ilegítimo que ela lhe dera, certa vez defendeu a amante publicamente contra acusações maliciosas de falta de religiosidade. Ao tomar essa atitude, Péricles arriscou a sua honra e reputação, a fim de pleitear a absolvição dela, perante um júri de 1.500 cidadãos, para os quais apelou até com lágrimas nos olhos. Os atenienses absolveram Aspásia com votação honrosa e, mais tarde, até concederam cidadania a seu filho com Péricles.

O DILEMA DO HOMEM GREGO

Não era comum que os homens experimentassem a profunda satisfação que Péricles encontrou na companhia de Aspásia. Por mais apaixonados que estivessem por uma hetaira, eram tomados de uma estranha emoção. O relacionamento tinha um caráter excessivamente comercial. Para ter todo o luxo e conforto, uma hetaira precisava ser sustentada por vários amantes. Numerosos escritores relataram episódios de amantes que foram reduzidos à miséria e depois postos à margem; e também episódios de homens que esbanjaram cegamente as suas riquezas, além da reputação, em benefício de hetairas insaciáveis.

Hunt nos fala de outra questão. Era clara a ambivalência dos homens gregos em relação às hetairas. Embora eles estivessem à procura de uma nova forma de relação amorosa com as mulheres, viam-se profundamente influenciados e limitados pela herança cultural da misoginia. Eram capazes de amar o amor, de maneira completa, mas só parcialmente amavam as mulheres consideradas como pessoas. Os homens falavam de mulheres, andavam à caça de mulheres e sentiam-se sempre insatisfeitos com elas. Quando em raras oportunidades se apaixonavam, sofriam, brigavam e consideravam o amor um sofrimento mortal.[43]

Os homens gregos, tentando uma nova forma de relações amorosas com as mulheres, foram colhidos por um dilema, para o qual não conseguiram encontrar saída. "Para eles, o amor ou era brinquedo agradável, diversão prazerosa, exercício saudável do corpo e do espírito, ou era loucura trágica, força esmagadora e enfermidade ruinosa. Porque, se a mulher era tristemente imperfeita, como poderia ela merecer o amor ideal ou proporcioná-lo em troca?"[44]

O AMOR ENTRE HOMENS

O amor na Grécia clássica era bem diverso do amor ocidental contemporâneo. Ele não era considerado, tanto como é agora, uma finalidade da vida, e sim um passatempo divertido, uma distração, ou, por vezes, uma aflição enviada pelos deuses. As suas expressões sinceras eram proferidas, não por jovens homens e mulheres que se desejassem reciprocamente, e sim por homossexuais cortejando criaturas de seu próprio sexo. "É um paradoxo o amor moderno haver começado com o amor grego, dever tanto a ele, muito embora as formas e os ideais do amor grego sejam considerados imorais na sociedade moderna."[45]

Por dois séculos, entre VI a.C. e o início de IV a.C., floresceu a efebia. "A florescência de um menino de doze anos é desejável, mas aos treze é ainda mais deliciosa. Ainda mais doce é a flor do amor que floresce aos quatorze e seu encanto aumenta aos quinze. Dezesseis é a idade divina."[46] A homossexualidade entre adultos ou homens abaixo da puberdade raramente é testemunhada na Grécia antiga.

Não é de admirar que os gregos considerassem o homem mais próximo da perfeição. Ele podia ser objeto de um amor ideal — particularmente o homem de cultura e requinte, que buscava afinidades de espírito como parte do amor. "O adolescente com seu rosto imaturo e com seu corpo ainda em desenvolvimento, com as suas forças espirituais ainda não desabrochadas, e com a sua promessa de masculinidade ulterior, podia inspirar ao homem grego uma emoção ainda mais intensa e mais apaixonada do que a provocada pela hetaira. O amor pelos adolescentes envolvia e implicava pendores requintados e estéticos. Na Grécia, a homossexualidade foi dignificada como uma relação de ordem superior."[47]

Havia declarações apaixonadas do adulto pelo jovem, textos ardorosos; juramentos solenes; proezas enlouquecidas. O adulto apaixonado ruborizava-se quando o nome do jovem era mencionado; entediava seus amigos com louvores incessantes ao amado e tornava-se embotado e tolo na presença deste. Contudo as relações se deterioravam quando a barba do jovem se mostrava plenamente formada. O próprio rapaz, ao transformar-se em homem maduro, descartado como criatura amada, procurava rapazes para amar.[48]

O amor homossexual se ajustava perfeitamente ao padrão do namoro e da paixão, e não corria perigo algum de transformar-se em união permanente, nem de acarretar com isso desilusão ulterior. Havia convenções; o adulto tinha menos de 40 anos, o jovem entre 12 e 18 anos, e não substituía o casamento. À medida que esse gênero de amor foi se tornando instituição nacional, os homens gregos mais responsáveis procuraram incensá-lo e justificá-lo como expressão do tipo mais elevado de emoção humana. "Alguns alegavam que o amor entre homens deveria permanecer puro, envolvendo apenas as emoções, mas seus comentários embevecidos a respeito da beleza dos jovens fazem com que a gente suspeite que essa conduta ideal fosse difícil de ser seguida."[49]

Os homens falavam do amor dos jovens louvando a satisfação sexual; poucos autores condenavam o amor dos adolescentes como degradante, antinatural e abjeto. A lei punia a prostituição masculina, mas nada dizia a respeito das relações não pagas. "Nenhum Dr. Kinsey se encontrava à mão; a frequência dos contatos sexuais verdadeiros entre homens atenienses é desconhecida, mas a evidência literária é clara: as ligações emocionais entre homens constituíam moda. Quase todas essas ligações envolviam conversas, flerte, beijos, abraços e, na maioria dos casos, isso conduzia, com o tempo, à plena relação sexual."[50]

Para alguns críticos este tipo de amor era tão poderoso que os rapazes se mostravam cruéis com seus amantes. Mas há evidências de grandes satisfações intelectuais e emocionais. Nada impedia que o homem grego, amando um jovem, também tivesse relações sexuais com mulheres, sem sentimento de culpa.

O BATALHÃO SAGRADO DE TEBAS

O amor por um jovem dotado de fascínio físico e intelectual aperfeiçoava o caráter tanto do amante como do amado. O Batalhão Sagrado de Tebas — quadro de tropas de choque — era composto inteiramente de casais homossexuais. Em Esparta, na ilha grega de Eubeia e em Tebas, cidade da Beócia, a efebia era associada ao sucesso na guerra. Em Esparta, todo recruta de bom caráter possuía um amante de idade madura.

Conforme disse Platão: "Um punhado de amantes armados, lutando ombro a ombro, pode conter todo um exército. Isso porque seria intolerável para o amante seu amado vê-lo desertando das fileiras ou atirando longe suas armas. Ele preferia mil vezes morrer a ser tão humilhado... Em tais ocasiões, o pior dos covardes seria inspirado pelo deus do amor, a fim de provar-se igual a qualquer homem naturalmente bravo".[51] Após 33 gloriosos anos, o Batalhão Sagrado de Tebas finalmente foi aniquilado na Batalha de Queroneia. Todos os seus trezentos membros foram mortos.

O AMOR ENTRE MULHERES

As mulheres gregas só se relacionavam com outras mulheres, logo não é estranho supor que muitas tenham encontrado afeto e prazer sexual com elas. Entretanto, nada se sabe a esse respeito.

Só temos informações de uma época anterior, o século VII a.C. Safo viveu na ilha de Lesbos e dirigia uma escola onde mulheres aprendiam música, poesia e dança. Ela se apaixonou por algumas dessas mulheres e manifestou o seu amor em poemas sensuais. "Sua poesia exerceu enorme influência sobre a literatura erótica subsequente. E sobre a vida também: a maior parte dos sintomas de que os amantes têm sofrido, durante mais de vinte séculos, foi primeiramente posta em evidência por Safo, e constitui talvez tanto material de condicionamento cultural como material para a biologia."[52]

Safo escreveu cerca de 12 mil linhas, das quais somente 5% sobreviveram à queima de livros efetuada mais tarde pelos cristãos. Um poema que ela fez para uma de suas alunas, quando a moça ia deixá-la para se casar, mostra toda a sua dor de amor, com o ciúme que a atormentava:

> *Semelhante aos deuses me parece esse homem*
> *Feliz que se senta e te fita, estando tu diante dele*
> *Bem de perto, no silêncio, ouve*
> *tua voz tão doce.*
> *Rindo o riso suave do amor. Oh! Isto, somente isto*

Sacode o perturbado coração que há no meu peito, fazendo-o tremer!

Desde que eu possa ver-te por apenas um pequeno momento

Minha voz é imediatamente silenciada

Sim, minha língua está partida; por todo o meu ser,

Sob minha pele de repente desliza um fogo sutil;

Nada meus olhos veem, e uma voz, de ondas claríssimas

Em meus ouvidos ressoa

O suor escorre por meu corpo, um tremor se apodera

De todos os meus membros, e, mais pálida do que a grama de outono

Tomada pela angústia da morte que ameaça, eu desmaio

Perdida no transe do amor.

"Isto é algo novo, algo que não se encontra na vida primitiva, nem na poesia ou histórias primitivas. Isto é o começo do amor ocidental; por mais diversos que possam ser os casos de amor de Safo, os do homem e da mulher modernos, o certo é que os sintomas superficiais da paixão ainda são os mesmos."[53] Os grandes médicos gregos, por conta da autoridade que tinha Safo, aceitaram a sua lista de sintomas, como se constituísse auxílio para a definição do diagnóstico.

Por volta do ano 300 a.C., por exemplo, Antíoco, filho de Seleuco, rei da Síria, apaixonou-se violentamente pela jovem esposa de seu pai, Estratonice. Não tendo esperança alguma de ser feliz, reprimindo seu amor secreto, resolveu fingir-se doente e morrer de inanição. Erasístrato, seu médico, reconheceu a natureza da enfermidade, mas nada poderia fazer sem descobrir de que mulher se tratava. Assim, Plutarco narra o episódio:[54]

Erasístrato percebeu que a presença de outras mulheres não produzia efeito algum nele. Quando, porém, Estratonice aparecia para vê-lo, como com frequência acontecia, só ou em companhia de Seleuco, Erasístrato observava no jovem todos os sintomas famosos de Safo: sua voz mal se articulava; seu rosto ruborizava, seus olhos olhavam furtivamente, um suor súbito irrompia através de sua pele; os batimentos do coração se faziam irregulares e violentos, e, incapaz de tolerar o excesso de sua própria paixão, ele tombava em estado de desmaio, prostração, palidez. Quando o médico expôs tudo isso a Seleuco, este deu de presente Estratonice a seu filho, em casamento — livrando-o daqueles sintomas para sempre. Porque tal era a natureza do amor, pelo menos como os gregos o celebravam: se o amor culminava uma união final e permanente, os sofrimentos, e também os êxtases, se evaporavam.

Apesar de suas preferências sexuais, Safo teve marido e filha. Segundo alguns autores, os homens vingativos teriam acrescentado uma narrativa para o final de sua vida. Foi-lhe atribuída uma paixão ardente por um homem chamado Fáon que, segundo o poeta Meandro (século IV a.C.), ela teria "perseguido com um amor furioso". Não sendo correspondida no seu amor, Safo teria se lançado ao mar do alto de uma rocha, suicidando-se. Embora denegrida por alguns em função de seus amores, foi glorificada por seu talento. Desde a Antiguidade, foi chamada de a "décima Musa". Mesmo assim, seu nome será sempre ligado aos amores que ela cantou, à homossexualidade.

OS LIMITES DO AMOR GREGO

O grego não tinha capacidade para identificar os seus desejos nem os seus objetivos na vida com os desejos e os objetivos de qualquer outra pessoa, e também não subordinava suas vontades às vontades dos outros. Preocupava-se principalmente com a riqueza de sua própria experiência, bem como com a total utilização de suas próprias habilidades para o gozo dos prazeres.

Embora tenham inventado o amor, os gregos não o relacionavam com o casamento, nem lhe atribuíam um valor ético. Por isso, nunca solucionaram os dilemas inerentes a ele. E isto porque os gregos consideravam o amor era divertimento sensual que se dissipava muito cedo, ou um tormento enviado pelos deuses, que durava um tempo excessivamente longo. Eles ansiavam por inspiração, e só a encontravam na adolescência masculina, imatura e transitória, ou buscavam o amor de uma mulher — e o encontravam apenas nos braços das prostitutas.[55]

O DECLÍNIO GREGO

Como vimos, a Grécia viveu seu momento de maior esplendor nos séculos V e IV a.C., particularmente em Atenas. Foi a Idade de Ouro ou O Século de Péricles, a época do apogeu da democracia e do desenvolvimento cultural. Entretanto, algum tempo depois surgiu um novo mundo no Mediterrâneo e no Oriente Próximo.

Quando as cidades-Estado entraram em decadência e se tornaram frágeis, por conta das longas guerras, principalmente da Guerra do Peloponeso (entre Esparta e Atenas — 431 a 404 a.C.), uma nova força começou a surgir: o reino da Macedônia. Os macedônios falavam grego e frequentavam os festivais gregos; seus reis reivindicavam descender de famílias gregas, o que os gregos contestavam. Contudo, a Macedônia mudou o curso da história grega.

Em 359 a.C., Filipe II assumiu o trono macedônico. Ele tinha a ambição de que a Macedônia fosse reconhecida como grega. Os macedônios organizaram uma poderosa estrutura militar e foram conquistando os territórios gregos. Filipe II foi assassinado e, em 336 a.C., Alexandre, o Grande, seu filho, tornou-se rei.

Considerado o mais célebre conquistador do mundo antigo, dois anos depois ele se tornou senhor de toda a Grécia. Alexandre era um grego apaixonado; carregava nas suas campanhas um exemplar precioso de Homero, além de dormir com a *Ilíada*, a *Odisseia* e um punhal debaixo do travesseiro. Seu tutor fora Aristóteles. Em 323 a.C., ele morreu na Babilônia, com apenas 33 anos.

Culturalmente, o resultado das campanhas de Alexandre foi a fusão da cultura grega com a oriental, transformando uma e outra numa nova forma de expressão, que se denominou Helenismo. O Período Helenístico é o período da história da Grécia compreendido entre a morte de Alexandre, o Grande, e a conquista da península grega e ilhas por Roma, em 146 a.C. Durante o Helenismo foram fundadas várias cidades de cultura grega, como Alexandria e Antioquia.

Após a morte de Alexandre, a unidade territorial do império se perdeu. Os territórios conquistados por ele foram partilhados entre seus generais.

O fracionamento do império e as lutas internas que se seguiram levaram ao enfraquecimento do poder.

Durante o século II a.C., os romanos iniciaram seu processo de expansão territorial, resultando na dominação do antigo Império Macedônio. A conquista definitiva do território grego transformou a Grécia em província do vasto Império Romano. Os romanos, admiradores da civilização grega, absorveram muito de sua cultura.

LINKS

HOMOSSEXUALIDADE

A mentalidade grega era tão patriarcal que os homens desprezavam profundamente as mulheres. Eles as consideravam inferiores e irracionais. Por conta disso, lhes negaram qualquer tipo de instrução. Não é de admirar, então, que para eles o homem estivesse mais próximo da perfeição.

Na efebia o mais velho admirava o mais jovem por suas qualidades masculinas: força, velocidade, habilidade, resistência e beleza, e o mais jovem respeitava o mais velho por sua experiência, sabedoria e comando. O efebo era entregue a um tutor, que o transformaria num cidadão grego. O tutor deveria treinar, educar e proteger o efebo. Ambos desenvolviam uma paixão mútua, mas deveriam saber dominá-la.

Atualmente, o amor de um homem adulto por um jovem de 12, 13 anos, não é aceito. Em 1993, o ídolo pop Michael Jackson foi acusado pela primeira vez de pedofilia. O pai de Jordan Chandler, um menino de 13 anos, o processou por abusar sexualmente do seu filho. A queixa acabou sendo retirada e resolvida sem a intervenção dos tribunais, com um acordo de US$ 20 milhões. Dez anos depois, numa entrevista, Michael Jackson disse que não havia mal nenhum em dormir na mesma cama com garotos e confessou que gostava de dormir ao lado dos seus convidados no rancho Neverland. Ao seu lado, aparece um garoto de 13 anos. Em 2005, outro jovem moveu um processo de pedofilia contra o cantor, que desta vez foi inocentado por unanimidade.

Mas houve reações. O congressista americano Peter King chamou publicamente Michael Jackson de pedófilo e molestador de crianças. "Ninguém quer levantar e dizer que não precisamos de Michael Jackson. Ele morreu, ok, ele tinha algum talento, pode ter sido um bom cantor, fez algumas danças. Mas você deixaria o seu filho ou o seu neto na mesma sala com o Michael Jackson? Então por que o estamos glorificando?", questionou o político.

AS LÉSBICAS

As mulheres homossexuais são chamadas de lésbicas em referência à ilha de Lesbos, onde nasceu Safo. Ela era objeto de gracejos obscenos e julgamentos moralistas. Seus amores foram ridicularizados pelos poetas cômicos de Atenas, mas como a vida das mulheres gregas não é muito conhecida, não se tem quase informação a respeito da homossexualidade feminina nessa época.

Na última década, observamos uma novidade: torna-se cada vez mais comum meninas ficarem com meninas. "Acho ótimo não ter que ficar só com meninos. Várias vezes, em festas ou shows, fiquei com alguma menina. Todos começam a dançar e, quando vejo, estou beijando uma delas que me atraiu. Beijamos mesmo, com língua e tudo. Mas isso não impede que eu também fique com algum menino", contou Clara, de 17 anos. Alguns psicólogos dizem que o fato de as meninas se beijarem não determina alguma tendência homossexual ou bissexual. O beijo poderia ser um desafio, uma tentativa de mostrar como são liberadas, sem preconceitos. Pode ser. Contudo, essa mudança de comportamento das mulheres não se limita ao beijo.

Fátima, mãe de uma adolescente, me enviou a seguinte mensagem: "Minha filha tem 14 anos. Quando tinha 12, chorando, me confidenciou que estava gostando de outra menina. Achava que era perturbadora a atração que sentia por meninas. Ela mudou de escola, depois ficou com meninos, e pareceu que o assunto havia sido esquecido. Mas hoje eu a surpreendi, no escuro, na rede da varanda, com a amiguinha. Estavam conversando e vendo as estrelas, mas ambas deitadas na mesma direção. Não gostei. Acho que ela deve evitar esse comportamento, mas tenho medo de tirar a espontaneidade dela. Como agir? Devo me preocupar?".

Não são poucas as adolescentes que namoram outras meninas. A dificuldade de uma mãe aceitar a homossexualidade da filha se deve, entre outras razões, à expectativa criada em relação ao seu comportamento. Desde pequenas as meninas são educadas para o casamento com o sexo oposto e para o papel materno. O mesmo conflito que surge na adolescência, quando percebem que seu desejo amoroso e sexual é dirigido para pessoas do seu próprio sexo, é vivido pelos pais, que reagem de variadas formas. Contudo, homens e mulheres homossexuais precisam lutar para ser autônomos, não se submetendo aos valores impostos nem absorvendo os preconceitos da sociedade. Afinal, ser homossexual não significa infelicidade, da mesma forma que ser heterossexual não garante felicidade a ninguém.

HOMOFOBIA

Paulo, 34 anos, me procurou no consultório, desejando começar uma terapia. "Não sei mais o que faço. Já tentei, mas não tenho tesão por mulher alguma. Isso me acompanha desde a adolescência. Nunca tive coragem de transar com homem; não aceito a homossexualidade e não quero ser gay! Há épocas em que fico deprimido, com uma profunda insatisfação. O problema é que as pessoas percebem e, muitas vezes, sou alvo de preconceitos. Tenho até medo de perder o emprego. Na prática, vivo como se sexo não existisse, mas isso está me torturando."

Parece mentira, mas a homossexualidade provoca preconceito e ódio. Uma pesquisa sobre violência no estado de Nova York, EUA, concluiu que, entre todos os grupos minoritários, os homossexuais eram objeto de maior hostilidade. Além dos insultos habituais, os ataques físicos são mais do que comuns. E o pior pode acontecer quando esse ódio é incorporado aos programas de governo, como foi demonstrado pela imprensa americana, na década de 1990, numa matéria sobre como o Irã "celebrou o Ano-Novo": três homossexuais foram decapitados publicamente, e duas mulheres acusadas de lesbianismo foram apedrejadas até a morte — execuções que não raro duram várias horas, já que segundo a lei iraniana têm de ser feitas com "pedras pequenas o suficiente para não matarem a pessoa instantaneamente".

Como vimos, na Grécia clássica, a homossexualidade era uma instituição e os gregos não se preocupavam em julgá-la. Em algumas cidades gregas, ela aparece como uma prática necessária dos ritos de passagem da juventude cívica, num quadro regido pelas leis, mas se relacionando estreitamente com a masculinidade.

Nos séculos XII e XIII, entretanto, começou na Europa uma repressão maciça da homossexualidade, como parte de uma campanha contra heresias de toda natureza, que evoluiu até o terror da Inquisição. Por conta das perseguições, ela se tornou perigosa e clandestina. No século XIX, a atividade homossexual deixou de ser classificada como pecado e passou a ser considerada doença. O tabu só diminuiu com o surgimento dos anticoncepcionais, na década de 1960. A dissociação entre o ato sexual e a reprodução possibilitou aos homossexuais sair da clandestinidade, na medida em que as práticas homo e hétero, ambas visando ao prazer, se aproximaram.

Apesar de hoje a homossexualidade não ser mais considerada doença, a discriminação continua, sendo os gays hostilizados e agredidos. A homofobia deriva de um tipo de pensamento que equipara diferença a inferioridade. E quem são os homofóbicos? Alguns estudos indicam que são pessoas conservadoras, rígidas, favoráveis à manutenção dos papéis sexuais tradicionais. Quando se considera, por exemplo, que um homem homossexual não é homem, fica clara a tentativa de preservação dos estereótipos masculinos e femininos, típicos das sociedades de dominação que temem a igualdade entre os sexos.

A homofobia reforça a frágil heterossexualidade de muitos homens. Ela é, então, um mecanismo de defesa psíquica, uma estratégia para evitar o reconhecimento de uma parte inaceitável de si. Dirigir a própria agressividade contra os homossexuais é um modo de exteriorizar o conflito e torná-lo suportável. E pode ter também uma função social: um heterossexual exprime seus preconceitos contra os gays para ganhar a aprovação dos outros e assim aumentar a confiança em si mesmo.

Por mais que se denuncie o absurdo que o ódio e a frequente agressão aos gays representam, a homofobia não deixará de existir num passe de mágica. Seu fim depende da queda dos valores patriarcais que, já em curso, vem trazendo nova reflexão sobre o amor e a sexualidade. Caminhamos para uma sociedade de parceria, e se nela o desejo de adquirir poder sobre os outros não for preponderante, a homossexualidade deixará de ser tratada como anomalia, passando a ser aceita simplesmente como uma diferença.

ABANDONO E VINGANÇA

Medeia era filha de Aetes, rei da Cólquida, que possuía o velocino de ouro — lã de ouro do carneiro alado Crisómalo. Jasão e os argonautas — tripulantes da nau *Argo* — buscavam o velocino para que Jasão retomasse o trono de Iolco, mas Aetes o mantinha guardado por um dragão. Medeia apaixonou-se por Jasão e se opôs ao pai para ajudá-lo, salvando a vida do herói grego. Fugiu com ele da Cólquida em seu navio rumo à Grécia.

Após alguns anos juntos, Jasão a abandonou, para se casar com a filha de Creonte, rei de Corinto, e permitiu que este a exilasse junto aos filhos. Injustiçada e furiosa, Medeia não poupa esforços para se vingar de Jasão: envia um presente de casamento à noiva do ex-marido — um vestido envenenado que ao ser usado rompe em chamas e queima até a morte a princesa de Corinto e o rei. Mas não é o fim. Ela mata os dois filhos que tivera com Jasão.

O poeta grego Eurípedes escreveu a tragédia *Medeia*, no século V a.C. Usando o exemplo dela, mostrou a situação das mulheres da sua época, pouco diferente da condição de escravas. Medeia renuncia a tudo para seguir Jasão. O sentido de sua vida é amá-lo, e isso ainda representa a situação de muitas mulheres. O "grande amor" é para elas o centro da existência e absorve grande parte de suas energias.

A história de Medeia retrata o efeito destrutivo que a fixação no "grande amor" pode ter. "Uma mulher que vê, no seu relacionamento amoroso com o homem, um sentido exclusivo e um conteúdo da sua vida acaba de mãos vazias quando o seu homem se dedica a uma outra ou se ela acredita não estar mais correspondendo aos ideais masculinos relativos à beleza e à atração sexual. Tendo investido todas as suas energias no relacionamento, ela agora se sente lograda."[56]

Passados 2.500 anos dos assassinatos múltiplos promovidos por Medeia, uma chinesa que queria vingar-se do marido por ele ter pedido o divórcio explodiu em março de 2006 o edifício em que ele morava, em Leye, no sul da China. Segundo um oficial de polícia, a mulher de 37 anos comprou o explosivo por US$ 23 e, com a ajuda de três cúmplices, detonou a carga no edifício residencial de três andares, deixando um saldo de nove mortos e quatro feridos.

Mas os homens suportam menos ainda o abandono. A procuradora de justiça de São Paulo, Luiza Nagib Eluf, afirma que as mulheres são menos afeitas à violência física. "A história da humanidade registra poucos casos de esposas ou amantes que mataram por se sentirem traídas ou desprezadas. Essa conduta é tipicamente masculina. (...) O crime passional costuma ser uma reação daquele que se sente 'possuidor' da vítima. O sentimento de posse, por sua vez, decorre não apenas do relacionamento sexual, mas também do fator econômico. O homem, em geral, sustenta a mulher, o que lhe dá a sensação de tê-la 'comprado'. Por isso, quando se vê contrariado, repelido ou traído acha-se no direito de matar."[57]

Um bom exemplo é a ópera *Carmen*, de Bizet, que estreou em 1875, em Paris. É por Carmen, a bela e fascinante vendedora de cigarros, que Dom José se apaixona e deserta da vida militar. A mulher primeiro o seduz, o faz sonhar, mas depois se apaixona por outro, o toureiro Esacamillo. Inconformado com o abandono, Dom José a apunhala no peito, perto da entrada da Praça de Touros, onde Escamillo está sendo aclamado pela multidão, após a sua atuação.

Na vida real há inúmeros casos de mulheres assassinadas por terem desejado o término da relação. Alguns são bem conhecidos. Em 1976, em Búzios, Rio de Janeiro, Doca Street assassinou Ângela Diniz, com quem vivia há quatro meses. Ângela não queria mais continuar o relacionamento e o expulsou da casa de praia. Doca, num primeiro momento, resignou-se. Saiu de casa. Pouco depois, resolveu voltar. Ao entrar novamente em casa, surpreendeu Ângela, com biquíni com uma blusa por cima, descansando em um banco.

Descarregou nela sua arma. Três tiros acertaram o alvo: seu belo rosto. Com a vítima caída, mais um tiro na nuca. Ângela ficou transfigurada.

Outro crime que chocou todo o país foi o do jornalista Antônio Marcos Pimenta Neves, ex-diretor de redação do jornal *O Estado de S. Paulo*. No dia 20 de agosto de 2000, não aceitando ser abandonado pela namorada, a também jornalista Sandra Gomide, na época com 32 anos, Pimenta Neves a matou com dois tiros pelas costas, em um haras em Ibiúna, São Paulo.

Para o psicólogo americano David Buss, um refrão comum aos matadores emitido para suas vítimas ainda vivas é: "Se não posso ter você, ninguém pode". As mulheres estão sob um risco maior de serem assassinadas quando realmente abandonam a relação, ou quando declaram inequivocamente que estão partindo de vez. Buss aponta dados importantes.[58] Um estudo de 1.333 assassinatos de parceiras no Canadá mostra que mulheres separadas têm de cinco a sete vezes mais possibilidades de serem assassinadas por parceiros do que mulheres que ainda estão vivendo com os maridos. O tempo de separação parece ser crucial.

As mulheres correm o maior risco nos primeiros dois meses depois da separação, com 47% das mulheres vítimas de homicídio sendo mortas durante esse intervalo, e 91% dentro do primeiro ano depois do desenlace. Os primeiros meses depois da separação são especialmente perigosos, e precauções devem ser tomadas por pelo menos um ano.

Os homens nem sempre emitem ameaças de matar as mulheres que os rejeitam, claro, mas tais ameaças devem sempre ser levadas a sério. Eles ameaçam as esposas com o objetivo de controlá-las e impedir sua partida. A fim de que tal ameaça seja levada a sério, violência real tem que ser levada a cabo. Os homens às vezes usam ameaças e violência para conseguir controle e impedir o abandono.

O DOCE PRAZER DA VINGANÇA

Há diferença entre violência reativa e violência vingativa, ou seja, entre o ato passional de alguém que mata num acesso de ciúmes, violência e loucura, e o ato planejado detalhadamente por quem foi rejeitado. Neste caso, o único objetivo é causar o máximo de sofrimento à pessoa — ou às pessoas — responsável por sua infelicidade.[59]

A grande maioria das pessoas, felizmente, não reage dessa forma quando é abandonada. Mas quem vive uma situação de abandono diz se sentir completamente só com seu desespero. Afirma não haver palavras que amenizem a dor, porque o desespero da perda faz com que se feche em si mesmo, sendo difícil que alguém possa lhe ajudar. Todo discurso racional, de conforto e de consolo, é ineficaz.

Para a escritora uruguaia Carmen Posadas o ato do amante passional que mata o ser amado que o abandona ou prefere outra pessoa é a consequência da frustração de seu desejo de posse. A pessoa não suporta mais seus sofrimentos e sente que sua única possibilidade de salvação é cortar o problema pela raiz. Entretanto, a dinâmica da violência vingativa é outra. O amante quer resolver uma questão que considera pendente; não quer evitar o mal que o ameaça, mas "anular magicamente" aquilo que na realidade já aconteceu. Delicia-se imaginando mil vezes o castigo que infligirá ao ser amado ou ao rival que o roubou, inventando roteiros de terror continuamente aperfeiçoados. O que move a vingança é o ódio, fruto da rejeição. O amante rejeitado acredita que ninguém o amará, nunca mais. Odeia a si mesmo e à pessoa que nele provocou esses sentimentos. Como o ódio não tem o poder de refazer o passado, ele confia à vingança futura.[60]

As histórias de vingança geralmente retratam o efeito destrutivo que a fixação no "grande amor" pode ter. Uma mulher que investe todas as suas energias no relacionamento amoroso, e vê nele o único sentido da sua vida, talvez reaja com raiva e sede de vingança contra o homem que a abandonou. Em outros casos a mulher volta a agressão para si própria e cai em profunda depressão.[61]

De qualquer forma, é fundamental que homens e mulheres, se quiserem viver de forma mais satisfatória, reflitam sobre como se vive o amor na nossa cultura, principalmente no que diz respeito à dependência amorosa e possessividade. "Talvez uma mulher reaja com raiva e sede de vingança contra o homem, contra a sociedade que a impeliu para esse papel; mas como a expressão de raiva, da ira e dos sentimentos de vingança é considerada 'nada feminina', é provável que ela volte sua agressão para o interior e caia numa depressão autodestrutiva."[62]

Depois do crime, o criminoso passional não costuma fugir. Alguns se suicidam, morrendo na certeza de que o ser amado não pertencerá a mais ninguém. "O medo de que ninguém nos possa proteger e a suspeita de ser abandonado e rejeitado são os pesadelos da infância, mas também os fantasmas da maturidade."[63]

Violência contra si próprio: o suicídio

Quando alguém é abandonado, se convence de que não foi o que deveria ter sido e não deu o que deveria ter dado ao outro. A pessoa se responsabiliza por ter falhado. Este é o momento em que se deseja morrer, de alguma doença ou de um acidente, porque não é suportável a ideia de que o abandono foi causado por uma insuficiência própria. Os suicídios se situam aí, ou seja, quando a relação é vivida como fracasso e surge a certeza da incapacidade de manter o outro interessado.

O sentimento de desvalorização é intenso. O filósofo dinamarquês Kierkegaard (1813-1855) expressou bem essa ideia: "Desesperar-se por qualquer coisa não é ainda, pois, o verdadeiro desespero. É o princípio; é como quando o médico diz que a doença ainda não se manifestou. O estágio próximo é a manifestação evidente: desesperar-se de si mesmo".[64]

O sentimento de culpa tortura a alma da mulher abandonada. Ela repete mil vezes para si mesma que não conseguiu manter o amor do homem, que não tem atrativos, que tudo é culpa dela. O ódio que sente do homem que a abandona e da mulher que o roubou transforma-se em ódio de si mesma. Assim como a poeta grega Safo, que, abandonada pelo amante, se atirou ao mar do rochedo de Leucade, ela opta pelo suicídio.

Quando o homem avisa que vai abandoná-la e diz: "Adeus... Não chore, por favor... O que eu posso fazer? Não te amo mais... Não chore. Não quero que você sofra... Adeus". Ele deixou de amá-la, e ela deixou de amar a si mesma. Sem perceber, ele já começou a matá-la em sua identidade de amante, de companheira, de mulher. A morte física é a continuação da morte psíquica provocada pelo abandono.[65]

Quanto mais violento o ato suicida, mais evidente é o desejo de desforra. "A mulher rejeitada desliga a máquina social da aparência que mantinha viva e escolhe a autoeutanásia para jogar na cara de seu companheiro mal-agradecido o quanto o amou e o quanto sofreu por sua culpa. O desejo de desforra é o pano de fundo mais comum do ato suicida. Ferida, a vítima fraudada da paixão deseja que quem a abandonou nunca se esqueça do terrível mal que lhe causou."[66]

Embora seja uma solução escolhida preferencialmente pelas mulheres, também há homens que se suicidam por serem rejeitados. Está na memória literária de todos os espanhóis o final trágico de Larra, o romântico em ação, que se suicidou com um tiro de pistola em 1837, no auge de sua juventude, por ter sido rejeitado pela mulher amada. Os homens também se suicidam e também matam mulheres. Os motivos do suicídio e do crime passional são os mesmos. Até o último momento o amante pode vacilar entre um e outro.[67]

O amante passional mata ou se mata porque chega um momento em que não pode mais suportar a dor, o sofrimento de perceber que não tem ne-nhum poder sobre o amado, que este lhe escapa, que o abandona. Carmen Posadas sintetiza algumas questões importantes, que transcrevo a seguir. "Beijos, carícias, ternura, ciúmes, crime, vingança, morte, destruição. Qual é o limite entre o amor e o ódio? Todos os criminosos passionais são psi-copatas perigosos? Culpados ou vítimas? Culpados de tirar a vida de um ser inocente cujo único pecado foi dar um dia um novo rumo à sua vida; vítimas de sua crença no amor 'verdadeiro', único, na tão ansiada fusão das almas, possível uma única vez na vida. Daí seu desejo irreprimível de posse do ser amado; daí seu pouco interesse pela vida sem ele. Culpados? Vítimas. Vítimas do mito da paixão."[68]

SEXO

A atração sexual entre marido e mulher era algo raro, pois os homens, na maioria das vezes, ignoravam as esposas. Há diversas referências literárias ao uso de pênis artificiais pelos gregos. Os autores antes do século III a.C., contudo, escreviam pouco e sabiam menos ainda acerca da vida privada das mulheres, que viviam isoladas. A maior parte das referências diz respeito aos homens. Mas muitas mulheres compravam pênis artificiais de vendedores que vinham de Mileto, cidade onde eram fabricados.

O que dizer do uso de vibradores hoje? Durante muito tempo, comprar um vibrador foi motivo de vergonha. Afinal, quanto menos a mulher mostrasse que gostava de sexo, mais valorizada seria. Entretanto, uma matéria do *New York Times*, de 26 de abril de 2011, mostra como os vibradores estão ganhando espaço. Nos Estados Unidos, eles são anunciados na MTV e exibidos nas prateleiras das lojas, junto de produtos considerados comuns. A Apoteket, companhia estatal que detém o monopólio das farmácias na Suécia, vende pênis de plástico e outros objetos para aumentar o prazer sexual. Os funcionários das lojas fizeram treinamento especial para lidar com eventuais dúvidas dos compradores. Os objetos ficam localizados nas prateleiras de produtos íntimos, junto aos absorventes, preservativos e testes de gravidez. Não há limite de idade para a compra, ou seja, menores de idade podem obtê-los. Eles consideram que esse tipo de investimento é importante para a manutenção da saúde sexual da população.

Laura Berman, conhecida especialista americana em relacionamentos e questões sexuais, provocou, em 2006, um debate nacional quando incentivou as mães a comprarem vibradores para suas filhas adolescentes. "Se ela fica excitada durante um encontro, ela pode ir para casa e se autoestimular, em vez de ficar grávida", disse Berman sobre as filhas. Avaliando a atual onipresença do vibrador, afirmou ainda: "As mulheres estão ficando cada vez menos presas a uma visão puritana do que é ser uma boa menina. Quando conseguem aceitar a sua autoestimulação, elas podem tomar posse de sua sexualidade". No Brasil, as sex shops aumentam em quantidade e se sofisticam. Algumas pessoas declaram sentir vergonha de frequentá-las, mas outras já começam a encarar isso como natural.

Vibrador com o parceiro

Lúcia, uma advogada de 35 anos, separada há três, começou um novo namoro. Uma tarde chegou à sessão de terapia bastante impressionada: "Nunca senti tanto prazer sexual na minha vida. Renato sugeriu que usássemos um vibrador para incrementar nossa transa. Eu nunca tinha pensado nisso.

Enquanto ele me penetrava, eu estimulava meu clitóris com o vibrador. É indescritível! Um prazer de uma intensidade absurda".

A partir dos depoimentos dados no meu site, dos relatos que ouço no consultório e dos e-mails que recebo, acredito que muitas mulheres têm vontade de utilizar um vibrador na relação com o parceiro; afinal, ter duas zonas erógenas estimuladas simultaneamente intensifica, em muito, o orgasmo. Mas a maioria não tem coragem de fazer a proposta. Medo de desagradar o parceiro; levando-o a supor que seu pênis não é suficiente para lhe garantir um alto nível de prazer, é o motivo mais alegado pelas mulheres para não usar um vibrador. E muitos homens reagem mal mesmo. Não são poucas as mulheres que contam, desanimadas, a dificuldade de usar um vibrador na relação com o parceiro. Poucas têm coragem de propor o seu uso, porque o homem compete com o vibrador, acha ofensivo. São tantas as mulheres que não têm coragem de potencializar seu prazer nem sozinhas, que dirá com seus parceiros.

Cíntia, jornalista de 36 anos, resolveu comprar um vibrador e propor o seu uso durante o sexo com Gui, seu marido há 12 anos. "A reação dele foi péssima. Disse que não aceitava de jeito nenhum um outro pênis, mesmo de borracha, entre nós dois. Fiquei tão constrangida que guardei no armário e nunca mais toquei no assunto. Só lamento o fato de que nunca vou saber o que é o orgasmo combinado — estimulação da vagina e do clitóris ao mesmo tempo." Apesar de toda a liberação sexual, ainda são poucas as pessoas que veem o sexo como algo natural, acreditando ser importante a busca de um prazer maior.

Entretanto, um estudo realizado em 2008 em parceria com o Centro de Promoção da Saúde Sexual da Universidade de Indiana, Estados Unidos, revelou que mais da metade das mulheres americanas já usaram vibradores e, desse grupo, quase 80% compartilharam o aparelho com seus parceiros. Os homens entrevistados para a matéria do *New York Times* disseram não sentir ameaça no uso de vibradores na vida de suas parceiras sexuais, e confessaram entusiasmo. Jeremy, 31 anos, morador de Nova York, disse: "Na minha opinião, uma mulher que explora completamente o seu próprio corpo, com ou sem brinquedos que ache interessante, se torna uma amante muito melhor".

No Brasil, as mentalidades também estão mudando. Na última década, o homem deixou de ser o maior alvo dos sex shops. Nesse negócio, que cresce 15% ao ano, o público feminino já responde por mais de 70% das vendas, segundo a Associação Brasileira do Mercado Erótico.

As pessoas sentem cada vez menos vergonha de experimentar novas maneiras de prazer sexual. Os homens, que se libertam do mito da masculinidade, tendem a favorecer o prazer maior da parceira como algo natural. E, dessa forma, descobrem que tanto na masturbação como na relação com o parceiro novas sensações sexuais podem ser experimentadas.

ROMA

146 a.C. ao século III

São muito importantes os encontros com outros, com pessoas ou lugares, porque propiciam inspiração e coragem para se escapar às rotinas tediosas. Ocorre um desperdício de oportunidades sempre que um encontro se realiza e nada acontece. Na maior parte dos encontros, orgulho ou cautela ainda proíbem alguém de dizer o que sente no mais fundo do íntimo. O ruído do mundo é feito de silêncios.

Theodore Zeldin

Aos 20 anos, Catulo foi para Roma a fim de se iniciar na carreira política, mas, como dispunha de renda suficiente, preferiu passar o tempo em contato com os círculos literários da cidade desempenhando o papel de poeta amador. Aos 30 anos, obteve um emprego como auxiliar do governador da província da Bitínia (norte da Turquia de hoje). Lá permaneceu um ano, e velejou de volta a Roma. Logo depois, morreu, não se sabe o motivo, no ano de 54 a.C., com a idade de 33 anos.

Em sua breve vida houve apenas uma única experiência de importância. Quando Catulo tinha talvez 25 anos, encontrou-se com Clódia, esposa de Cecílio Metelo Celer, governador da província em que Verona se situava. Mulher de família rica, pertencente à alta sociedade de Roma, Clódia era bela, sendo o centro das atenções do seu círculo. Ela tinha oito anos mais que Catulo, mas estava na verdadeira plenitude de sua beleza: "olhos enormes e negros, mãos e pés delicadamente afilados, pele de um alvor puro, e maneiras provocantes". Era requintada e elegante. Catulo sentiu-se imediatamente apaixonado.

Embora sendo provinciano, ele conhecia os costumes e os modos de Roma. Uma dama como Clódia — ele tinha consciência disso — podia ser perseguida por um futuro amante, que não seria censurado, a menos que fosse tolo ou indiscreto. Na verdade, o amor da esposa de alguém era considerado muito mais desejável e mais excitante do que o amor de uma cortesã ou de uma concubina. Num primeiro momento, Catulo traduziu para ela a ode a *"Átis"*, de Safo, declarando assim, sutilmente, os seus sentimentos. Ele pôde vê-la com bastante frequência daí por diante.

Naquele tempo, as esposas emancipadas dos patrícios romanos podiam andar pela cidade, mais ou menos livremente, acompanhadas por amigos masculinos e por empregados. Podiam também cercar-se de admiradores, de parasitas e de aproveitadores, até mesmo na presença dos respectivos maridos. Foi assim com Catulo. Ele mesmo escreveu que Clódia o censurava ou lhe falava com desdém na presença do marido, de modo que Metelo passou a considerá-lo mais um jovem inconveniente, do que um sedutor sério. Mas Metelo estava enganado.

Logo depois de realizar a tradução da obra de Safo, ele passou a chamá-la ousadamente de "pequena"; disfarçou-a sutilmente, dando-lhe o nome de Lésbia, por conta da tradução de Safo, e queixou-se abertamente dos seus sofrimentos e do seu desejo ardoroso. O poeta não precisou arder por muito tempo. Álio, seu amigo, permitiu-lhe o uso de sua casa, e lá ele ficou à espera, ansioso, até que Clódia foi encontrá-lo, sozinha — uma "deusa branca", que demorou durante um momento infinito à soleira da porta, antes de voar para os braços dele. Seguiu-se um período feliz, durante o qual tudo correu bem. Os dois se encontraram várias vezes seguidas, e Catulo escreveu poemas exultantes a respeito desses encontros amorosos.

Nos poemas felizes que escreveu, não há pensamentos perturbados por parte do marido dela, nem planos para o futuro. Não havia especulações filosóficas quanto ao significado ou à importância do amor de ambos. Um trecho de um poema desse período diz:

Vivamos, minha Lésbia, e amemos,
e as graves vozes velhas
— todas —
valham para nós menos que um vintém.
Os sóis podem morrer e renascer:
quando se apaga nosso fogo breve
dormimos uma noite infinita.
Dá-me pois mil beijos, e mais cem.
Quando somarmos muitas vezes mil
misturaremos tudo até perder a conta:
que a inveja não ponha o olho de agouro
no assombro de uma tal soma de beijos.[1]

Catulo ficou sabendo depressa que um amor desse tipo não é coisa tão simples. Clódia era vaidosa e volúvel, e não via razão alguma para não se relacionar com outros homens. O jovem provinciano deve tê-la aborrecido quando protestava contra isso. Bem que ele lutou consigo mesmo, tentando adotar o ponto de vista dos romanos sofisticados: "Embora ela não se sinta contente apenas comigo, suportarei as raras e discretas aventuras da minha dama, em vez de parecer um abelhudo importuno".

Metelo, marido de Clódia, morreu em 59 a.C. deixando a esposa rica e totalmente livre. Daí por diante, seus casos de amor não foram mais raros nem discretos. Catulo ficou abalado quando ela aceitou como amante um dos seus amigos mais íntimos, Marco Célio Rufo, e sofreu quando ela começou indiscriminadamente a multiplicar os seus amantes. Clódia passou a promover festas em sua casa, tão abertamente como qualquer hetaira. Embriagada, mantinha relações sexuais com qualquer convidado que lhe apetecesse. Por fim, passou a vaguear pelas ruas, à noite, aceitando estranhos na escuridão dos becos.

Catulo, em fúria infantil, ameaçou difamá-la e desenhar falos vermelhos nas paredes externas da sua casa, como se fosse um bordel. Ele nunca chegou ao ponto de fazer isso. Mas o pior é que não pôde deixar de amá-la. Catulo nunca tentou explicar como poderia amar uma mulher com esse comportamento, mas tudo indica que a devassidão e o deboche dela eram a causa desse amor.

Então, por fim, ele disse a si mesmo: "Infeliz Catulo, deixe de fazer o papel de louco". Isso não aconteceu pelo fato de ele já não poder suportá-la mais, e sim porque ela já não o aceitava mais em sua cama.

Gaius Valerius Catullus era seu nome latino. As informações que se tem a seu respeito são poucas: nasceu em Verona, em 87 a.C., de família abastada. Entretanto, tornou-se bem conhecido porque os principais acontecimentos de sua vida, e muitos pormenores íntimos do seu caso de amor, estão registrados nesses poemas. Por uma série de razões, os eruditos concluíram que esses poemas formam, na verdade, uma autobiografia franca e objetiva. Odeio e amo. Assim, Catulo, o maior dos poetas líricos de Roma, sintetizou um caso típico de amor romano no século I a.C. Morton M. Hunt descreveu em seu livro o romance do poeta com Clódia, que resumi acima.[2]

O HOMEM PRUDENTE

Os romanos desenvolveram a ideia de prudência, de lutar contra o amor, visando evitar o sofrimento do amor + ódio. Na mesma época em que Catulo se debatia na agonia do seu amor, o poeta-filósofo Lucrécio estava escrevendo o poema "De Rerum Natura", no qual, entre muitos aspectos amorosos, dava conselhos. O amor sexual apaixonado devia ser cuidadosamente evitado — disse ele no Livro Quarto; esse tipo de amor forma hábito; provoca atos frenéticos e irracionais, consome as energias do amante e desperdiça-lhe a substância.

Como Catulo, Lucrécio encarava o amor inteiramente em termos de atividade sexual. Ao contrário de Catulo, ele considerava o amor um embuste e uma desilusão, uma loucura, na qual o amante anseia insuportavelmente por ter uma união completa com outro corpo, embora sabendo que a união completa com outro corpo é de todo impossível.[3]

Lucrécio, um dos maiores expoentes romanos da filosofia, sugere uma dosagem comedida de desgosto físico com uma sensata mistura de ódio: a mesma fórmula, na verdade, a que Catulo havia chegado, de bom ou de mau grado. O homem prudente afasta seus pensamentos para longe do amor, sabendo que o amor é uma doença, afirmou Lucrécio. Se ele sente falta de afeto, que trate de satisfazer-se com as relações mais fáceis sem deixar-se perturbar pelas emoções.

Se, contudo, alguma mulher começa a afetar o homem prudente, inspirando-lhe amor, ele deliberadamente lhe estuda os defeitos, de modo a contemplá-la em retrato de corpo inteiro. Em vez de lhe admirar loucamente, ele percebe que ela é suja, que possui seios balançantes e que faz uso da linguagem sem escrúpulos. O homem prudente lembra a si mesmo — acrescentou Lucrécio — que até a mais bela mulher faz as mesmas coisas que a mulher feia: sua, elimina dejetos e abafa os cheiros corporais com perfume. O homem racional não se deixa ludibriar.[4]

A alusão aos excrementos, esta ligação do repulsivo com o amoroso, aparece não somente no filosofar e satirizar, mas também, por muitas vezes, na literatura de amor dos romanos. O próprio Catulo, considerado o mais terno dos poetas de Roma, punha imagens repugnantes ao lado de lindas imagens.[5]

O AMOR SEM PECADO

Notem bem: ela é que era a delícia do mundo...
Ela era assim, quando os seus membros claros seduziam
Todos os lábios que agora se fazem tristes beijando Cristo.[6]

Este é um trecho do poema "Laus Veneris", de Swinburne, em louvor a Vênus, bem como ao amor pagão. "Muitos homens modernos sentem saudades dos tempos de Roma, quando o prazer sensual e a sexualidade exuberante não eram diluídos pela noção do pecado — quando Vênus era alegremente adorada em templos erguidos em todas as principais cidades do Império — e quando o amor profano era tão delicioso como sem repressão."[7]

O amor, em Roma, era frequentemente encarado como diversão animada, mas tinha muita coisa em comum com aqueles outros jogos diante dos quais milhares de espectadores se deleitavam, os de gladiadores derramando os intestinos de outro sobre as areias do Coliseu. O amor, em Roma, era sexualmente intenso e não prejudicado pela noção de pecado, mas se apresentava estranhamente misturado com a obscenidade e com o ódio. Ardia com mais brilho entre amantes que brigavam, que se atormentavam reciprocamente, e que eram flagrantemente infiéis uns aos outros.

O amor tinha reputação negativa principalmente por dois motivos. Primeiro por envolver dependência de uma mulher, uma inferior moral, o que reduzia o valor do homem. E também por levar o indivíduo a perder o controle numa cultura obcecada pela dominação. "Todavia o amor é um ato de rebelião, uma revolta contra a razão, uma insurreição no organismo político, um motim particular. Roma possui inúmeros poetas do amor, cada qual com uma característica ligeiramente diferente: os românticos Tibullus e Propertius, o épico Virgílio, Ovídio, o escriba e trabalhador do amor, e Catulo, descaradamente neurótico."[8]

A CIVILIZAÇÃO ROMANA

"A civilização romana — que outra coisa não é senão a civilização grega falando a língua latina — tornou-se a civilização mundial", afirma o historiador francês Paul Veyne. Seus deuses, seus gêneros literários, seus ritmos musicais, a filosofia, a retórica, a arquitetura: tudo eles aprenderam com os gregos. Tudo isso a partir de uma única cidade, Roma, que, por motivos desconhecidos, cresceu, assumindo dimensões que cobriam toda a bacia do Mediterrâneo. Veyne afirma que a aristocracia romana guardou uma tradição de brutalidade autoritária que é exclusiva dela. O refinamento ela herdou dos gregos. Os romanos têm um enorme complexo de inferioridade.

"Porque eles sabem perfeitamente, no fundo, que são os macacos dos gregos, e fingem desprezá-los, desconfiam deles, preferem mantê-los à distância. (...) Os gregos se tornaram uma presença vantajosa para os romanos. Toda a aristocracia romana leu Homero em grego, enquanto nenhum grego leu a literatura latina. Os gregos são irredutíveis; no ano 400 ainda dizem: 'Nós os gregos, vocês os romanos', com o maior desprezo."[9]

Ao conquistarem a Grécia, absorveram sua cultura ao ponto de se dizer que a Grécia capturada pelos romanos capturou-os culturalmente. Os deuses gregos e suas histórias foram incorporados pelos romanos tendo seus nomes traduzidos como, por exemplo, Júpiter (Zeus), Vênus (Afrodite), Cupido (Eros).

Da mesma forma que Alexandre, o Grande, os governantes de Roma criaram uma ideologia voltada para a dominação do mundo. Não admitiam limites aos seus domínios. O historiador da época, Tito Lívio, autor da obra que tenta relatar a história de Roma desde o momento tradicional da sua fundação, no século VIII a.C., até o início do século I d.C., conta que, por isso, Término, deus das fronteiras, recusara-se a comparecer ao nascimento da cidade. Em 75 a.C., as moedas foram cunhadas com as imagens de um cetro, um globo, uma coroa e um remo, símbolos do poderio romano sobre terras e mares de todo o mundo.

AUGUSTO E SEU AMOR POR LÍVIA

Júlio César, que em 48 a.C. proclamou-se ditador e adotou o estilo de vestir dos antigos reis romanos, declarou ser ele próprio uma divindade. Em 15 de março de 44 a.C., César foi apunhalado e morreu na escadaria do Senado, o que se tornou talvez o mais célebre assassinato da história ocidental. Brutus e Cássio, que haviam sido seus companheiros, foram os responsáveis por sua morte.

Otávio foi seu sucessor. Em 27 a.C., conferiu a si mesmo o título de Augusto ("o venerado") e foi o primeiro governante a adotar o termo "imperador" e foi o mentor ideológico e institucional do período em que o império foi governado por um único homem. Augusto tornou-se um herói, que ao longo dos séculos seria venerado por pagãos e cristãos, e, tanto quanto "César", o título "Augusto" seria adotado por futuros príncipes imbuídos de aspirações imperiais.

Aos 18 anos Otávio/Augusto não era nada além de um rapaz nervoso, a quem Júlio César fizera seu herdeiro. Com o passar dos anos, ele sofreu uma metamorfose, tornando-se o ditador calmo, ajuizado, que governou Roma tão bem. Quando jovem, Otávio viveu a vida usual de libertinagem; preferia as vestimentas simples, dormia em cama no chão, num cubículo, comia pouco e descansava velejando ao longo da costa.

Preparando-se para herdar o mundo das mãos de César, exterminou impiedosamente os assassinos de seu tio. Na qualidade de governador de Roma, tornou-se magnânimo e condescendente, e passou a apreciar a máxima que lhe foi dada pelo filósofo Atenodoro: "Quando você ficar zangado, não diga, não faça coisa alguma, antes de repetir, a você mesmo, as 24 letras do alfabeto".

O casamento de Otávio com Escribônia, que já tinha se casado duas vezes, foi uma união política que durou apenas dois anos. Depois que ela deu à luz uma filha, Júlia, Otávio se divorciou porque Escribônia não conseguia tolerar uma de suas amantes favoritas. Em 39 a.C., quando tinha 25 anos, ele se apaixonou profundamente por Lívia e a levou para a própria cama, mesmo ela estando grávida do primeiro filho de seu marido. Em seguida, forçou o marido de Lívia a pedir o divórcio, casando-se com ela em 38 a.C., três dias depois do nascimento da criança.

Naquele momento, Otávio precisava de uma reconciliação com a classe aristocrática, e como Lívia pertencia ao clã nobre dos Cláudios, há quem duvide da sinceridade do seu amor, pelo menos no começo. O casamento, porém, mostrou ser uma relação madura e duradoura. Durante o resto do seu governo, que durou 41 anos, Augusto permaneceu casado com Lívia, apesar de nunca terem tido filhos e, consequentemente, herdeiros. Durante toda a vida, ele confiou na esposa; consultava-a e compartilhava com ela os encargos e as alegrias.

Suas relações extraconjugais eram tidas como coisas triviais, de rotina. Lívia era aparentemente mais complacente do que sua antecessora nessa área. Ela não apenas aceitava as amantes, como também era vista procurando por mulheres a pedido do marido. Ela o fez feliz ao se tornar modelo das virtudes clássicas: beleza, castidade e devoção ao trabalho árduo. Contudo, Lívia conseguia frequentar com facilidade a brilhante sociedade de Roma, desempenhando papel discreto, mas expressivo, nos negócios do Estado. Isto, porém, não era tudo o que se falava de Lívia. Na verdade, segundo o julgamento de historiadores maldosos, como Tácito, ela era uma víbora difamadora, que garantiu a sucessão do filho Tibério, do seu primeiro casamento, passando por cima de todos que estivessem à sua frente.

Outros historiadores foram mais generosos, entre eles Valério Máximo e Sêneca. E na opinião de estudiosos de hoje, a contribuição de Lívia para o sucesso de Augusto foi considerável e a devoção entre eles, exemplar. Através de sua dignidade e do seu casamento harmonioso, Lívia, a primeira imperatriz de Roma, estabeleceu parâmetros para todas as outras imperatrizes. Quando Augusto morreu, no ano 14 d.C., aos 75 anos, suas últimas palavras foram dirigidas a ela, implorando para que não esquecesse dos tempos felizes que desfrutaram juntos na vida de casados.

MULHERES ROMANAS

Era bem melhor ser uma mulher em Roma do que na Grécia. Em Roma não havia gineceu, como na Grécia. As mulheres saíam de casa sem pedir permissão ao marido e o casal era convidado para os jantares, ao contrário da Grécia, onde só se convidava o homem.

Nesse período, o casal estava ligado pelas questões religiosas, pelos vínculos de clã e pela necessidade de sobrevivência. "Sem aquelas mulheres, os homens de Roma dos séculos V e IV a.C. não poderiam ter deixado confiantes seus lares, para a realização das longas guerras. As conquistas lhes deram a Itália e, depois, todo o Mediterrâneo, o Oriente Médio e quase a totalidade da Europa. Os guerreiros de prolongadas ausências exigiam que suas esposas fossem submissas e virtuosas; não queriam encontrar, na volta, fazendas arruinadas, nem filhos bastardos."[10]

Para os romanos desse período, o homens deviam lutar, conquistar e morrer, e o lar tinha que se manter intacto, a esposa sem mácula e honrada.

O PODER DO HOMEM

A família da antiga Roma era extremamente patriarcal. O pai, além de controlar toda a propriedade da família, agia como se fosse um sacerdote, orientando a veneração dos deuses. Seu poder era tão absoluto que, como um deus, ele dirigia e dispunha da vida de seus filhos. Mesmo que estes tivessem alcançado altas posições na estrutura do Estado, as Leis das Doze Tábuas, que datam de cerca de 450 a.C., declaravam que o pai tinha o direito, ao longo de toda a vida de seus filhos, de encarcerá-los, vendê-los como escravos e de matá-los.

Como na Grécia, a mulher era uma eterna menor; mesmo quando seu pai morria, ela continuava sob a guarda de algum outro homem da família. O casamento a transferia da autoridade paterna para a autoridade do marido, que tinha o direito de castigá-la. Ele podia chicoteá-la e corrigi-la como bem entendesse, sem nenhuma coação exterior. Podia fazê-la trabalhar como escrava, recebendo o rendimento que daí resultasse; podia matá-la, com suas próprias mãos se a pegasse em flagrante de adultério.

"Mas na realidade, a matrona romana não era uma escrava servil, era, ao contrário, algo assim como um súdito do seu senhor, mas que se respeitasse a si próprio. Nos tempos de expansão ela não podia — ao contrário das esposas atenienses — passar os dias em reclusão ociosa. O marido podia andar longe durante anos, conquistando a Sicília, Cartago ou a Gália, e ela precisava governar as coisas para ele, até que ele regressasse. A mulher romana orgulhava-se da própria seriedade, da própria pureza e da própria devoção ao dever. Faltando-lhe apenas a fé calvinista, ela foi a ancestral espiritual da mulher pioneira da Nova Inglaterra."[11]

Clódia e as mulheres do seu tipo, liberadas, das camadas sociais superiores, eram sedutoras para Catulo; entretanto, para os conservadores, que respeitavam as antigas tradições, eram revolucionárias perigosas.

MEDO DA LIBERDADE

As mulheres das classes superiores podiam desfrutar de uma liberdade rara no mundo antigo, mas que era inútil para elas. Podiam fazer muita coisa, desde que nada fizessem de construtivo. As desvantagens legais e as pressões sociais combinadas as impediam de influenciar os outros ou passar por cima das prerrogativas masculinas.

Assim, elas se contentavam em gastar dinheiro, embelezar-se — não para os maridos, mas para os amantes —, adotar a religiosidade ou processar por divórcio. "Não há motivos para duvidar-se de que, nos tempos romanos, como hoje, um grande número de mulheres — talvez a maioria delas — trocava voluntariamente sua liberdade pelos confortos da dependência emocional e intelectual. A proteção do casulo familiar, por mais rude que fosse sua tessitura, para muitas delas era preferível à liberdade."[12]

O DIA A DIA DAS ROMANAS

Sêneca criticou algumas contemporâneas suas por haverem se tornado mestras na arte de nada fazer. O homem se levantava ao alvorecer, calçava as sandálias e vestia a toga — única peça de roupa que tirava ao ir para a cama —, bebia um copo d'água e saía para enfrentar o mundo.

Mais tarde ele poderia ir ao barbeiro e depois encontrar os amigos nos banhos. Sua esposa, ao contrário, levantava-se a qualquer hora, em seu próprio quarto (somente as mulheres vulgares dormiam no mesmo quarto que os maridos), calçava os chinelos, vestia a túnica interior sobre a tanga, faixa peitoral e túnica com que havia dormido. Após beber um copo d'água, estava pronta para enfrentar não o mundo, mas seu espelho, suas criadas e seus incontáveis potes de cosméticos.[13]

As romanas de classe social alta se preocupavam em estar na moda. O que indicava a moda eram os tecidos e enfeites que elas usavam. Colares, broches, anéis, pesados braceletes de ouro, algodões da Índia, diademas, brincos incrustados com pedras preciosas, tudo caríssimo. As roupas eram volumosas e escondiam as formas. Como não podiam exibir o corpo, passavam grande parte do tempo, e gastavam grandes somas de dinheiro, cuidando do rosto e dos cabelos.

Quando acordava, a mulher romana tratava de retirar o creme facial e a máscara de pasta de pão que tinha deixado no rosto durante a noite. Em seguida, dedicava-se a um processo longo e cuidadoso de pentear os cabelos, usando uma infinidade de produtos. Quando o penteado estava pronto, sua auxiliar, a *ornatrix* romana, passava a cuidar de seu rosto, tarefa igualmente demorada. Eram usados os mais variados tipos de cremes e loções à base de gordura de lã de carneiro e ingredientes como cevada, chifre de veado pulverizado e mel.

A terceira etapa era a seleção de joias, usadas em grande quantidade. Depois, ela vestia uma túnica externa, pegava o lenço, o leque de penas de cauda de pavão e vestia uma capa drapejada. Dessa forma, estava pronta para as atividades fora do lar.

As esposas romanas de classe alta saíam de casa, desde que as tarefas domésticas, incluindo a amamentação, pudessem ser repassadas para servas e escravas. Levadas pela cidade por uma liteira, elas visitavam a modista ou o joalheiro, iam ao templo, ao teatro ou ao anfiteatro para assistir a alguma disputa de gladiadores e, naturalmente, visitavam as amigas e o os banhos públicos. "Finalmente, ela retornava ao lar para supervisionar os preparativos do jantar, fosse privado ou banquete, a única parte das atividades diárias que, caridosamente, podia ser descrita como trabalho."[14]

Primeiro movimento feminista?

No ano 215 a.C., ocorreu um fato que desencadeou provavelmente o primeiro movimento feminista da História do Ocidente. Durante um período crítico na guerra com Aníbal, foi decretada a lei Oppiana (assim chamada por causa do tribuno C. Oppius), pela qual as mulheres só tinham permissão de conservar meia onça de ouro, eram proibidas de andar de carruagem pelas ruas de Roma e não podiam usar roupas tingidas. Para uma mulher romana, ouro significava brincos e pulseiras; para o exército, era a sobrevivência. As carruagens custavam um dinheiro que seria mais bem aplicado na defesa da cidade. As tintas corantes tinham que ser importadas de Tiro e do Mediterrâneo oriental.

A lei Oppiana, uma tentativa de limitar o consumo, foi dirigida às mulheres. Roma sobreviveu à crise de 215 a.C., e 14 anos mais tarde terminava a guerra. Passaram-se seis anos, mas em 195 a.C. surgiu um movimento para repelir essa lei. Nem ordens dos maridos conseguiram manter as mulheres casadas em casa. Elas ocuparam todas as ruas de Roma e todos os caminhos para o fórum. A cada dia, aumentavam as multidões de mulheres, porque elas inclusive vinham das províncias para a cidade. O momento em que elas realmente se aglomeraram nos gabinetes dos dois tribunos que se opunham mais fortemente à rejeição foi decisivo.

Somente as esposas e filhas dos cidadãos romanos eram proibidas de se enfeitar. As esposas dos aliados de Roma, pelo contrário, usavam muito ouro e podiam rodar de carruagem por Roma. "As nossas mulheres têm que caminhar como se fossem os aliados que dirigem o Império e não Roma", replicou o tribuno L. Valério. Com esse argumento, a lei Oppiana foi abolida.[15]

CLEÓPATRA

Cleópatra nasceu em 69 a.C. e era a terceira filha de Ptolomeu XII, rei do Egito, apelidado de Aulete (tocador de flauta). Ela era, portanto, descendente do primeiro Ptolomeu, um general macedônio que se tornou governante do Egito depois da morte de Alexandre, o Grande, em 323 a.C. Não se sabe ao certo quem era sua mãe, porém, como os soberanos dessa dinastia haviam adotado a prática faraônica do casamento entre irmão e irmã, ela muito provavelmente tinha ascendência grega.

Ptolomeu XII morreu, deixando um testamento no qual dizia que o Egito deveria ser governado por Cleópatra e seu irmão, Ptolomeu. Mas na prática isto não chegou a acontecer. Os dois brigaram pelo poder. Cleópatra se tornou rainha no ano 51 a.C. Aos 18 anos, ela já era admirada por suas qualidades de estadista. Orgulhosa e ousada, indignou-se quando o jugo de Roma pesou sobre aquele país cuja civilização era tão mais antiga e refinada. Acalentou o sonho e a ambição de livrar seu povo da tirania estrangeira.

Todos os atos de seu governo e seu comportamento pessoal indicam que Cleópatra desde sempre vislumbrou a possibilidade de reinar sobre um vasto domínio, além-fronteiras. Consta que não era bonita, e que o domínio que exercia sobre os homens se devia à sua inteligência brilhante, viva e sedutora.

Cleópatra e Júlio César

Ainda muito jovem, Cleópatra travou uma guerra civil com seu irmão, o rei Ptolomeu, que era também seu marido. A guerra ia mal para ela quando o grande general Júlio César chegou a Alexandria e tomou o palácio real. Cleópatra resolveu então conquistar o apoio de César, que tinha trinta anos mais que ela, oferecendo-lhe seu corpo de rainha. Persuadiu um comerciante, Apolodoro, a contrabandeá-la para dentro do palácio, embrulhada num tapete, que seria presente para o romano. Quando, nos aposentos de César, o tapete foi desenrolado, Cleópatra saiu de dentro dele. César ficou tão fascinado que Cleópatra logo o conquistou. Ela teria então argumentado que ficara encantada com as histórias amorosas de César e, portanto, desejosa de conhecê-lo. Tornou-se, assim, sua amante, o que ajudou a estabelecer o seu poder no país.

Seduzido pelos encantos da rainha, César permaneceu em Alexandria mais tempo do que seria politicamente conveniente e interveio na guerra civil, tomando o partido dela. Dessa relação nasceu um filho, Cesarião. Questões urgentes de Estado exigiram a presença de César em Roma e, a convite dele, Cleópatra instalou-se nessa cidade, com o filho. Sabe-se pouco da presença dela em Roma, a não ser que teria provocado o desprezo da população. Em sua honra, César ordenou que fosse colocada uma estátua de ouro de Cleópatra no templo da deusa Venus Genetrix, vista como antepassada da família de César.

Apesar de muitos falarem da ardente paixão de Júlio César por Cleópatra, alguns autores do início da nossa era, como Suetônio e Plutarco, abordam aspectos de sua vida raramente mencionados. "Quantos autores já perceberam o grande César como sendo um janota e um perfumado homossexual? Entretanto, era isso o que ele era, pelo menos em sua juventude. Sua calorosa acolhida na corte do rei da Bitínia trouxe-lhe a alcunha de 'rainha da Bitínia'. Este epíteto lhe foi atirado até da tribuna do Senado, em Roma. César usava roupas com estudada negligência, mantinha o corpo depilado, e brincava tão continuamente com os caracóis cada vez mais ralos dos seus cabelos que Cícero certa vez disse: 'Quando vejo os cabelos dele, tão cuidadosamente arrumados, e observo que ele os ajusta com os dedos, não consigo imaginar que poderia entrar nos pensamentos de um homem desses a ideia de subverter o Estado romano."[16]

Em 44 a.C. César foi assassinado. Alguns consideram Cleópatra, de certo modo, responsável por sua morte, em função das instigações que fazia a seu orgulho, sua ambição e seu apetite de poder. Ela apressou-se em deixar Roma, com o Cesarião, para escapar à vingança daqueles que a acusavam de ter exercido má influência sobre César. De volta a Alexandria, livrou-se do irmão, que era uma ameaça, e elevou ao poder Cesarião, então com 3 anos de idade.

Os assassinos foram derrotados e três homens se articularam para dirigir o Império Romano. Lépido, Otávio e Marco Antônio.

Cleópatra e Marco Antônio

Em 42 a.C., Marco Antônio estava na Sicília e convidou Cleópatra para discutir a situação política da Ásia. Contam que ela se fez acompanhar de um cortejo que lembrava o séquito da própria Afrodite. Marco Antônio se apaixonou e os dois começaram o fatal romance. Rapidamente, Cleópatra conseguiu que Marco Antônio mandasse executar os seus inimigos pessoais.

Ele fora casado três vezes. Fúlvia, a terceira esposa, atuava como sua representante no que se referia aos interesses nas disputas contra Otávio, que mais tarde se tornou o imperador Augusto. Marco Antônio passou o inverno de 40-41 a.C. com Cleópatra, em Alexandria. Roma julgava o romance descrevendo Cleópatra como uma estrangeira sedutora, cujos modos "orientais" devastavam a mentalidade guerreira de Antônio. Eles tiveram dois filhos, um casal de gêmeos.

Nesse meio-tempo, Fúlvia morreu. Obrigado a retornar a Roma para cuidar dos negócios, Antônio conseguiu se reconciliar com Otávio. Mas o acordo, dividindo o império em três regiões, exigia que Antônio se casasse com Otávia, irmã de Otávio. Ambos tinham ficado recentemente viúvos e eram considerados perfeitos um para o outro. Otávia tomaria conta dos dois filhos de Antônio, tarefa para uma esposa romana. Para celebrar seu casamento com Otávia, cunhou-se uma moeda. Era a primeira vez que uma mulher recebia essa honra.

Por vários anos, Antônio administrou os dois casamentos, o oficial em Roma e o extraoficial no Egito. Otávia e ele tiveram duas filhas. Mas Cleópatra parecia ser a favorita, como se pode perceber a partir das moedas que Antônio lançou no ano 37 a.C., com o seu próprio busto em um dos lados e a imagem de Cleópatra no outro. Um ano depois, na Itália, Otávia recebeu a estarrecedora notícia de que Antônio e a rainha do Egito eram casados. Advogados asseguraram que Cleópatra era estrangeira e os romanos da classe cidadã eram legitimamente obrigados a se casarem entre si. Aquele não era um casamento válido.

Preparada para perdoar, Otávia viajou para o Oriente no ano 35 a.C., levando tropas e o ouro de que o marido precisava tão desesperadamente. Em Atenas, encontrou uma carta de Antônio pedindo-lhe que enviasse as provisões, mas voltasse para Roma. Durante dez anos, de 41 a 31 a.C., Marco Antônio foi submetido a Cleópatra. Abandonou a irmã de Otávio e lhe enviou um pedido formal de divórcio.

Assim, rompeu com o homem que se tornaria o imperador Augusto, senhor do mundo romano. Este se enfureceu com a atitude de Antônio em relação à sua irmã, trocada de modo tão desprezível pela rainha do Egito. Antônio foi acusado de muitos crimes, entre eles o de presentear Cleópatra com a biblioteca de Pergamon, de 200 mil volumes.[17]

Marco Antônio se instalara como soberano oriental, ameaçando a posição de Otávio como único sucessor de César. O confronto tornou-se inevitável. Roma declarou guerra ao Egito, e Otávio foi nomeado cônsul para combater Antônio e Cleópatra, o que culminou na terrível derrota deles em Ácio, em 31 a.C. O território egípcio foi incorporado a Roma.

Fugindo para Alexandria, o casal antecipou o castigo com suas vidas. Antônio teria perfurado o estômago e caiu ferido, mas ao saber que a rainha ainda vivia, pediu para ser levado até ela. Cleópatra "deitou-o na cama, rasgou as próprias roupas, colocando-se sobre ele, e, batendo em seu próprio peito com as mãos, feriu e desfigurou o rosto com o sangue da ferida de Antônio, chamando-o de senhor, marido, imperador...".[18]

Apesar de tolerar a visita de Otávio e tê-lo feito acreditar que continuaria vivendo para os filhos, ela também se matou. De acordo com a lenda, Cleópatra provocou uma serpente até que a mordesse. Mas até mesmo Plutarco escreveu que "não se sabe na verdade o que realmente aconteceu". Otávio creditou o acontecimento à mordida venenosa e, "apesar de muito desapontado" com a morte de Cleópatra, ainda admirou a grandeza de seu espírito, ordenando que seu corpo fosse enterrado como o de Marco Antônio, com pompas e magnificências reais.[19]

Ironicamente, foi Otávia quem criou os filhos de Antônio — não apenas as duas filhas que havia tido com ele, mas também um dos filhos de Antônio com Fúlvia e os gêmeos de sua união com Cleópatra.

CASAMENTO

Em Roma viviam, como cidadãos livres, entre 5 e 6 milhões de homens e mulheres. São centenas de territórios rurais (*civitas*) tendo como centro uma cidade (*urbs*). Havia dois milhões de escravos, domésticos ou trabalhadores agrícolas, que até o século III não tinham permissão de casar. No século I a.C. o casal era concebido na aristocracia. O ideal do casamento era dar à pátria bons cidadãos e chefes que perpetuariam a ordem social e a linhagem.

O casamento romano era um ato privado; não existia nada equivalente a um juiz ou a um padre. Não havia contrato de casamento, apenas um contrato de dote. "Aquele mundo romano era o mundo da escravidão. A esposa não era nada além de uma mísera criatura. Apanhava eventualmente. Se a tratavam com consideração, era por causa do seu dote ou do seu pai nobre. Ela fazia os filhos e arredondava o patrimônio. Era apenas o instrumento do ofício de cidadão, um elemento da casa, como eram os filhos, os libertos, os clientes, os escravos."[20]

As esposas romanas, conhecendo sua inferioridade natural, deviam obedecer aos maridos, que as respeitavam como um verdadeiro chefe respeita seus auxiliares devotados, que são seus amigos inferiores. Elas eram "guardiãs das chaves do lar". A única exceção eram as chaves da adega, que permaneciam em poder dos maridos, já que as esposas eram proibidas de beber vinho. Havia um antigo receio de que uma esposa embriagada não conseguisse se manter pura. Se a proibição fosse relaxada e a mulher bebesse mais que um mínimo de vinho, isto era encarado como uma indicação de lassidão moral e sexual, podendo o marido divorciar-se dela por tal motivo.

À PROCURA DO MARIDO

Os pais romanos tinham a responsabilidade de procurar os homens com qualidades correspondentes às das suas filhas, apesar de várias outras pessoas se envolverem nessa busca: mães, tias, irmãs casadas e amigas. Esperava-se que a jovem não tomasse qualquer iniciativa e que aceitasse a decisão dos pais. O dinheiro vinha em primeiro lugar, mas qualidades pessoais, como boa aparência e caráter, pesavam na decisão. As mulheres precisavam ser virgens e, em troca, os homens teriam que ser educados, dignos de confiança e ativos, especialmente os de classe alta.

Na época inicial do Império Romano, havia um número bem menor de mulheres do que de homens. Consta que o valor dos dotes entre os ricos ia a 67,5 kg em barras de ouro, que deveriam ser pagos em três prestações anuais. Em certos casos, o noivado era negociado por profissionais especializados — corretores de casamento, cujos negócios prosperaram em Roma.

Quando as regras entre os homens estavam estabelecidas, o noivo oferecia um anel à noiva para usar no dedo médio da mão esquerda, o mesmo dedo de hoje. Aulo Gélio explica por que esse dedo era o escolhido: "Quando se abre o corpo humano, como fazem os egípcios, e as dissecações são realizadas, um nervo bastante delicado é encontrado, o qual tem início no dedo anular e estende-se até o coração. Portanto, considera-se correto dar a esse dedo, em detrimento dos demais, a honra do anel, devido à vaga relação com o órgão principal".[21] Dizia-se que o homem recebia "a mão" de sua noiva, e o anel simbolizava que, com sua mão, ela oferecia o mais íntimo de si.

FAZENDO A CORTE

A conduta do homem que estava fazendo a corte consistia em duas atitudes: segurar o espelho enquanto a mulher se penteava e, quando ela voltava para casa, desfazer as tiras de suas sandálias colocando-se de joelhos. Era o grande romantismo. Os romanos praticavam e gostavam de fazê-lo, mas não convinha confessar. Nos campos, fazer a corte à moça era empurrá-la para um canto, estuprá-la e depois casar-se com ela.

CERIMÔNIA DE NÚPCIAS

Os romanos não deveriam casar em maio ou antes de 15 de junho. Esse intervalo era considerado de mau agouro por ser o período em que o templo de Vesta, deusa da família, era lavado. Na véspera do casamento, a noiva dedicava seus brinquedos de infância aos ídolos domésticos e jogava fora as roupas infantis. A cerimônia nupcial implicava a presença de testemunhas e havia o costume de o casal ganhar presentes. A noiva vestia-se com uma túnica branca, longa, tecida em uma única peça, com um cinto, cujo nó só o marido poderia desfazer. Os cabelos eram repartidos em seis partes, presos por laços em forma de cone e depois cobertos por um véu alaranjado conhecido como *flammeum*, que simbolizava o alvorecer. Os convidados atiravam sementes para desejar ao casal uma boa colheita de filhos.

A família da noiva oferecia um banquete, e depois realizava-se uma encenação bastante curiosa. A noiva fingia estar agarrada à saia da mãe, enquanto amigos do noivo a puxavam entre lágrimas, músicas e piadas obscenas. Este ritual, que lembra um estupro, é ainda hoje praticado em algumas culturas, particularmente pelos ciganos.

Depois da cerimônia, seguida por dois criados, a noiva era levada em procissão pública à casa do marido, carregando um fuso para fiar e um carretel — símbolos tradicionais das obrigações de uma esposa. Na entrada da nova residência, o noivo lhe oferecia fogo e água — elementos essenciais para as tarefas de dona de casa. Como na Grécia, os membros da procissão, do lado de fora do quarto do casal, cantavam um epitalâmio enquanto os recém-casados consumavam a união.

A PRIMEIRA NOITE

A noite de núpcias desenrolava-se como uma violação legal, da qual a esposa saía "ofendida contra o marido", que, habituado a usar as escravas, desconhecia outras formas de iniciativa sexual. Era comum, na primeira noite, o recém-casado se abster de deflorar a mulher, em consideração à sua timidez; nesse caso, porém, como compensação, ele praticava sexo anal com ela.

DEMONSTRAÇÕES DE AFETO

O afeto mútuo nos casamentos romanos era considerado desejável. "Os laços estreitos de união entre os casais, a ponto de ficarem juntos no exílio ou praticarem suicídio juntos, faziam parte da estoica tradição romana. Entretanto, demonstrações públicas de afeto não eram bem-vistas." Um senador foi expulso do Senado por beijar a esposa na frente da filha. Ainda que considerando esta punição "talvez muito exagerada", Plutarco, que registrou o incidente, precipitou-se em acrescentar que "é vergonhoso... beijar e abraçar na presença de outras pessoas". Qualquer emoção excessiva era considerada suspeita.[22]

CONTRACEPTIVOS

Apesar de naquela época as formas de evitar a gravidez serem bastante rudimentares, várias técnicas contraceptivas eram conhecidas em Roma, embora a maioria de efeito duvidoso. A alternativa principal, em particular para os homens que gostavam de se sentir donos da situação, era o *coitus interruptus*. As mulheres usavam supositórios vaginais feitos de madeira ensopados com várias substâncias, que supostamente evitavam a fertilidade. Entre as práticas mais comuns estavam a utilização do mel, da goma do cedro e dos sulfatos misturados com óleo.

O escritor e político Plínio propunha algumas receitas para diminuir o desejo sexual das mulheres: esterco de rato, aplicado sob a forma de linimento; engolir-se excremento de lesma ou de pombo, misturado com óleo ou vinho; testículos e sangue de galo esterqueiro, a ser escondido debaixo da cama. Além disso, ele indicava que se os rins da mulher fossem friccionados com sangue extraído dos carrapatos de um touro selvagem negro ela seria tomada de aversão ao intercurso sexual.

Trezentos anos mais tarde, Lucrécio atribuiu uma técnica curiosa às prostitutas. Segundo ele, elas costumavam ondular as coxas durante o ato sexual, o que proporcionava prazer a seus parceiros, ao mesmo tempo que dirigia o fluido seminal para fora da zona de perigo. As pinturas nos vasos gregos esclarecem que as hetairas conheciam método mais eficaz; em geral elas insistiam no intercurso anal.

Infanticídio

As mais antigas leis de Roma, as chamadas "leis de Rômulo", haviam imposto aos pais que criassem todos os filhos homens e a primeira filha mulher a nascer, o que foi feito por muitos romanos, até avançado período imperial. O chefe de família decidia se um recém-nascido era recebido pela sociedade. Em Roma, um cidadão não "tem" um filho; ele o "toma", "levanta". O pai, tão logo nasce a criança, pode ou não levantá-la do chão, onde a parteira a depositou, para tomá-la nos braços e assim mostrar que a reconhece e se recusa a rejeitá-la.

Na cidade existiam lugares, como o pé da coluna Lactaria, destinados especificamente ao abandono de bebês indesejados, em geral meninas, mas às vezes meninos ilegítimos, deformados ou cujo nascimento fora acompanhado por maus presságios. A criança que o pai não levantar poderá ser exposta também diante da casa ou numa lixeira pública para quem a quiser recolher. Mesmo estando ausente, o pai poderá ordenar à mulher grávida que rejeite o recém-nascido. Uns poucos podiam ser recolhidos por estranhos e adotados ou criados como escravos, mas a maioria era deixada à morte em suas cestas, pela exposição ao tempo ou fome.

Na época inicial do Império Romano, havia um número bem menor de mulheres do que de homens. A razão principal, sem dúvida, era a de que os pais encaravam as filhas como um luxo dispendioso. Somente no século IV foi proibido o infanticídio sob a forma de exposição.

INFERTILIDADE

A procriação era quase sempre o motivo principal para que um homem se casasse. Os casais assumiam juntos a dupla responsabilidade de perpetuar o nome da família do marido e gerar filhos homens para Roma, que dependia de soldados para se manter. Os romanos se preocupavam com os riscos de uma natalidade baixa e se tornaram obcecados pelo tema a partir do século II a.C.

A absorção de chumbo era um dos motivos da infertilidade, e ele vinha na água que corria através de canos feitos desse material, de xícaras e panelas, de cosméticos como o pó branco, que as mulheres usavam no rosto. Para melhorar o vinho costumava-se acrescentar a ele um xarope doce de uvas, fervido em panelas forradas de chumbo, até que adquirisse a consistência adequada, contaminando o xarope desse metal.

Além dos prejuízos causados por essa absorção, os romanos ingeriam muito álcool. Se eles escapavam da esterilidade pelo envenenamento por chumbo, era bem possível que sua fertilidade ou potência estivessem em risco de diminuição devido ao excesso de bebida.[23]

OBRIGAÇÃO DE CASAR

Como havia entre os romanos grande preocupação com a baixa natalidade, romanos ilustres clamavam "menos luxúria e maiores famílias". O imperador Augusto (27 a.C a 14 d.C) decretou que homens entre 25 e 60 anos e mulheres entre 25 e 50 fossem obrigados a se casar. As viúvas deveriam tornar a se casar dentro de dois anos e as divorciadas em 18 meses. Homens solteiros eram impedidos de receber herança e os casais sem filhos, numa faixa etária produtiva, só tinham permissão para receber metade do que lhes fosse legado.

Os costumes que controlavam o casamento entre classes foram relaxados, sendo permitido aos nascidos libertos (exceto os de família de senadores) o casamento com escravas libertas. Havia recompensa para casais com três filhos vivos. Os homens livres eram encorajados a se multiplicar. Na política, o homem que tivesse mais filhos teria maiores chances de ser selecionado para o cargo que pretendia. Uma série de leis julianas se propôs a estimular e elevar a natalidade nas classes mais abastadas.

SEXO

Muitos acreditam erroneamente que a Antiguidade foi o paraíso da não repressão, não tendo ainda o cristianismo colocado o verme do pecado no fruto proibido. Essa é uma parte da vida greco-romana falseada pela lenda. Na verdade, o paganismo foi paralisado por interdições. Para o historiador Paul Veyne, era possível reconhecer um autêntico libertino pela violação de três proibições: fazer sexo antes do cair da noite (sexo durante o dia devia continuar sendo privilégio dos recém-casados logo após as núpcias); fazer sexo sem criar penumbra (os poetas eróticos tomavam como testemunha a lâmpada que brilhara sobre seus prazeres); fazer sexo com uma parceira de quem se havia tirado toda a roupa (só as prostitutas amavam sem sutiã, e nas pinturas dos bordéis de Pompeia elas conservavam esse último véu).[24]

A libertinagem se permite até carícias, desde que sejam feitas com a mão esquerda, ignorando a direita. Um homem honesto só teria oportunidade de vislumbrar a nudez da amada se a lua passasse na hora certa pela janela aberta. Cochichava-se que tiranos libertinos — Heliogábalo, Nero, Calígula, Domiciano — violaram outras interdições; fizeram sexo com damas casadas, virgens de boas famílias, adolescentes de nascimento livre, vestais, a própria irmã.[25]

SEXO ORAL, NÃO!

Havia muitos tabus: a cunilíngua, por exemplo, por colocar o homem a serviço da mulher. Era preciso sempre dominar. Um homem livre não devia ser passivo na relação com outro homem e nem se pôr a serviço de uma mulher. O prazer feminino não era exatamente bem-visto. Um texto dizia: "Afinal de contas, é melhor dormir com mulheres escravas ou alforriadas, pois, se você entrar no jogo do adultério mundano com as mulheres da sociedade, será obrigado a fazê-las gozar".[26]

A felação era outra obsessão dos romanos. Era considerada vergonhosa a ponto de as pessoas quererem saber quem a praticava. "A felação era a injúria suprema, e citam-se casos de feladores vergonhosos que tentavam, sabe-se, disfarçar sua infâmia por trás de uma vergonha menor fazendo-se passar por homossexuais passivos!"

O historiador Paul Veyne relata uma cena encontrada na obra do historiador Tácito (55-120 d.C.). Nero submete à tortura uma escrava de sua mulher Otávia para fazer com que ela confesse que a imperatriz era adúltera: a escrava resiste a todos os suplícios para salvar sua dona e responde ao policial: "A vagina de Otávia é mais limpa do que sua boca". Imaginamos que ela queria dizer que nada é mais sujo do que a boca de um caluniador. Mas não era isso. Ela queria resumir toda a infâmia do mundo no gesto que é o limite supremo: a felação. Afinal, a felação era, verdadeiramente, o cúmulo do rebaixamento.[27]

ADULTÉRIO

O amor romano, nos séculos I e II a.C., compreendia uma variedade de uniões possíveis, todas elas fora do casamento. A única união ilegal era o adultério, mas os romanos favoreciam a união pelo adultério, acima de todas as outras, encarando-a da mesma forma que o homem moderno encara a sonegação de impostos: um gesto que não envolve sensação de erro ou pecado, mas apenas de apreensão, porque sempre é possível que venha a ser descoberto.

O adultério em Roma apresentava alguns problemas: não havia refúgios públicos decentes; nos encontros durante o dia havia o perigo do reconhecimento; e os encontros noturnos significavam arriscadas caminhadas a sós pela cidade, sem cortejo de archoteiros, nem de gladiadores. O lugar mais conveniente era a residência da dama.[28] Horácio, um dos maiores poetas da Roma antiga, fazia críticas ao perigo do adultério:

> *Um marido pode voltar correndo, da zona rural. A porta abre-se de súbito, de par em par, o cachorro late, a casa soa e ressoa com o bater dele; a mulher, branca como um lençol, salta para fora; a criada, em conluio com ela, se põe a gritar de terror... Com as roupas em desalinho e os pés descalços, tenho de fugir dali, temendo qualquer desastre em meu dinheiro, em meu físico ou, pelo menos, em minha reputação.[29]*

Outros homens romanos, das classes superiores, discordavam. Para eles, o adultério era mais delicioso do que o amor das prostitutas ou do que o amor dos rapazes, precisamente devido ao risco extra. As mulheres jogavam esse jogo com igual avidez, também pelo mesmo motivo. Lá pelo fim do século I a.C., o adultério já se havia tornado coisa tão em moda que a antiga tragédia de Helena de Troia passou a ser vista sob nova luz.

A mulher adúltera era tolerada? "Tudo dependia dos maridos. Alguns fechavam os olhos, e eram criticados por darem prova de fraqueza: o marido enganado não era motivo de riso, criticam-no por falta de vigilância ou de firmeza e por deixar o adultério florescer na cidade. Ele então não poderia ser nem um bom militar nem um bom cidadão. Para a mentalidade romana, a preocupação maior era mostrar quem era o chefe. Se o homem surpreendesse a mulher com um amante, tudo lhe era permitido. A solução mais simples era fazer o amante ser humilhado por todos os escravos e pela criadagem. A mais radical era infligir-lhe o tratamento de Abelardo: a castração. Perfeitamente legal!"[30]

Mas todo senhor romano dorme com suas escravas, sua casa é cheia de filhos desses relacionamentos. "Não é conveniente falar nisso, a barreira entre escravos e homens livres é instransponível e deve permanecer invisível. Não convém saber nem pensar que o dono povoou sua casa com seus próprios rebentos."[31] Um marido é senhor da esposa como dos filhos e dos domésticos; sua mulher ser infiel não constitui um ridículo, e sim uma desgraça, nem maior nem menor do que se sua filha engravidasse ou um de seus escravos faltasse ao dever.

Um marido com amante que não fosse prostituta registrada podia ser processado por "vício antinatural". Quando houve uma súbita enxurrada de solicitações de registro de prostitutas, muitas delas vindo de mulheres respeitáveis, o Senado precisou tomar rápidas providências. Somente no século IV é que os maridos adúlteros foram sujeitos às mesmas penalidades aplicadas às esposas adúlteras, embora tal avanço fosse desequilibrado pela crueldade do castigo, que era a morte.

No início do império, muitas mulheres reduziram suas atividades extraconjugais porque o imperador Augusto instituiu uma legislação que levou o adultério para o domínio público, introduzindo penalidades legais para uma ofensa que anteriormente havia sido uma questão apenas para a família.

Lex Julia

As tentativas de corrigir a prática de adultério foram organizadas no ano 18 a.C. na *Lex Julia*. O imperador Augusto empreendeu um grande esforço no sentido de restaurar a unidade da família e a moralidade sexual em Roma, e acabar com a prática do adultério. E isto foi feito por força da lei. Augusto promulgou uma série de leis julianas, que foram consideradas a mais importante legislação social da Antiguidade.

A lei crucial foi a *Lex Julia de Adulteriis*, que pela primeira vez proibiu ao marido matar a esposa adúltera, mas ordenou a esse marido, sob pena de multas severas, que a levasse aos tribunais e formulasse contra ela a acusação. Isso deveria ocorrer no prazo máximo de sessenta dias a partir da descoberta da infidelidade. Caso contrário corria o risco de ser ele próprio processado.

Se o marido não processasse a mulher, o pai dela era solicitado a assim agir, e se também o pai deixasse de agir, qualquer cidadão respeitável poderia acusá-la. Se ela fosse condenada, ele ganharia metade da propriedade dela. O adultério que fora, até então, uma questão privada, tornou-se assunto de Estado pela primeira vez. O governo podia se apoderar da metade do seu dote de esposa adúltera, e de um terço de toda a sua propriedade.

No caso de o marido ser adúltero, a lei determinava explicitamente "que as esposas não têm nenhum direito de fazer acusações criminais de adultério contra seus maridos, mesmo que queiram reclamar da violação da promessa do casamento, já que a lei confere tais privilégios apenas aos homens e não às mulheres". Mas a eles couberam duras penalidades pelo crime de relações sexuais com mulheres casadas, embora pudessem continuar se relacionando com prostitutas.

Augusto foi responsável sozinho pelo começo da *Pax Romana*, tornando o mundo civilizado próspero. "Ele foi vencido no campo da moral; suas multas e penalidades não poderiam, na verdade, restaurar as funções da família que iam desaparecendo, nem implantar novas finalidades para ela. Assim, não podiam remediar a dissolução social que havia conduzido à licenciosidade sexual. Todas as leis julianas fracassaram."[32]

Alguns casavam somente para preencher os requisitos exigidos, mas logo depois se divorciavam. Outros adotavam crianças para ficarem aptos a herdar, e logo depois as abandonavam nas ruas. Havia também mulheres que ganhavam vantagens por meio de uniões legais com eunucos ou alforriados, que não lhes causavam nenhum tipo de aborrecimento. Ainda dez anos depois de promulgadas, as leis julianas eram desrespeitadas. "A própria filha de Augusto, Júlia, simbolizava, em nome de Roma inteira, o fracasso das suas leis julianas e dos seus ideais."[33]

A FILHA REBELDE DO IMPERADOR

Morton M. Hunt nos conta a história de Júlia, filha de Augusto e Escribônia.[34] O pai supervisionou pessoalmente a sua educação, e ela aprendeu a fiar e tecer. Proibiu-a de encontrar ou conversar com estranhos, ainda que de nobre linhagem. Não se sabe se em protesto ou revolta contra as críticas de sua madrasta, Lívia, Júlia desenvolveu desejo intenso pelos prazeres.

Seu primeiro marido morreu quando ela era quase criança. Aos 18 anos, Augusto casou-a com Marcos Vispânio Agripa, fiel deputado, general e construtor de aquedutos, rico, de meia-idade e tolerante. Júlia, revoltada, tirou proveito e transformou a casa em centro de reuniões divertidas e libertinas. Um amigo conservador insistiu para que ela evitasse as manifestações de luxúria, passando a imitar a simplicidade do pai. Júlia respondeu:

"Se ele se esquece de que é César, eu não me esqueço de que sou filha de César".

Lívia aconselhou Augusto a castigar a filha e lhe contou rumores sobre adultérios de Júlia. Mas ele se tranquilizou porque Júlia teve cinco filhos, todos parecidos com o marido. Ela explicava: "Como a barca já está lotada, não corro o risco de dar filhos ilegítimos ao meu marido". Agripa morreu em 12 a.C. e Júlia, aos 27 anos de idade, intensificou a vida sexual, justamente no momento em que seu pai se esforçava para pôr em vigor as leis julianas. Augusto tentou contê-la, casando-a com o filho de Lívia, Tibério, jovem sério, estudioso de filosofia, que não gostava dela nem de suas maneiras.

Ele viu-se num dilema: a *Lex Julia de Adulteriis* exigia a denúncia da própria esposa por adultério; entretanto, isso equivaleria a desgraçar o padrasto, seu autor. Tibério solucionou o problema renunciando ao seu posto e fugindo para Rodes, onde passou sete anos num exílio autoinfligido para meditação. Muitos anos mais tarde, ele foi adotado por Augusto, tornando-se seu herdeiro e, posteriormente, imperador.

Nesse meio-tempo Júlia organizava festas impressionantes, apegada aos prazeres totais. Dos episódios amorosos ela partiu para a prostituição — Roma inteira sabia disso, menos Augusto. Por fim, no ano 2 a.C., ela estava com 38 anos e os amigos de Tibério fizeram com que Augusto soubesse que acusariam Júlia perante os tribunais, se ele não o fizesse.

O imperador, já envelhecido, ficou furioso, manifestando o seu pesar e a sua amargura. Emitiu sumariamente um decreto exilando a filha numa ilha distante, chamada Pandateria. Ali, Júlia viveu presa em sua própria casa, sendo-lhe expressamente negado o uso do vinho e de outros recursos de conforto, também lhe sendo proibido ter companhia ou receber visitas, a não ser aquelas autorizadas pelo próprio pai.

Desgostoso, apesar das realizações como imperador, tudo lhe parecia vazio, sem sentido. Os amigos aconselhavam-no a permitir que Júlia regressasse a Roma. Até mesmo Tibério pediu pela ex-esposa. Augusto limitava-se a responder: "Sejam vocês também abençoados com filhas e esposas como ela". Apesar de ser condescendente com outros, o imperador nunca conseguiu perdoar a própria filha. Talvez estivesse convencido de que além de ter degradado a si mesma, também havia utilizado sua sexualidade para ferir e abater o próprio pai.

Passados dez anos do exílio da própria filha, Augusto sofreu outro golpe. Soube que a filha de Júlia, também chamada Júlia, estava levando uma vida semelhante à da mãe, com inúmeros casos de adultério. Em 8 d.C., Augusto baniu a neta para a ilha de Trímero, no Adriático, onde ela foi deixada até a morte, vinte anos depois.

Ovídio: o manual do adultério[35]

Ovídio (43 a.C.- 17 d.C.) era um poeta de meia-idade, favorito dos círculos sociais mais requintados. Foi amigo de Júlia, neta de Augusto, e teve motivos para lamentar esse fato. Naquele mesmo ano, ele também foi levado para longe, exilado na cidade de Tomis, na margem sul do mar Negro — cidade de fronteira, lamacenta, fria e distante do mundo civilizado. Não se sabe ao certo o motivo do exílio de Ovídio, qual foi o seu crime. Ele enviou uma carta aduladora para Augusto, referindo-se ao crime de ter visto algo de errado, deixando, porém, de denunciar a tal respeito. É provável que ele tivesse conhecimento de pormenores dos adultérios de Júlia, ou até lhe tenha prestado ajuda. Pode ser também que tenha estado presente em uma das festas malucas, nas quais, segundo relatos, Júlia fazia o que era considerado uma indecente exibição de si mesma. Em qualquer dos casos, ela deve ter aprendido a conduzir-se dessa forma lendo os escritos de Ovídio. E é provável que seja essa a causa verdadeira do banimento do poeta.

Entre suas obras, o poeta escreveu um longo ensaio denominado *Ars Amatoria — A arte de amar* — que foi o primeiro manual a tratar dos métodos do flerte, da atração dos amantes e da consumação do adultério. Ovídio chegou a moldar sua obra conforme as linhas próprias dos tratados filosóficos e educacionais. Além disso, denominou a si mesmo "tutor" e "mestre" da arte do amor.

Seu livro *Ars Amatoria* surgiu quando Ovídio tinha 41 anos. Nessa obra, ele apresenta o que havia aprendido em muitos anos de prática, elaborando um manual detalhado para o desenvolvimento de um jogo elegante. Não aparece alusão ao sofrimento de genuína angústia, como a de Catulo; à atividade extrema como a de César; à auto-humilhação psicopática, como a de Júlia. Todas estas coisas constituíram extremos no panorama do amor romano. Ovídio, com cinismo filosófico, oferecia um termo médio coberto de ouro.

Ovídio fingia ficar ao lado da lei, mas isto era da boca para fora. Ele falava mesmo a respeito do adultério, e tornou isto, muitas vezes seguidas, perfeitamente claro. "Como para os homens, também para as mulheres o mais agradável é o amor roubado." A ideia que predomina em *Ars Amatoria* é a de que o amante seja um predador ardiloso, e a amada, presa astuta — do que resulta que a natureza do amor é a conquista. Uma acusação ocasional de crueldade deliberada, ou de repulsa premeditada, da parte de qualquer dos parceiros é, por exemplo, essencial para manter o desejo. Ovídio recomenda como ato particularmente delicioso o de ter relações sexuais com uma mulher que esteja em prantos.

Ainda mais curiosa é a sugestão de que um combate entre gladiadores constitui excelente espetáculo para estimular a paixão. Geralmente, acredita-se que o amor e a excitação sexual sejam inibidos pela contemplação da crueldade e da morte. Um pensamento desses nunca ocorreu a Ovídio. Para ele, as "areias melancólicas" do circo, eram o campo de criação para a ternura. "Entretanto, os ferimentos eram reais. Seres humanos estavam apunhalando-se e rasgando o ventre uns dos outros; o vitorioso perguntava à multidão de espectadores se devia poupar a vida do adversário caído ou se devia atravessar-lhe a garganta com a espada. E enquanto esportes dessa natureza se desenvolviam na areia da arena, homens e mulheres elegantes, que ditavam a moda, gargalhavam ao contemplar a agonia dos vencidos, e, enquanto gargalhavam, mastigavam nozes, comiam ameixas, saboreavam pastéis — e apaixonavam-se."

Augusto, correto e sério, considerou ofensiva a *Ars Amatoria*, mas conteve sua fúria durante vários anos. Ovídio escreveu o livro, em atitude desafiadora, no ano 2 a.C., embora as leis julianas houvessem sido completadas há pouco tempo. O poeta escarneceu especificamente da esperança do imperador no sentido de reformar a moralidade romana e devolver-lhe um estilo antigo. "Deixemos que o passado agrade aos outros. Eu congratulo-me comigo mesmo por haver nascido nesta época, cujos costumes são tão semelhantes aos meus." Mas quando o poeta se viu envolvido com o comportamento da neta do imperador, Augusto não mais o tolerou. Ordenou, além do exílio de Ovídio, que o livro fosse retirado das bibliotecas públicas. De Tomis, Ovídio escreveu numerosas cartas a Augusto. "Asseguro-lhe que meu caráter difere dos meus versos; minha vida é moral; minha musa, alegre... Um livro não constitui evidência da alma de uma pessoa" Augusto, entretanto, não se comoveu com essas manifestações. O livro é que havia produzido o dano. No ano 17 d.C., aos 60 anos, após nove anos de exílio, Ovídio faleceu.

A ESPOSA ADÚLTERA DE NERO

Nero (37-68 d.C.) também tornou público o adultério de sua esposa Otávia. Era importante mostrar que não tinha complacência com o vício. A opinião pública se perguntava se devia admirar ou censurar o silêncio de outros maridos. O único meio de um marido ou pai prevenir tal dano era ser o primeiro a denunciar publicamente a má conduta dos seus.

Em Roma havia grande quantidade de inscrições em paredes, que demonstravam a participação política das massas e suas preocupações com o dia a dia. Muitas vezes, diziam respeito à sexualidade e estavam diretamente ligadas à satisfação dos desejos. Não faltavam inscrições a respeito da relação extraconjugal de alguma esposa, que funcionava como denúncia.

DIVÓRCIO

Em Roma, os divórcios eram frequentes, e, do ponto de vista do direito, divorciar era tão fácil para a mulher como para o marido: bastava que um dos dois se afastasse com a intenção de se divorciar. O problema então era saber se a pessoa estava divorciada ou não. Às vezes, os juristas hesitavam em afirmar se era simples desavença ou verdadeira separação. Não era sequer necessário prevenir o cônjuge, e havia maridos divorciados de sua única esposa sem o saberem. Quanto à mulher, caso tomasse a iniciativa do divórcio ou fosse repudiada, deixava o lar conjugal levando seu dote, caso o tivesse. Entretanto, parece que os filhos sempre ficavam com o pai. Um poeta satírico conta o caso de uma mulher relativamente rica que tem dúvidas: deveria se divorciar do açougueiro para viver com o padeiro?[36]

Um bom exemplo é o caso de Messalina, que se casou com o imperador Cláudio em 38 d.C. Ela se divorciou e se casou novamente sem que ele soubesse. Messalina chegou até a levar parte do mobiliário imperial para recuperar seu dote. "Uma noite, as duas concubinas do imperador, que passavam todas as noites em seu leito, contaram-lhe tudo: 'Príncipe, Príncipe, Messalina se divorciou e tornou a se casar'. E ela nunca mais voltou. Era assim. O divórcio de Messalina era legítimo. Se alguém se divorciava, convinha normalmente enviar uma carta ao cônjuge para adverti-lo. Por polidez, mas até mesmo essa formalidade podia ser negligenciada."[37]

As mulheres se divorciavam dos maridos porque eram tediosos, os maridos das esposas porque elas começavam a mostrar rugas, por serem imorais, fúteis ou astutas. Em 131 a.C., um romano, discutindo a necessidade de ser aumentada a taxa de natalidade, disse: "Se fosse possível viver sem esposas, cavalheiros, deveríamos todos poupar-nos o estorvo. No entanto, como a Natureza decretou que não podemos viver em paz com elas e tampouco sem elas, devemos agir tendo em mente vantagens futuras, em vez de o conforto presente".[38]

Algumas décadas mais tarde, Cícero, logo após se divorciar da esposa Terência, afirmava que jamais voltaria a se casar. Quase imediatamente, no entanto, foi forçado a retratar-se. Tinha esquecido de que precisava repor o dote de Terência e a única maneira de levantar o dinheiro seria casando-se com outra.

O divórcio tornou-se cada vez mais comum. O casamento perdeu tanto a importância que se dissolvia por qualquer motivo. Um homem se divorciou porque sua mulher saiu à rua sem véu. As mulheres se separavam dos maridos por motivos igualmente insignificantes. Os homens com ambições políticas se casavam quatro ou cinco vezes, no processo de sua ascensão. Nessas circunstâncias, ter filhos não era desejável às mulheres, e a taxa de natalidade caiu rapidamente.

Muito ainda estava para acontecer, antes que as romanas se tornassem apóstolas da nova igreja cristã. No início do século II, eram inúmeras as que não se fixavam ou aquietavam. "A contagem dela está aumentando", comentou Juvenal com ironia, sobre o alegre divórcio de sua época. "Ela teve oito maridos em cinco invernos. Escrevam isso em sua tumba."[39]

HOMOSSEXUALIDADE

A homossexualidade tornou-se popular, mas, ao contrário dos gregos, se conservou no terreno puramente físico. Os homens romanos não manifestavam interesse em conquistar jovens por meio de atrativos espirituais ou intelectuais. Preferiam seduzi-los ou comprá-los, e levá-los para casa sem preocupações intelectuais. Catão enfureceu-se porque um belo rapaz podia ser vendido por um valor suficiente para a compra de uma fazenda.

A relação entre dois homens está presente por toda parte nos textos romanos. "Catulo se vangloriava de suas proezas e Cícero decantava os beijos que colhia nos lábios de seu escravo-secretário. De acordo com os gostos, cada um optava pelas mulheres, pelos rapazes, ou por umas e pelos outros. Virgílio tinha o gosto exclusivo pelos rapazes; o imperador Cláudio, o das mulheres; Horácio repete que adora os dois sexos. E Antínoo, amante do imperador Adriano, recebeu não poucas vezes um culto oficial depois de sua morte precoce. O amor dito grego poderia, portanto, ser chamado legitimamente de romano."[40]

Nero, o exibicionista imperador romano que governou do ano 54 a 68 d.C., foi muito além, casando-se com dois homens em cerimônias públicas. Suetônio escreveu sobre o primeiro casamento homossexual de Nero: "Depois de tentar castrar o garoto Esporo no intuito de transformá-lo em uma garota, ele organizou uma cerimônia de casamento — com dote, véu de noiva e tudo o mais — com a presença de toda a corte; em seguida levou-o para sua casa e tratou-o como uma esposa. Vestiu-o com roupas elegantes e finas usadas pelas imperatrizes, conduzindo-o na própria liteira... pelas ruas de Roma, beijando-o amorosamente desde então e para sempre". Mais tarde, casou-se também com Doríforo, forçando a corte imperial a tratar suas "noivas" masculinas com a mesma cortesia destinada às suas três esposas (Otávia, a primeira, de quem se divorciou depois de acusá-la de um adultério não cometido e sentenciá-la à morte; Popeia, que morreu três anos depois, e, finalmente, Estatília Messalina).[41]

Independentemente das loucuras de Nero, o efebo, objeto de amor dos gregos, era substituído, em Roma, pelo escravo que servia de amante. O importante continuava sendo respeitar as mulheres casadas, as virgens e os adolescentes livres de nascença. A Lei Scantinia, de 149 a.C., confirmada pela legislação da época de Augusto, protege o adolescente contra o estupro pelo mesmo motivo que protege a virgem livre de nascença. A classificação não se fazia pelas condutas segundo o sexo, o amor das mulheres ou dos rapazes. Fazia-se pelo fato de ser ativo ou passivo: ser ativo era ser macho, independentemente do sexo do parceiro dito passivo.[42]

Havia duas infâmias graves: o macho que leva a fraqueza servil a ponto de colocar a boca a serviço do prazer de uma mulher e o homem livre que não se respeita e leva a passividade ao ponto de se deixar possuir (impudicícia). A relação homossexual com um jovem era aceitável, desde que fosse a relação ativa de um homem livre com um escravo ou um homem de baixa condição; as pessoas divertiam-se com isso no teatro e se vangloriavam disso na alta sociedade.

"Como qualquer indivíduo pode ter prazer sensual com o próprio sexo, a tolerância antiga levou a pederastia a difundir-se bastante e superficialmente: muitos homens com vocação heterossexual tinham assim um prazer epidérmico com os meninos; também se repetia proverbialmente que os meninos proporcionam um prazer tranquilo, que não agita a alma, enquanto a paixão por uma mulher mergulha o homem livre em dolorosa escravidão."[43]

EXIGÊNCIA DE VIRILIDADE

Os homossexuais passivos eram expulsos do exército e o imperador Cláudio (10 a.C-54 d.C), num momento em que mandou decapitar muitos homens, deixou vivo um homossexual passivo que tinha "delicadezas femininas". Para ele, gente desse tipo maculava a espada do carrasco. O indivíduo passivo não era considerado frouxo por causa de sua orientação sexual, ao contrário, sua passividade seria apenas um dos efeitos de sua falta de virilidade, e essa falta se tornava um vício capital, mesmo quando ele não se entregava à homossexualidade.

Os romanos não controlavam quem era homossexual ou não, entretanto ficavam muito atentos a pequenos detalhes do modo de vestir, da pronúncia, dos gestos, do modo de andar, visando denunciar a partir daí a falta de virilidade, independentemente de seus gostos sexuais. O Estado romano proibiu muitos espetáculos de ópera por considerá-los pouco viris, ao contrário dos combates entre os gladiadores.[44]

O AMOR ENTRE MULHERES

Enquanto as práticas homossexuais masculinas eram geralmente toleradas, as femininas eram censuradas na Roma antiga. O sexo entre mulheres era tachado de monstruoso, ilegal, libertino, anormal e vergonhoso. Por outro lado, a homossexualidade feminina pode ter feito parte da sociedade romana tanto quanto a masculina, se acreditarmos nas diversas observações depreciativas dos escritores dos séculos I e II — como Sêneca, Marcial e Juvenal.

Os médicos tendiam a ver o erotismo homossexual feminino como uma "doença" que se manifestava por meio de sintomas masculinizados. Sorano, o notável médico grego que atuou em Roma no século II d.C., acreditava que a causa desses sintomas era a condição física de algumas mulheres que possuíam o clitóris dilatado. Como costumavam compará-lo com o pênis, imaginavam que a mulher com tal anatomia tinha herdado esses atributos "ativos" dos homens, em vez dos atributos "passivos" considerados naturais numa mulher. Sorano e outros médicos aconselhavam a clitoridectomia, ou seja, a extirpação do clitóris.[45]

UM FATO SURPREENDENTE

Augusto governou durante a era de ouro da literatura latina. Vários artistas e escritores foram protegidos por ele e por seu ministro Mecenas. Podemos citar o poeta épico Virgílio, cuja grande obra, *Eneida*, que celebra as origens de Roma, se tornaria, para o povo romano, algo similar ao que a *Ilíada* e a *Odisseia* representam para os gregos.

O poder de Augusto foi crescendo à medida que encargos e honrarias lhe foram conferidos. Muitos reconhecem suas realizações e sua administração eficiente. Elogiam a estabilidade de seu governo, bem como a segurança e a prosperidade que proporcionou ao Império Romano. Conservador e austero, ele restituiu a paz no império, reformou e estendeu ao máximo a noção de Estado de direito e estabeleceu um sistema centralizado de governo. Revisou radicalmente o sistema tributário, do qual dependia de modo crucial a remuneração das tropas. Antes de Augusto, a arrecadação financeira tinha sido inconstante e incerta. Agora, cada contribuinte em potencial pôde ser registrado por meio de um censo.

Essa nova ordem fiscal fez com que José, um carpinteiro da Judeia, e sua esposa grávida viajassem à cidade de Belém, onde seriam registrados pelo censo romano. A criança que pouco depois nasceu tornou-se o homem que mais influenciou a História do Ocidente.

O CRISTIANISMO

É possível avaliar a importância histórica de um fato pelo impacto que causa, por um longo período, num grande número de pessoas. Nenhum evento isolado foi tão importante como o nascimento de Jesus, que aconteceu em Nazaré, na Palestina, não se sabe ao certo quando, embora a data provável seja 6 a.C. Na época havia vários profetas, mas os ensinamentos de Jesus foram os que afetaram mais profundamente as pessoas, transformando seus valores. Seus seguidores, judeus palestinos, o viram crucificado e acreditaram que, depois, ele ressuscitou dos mortos.

Jesus de Nazaré

Os evangelhos, escritos pelos seguidores de Jesus, muitos anos depois de sua morte, baseiam-se nas memórias dos que o conheceram e relataram a sua vida. A intenção era demonstrar que ele era o messias. "As fontes históricas da época quase nenhuma informação contêm sobre Jesus, a tal ponto que uma corrente mitológica radical teve sérias dúvidas sobre sua existência. Embora comumente aceita hoje em dia, a existência de Jesus continua a esbarrar em numerosos problemas históricos."[46]

O Jesus dos evangelhos é filho de Maria, esposa do carpinteiro José. Após ser batizado por João Batista, profeta que depois foi condenado à morte por Herodes, Jesus começa a pregar e a fazer milagres. "É impossível reconstituir essa mensagem original. Embora o cristianismo passe por religião de paz, é provável que Jesus mantivesse relações suspeitas com os zelotes, combatentes judeus fundamentalistas cuja finalidade era pôr termo à ocupação romana da Palestina."[47]

De qualquer forma, a atitude de Jesus não atraía a simpatia das autoridades religiosas judaicas, que mandaram prendê-lo e o entregaram à justiça romana. Acusado de blasfêmia, Jesus foi conduzido à presença do governador romano Pôncio Pilatos, que, ansioso por evitar outras lutas populares numa cidade já conturbada, tomou a lei ao pé da letra e permitiu que Jesus fosse condenado. Assim, ele foi crucificado pelos soldados romanos, possivelmente no ano 33, sob provável acusação de ser um falso messias. Morreu e foi enterrado no mesmo dia.

"Personagem enigmática, ele morre e seus discípulos afirmam que ressuscitou ao fim de três dias e que ficou entre eles durante quarenta dias. Mas, na época em que o cristianismo não passava de uma seita judaica, seitas como a dos ebionitas consideravam Jesus um simples profeta e não acreditavam em sua ressurreição. Foi Paulo que colocou a ressurreição no cerne da mensagem cristã."[48]

O APÓSTOLO PAULO

Paulo (9-64 d.C.), apesar de não ter conhecido Jesus, foi o ideólogo do cristianismo e é, depois de Jesus, a figura mais importante da nova religião. Seu nome verdadeiro era Saulo e ele provinha de uma família judia da diáspora, suficientemente rica para lhe permitir uma educação clássica ao lado de uma sólida instrução na torá. Era cidadão romano. Começou perseguindo os cristãos, mas converteu-se após uma visão de Cristo ressuscitado na estrada de Damasco. Jesus era conhecido por ter sido crucificado, embora tenha sido visto imediatamente como igual a Deus e merecedor de veneração.

A nova seita se enraizou primeiro nas comunidades judaicas, mas logo depois as palavras de Jesus eram pregadas por Paulo também para os gentios (não judeus), que já se interessavam pelo novo ensinamento. Enquanto as autoridades religiosas judaicas de Jerusalém continuavam encarando o cristianismo como um ramo do judaísmo e exigiam o respeito às prescrições normativas da torá, Paulo tomou a decisão audaciosa de emancipar o cristianismo do judaísmo. A obra missionária de Paulo e a decisão do Conselho de Jerusalém de não exigir que os gentios se adequassem à lei judaica, o que significava aceitar todo o rigor da religião judaica e demonstrar isso se submetendo à circuncisão e praticando restrições alimentares, libertaram o cristianismo do judaísmo.

Assim, Paulo, "o apóstolo dos gentios", fez do cristianismo uma religião aberta a todos — e ao expor cuidadosamente as suas crenças, criou uma religião plena de argumentos profundos a respeito do significado de Cristo. Paulo se dedicou ao novo Senhor, mas não apenas repetiu o que Jesus dissera. Por isso, tem sido acusado de ter difundido um cristianismo diferente da fé que Jesus planejara, embora se apresentasse como servo e apóstolo de Jesus.

Nas cidades em torno do leste do Mediterrâneo, ele desenvolveu uma interpretação da Bíblia hebraica centrada em Jesus e relacionou-a aos problemas de crença e comportamento, escrevendo cartas que viriam a ser tratadas como escritos sagrados. Os judeus ortodoxos se ofenderam quando Paulo pregou que Jesus era o próprio Deus.

A atividade de Paulo em Éfeso termina com sua prisão. Mais tarde, o encontramos em Corinto, onde prepara a missão a Roma e à Espanha. Por volta do ano 57, visita Jerusalém e planeja a viagem a Roma. Para em Cesareia, onde fica preso durante dois anos, mas, a pretexto de sua cidadania romana, pede que seja examinado pelo imperador em pessoa. Assim, chega a Roma por volta do ano 62. Dois anos depois é executado por Nero.

Se isso de fato aconteceu, nessa época ele já tinha mudado o curso da História. Para alguns autores, Paulo foi o inventor do cristianismo, aquele que deturpou os ensinamentos de Jesus e os transformou em uma religião universal.

AS IDEIAS DE PAULO SOBRE SEXO

Para os pais da Igreja o sexo era abominável, "uma experiência da serpente", e o casamento "um sistema de vida repugnante e poluído". São Paulo e vários outros pensadores cristãos deixaram as mais duradouras impressões em todas as ideias cristãs subsequentes sobre a repulsa ao sexo.

Paulo dizia que a relação sexual, mesmo no casamento, era um obstáculo no caminho da salvação (I Cor. 7:32-34), uma vez que não acarretava obrigações mundanas passíveis de interferir com a devoção ao Senhor. Reconheceu que isso requeria uma dose de controle que nem todos podiam alcançar. Assim, o casamento era um paliativo: "É melhor casar do que arder (em desejo)". A Igreja desenvolveu horror aos prazeres do corpo, e as pessoas que se abstinham e optavam pelo celibato eram consideradas superiores. Mateus disse: "homens se farão eunucos voluntários".

O casamento de José e Maria, que será durante muito tempo o ideal do casamento cristão, é um casamento sem relações carnais. O cristianismo condenará o corpo e tudo o que se tornou matéria perecível em consequência do pecado original. O antissexualismo se torna um refrão obsessivo no decorrer dos tempos. A partir de Paulo, a condenação da sexualidade só irá crescer.

UMA NOVA MORAL EM ROMA

Nos primeiros séculos após a crucificação de Jesus, o Império Romano, apesar de seus problemas, ainda conservava a aparência de grandeza e glória. Nas grandes cidades, a vida prosseguiu tão entregue aos prazeres e elegante como sempre. Homens e mulheres consideravam o amor mera sensação, destinada a ser gozada até que a fadiga ou o tédio se manifestasse; e, a seguir, a ser gozada novamente, com auxílio de novidades e de modificações.

Sêneca deixa claras suas impressões a respeito do comportamento das mulheres. "Não resta sequer uma mulher que se sinta envergonhada de ter sido divorciada, agora que certas damas distintas contam os seus anos pelo número dos respectivos maridos, e casam de novo a fim de tornar a se divorciar."[49]

Para Sêneca, o adultério era o maior de todos os males da época. Ele proclama que uma mulher com apenas dois amantes era padrão de virtude. Ao assumir este papel, as mulheres passaram a estar cada vez menos interessadas no desempenho da missão de mãe. No seio da classe dos patrícios, os casamentos ser tornaram cada vez menos férteis. Até mesmo quando procriavam, os homens e as mulheres romanos mostravam tamanha ausência de sentido de paternidade e maternidade que não se encontravam em condições de guiar e de moldar o caráter em formação dos seus filhos.

As romanas, apesar da liberdade adquirida, davam sinais de descontentamento. Em vão procuraram um novo papel, a fim de substituir a função e o sentido então perdidos. Os romanos, cuja filosofia havia se baseado nos valores do poder e da riqueza, eram adeptos do divertimento sem barreiras. Mas numerosos moralistas se mostravam alarmados e consideravam essa forma de viver responsável pelos males sociais. É possível que o enfraquecimento gradual deste tenha contribuído também para a busca de valores mais rígidos a respeito da família, do casamento e da sexualidade.

Alguns cidadãos começaram a agir de maneira estranha e não romana. Num mundo que lhes oferecia luxos e prazeres e valorizava a entrega do indivíduo aos próprios desejos, esses cidadãos se sentiam inexplicavelmente atraídos por uma fé que lhes negava o direito ao amor terreno e ao prazer sexual, e que lhes prometia, em seu lugar, uma eternidade desencarnada. Era uma nova religião que surgia, chamada cristianismo — uma religião que criticava os luxos e castigava os prazeres.[50]

Aos poucos, lentamente, os romanos foram adotando uma nova moral. "Foi uma mudança misteriosa que ocorreu pouco antes do ano 200, no tempo de Marco Aurélio. Uma outra Antiguidade estava começando. Tudo se endureceu. Começou a proibição aos maus costumes, dos quais até então se caçoava."[51] Instaurou-se uma hostilidade clara ao aborto e abandono de crianças. As viúvas que dormiam com seus protetores foram estigmatizadas.

A homossexualidade tornou-se passível de punição. O pacto de casamento passou a ser um contrato mútuo, e o adultério do marido a ser considerado tão grave quanto o da mulher. Esta se tornou a companheira, reconhecendo sua inferioridade natural, mas satisfazendo-se em cumprir seu dever. O bom marido devia respeitá-la. Os esposos deviam ser castos, controlar o menor dos gestos, não se acariciar demais. O sexo era apenas para a procriação.[52]

Morton M. Hunt comenta a respeito dos fatores que levaram o ascetismo a se tornar tão rapidamente o ideal dos indivíduos no Império Romano, já que o amor e os padrões sexuais deles foram estabelecidos em outra direção, durante muitos séculos.[53] Na área do amor, o triunfo do ascetismo parece não ter sido tão surpreendente. O erotismo pagão havia se desgastado, ao longo dos séculos, por meio de excessos, deixando um tédio que assumiu proporções excepcionais. A desintegração da vida familiar tinha deixado as pessoas insatisfeitas com seus vínculos afetivos, gerando um sentimento perturbador de isolamento e de frustração emocional.

Para Hunt, todas essas coisas se misturaram, obviamente, às práticas sexuais. Quando o mundo romano apenas tinha notícias de Jesus, acreditando ser ele um insignificante judeu provocador de desordens, certos filósofos pagãos já tinham começado a defender a moderação sexual e até mesmo o ascetismo.

No século II, surgiu, entre os pagãos não cristianizados, o gnosticismo, um movimento popular, de ordem religiosa-filosófica. Era um movimento místico, que acentuava a necessidade de salvação dos pecadores pela eliminação dos pecados, e que confiava na intervenção de um salvador.

A influência cristã sobre o amor e sobre a vida sexual, portanto, não foi no fundo uma revolução, e sim uma aliança com forças simpatizantes. Entretanto, nos dois séculos seguintes, o cristianismo atribuiu grande mérito espiritual à renúncia aos prazeres da carne e deu ênfase ao repúdio às amenidades do amor. O cristianismo tinha outras preocupações — guerra às riquezas, ao egoísmo, à usura e à crueldade do mundo romano. Contudo, até mesmo esses outros males se apresentavam sempre ligados ao pecado sexual.

LINKS

AMOR E ÓDIO

O amor, em Roma, era sexualmente intenso e não prejudicado pela noção de pecado, mas se apresentava estranhamente misturado com o ódio. Catulo, sentindo-se rejeitado, ameaçou difamar Clódia e desenhar falos vermelhos nas paredes externas da sua casa, como se fosse um bordel. Embora Clódia tenha sido a mulher mais notável do seu círculo, ela não foi a única; foi representativa de uma tendência. Aquela mesma combinação enferma de amor e ódio que Catulo sentiu por Clódia — e ela por seus amantes — estava longe de ser exceção.

Em muitos relacionamentos atuais observamos uma espécie de terrorismo íntimo. Júlia fez uma severa dieta para perder os quilos excessivos. Estava feliz se sentindo bonita, até Gustavo, seu marido, lhe dizer delicadamente: "Se não fossem as suas estrias, você seria uma gata".

Paulo ia fazer uma exposição oral para ser aprovado num concurso. Era a última etapa. Antes de sair de casa, Mara, sua mulher, lhe disse carinhosamente: "Estou torcendo por você... só fico preocupada porque você nunca consegue se expressar bem".

Exemplos de "derrubadas" assim não são raros. Há casais em que os ressentimentos dominam a relação, e eles não são capazes de se unir nem de se separar. Encontramos com frequência relações amorosas em que há luta pelo poder. Muitas vezes, o poder, que se mascara como amor, assume um papel bem importante na união de duas pessoas. "Estou fazendo isso para o seu bem" é uma frase que pode significar justamente o contrário.

O psicoterapeuta americano Michael Miller,[54] estudioso do tema, diz que se observam em relacionamentos com essa característica duas pessoas preocupadas em atacar a segurança ou a autonomia uma da outra, provocando recíproca ansiedade. Apesar de nenhuma delas estar preparada para abrir mão do relacionamento, cada uma tem como objetivo tomar o seu controle. Em sua busca de poder na relação atacam-se os pontos mais vulneráveis do(a) parceiro(a). Usam-se ameaças, alimentam-se o medo e a dúvida, de forma a paralisar a vontade do(a) oponente. Cada troca de palavras sugere um significado diferente do que apresenta na superfície porque praticamente cada coisa pode ser utilizada para prolongar a batalha pelo controle.

Alguns casais vivem assim quase o tempo todo. Muitos passam a vida juntos, frios um com o outro, sem comunicação, talvez com frequentes explosões — como duas pessoas que se esforçam para evitar brigas "por causa das crianças" ou para não escandalizar os vizinhos, mas, acima de tudo, para manter o casamento mais ou menos intacto. Quando falam de separação, é mais uma tática de intimidação do que uma real intenção de se afastarem. Falam de várias coisas, mas todos os tópicos estão contaminados pela luta pelo poder que impele a ambos. Cada um se sente roubado e tenta controlar o outro de modos diferentes: ela reclama por mais intimidade; ele exige mais liberdade, por exemplo.

Na realidade, amor e poder nunca vão funcionar bem juntos. Não é novidade que toda relação íntima deve levar em conta as necessidades de cada uma das partes, tanto para o estar juntos como para a autonomia.

MEDO DE AMAR

Os romanos desenvolveram a ideia de prudência, por isso lutavam contra o amor, visando evitar o sofrimento do amor + ódio. Acreditavam que o homem prudente afasta seus pensamentos para longe do amor, sabendo que o amor é uma doença. O amor devia ser cuidadosamente evitado. Mas essa ideia não pertence só ao passado. Hoje, muitos temem amar. O psicólogo italiano Aldo Carotenuto faz interessantes considerações sobre o tema.[55] Ele acredita que está ao alcance de todos a possibilidade de fazer mal ao outro mesmo amando-o.

Não é um fenômeno fácil de se explicar; talvez a razão deva ser buscada no fato de que, de qualquer maneira, nós nos sentimos arrebatados e violados; ninguém pode impunemente conquistar a nossa dimensão interna, assim como acontece nessa experiência. E então pode ocorrer que a necessidade, talvez inconsciente, de violar o outro e de fazer-lhe mal seja a sutil vingança de quem se sente completamente possuído. Eis por que o amor é "coisa cheia de medo", eis por que ao lado dos sentimentos mais sublimes também tememos essa experiência.

Quando amamos, somos olhados por dentro e isso é acompanhado de uma sensação de vergonha. Tornar manifesta a própria interioridade induz à vergonha, porque na nossa cultura isso equivale a uma admissão de fraqueza. Existem pessoas que, mesmo que amem intensamente, dificilmente conseguem manifestar o próprio sentimento, porque temem correr algum risco. Geralmente, quando nos colocamos a nu, todos os nossos anseios se concentram em torno do temor da rejeição. Revelar-se significa, no fundo, conceder parte da própria liberdade e das "partes" de si mesmos.

A área dos afetos é a mais difícil de viver, e o problema que mais nos inquieta está no envolvimento amoroso. Estar envolvido com alguém significa tomar parte na vida interior de outra pessoa, porém justamente uma experiência desse tipo, remota, talvez esquecida, mas que deixou a marca, nos mantém como "vacinados", nos torna de qualquer modo refratários a nos tornar disponíveis. Uma espécie de *imprinting* emotivo nos impeliu a viver sob o signo do pânico todas as experiências afetivas sucessivas, e nos ensinou para sempre que a única possibilidade de salvação se encontra — exatamente como da primeira vez — na obtenção de uma "autonomia psicológica". A necessidade do outro, e também o medo de amar, diminui quando se desenvolve em cada um a capacidade de ficar bem sozinho.

INTIMIDADE

Para não se deixar escravizar por uma mulher, o romano deveria manter distância em relação a ela, evitando qualquer intimidade. Caso se sentisse fragilizado pela sua paixão, tentava desqualificá-la, exacerbando aspectos dela que lhe causavam repulsa.

Há pessoas aparentemente fortes, poderosas no espaço público, mas que na intimidade se tornam frágeis. O filósofo inglês Thomas Hobbes (1588-

1679) afirmava que somos todos iguais, no sentido em que partilhamos da habilidade para matarmos uns aos outros. Robert Solomon explica que a visão geral de Hobbes sobre a natureza humana aplica-se especificamente ao poder que todos temos na vulnerabilidade compartilhada no quarto. Solomon exemplifica a contínua desconfiança entre homens e mulheres na imagem de um guerreiro, invencível na guerra, dormindo num grande estupor após o sexo ao lado da mulher que sequestrou e estuprou, com a espada por perto. Ele é vulnerável como um cordeirinho pronto para o sacrifício. A imagem paranoica deixa bem claro o ponto de vista de Hobbes. Onde há tanta intimidade, até mesmo Conan, o Bárbaro, fica vulnerável.[56]

Muitos homens, ainda submetidos à ideologia patriarcal, estabelecem no máximo intimidade sexual com suas parceiras, nunca intimidade emocional. Para estes, a intimidade é vista como um sinal de fraqueza. Para outros, a intimidade num relacionamento é um privilégio, um luxo afetivo a ser conquistado pouco a pouco.

O psicoterapeuta italiano Willy Pasini, autor de um livro sobre o tema, diz que a intimidade é muito mais fácil para a mulher do que para o homem. Historicamente, nas culturas patriarcais, os homens cuidam da guerra, da política, de ideias, e para as mulheres restou o mundo "menos importante", o dos sentimentos. Pasini afirma que nunca os homens o consultam por problemas diretamente ligados à intimidade. Preferem recorrer a perguntas-disfarce, que muitas vezes têm a ver com intimidade.[57]

A história de Giovanni, um dos pacientes de Pasini, confirma como alguns homens administram sua vida afetiva de forma a evitar qualquer intimidade. Nascido em família rica, poderoso executivo, Giovanni passa mais tempo no avião do que na cama e continua formando sociedades financeiras por toda a Europa. Sofre de ejaculação precoce e para ele a relação sexual não dura mais que alguns segundos. Muito ligado à aparência, Giovanni se veste, fala e se move conforme os ditames da alta classe social. Gostaria de ter uma família, mas receia demais um contato autêntico. A mulher para ele deveria ser de alguma forma uma boneca: bonita, mas não muito ativa, falando pouco e aceitando a sua ejaculação precoce. Para o autor, a sofreguidão de Giovanni esconde na verdade uma série de dificuldades. Mas ele quis interromper prematuramente o tratamento. Decidiu procurar um aparelho de *biofeedback*, para controlar sozinho a sua tensão muscular, evitando assim qualquer contato com o terapeuta.

Para Pasini, o exemplo de Giovanni é emblemático no que diz respeito às dificuldades que alguns poderosos executivos encontram em manter qualquer tipo de contato íntimo: não podendo se dar ao luxo de uma relação amorosa, contentam-se com aventuras eróticas. Amar significa enfrentar riscos afetivos, receber telefonemas imprevistos, ficar com a cabeça em outro lugar, subverter os próprios horários e as próprias fantasias. Significa expor-se. Uma requintada e eficiente aventura erótica, por sua vez, é a opção compatível para quem quer evitar as vicissitudes da intimidade afetiva.

Medo da intimidade

Muitos supõem que a intimidade nos torna totalmente vulneráveis. Mas ao contrário de outros contextos em que a vulnerabilidade significa fraqueza e desproteção, na intimidade podemos mostrar nossas fragilidades sem temer qualquer constrangimento ou humilhação, ou seja, sem temer um ataque. O filósofo alemão Theodor Adorno sintetiza muito bem essa ideia ao afirmar que só nos ama aquele junto a quem podemos nos mostrar fracos sem temer a força.

Entretanto, a intimidade é temida, e pelos mais variados motivos. Pelo receio de nos entregarmos a ela como se fosse quase uma droga, de nos fundirmos com o outro, de ficarmos desprotegidos. A intimidade pode ser vivida como a causa de um relativo enfraquecimento dos limites de nós mesmos. As pessoas não muito seguras tendem a viver este fenômeno como uma situação perigosa, às vezes até angustiante, e a sentir um grande medo dela.

A intimidade exige o abandono da couraça que protege o que temos de mais íntimo: quanto mais a intimidade é compartilhada, mais o outro tem livre trânsito para as nossas coisas mais secretas. Mas só uma autoestima elevada permite viver tal "despir-se" como oportunidade, e não como ameaça. Quem pensa que deve esconder as partes de si que considera inconfessáveis vive inevitavelmente a intimidade como se fosse um risco pessoal.[58]

FICANDO MAIS ÍNTIMO

Ter uma relação de intimidade quer dizer entrar na vida do outro sem perder o sentido da própria identidade. Para isso é necessário haver uma forte autonomia individual. Quer dizer, receber o outro em nosso território íntimo sem por isso achar que fomos invadidos ou contaminados. A intimidade também comporta a capacidade de ficarmos atentos às nossas próprias sensações. Afinal, ela pode ser danificada ou destruída por atitudes predadoras, por necessidades simbióticas, por hostilidades reprimidas ou explosivas, por excessos de inibição ou sedução. "Ao contrário da fusão-confusão, a intimidade pressupõe a capacidade de imaginar-se na pele do outro sem perder a própria identidade. Ao contrário da simbiose, a intimidade precisa da manutenção de um forte sentido de individualidade: só a pessoa que confia em si própria pode soltar as amarras e enfrentar o mar aberto de uma relação envolvente com o outro."[59]

Para Donald Winnicott, psicanalista inglês, as pessoas com dificuldade nos contatos pessoais são indivíduos fechados numa dura couraça que protege um núcleo central inseguro e mole. Todo processo de amadurecimento pessoal consiste nessa progressiva conquista de uma confiança cada vez maior em si mesmo. Só nessas condições uma pessoa poderá baixar a guarda sem medo e transformar a couraça numa membrana periférica e permeável às trocas com os outros.

SEXO

Em Roma havia três interdições sexuais para o homem: dormir com a própria irmã, dormir com uma vestal e deixar-se sodomizar. Essas três interdições foram ignoradas por tiranos como Nero e Calígula. Para os homossexuais o fundamental era ser o ativo, nunca o passivo. Era preciso sempre dominar. Entretanto, sexo oral não era bem visto, considerado uma desonra para o homem por colocá-lo a serviço da mulher.

Alice, uma arquiteta de 34 anos, está separada há quatro anos. Recentemente, iniciou um namoro com Sandro, mas não está nada satisfeita. "Chego mais facilmente ao orgasmo com o sexo oral, mas meu namorado parece não estar muito interessado em me dar esse prazer. Desde a primeira vez que transamos, percebi que ele quer que eu faça sexo oral nele e sempre evita fazer em mim. Quando faz é sem muita vontade, por obrigação. Fiquei tão preocupada de estar com mau cheiro, ou qualquer outro problema, que fui à ginecologista. Não tenho nenhum corrimento, nada. Mesmo assim, antes de transarmos me lavo várias vezes. Mas não tem jeito. Será que ele tem nojo da minha xoxota?"

Shere Hite, na sua pesquisa sobre a sexualidade feminina realizada em 1975, constatou que a maior preocupação da mulher quanto ao sexo oral é o cheiro. Algumas respostas de mulheres obtidas nesse estudo a respeito do sexo oral: "Eu ainda não superei a ideia de que sou suja lá embaixo"; "Eu nunca tive orgasmo com cunilíngua. Gostaria, mas sinto que a minha boceta é suja e me preocupa quando alguém quer chupá-la"; "Se eu fosse homem, nunca faria isso!"; "Eu sempre fico preocupada se estou cheirando mal ou com uma aparência nojenta ali"; "Eu costumava gozar sempre com cunilíngua, mas agora é raro graças à reticência do meu atual companheiro, que às vezes assume ativamente o seu nojo e outras vezes representa um belo papel de mártir"; "Eu sinto que não cheira bem, não tem bom gosto. Tenho vergonha".[60]

O sexo oral é alvo de dois tipos de preconceito: imoralidade e falta de higiene. Na nossa cultura judaico-cristã qualquer prática que não leve à procriação sempre foi condenada, e os genitais são, para muita gente, considerados uma parte suja do corpo, por sua proximidade com os órgãos de excreção. Claro que nada disso tem fundamento. É sabido que a grande maioria do sexo que se pratica não é para a procriação, e com a higiene comum os órgãos sexuais podem ficar tão limpos e cheirosos como qualquer outra parte do corpo. Além disso, em condições normais, o pênis e a vulva contêm muito menos germes do que a boca. Uma mulher pode ter sensações variadas com a boca do parceiro na sua vagina. Mas, em vez de relaxar e se entregar às sensações de prazer, muitas ficam tensas imaginando o que ele está achando do gosto ou do cheiro, se está fazendo aquilo só por obrigação. Isso sem falar no temor que a proximidade da vagina pode provocar no homem.

A MULHER FATAL

Cleópatra seduziu Júlio César e Marco Antônio, os dois homens mais poderosos de sua época. O poder que teve sobre Marco Antônio foi tanto que, quando Roma toda ficou contra ele, o suicídio foi a única saída. Na História encontramos muitos exemplos de mulheres fatais. A primeira e a mais competente de que se tem notícia parece ter sido mesmo Eva. Ao tentar Adão, teria provocado a desgraça, não só para ele, mas para todos nós. No início do século XX, algumas cortesãs se misturavam com a alta sociedade e era chique um jovem ser arruinado por uma delas. Quanto mais dilapidavam uma fortuna, mais eram valorizadas. Como veremos, alguns capítulos à frente, Eduardo VIII, da Inglaterra, foi vítima dessa perigosa atração ao desistir do trono, em 1936, para se casar com uma divorciada americana. E há quem atribua à atração que Yoko Ono exerceu sobre John Lennon, na década de 1970, o lamentável fim dos Beatles. Essas histórias são antigas, mas até hoje mulheres fatais continuam por aí.

Eneida, de 65 anos, me procurou no consultório por se sentir abalada com o novo relacionamento amoroso de seu filho, Walter. Ele, um médico de 40 anos, segundo ela, sempre foi muito sensato. Há dois anos, sua mulher quis a separação e Walter sofreu muito com isso. Saiu de casa, deixando o apartamento para a ex-mulher e as filhas, e, não tendo outra alternativa, foi morar com a mãe. "Agora, depois de tantos anos, tenho acompanhado mais de perto a vida cotidiana do meu filho. Estou horrorizada. Há alguns meses, após todo o drama da separação, Walter arranjou uma namorada. No início, fiquei até contente, afinal, ele estava muito sozinho, com a autoestima bastante abalada. Só que, aos poucos, fui percebendo que a namorada não passa de uma oportunista. Ela lhe pede presentes caríssimos; até empréstimo em banco descobri que ele pediu, para não decepcioná-la numa viagem que ela sugeriu para Fernando de Noronha. Mas o pior de tudo é que o único bem que lhe restou, um belo sítio em Teresópolis, descobri que ele passou para o nome dela. Ela o domina completamente. Não adianta eu tentar fazê-lo enxergar o que está acontecendo. Walter simplesmente não me ouve. Não reconheço mais o meu filho e não sei como devo agir."

Quantos homens foram vítimas de *femmes fatales*? Sempre se contaram histórias de homens que perderam tudo, ficaram na miséria tentando satisfazer todos os desejos da mulher amada. Elas exigiam apartamentos, joias, casacos de pele, e eles nem titubeavam, compravam tudo para elas. As mulheres "respeitáveis" observavam de longe e se perguntavam: "O que elas têm que eu não tenho?". E como o sexo devia ser contido para estas, era natural imaginarem que a resposta estava no prazer especial que as outras sabiam proporcionar aos homens. Mas será que o motivo dessa paixão obsessiva pode ser atribuído somente ao sexo? É pouco provável.

A ideia que se tem da mulher fatal é a de uma mulher atraente, tão irresistível que faz o homem abandonar tudo por sua causa e depois, então, acaba com ele, muitas vezes provocando tragédias. Dizem alguns que a *femme fatale* clássica se torna prostituta de categoria depois de ter sido abandonada por um namorado e dedica o resto da vida a se vingar nos homens que conhece. Mas, afinal, o que faz essas mulheres terem tanta força? Como conseguem dominar homens poderosos e submetê-los aos seus desejos?

Talvez a explicação se encontre na forma como as crianças são educadas na nossa cultura. Desde cedo o homem é ensinado a não precisar da mãe para não ser visto como frágil, "filhinho da mamãe". Para isso, aprende a considerar a mulher inferior, a desprezá-la. Entretanto, essa atitude não passa de uma defesa por ter sido afastado da mãe quando ainda precisava de seus cuidados e carinho. A mulher, por sua vez, deve ser submissa ao homem, deixar que ele domine a relação e decida as coisas.

A mulher fatal, ao contrário, é forte, dominadora e habilmente induz o homem a fazer o que deseja. Desta forma, não é difícil ele se tornar dependente, por encontrar nela a satisfação das necessidades reprimidas desde a infância: ser cuidado e dirigido por uma mulher. Com ela, pode se tornar menino, se sentir protegido. E é claro que sexualmente ela o satisfaz, já que não mede esforços para tê-lo nas mãos. A entrega dele é total. Não há dúvida de que a mulher fatal do século XXI é bem diferente das suas antecessoras, mas o fascínio exercido sobre o homem que a deseja não é em nada menor. Dificilmente ele resiste, é capaz de qualquer loucura por ela.

ANTIGUIDADE TARDIA

Século III ao V

O corpo é sagrado; o espírito é que é precariamente humano.
Paulo Hecker Filho

Ámon viveu no final do século III, em Alexandria, onde, apesar dos pre-juízos que o império havia sofrido, muitos de seus habitantes ainda usufruíam de luxo e sofisticação. Seus pais tinham sido ricos, mas, como morreram quando ele era ainda criança, sua educação ficou a cargo de um tio. Ámon tinha acesso a alimentos finos, a banhos e a jogos, bem como a teatros e, naturalmente, a mulheres. Mas se tornou um cristão devoto e, da mesma forma que alguns outros do seu tempo, em certo momento da juventude, passou a desprezar o conforto em favor da pobreza e do sofri-mento. Levou a sério as palavras de Paulo, um dos primeiros pais da Igreja, e decidiu conservar-se casto e preparar-se para a eternidade.

O tio de Ámon não concordava com o sobrinho. Escolheu uma noiva que considerou adequada ao jovem e o obrigou a se casar. Foram grandes os festejos do casamento, mas quando os noivos ficaram a sós, Ámon fechou a porta, pegou um livro que continha as epístolas dos apóstolos e leu para a esposa a Epístola de Paulo aos Coríntios, explicando a ela as advertências às pessoas casadas, como esta: "É um bom aviso para um homem, não tocar em mulher...". Ámon examinou as inconveniências e os desconfortos que caracterizavam a relação sexual, como as dores do parto, as preocupações e as ansiedades ligadas ao fato de se fundar uma família. Em contraste a tudo isso, enumerou as vantagens da castidade. Descreveu a liberdade e a imaculada pureza de uma vida com abstenção total dos prazeres. Concluiu que a virgindade coloca a pessoa numa relação mais próxima com Deus.

A jovem esposa de Ámon ouviu surpresa aquele discurso, mas no final se convenceu daquelas ideias. A partir de então, ela e Ámon purificaram a união conjugal, renunciando juntos ao mundo e fazendo voto de castidade. O casal viveu como irmãos, devotando-se à contemplação e à adoração de Deus. Depois de algum tempo, os dois perceberam que a vida em Alexandria — luxuosa e sensual — estava longe de se harmonizar com os seus objetivos. Abandonando todos os confortos, foram para o sul de Alexandria, permanecendo no Monte Nítria, no deserto egípcio.

Ali, se instalaram numa cabana rústica, iniciando uma existência ascética. Mesmo assim, a esposa de Ámon, refletindo sobre sua maneira de viver, concluiu que ela se conservava, apesar de tudo, muito perto dos modos mundanos. Certo dia, ela disse a Ámon: "Não é aconselhável a você, que pratica a castidade, olhar para uma mulher numa moradia tão solitária. Se lhe agradar, passemos a morar separados". Para Ámon foi uma sugestão louvável. Dali por diante, o casal passou a viver em duas cabanas, que eram bem próximas. Os dois adotaram regras idênticas para se mortificar: não fizeram uso de azeite nem de vinho; comeram apenas pão seco e beberam água. Com frequência fizeram jejum de um, dois ou até três dias seguidos. Até mesmo nessas condições, Ámon percebeu que a tentação se mantinha à espreita. Considerando que a visão do seu próprio corpo envolvia perigo, tomou a decisão de nunca tirar a roupa. "Não ficava bem a um monge ver sequer a sua própria pessoa exposta", disse ele.

A fama de Ámon e de sua esposa difundiu-se rapidamente. Segundo estimativas de historiadores da época, 5 mil monges, em poucos anos, se reuniram ao redor deles, a fim de lhes seguir o exemplo de ascetismo.[1] Como veremos mais adiante, o casamento continente, com base na ausência total de sexo, tornou-se, na Antiguidade Tardia, o ideal de casamento cristão.

Antiguidade Tardia é o nome que alguns historiadores usam para descrever o intervalo entre a Antiguidade Clássica e a Idade Média. É o período também em que o Deus dos cristãos se torna Deus único do Império Romano. Na Grécia e em Roma o prazer era valorizado, mas com o cristianismo surge a condenação geral da sexualidade e uma rigorosa regulamentação de seu exercício.

Entre o início do cristianismo e o seu triunfo no século IV, o sucesso da nova ética sexual é assegurado por duas séries de acontecimentos de ordem teórica e prática. Na primeira, a difusão dos novos conceitos — carne, fornicação, concupiscência e a sexualização do pecado original —; na prática, o surgimento de uma posição para as virgens entre os cristãos e a realização do ideal de castidade dos monges do deserto.[2]

Essa mudança fundamental na História do Ocidente, que é a recusa da sexualidade e a "renúncia à carne", se produziu, como vimos no capítulo anterior, dentro do paganismo, nos séculos I e II, principalmente com o imperador Marco Aurélio, entre os anos 180 e 200, bem antes da difusão do cristianismo. "De algum modo, o terreno já estava bem preparado para que o cristianismo realizasse essa grande reviravolta do corpo contra si mesmo."[3]

OS PRIMEIROS CRISTÃOS

Os primeiros cristãos eram escravos libertos, ou seja, alforriados, mulheres, trabalhadores e artesãos, na maioria das vezes de origem oriental e de língua grega. Mas em suas comunidades não faltavam intelectuais e pessoas ricas. Por coerência com a própria fé, não adoravam nem ofereciam sacrifícios às divindades romanas. Eles se consideravam cidadãos do Reino dos Céus e "estrangeiros" nesta terra. Tão estrangeiros que muitos consideravam pecado exercer funções públicas.[4]

Os primeiros grupos se desenvolveram um pouco à maneira de uma seita, que faz conquistas e cujo número de membros cresce. "Esses grupos foram favorecidos, nos séculos II e III, pelo interesse cada vez maior em torno das divindades e dos cultos salvadores, cultos de terapeutas, que cuidam simultaneamente das doenças do corpo e da alma, e da existência humana."[5]

PERSEGUIÇÃO AOS CRISTÃOS

Até o século II, houve uma certa tolerância oficial aos cristãos, apesar de seus desafetos inventarem que praticavam magia negra, canibalismo e incesto. Alguns romanos criticavam a maneira pela qual a religião encorajava as pessoas do povo a se considerarem tão boas quanto os seus superiores aos olhos de Deus, portanto resistindo à tradicional autoridade de maridos, pais e senhores de escravos. Os supersticiosos não hesitaram em pensar que os cristãos eram a causa dos desastres naturais: dizia-se que os antigos deuses estavam zangados com a tolerância aos cristãos e por isso enviaram fome, inundações e pragas. Oficialmente, as autoridades só entraram em conflito com o cristianismo a partir do século II.[6]

Durante séculos, era um grande divertimento para os romanos ver prisioneiros de guerra lutando entre si nos circos. "Em um único mês, o imperador Diocleciano (244-311) fez 40 mil homens se matarem no Coliseu, mais de mil por dia, enquanto uma multidão exaltada bebia vinho misturado com mel e chumbo, fumava ópio, fazia negócios e copulava com prostitutas e prostitutos, na maioria pré-adolescentes. A quantidade de sangue e de órgãos esquartejados não os incomodava e em parte era coberta pelo fedor do vômito, já que os romanos, para continuar se enchendo de comida e bebida, tinham o hábito de enfiar dois dedos na garganta para vomitar o que acabavam de ingerir."[7]

As autoridades romanas consideravam subversivo qualquer movimento que, fora do seu controle, reunisse grupos populares. A manutenção de cultos tradicionais era vista como um fator de estabilidadde indispensável à vida do Estado. A não observância dos ritos era um crime comparável à traição. Algumas características dos cristãos eram temidas, o que explica eles terem sido vítimas de perseguições periódicas do poder romano, principalmente no período entre os anos 112 e 311. Arrastados até as arenas, eram massacrados em meio aos gritos e às risadas de uma multidão que se divertia com o genocídio.

Apesar de toda a repulsa às investidas cristãs, a nova religião — o cristianismo —, de maneira gradual, foi conquistando a lealdade de um segmento cada vez maior da população. Em pouco mais de cem anos, o cristianismo se difundiu por toda parte, no Império Romano e além dele. Havia comunidades cristãs na Europa, na Ásia e na África. A perseguição aos cristãos proporcionou o martírio necessário para a religião que procurava acentuar a falta de sentido do mundo material.

A RECUSA DO PRAZER

O cristianismo trouxe como principal novidade a ligação entre a carne e o pecado. São Paulo adverte: "Eu vos digo, irmãos: o tempo é curto. Que doravante aqueles que têm mulher vivam como se não mais as tivessem" (I Cor., 7:29). A expressão "pecado da carne", por extensão de sentido, ajusta-se à Bíblia — autoridade suprema — a fim de justificar a repressão a grande parte das práticas sexuais.

Se Adão e Eva nunca tivessem pecado, poderiam, sem culpa alguma, obedecer à ordem de Deus de produzir descendentes? Para responder a essa questão, o bispo Gregório e outros pensadores cristãos elaboraram teorias complexas a propósito do "modo de geração transitório" — modo pelo qual Adão e Eva poderiam ter se reproduzido mais ou menos como as plantas, sem contato nem prazer. Era considerado mau tudo que fosse relacionado à carne. E o argumento era o de que a mulher (como um todo) e o homem (da cintura para baixo) eram criações do demônio.

A DESVALORIZAÇÃO DO CORPO

Quando, no ano 370, São João Crisóstomo ainda era jovem, o seu amigo Teodoro se apaixonou por uma moça, Hermíone, e planejou se casar com ela. Crisóstomo conseguiu levá-lo para o celibato escrevendo-lhe uma carta veemente, que o fez mudar completamente de ideia: "O fundamento dessa beleza corpórea nada mais é do que sangue, humor e bile, juntamente com o fluido do alimento mastigado... Se você levar em consideração o que está armazenado, dentro daqueles belos olhos, e daquele nariz reto, bem como daquela boca e daquelas faces, acabará afirmando que o corpo de belas formas não é coisa alguma, a não ser uma falsidade... Além disso, quando você vê um trapo, com qualquer daquelas coisas em cima, tal como cuspe, não tolera o ato de tocá-lo nem mesmo com a ponta dos dedos, e também não suporta o ato de ficar olhando para ele. Encontra-se você, ainda assim, em alvoroçada excitação, para com os depósitos dessas coisas?".[8]

O ascetismo era um ataque feroz ao corpo e seus apetites sexuais. Evitavam-se os banhos, a sujeira tornou-se virtude. Qualquer coisa que tornasse o corpo mais atraente era um incentivo ao pecado. Santa Paula acreditava que a pureza do corpo e das vestes significava a impureza da alma. Os piolhos eram chamados de pérolas de Deus, e estar sempre coberto por eles era marca indispensável de santidade. São Jerônimo afirmou que uma virgem adulta jamais devia banhar-se e, na verdade, devia envergonhar-se de ver sua própria nudez.

Os exemplos da falta de higiene como pré-requisito para a salvação da alma são muitos: o eremita Santo Abraão viveu cinquenta anos depois de ter se convertido e durante todo esse tempo recusou-se terminantemente a lavar o rosto e os pés. Uma virgem muito conhecida, Sílvia, ficou doente em consequência dos seus hábitos. Estava com 60 anos e, por princípio religioso, recusou-se durante grande parte da sua vida a lavar qualquer parte do seu corpo, com exceção dos dedos. Santa Eufrásia entrou para um convento de 130 freiras que nunca lavavam os pés e que estremeciam à ideia de banho.

Tanto o alimento quanto os banhos estavam na relação de perigosos afrodisíacos. O ideal era comer apenas o suficiente para não morrer de fome, mas não tanto que alguém ficasse saciado. O estômago cheio de comida quente gerava a sensualidade. "Acho que nada inflama de tal maneira o corpo e estremece os órgãos da geração quanto a comida não digerida e o arroto convulsivo", dizia São Jerônimo. Por esse motivo também não se devia morrer de fome. Fazê-lo era convidar à sensualidade, comendo muito, em seguida. Chegar vagarosamente à fome, incorrer em todos os tipos de perturbação gástrica — era essa a feliz consequência da piedade, pois cada espasmo penoso prometia a salvação espiritual.[9]

A castidade

Os romanos pagãos foram levados à castidade para limitar a vida sexual apenas ao casamento, condenar o aborto, reprovar a paixão amorosa, levar ao descrédito a bissexualidade. Os cristãos acrescentaram um novo motivo e que pressionava: a aproximação do fim do mundo, que exigia pureza. Paulo insiste na oposição entre carne e espírito, vê na carne a fonte principal do pecado e não aceita o casamento senão como um mal menor que preferivelmente deve ser evitado.

Os primeiros textos cristãos valorizam, sobretudo, a castidade, a virgindade, e, ao contrário do que muitos pensam, não priorizam nem o casamento nem a família, mas o ascetismo, cujos valores essenciais eram a virgindade e a continência. "Dirigida a homens e mulheres, tratou-se, em suma, de propaganda de renúncia, de luta pela castidade, e as interpretações doutrinárias da época extraíam dos textos apostólicos, em maior ou menor grau, tudo o que as pudesse fundamentar."[10] Paulo, na pregação aos coríntios, exorta que os homens permaneçam celibatários, que as viúvas se mantenham castas e que as solteiras continuem virgens.

Maravilhas da virgindade

Uma vasta literatura consagrada à virgindade surgiu durante os séculos III e IV. Mais uma vez eram textos baseados nas ideias de Paulo. Segundo os cristãos, o mundo terreno estava prestes a acabar; a preocupação era com a salvação da alma. A virgindade era a garantia de ascese, o retorno à origem e à imortalidade.

Entre as mártires femininas, as favoritas eram as virgens que preferiam sofrer o tormento do piche fervente, da roda de tortura e do ferro em brasa a consentir no ato sexual. Acreditava-se que os virgens possuíam poderes sobrenaturais, entre eles a capacidade de prever o futuro, e que seus poderes estendiam-se até o reino animal. Em síntese, a virgindade era dotada de poderes milagrosos. Quando um leão foi solto contra Tecla, na arena, ele adivinhou misteriosamente que ela era virgem, deteve-se a pouca distância da mártir e foi humildemente lamber-lhe os pés.

O expoente mais notável da virgindade, e cultivador de mulheres salvas, foi São Jerônimo. Após ter recebido completa educação em Roma, e de passar vários anos no deserto, Jerônimo abraçou o sacerdócio. Durante muito tempo, ganhou para a vida santa grande número de ricas damas romanas, às quais persuadiu a viver na imundície, em prantos e com austeridade, no meio de um mundo devasso. Das muitas cartas que ele escreveu a elas, orientando-as e encorajando-as, pode-se deduzir um quadro lúgubre da única maneira de viver que uma mulher cristã podia, naquela época, adotar com respeito a si mesma e com dignidade.

A uma de suas virgens, Eustóquia, ele escreveu uma carta, em 384, que se tornou a descrição clássica da virgem cristã: "Não preciso falar das desvantagens do casamento: gravidez, choro de criança, tormentos ocasionados por mulheres rivais, tarefas domésticas. Louvo o casamento, mas somente porque ele me proporciona virgens. Apanho a rosa de entre os espinhos; o ouro da terra; a pérola do interior da concha".[11]

A fim de salvaguardar-se de amantes terrenos, a virgem devia começar a preparar-se para sua alta posição já no início da infância; por consequência, Jerônimo louva as mães que vestem as filhas em roupas escuras e não lhes permitem usar berloques fantasiosos em volta do pescoço. Em sua carta à jovem virgem Eustóquia ele a previne a evitar a companhia das mulheres casadas, pois por qual motivo deveria "a noiva de Deus apressar-se a visitar a esposa de um homem mortal? Sabe que tu és melhor do que elas".[12]

No ano de 451, o Concílio de Calcedônia considerou a consagração das virgens algo como um casamento. A virgindade era, pois, o "verdadeiro" casamento, signo da união entre Deus e os homens, entre Cristo e a Igreja. O "outro" casamento, aquele que unia homens e mulheres, estava, nessa época, muito longe da santidade.

SANTO AGOSTINHO

Agostinho (354-430 d.C.), bispo de Hipona, pequeno porto da África, influenciou profundamente toda a cristandade. Ele produziu inúmeros comentários e especulações que foram difundidos por todo o império. Há quem diga até que a teologia no cristianismo ocidental tem sido uma série de notas de rodapé a Agostinho. Seu livro *Confissões* é a primeira autobiografia da literatura do Ocidente, na qual ele relata sua vida antes de se tornar cristão e sua conversão. Contém um registro íntimo da vida amorosa de um homem que exerceu profunda influência sobre outras vidas amorosas, ao longo dos séculos, até hoje.

Foi Agostinho quem resumiu o sentimento geral entre os padres da Igreja de que o ato sexual é fundamentalmente repulsivo. Arnóbio o chamou de sujo e degradante; Metódio, de indecoroso; Jerônimo, de imundo, Tertuliano, de vergonhoso; Ambrósio, de conspurcação. Havia um consenso não declarado de que Deus devia ter inventado um modo melhor de resolver o problema da procriação. Para Agostinho, "o homem e a mulher feitos por Deus eram, a princípio, criaturas mentais, com absoluto controle de seus corpos". O sexo no Jardim do Éden, se é que chegou a existir, teria sido frio e espaçado, sem erotismo e quaisquer reações descontroladas — certamente sem nenhum êxtase. "Simplesmente, uma questão de ser utilizado o equipamento mecânico destinado pelo Criador a cumprir, com deliberação e uma espécie de grave apreciação, as exigências do processo reprodutivo."[13]

Agostinho resumiu os conflitos cristãos numa única e terrível sentença: "Por meio de uma mulher fomos enviados à destruição; por meio de uma mulher, a salvação foi enviada a nós". Em confronto com isto, o "odi et amo", de Catulo, parece quase pueril; e os conflitos interiores dos homens gregos a respeito das mulheres assumem o aspecto de faz de conta infantil. Assim, a repressão dos impulsos sexuais é apenas uma forma desse voluntarismo que caracteriza o homem novo, pagão e depois cristão. As ideias de Agostinho impuseram uma consciência e um rigor ascéticos da fraqueza moral de homens e mulheres. Esses aspectos serão seguidos durante a ascensão da Igreja católica no Ocidente.[14]

A CULPA CRISTÃ

O cristianismo criou um sentimento esmagador de culpa a respeito do prazer sexual, que, por sua vez, era visto como transgressão contra Deus.

Morton M. Hunt examina como essas atitudes se tornaram dominantes.[15] Ele, assim como outros historiadores, considera que se isso aconteceu foi porque coincidiu com um conjunto de forças sociais na própria estrutura do império, levando à corrosão e deterioração de um mundo anteriormente inexpugnável.

A partir do século II, o império esteve continuamente sob ataques dos bárbaros, os quais conseguiram repelir a grande custo. Durante o século III, uma série de guerras civis, de pragas e de invasões germânicas enfraqueceu ainda mais a economia. Isto fez soar um alarme a respeito das condições em que se achavam as defesas do império, e proporcionou a base para um crescente pessimismo quanto ao futuro.

O século IV assistiu a um alívio relativo dessas pressões, mas nenhuma melhora se verificou nos problemas básicos internos do império, que eram: o abandono das fazendas, o declínio do comércio, a queda do índice de natalidade e outras manifestações dos problemas sociais. O medo e o abatimento se encontravam sempre por trás da fachada de alegria e esplendor. Roma continuava ainda brilhante, mas a terra firme tremera e continuava tremendo. Os homens ficavam estarrecidos ao ver o império modificar-se e talvez morrer.

O sofrimento voluntário e a renúncia espontânea poderiam fazer merecer crédito espiritual e cancelar, em parte, uma eventual dívida que se tivesse contraído. Na tentativa de agradar a Deus por meio da renúncia espontânea de si próprio, era inevitável que a vida sexual das pessoas — a mais intensa das satisfações — fosse a mais severamente atingida.

A FAÇANHA DO CRISTIANISMO

A historiadora Reay Tannahill considera que, no que diz respeito à história do sexo, foi formidável o registro da primitiva Igreja Cristã.[16] Outras sociedades ocidentais condenaram, com graus variáveis de seriedade, o adultério (geralmente), a contracepção (raramente), o aborto (às vezes), a homossexualidade (às vezes), o infanticídio (raramente), a zoofilia (às vezes) e a masturbação (nunca). A Igreja condenou todos.

O controle sempre crescente do padre sobre a mente dos fiéis, sem dúvida, concorreu para formar uma atitude de vida que se estendeu além de fronteiras geográficas, dando à sociedade cristã uma espécie de unidade supranacional — uma combinação de vergonha, medo e elevação espiritual. O pecado passou a desempenhar um papel mais importante até do que a redenção na moralidade cristã, por ser mais imediato.

E, dentre todos os pecados abrangidos por essa nova moralidade, nenhum tinha aplicação mais ampla do que os pecados do sexo. Por causa disto, a própria castidade sacerdotal lhe infundia autoridade moral. Conscientemente ou não, homens e mulheres possuidores de desejos sexuais normais tornaram-se obcecados pela culpa. O sexo podia ser seu único pecado, mas aos olhos da Igreja era o maior.

Tannahill afirma que o senso cristão de pecado desviou-se de áreas em que poderia ter sido empregado com maior proveito. Por alguma misteriosa alquimia, a pureza sexual passou a neutralizar outros pecados, de maneira que inclusive a opressão moral e a tortura física — que se tornaram características da Igreja Cristã dos tempos medievais e da Renascença posteriores —, em comparação aos pecados do sexo e da heresia, mal pareciam pecaminosas. "Sem dúvida, foi uma notável façanha", diz a historiadora.

LUTA CONTRA A LUXÚRIA

Os primeiros cristãos passavam o tempo todo preocupados em reprimir seus impulsos biológicos. Como, por mais esforço que fizessem, os impulsos sempre retornavam, eles colocaram a responsabilidade de visões e tentações sexuais no demônio. Quando os sonhos sexuais vinham durante o sono, transformavam as noites em algo muito difícil de suportar. Freiras e outras mulheres cristãs muitas vezes protestavam raivosamente, dizendo que o íncubo, um anjo caído, as visitara e as obrigara a cometer atos indecentes.

Acreditavam que o demônio não cessava sua perseguição aos humanos até o último minuto de vida. Um homem, que tinha se afastado da esposa durante quarenta anos a fim de levar uma vida celibatária, estava muito doente. A esposa foi cuidar dele, dormindo na cama ao lado. Na dúvida se o marido estava morto, inclinou-se sobre ele para verificar se ainda respirava. O doente reuniu todas as suas forças e murmurou: "Afaste-se de mim, mulher. Ainda resta um pouco de fogo, fora daqui com a palha".

Outra história ilustra bem a luta contra o desejo sexual por meio de atos desesperados. Uma prostituta foi contratada para seduzir um solitário asceta, morador do deserto, entrando na cela dele no fim da tarde. Ela entrou chorando e gritando que estava perdida e que tinha muito medo de animais selvagens. O monge a acolheu, sentindo-se logo tomado por um profundo desejo por ela. Percebendo a gravidade da situação, ele acendeu uma vela e manteve um dedo no fogo. E quando o fogo o queimou, ele nada sentiu, devido ao fogo da luxúria que havia dentro dele. Aquilo o conservou muito ocupado; pela manhã, no dia seguinte, todos os seus dedos haviam sido queimados, mas ele ainda estava puro.

O pavor da sexualidade era tanto que mesmo os mortos não eram considerados sexualmente impotentes. Um édito da Igreja ordenou que um cadáver masculino não devia ser sepultado ao lado de um feminino até que este último se achasse totalmente decomposto. A tentativa de reprimir o sexo, na verdade, levava à preocupação constante com ele. Se a vitória significava vigilância eterna, para alcançá-la era necessário pagar um alto preço.

Em 375, São Jerônimo escreveu uma carta a uma mulher, sua seguidora, na qual deixa claro a intensidade e a obsessão da luta contra a luxúria. Nela, ele relata o seu inacreditável sofrimento no deserto para evitar a danação eterna no inferno:

"Com que frequência, quando eu vivia no deserto e na solidão que proporcionam, aos eremitas, um rústico lugar para morar, estorricado por um sol dardejante, com que frequência me imaginei em meio aos prazeres de Roma! Procurei a solidão por me sentir cheio de amargura. Tecidos de saco desfiguravam os meus membros deformados; minha pele se havia tornado, por falta de trato, tão negra como a dos etíopes... Contudo, eu que, com medo do inferno, havia me entregue àquela prisão, onde não tinha outros companheiros além dos escorpiões e das feras selvagens, imaginava-me rodeado de mulheres dançando. Meu rosto era pálido e minha ossatura como que congelada pelo jejum. Contudo, minha mente ardia, acossada pela ânsia do desejo, e as labaredas da luxúria flamejavam por cima da minha carne, que era como a carne de um cadáver. Assim, impotente, eu costumava deitar-me aos pés de Cristo, banhando-os com as minhas lágrimas, enxugando-os com os meus cabelos, e debatendo-me para subjugar a minha carne rebelde, por meio de jejuns de sete dias."[17]

O ascetismo conduziu, sem dúvida, à intolerância, ao obscurantismo e à agressividade aberta. Isto porque o asceta não se contentava em apenas controlar a si mesmo; inevitavelmente tentava controlar a carne e a alma dos outros. Nem todos os homens e mulheres se tornaram ascéticos, mas passaram a se envergonhar do que faziam.

FUGA PARA O DESERTO

O grande movimento do ascetismo cristão começa com as mulheres, voltadas para a virgindade. As virgens consagradas vivem à parte nas casas particulares, em uma comunidade. A partir daí, no fim do século III, participam os homens, voltados simplesmente para a continência. É o grande movimento de fuga para o deserto, busca da pureza sexual mais que da solidão. "As derrotas são frequentemente sua marca, no início, especialmente pelas práticas homossexuais com jovens que acompanhavam um parente ou um mestre ao deserto. Alimentará por muito tempo os lugares-comuns das tentações sexuais do imaginário."[18]

No final do século IV, somente no Egito, pelo menos 22 mil homens e mulheres haviam se afastado de comunidades civilizadas, a fim de viver uma vida monástica e ascética no deserto que se estendia ao longo do Nilo. Alguns viviam em cabanas ou em grutas, porém os mais devotos preferiam os poços secos, os covis de feras abandonados e os túmulos. Muitos não se lavavam e exalavam cheiro fétido. Um monge, Arsênio, tecia folhas de palmeiras e recusava-se a mudar a água repugnante em que as macerava durante anos, com o objetivo de aumentar o fedor aos seus outros desconfortos.

O monge Macário só comeu, durante sete anos, ervas cruas no deserto; o monge Besário, por quarenta anos, nunca dormiu deitado. Mas o mais famoso dos monges, São Simeão Estilita, passou trinta anos no topo de um pilar de 1.80 m de altura. Ele também acumulou crédito espiritual permitindo que seu corpo se tornasse uma massa de imundície encaroçada e ulcerosa. Além disso, amarrou uma corda ao redor da cintura, mas tão apertada que produziu uma podridão, infestada de vermes, que lhe caíam pelo corpo quando ele caminhava. Ele dizia: "Comam o que Deus lhes deu!".[19]

Numa coleção de máximas dos religiosos do deserto há o caso de um jovem monge atormentado por sonhos sexuais, que se dirige a um monge idoso: "Peço-lhe que me explique como é que você nunca foi perseguido pela luxúria". O velho monge lhe responde: "Desde o tempo em que me tornei monge nunca dei, a mim mesmo, a minha porção de pão, nem de água, nem de sono. Atormentando-me como me tenho atormentado pelo apetite para com essas coisas, por meio das quais somos alimentados, não tenho sido submetido à sensação dos ferrões da luxúria".[20]

Pelas narrativas constantes no mesmo livro antigo, poucos monges conseguiram livrar-se como ele dos seus desejos sexuais. Todos suportaram as mesmas durezas, mas mesmo assim continuaram sofrendo contínuas fantasias eróticas. "Os monges não tinham nenhum desejo sincero de se livrar dos desejos atormentadores. O seu heroísmo e a sua satisfação espiritual residiam precisamente em derrotar o poderoso impulso do sexo. Sem isso, a vida no deserto teria sido vazia e destituída de qualquer sentido."[21]

Diante dessas exigências, tão distantes da natureza humana, nem sempre o controle emocional era mantido. Há relato dos gritos de um monge, numa crise descontrolada, que para satisfazer seus desejos seriam necessárias dez mulheres.

FLAGELAÇÃO

Quem lutava pela castidade deveria se privar do sono, do conforto e da alimentação. Temendo a danação eterna, muitos cristãos se autoflagelavam com o propósito de expiar suas culpas ligadas ao desejo sexual. Como nos explica Ronaldo Vainfas,[22] não bastava privar-se do sono ou da comida, não bastava enfraquecer o corpo: era preciso flagelá-lo, torturá-lo, mortificá-lo. Na *História lausíaca* (Uma das principais fontes do monaquismo antigo. Escrita entre 419-420, descreve a vida monástica de homens e mulheres.) Pachon colocou uma víbora em seus órgãos genitais; Evagre passou noites num poço gelado; Filimoso amarrou-se com correntes.

Outro monge, sabendo da morte de uma mulher que conhecera, esfrega seu manto no corpo em decomposição, para combater, com o odor fétido, a imagem do desejo. Ilusão ou fantasma feminino, o fato é que a emissão involuntária de esperma configurava a máxima preocupação dos monges. Era, sobretudo, a sua ocorrência que, segundo os relatos, levava os solitários às mais penosas mortificações. Sua supressão, pelo contrário, era vista como a verdadeira graça dos que atingiam a castidade.

Eunucos voluntários

Como a Igreja desenvolveu horror aos prazeres do corpo, as pessoas que optavam pela castidade eram consideradas superiores. Gradualmente, porém, a orientação de se tornar um eunuco ganhou força com o texto de Mateus: "Há homens que se fizeram eunucos voluntários para ganhar o Reino dos Céus" (19:12). Orígenes, principal teólogo de Alexandria no século III, interpretou a frase literalmente e se castrou.

Os monges não sonhavam apenas com mulheres, que lhes atiçavam o desejo, mas também com a castração libertadora. "Na *História lausíaca*, Elias sonhou extasiado com três anjos que o castravam com uma navalha. Cassiano, nas Conferências, conta o sonho de Sereno, que, rogando a Deus que o fizesse eunuco, viu um anjo abrir-lhe o corpo e extirpar-lhe o tumor de desejos."[23] Nessa época, a castração era uma operação rotineira. Um cristão solicitou ao governador de Alexandria permissão para se castrar: somente esse meio lhe permitirá, assim como a seus correligionários, livrar-se da acusação de promiscuidade. Em algumas seitas heréticas, no século III, além de os homens castrarem a si próprios, fizeram expedições para castrar todos os homens com quem se deparassem.

AS MULHERES

"A mulher aprenda em silêncio com toda a submissão. Pois não permito que a mulher ensine nem tenha domínio sobre o homem, mas que esteja em silêncio. Porque primeiro foi formado Adão, depois Eva. E Adão não foi enganado, mas a mulher, sendo enganada, caiu em transgressão; salvar-se-á, todavia, dando à luz filhos, se permanecer com sobriedade na fé, na caridade e na santificação, com modéstia." (I Tim. 2:11-15)

Alguns dirigentes da Igreja consideravam as mulheres piores do que um ser inferior. O pronunciamento de Tertuliano era o seguinte: "Vós sois o portão do demônio: vós sois a primeira desertora da lei divina: por vossa causa até o Filho de Deus teve de morrer". Até mesmo o cabelo dessas "tentadoras do demônio" era temido, considerado tão sedutor que os anjos podiam ser distraídos por ele durante o serviço. Além disso, como os demônios entravam com mais rapidez nas mulheres de cabelos compridos, todas elas deviam encobrir as cabeças na igreja. O ponto mais baixo da posição das mulheres pode ter sido alcançado no ano 585, quando o Concílio de Macon, debatendo se as mulheres realmente tinham alma, concluiu que sim — e isso por um voto![24]

As mulheres eram vistas como fracas, débeis, lerdas de raciocínio, simples, instáveis, enganadoras, o tipo de pessoa em quem não se devia confiar. Deus amava mais os homens porque criara uma mulher da costela de Adão, a mulher era feita do homem e para ele. Finalmente, a queda do Paraíso não fora por culpa de Adão comer a maçã, mas de Eva — ela a dera a ele! Embora os homens devessem ter bons motivos para sentir rancor das mulheres, não era cristão sentir rancor de um ser inferior, e sim cuidar dele.

O cristianismo oferecia à mulher igualdade espiritual, o que era apenas aparentemente vantajoso para ela. Tratando-a como convertida importante, a Igreja podia usá-la publicamente em seus trabalhos de evangelização. Contudo, elas eram proibidas de executar oblações, de batizar, de ensinar ou rezar na igreja em voz alta, de aproximar-se do altar ou pronunciar uma bênção.

Clemente de Alexandria resumiu a atitude da Igreja primitiva quando disse que a mulher era igual ao homem em tudo, mas que os homens eram melhores do que a mulher em tudo. Entretanto, as mulheres se tornaram inestimáveis para a Igreja nos casamentos políticos. As mulheres cristãs, de famílias nobres ou ricas, eram enviadas a lugares inóspitos para se casar com líderes francos ou saxônicos e os converterem ao cristianismo.[25]

CASAMENTO

O casamento ocidental foi, sem dúvida, uma vítima da nova ética sexual cristã. Por melhor que ele fosse, era sempre maléfico, porque em toda relação sexual há a suspeita de prazer, portanto, de pecado. Para agradar a Deus, o amor carnal era inteiramente sublimado pelo amor a Ele. Os cristãos buscaram de forma obstinada os novos princípios que visavam incutir ainda mais profundamente no indivíduo o sentimento do olhar de Deus e o medo do julgamento divino.

Regras conjugais

A Igreja, como não tinha outro jeito, aprovava o casamento e este achava-se a caminho de tornar-se sacramento. Foram criadas então regras para a união sexual de modo a categorizá-la claramente como subproduto inferior ao casamento. Em *O instrutor*, escrito no século III, Clemente de Alexandria diz às pessoas casadas que as horas do dia deviam ser dedicadas à oração e à leitura de livros religiosos. Por isso, o casal só podia se deitar junto após a ceia. Essa permissão não era uma licença para o ato sexual, pois ele continuaria sem pecado se a volúpia fosse eliminada e o controle, mantido.

Jerônimo foi muito além: "É indecoroso alguém amar a esposa de outro homem, como também o é amar a própria esposa em excesso. Um homem prudente deve amar a sua esposa com critério, não com paixão. Que o homem governe seus impulsos voluptuosos, que não corra de ponta-cabeça para o intercurso sexual. Aquele que ama a sua própria esposa com ardor excessivo é adúltero".

Ele foi mais longe ainda ao afirmar que imediatamente depois de cada relação sexual, mesmo no casamento, não era possível nem a prece nem a comunhão. O Quarto Concílio de Cartago, em 398, declarou que, por reverência à bênção recebida, os recém-casados deviam abster-se de união sexual na primeira noite.

Adultério

Para os cristãos, a monogamia foi transformada em sério contrato por toda a vida, concluído sob auspícios religiosos e sem possibilidade de ser dissolvido, sendo a única forma aceitável de casamento. Agostinho desculpou os profetas por terem várias mulheres, alegando que eles não tinham motivações sexuais, e sim a propagação da espécie. Depois, ele passou a pregar que os homens que logo iriam ao encontro de seu Criador não tinham necessidade de várias esposas.

Tertuliano aceitava Abraão somente durante o período em que praticou a monogamia. Metódio via a poliginia — casamento de um homem com várias mulheres — como parte de uma sequência de evolução. O homem começara casando com a irmã e depois, com a graça de Deus, passara para a poliginia, monogamia, continência e, afinal, a virgindade.

O Novo Testamento, ao contrário do Antigo, menospreza o concubinato, em oposição ao Mundo Antigo, no qual o concubinato e o divórcio são frequentes. Dirigindo-se aos gálatas (habitantes da província romana da Galácia), Paulo explicou que dos dois filhos de Abraão, um nasceu de uma mulher livre (Sara), o outro de uma serva (Agar). Aquele nascido de "promessa" levava a Cristo, mas o que nascera "pela carne" levava à servidão. Este, segundo ele, seria o motivo pelo qual a cidade de Jerusalém caíra sob domínio romano.

Ao contrário dos romanos, a Igreja adotou oficialmente um só padrão sexual. Era a primeira vez que uma instituição de tanto alcance quanto a Igreja adotava um só padrão sexual. Ela também influenciou o imperador Constantino a pôr em vigor uma lei que tornava o adultério punível com a morte.

Contudo, na prática, havia mais condescendência com o homem. Basílio fecha os olhos ao costume de pedir para a esposa traída aceitar de volta o marido, mas espera que o marido expulse a esposa pecadora como "poluída". Da mesma forma, quando uma esposa separada vive com outro homem, se vê obrigada a fazer penitência por 14 anos. O marido separado e sua amante, em situação semelhante, só precisam fazer sete anos de contrição.

Casamento continente

A partir de São Jerônimo, a hierarquia da condição de cada um se impõe definitivamente: os virgens, os continentes, os casados. Os virgens são os que fizeram o voto solene de castidade: desde o Concílio de Elvira (ano 300), estes, uma vez que se casem, podem ser excomungados, mesmo na hora da morte.

Na segunda condição, a dos continentes, podem encontrar-se os clérigos, os viúvos e, sobretudo, as viúvas que quase formam um Estado por elas mesmas, ou os esposos que se abstêm de relações sexuais. A terceira condição, a dos casados, é objeto de um enquadramento estrito. "Unir-se por outro motivo que não seja a procriação de filhos é cometer injúria contra a natureza", considerou Clemente de Alexandria.[26]

Durante vários séculos, quando a estrutura do império começou a se enfraquecer, para afinal desintegrar-se, o casamento continente, ou seja, casamento sem relação sexual alguma, foi celebrado pelos cristãos como sendo um estado apenas ligeiramente menos nobre do que o do celibato devoto. Casos de casamentos continentes foram relatados em todo o império. Gregório, bispo de Tours, contou em seu livro *História dos francos* o caso de Injurioso, no século V, jovem rico, de família de senadores.[27]

Na noite de núpcias, a noiva de Injurioso começou a chorar copiosamente. Quando ele lhe perguntou por que chorava, ela respondeu: "Eu tinha resolvido conservar meu pobre corpo para Cristo, puro de todo contato de homem. Mas infeliz de mim, que por esta forma renunciei a Ele, por não ter valor para levar avante o meu desejo. Bem que gostaria de ter morrido quando criança!". O jovem respondeu que as famílias de ambos se sentiriam felizes caso tivessem filhos. Mas esse apelo não surtiu efeito. Para ela o mundo e suas vaidades não se revestiam de valor algum; a única bênção verdadeira encontrava-se na vida eterna.

Injurioso ouviu-a com atenção e, no final, sentiu-se estranhamente livre de seus desejos e elevado em espírito. "Por meio de sua doce eloquência a luz eterna brilhou sobre mim, com esplendor." Para grande alegria da noiva, ele fez voto de se abster de toda satisfação de desejos sexuais. Então marido e mulher fizeram um pacto solene de virgindade e logo caíram no sono. Durante muitos anos, os dois dormiram castamente, na mesma cama, dirigindo suas propriedades e servindo a Deus.

Para Crisóstomo, a abstenção do sexo no casamento favorecia a contemplação e a oração. Agostinho exaltava tanto a continência conjugal que não considerava pecado a emissão involuntária de esperma durante o sono, para ele preferível ao ato sexual. "Os partidários de uma virgindade absoluta ou, quando muito, de um casamento casto serão, num primeiro tempo, os mais numerosos. A virgindade simboliza cada vez mais o regresso ao estado paradisíaco, a elevação da alma, a renúncia à carne decadente, pecaminosa e mortal que nos mantém na escravidão do desejo."[28]

Os casamentos castos, continentes, se transformaram em sonho cristão, e isso perdurou por vários séculos. Morton M. Hunt acredita que se o casamento casto nunca predominou estatisticamente, não há dúvida de que prevaleceu intelectualmente. Durante séculos, enquanto o cristianismo lutava contra a carne, o casamento continente passou a ser louvado como sendo a mais elevada forma de união entre homem e mulher. Há inúmeras alusões a casos de casamento continente nos escritos dos patrícios e nas histórias eclesiásticas. Essa forma de casamento existiu com bastante frequência, e chegou a ser falada a ponto de se transformar em obsessão.

Casamento espiritual

Nos primeiros tempos da Igreja houve um casamento tão estranho quanto o continente: o casamento espiritual. Virgens solteiras e viúvas jovens convidavam clérigos ou monges a viver em suas casas, em castidade. Elas, conhecidas por *agapetae* (do grego ágape, amor espiritual), tornavam-se esposas espirituais dos religiosos. Teoricamente, isso significava uma continência rigorosa, embora eles dividissem o mesmo aposento e, em muitos casos, a mesma cama. Não se pode garantir, contudo, que as relações entre as referidas mulheres e o clero fossem sempre castas. O único problema para elas é que, dessa forma, não tinham os vínculos do casamento para desculpá-las de qualquer pecado. As *agapetae* devem ter sido numerosas, e devem ter existido por toda parte, desde o começo do século II até o fim do século VI.

Mas nem todos viam com bons olhos o casamento espiritual, entre eles São Jerônimo, que, no ano 408, disse: "De onde procedeu e como foi que esta praga das *irmãs queridas e amadas* encontrou seu caminho para o seio da Igreja? Essas irmãs vivem na mesma casa, com seus amigos masculinos; elas ocupam os mesmos quartos, com frequência dormem nas mesmas camas, mas nos acusam de desconfiados se pensarmos que alguma coisa está errada".[29] Alguns padres adeptos do casamento espiritual alegavam que ele servia como "provação de castidade", por expô-los o mais possível às tentações.

A partir de 325, do Concílio de Niceia em diante, o clero ficou proibido de dividir a vida com as mulheres. Deve ter sido difícil eliminar um velho costume, pois as penalidades foram tornando-se cada vez mais rigorosas à medida que o tempo foi passando. Leôncio, bispo de Antioquia, deu a única reposta convincente àqueles que duvidavam de que um homem e a sua *agapetae* pudessem continuar isentos de culpa; defrontando-se com uma ordem para se desembaraçar, ele próprio, de uma companheira, castrou-se e a manteve consigo.[30]

O IMPÉRIO ROMANO SE TORNA CRISTÃO

No ano de 312 houve um acontecimento decisivo na história ocidental e até mesmo mundial. O imperador Constantino converteu-se ao cristianismo depois de um sonho. Nessa época, somente 5% ou 10% da população do império (70 milhões de habitantes, talvez) era cristã. "Constantino foi um homem de larga visão: sua conversão permitiu-lhe participar daquilo que ele considerava uma epopeia sobrenatural, de assumir a direção desse movimento e, com isso, a salvação da humanidade."[31]

O papel histórico de Constantino foi o de fazer com que o cristianismo, transformado em sua religião, se tornasse uma religião amplamente favorecida, diferentemente do paganismo. Constantino não impôs sua religião a ninguém. Não perseguiu nem o culto pagão nem a ampla maioria pagã. Apesar de seu profundo desejo de ver todos os seus súditos se tornarem cristãos, não se entregou à tarefa impossível de convertê-los. Entretanto, repetiu em seus documentos oficiais que o paganismo era uma superstição desprezível.[32]

O imperador Teodósio, oitenta anos depois, em 392, fez do cristianismo a religião do Estado. Ocorreu então a transformação de um deus anteriormente rejeitado em um Deus oficial. Isso significa que nenhum súdito podia professar outra crença, sob pena de cruel perseguição e, muitas vezes, condenação à morte.

Os homens e as mulheres da Europa passam, em poucas décadas, do culto de uma multiplicidade de deuses a um Deus único. Existia certamente no paganismo greco-romano uma tendência crescente a considerar que os diferentes deuses constituíam mais ou menos uma pessoa coletiva, que era um deus. Com a chegada do cristianismo, Deus assume D maiúsculo. Isso marca com clareza a tomada de consciência da passagem para o monoteísmo.[33]

Repressão ao paganismo

O imperador Teodósio I proibiu todos os sacrifícios e cultos pagãos, fossem públicos ou privados, sob pena de confiscar os locais ou terrenos em que eram realizados. Os templos foram abandonados. Muitos foram demolidos, outros foram transformados em igrejas cristãs. Os pagãos desfilavam em verdadeiros cortejos de protestos, exibindo suas imagens sagradas. Essas manifestações, por sua vez, desencadearam a reação dos cristãos e provocaram sangrentos tumultos.

O imperador Teodósio II (408-450) mandou punir algumas crianças, culpadas de brincar com restos de estátuas pagãs. E, de acordo com os elogios dos cristãos, Teodósio "seguia conscienciosamente cada ensinamento cristão". Em 415, em Alexandria, uma turba de fanáticos cristãos linchou a matemática, astrônoma e filósofa neoplatônica Hipácia, importante expoente da cultura pagã. Nos séculos que se seguiram, as antigas religiões pré-cristãs se tornaram cultos cada vez mais diminutos, ainda praticados em algum vilarejo camponês perdido.[34]

A QUEDA DE ROMA

Após séculos de glórias e conquistas territoriais, o Império Romano começou a apresentar, já no século III, sinais de crise. A queda ocorreu em 476 d.C. A parte oriental do império, depois denominada Império Bizantino, continuou a existir por quase mil anos mais, até 1453, quando houve a queda de Constantinopla. Vários motivos são apontados como responsáveis pela queda de Roma: a desintegração familiar, o declínio da população, as invasões bárbaras — para os romanos, "bárbaro" era todo aquele que vivia além das fronteiras do Império Romano e, portanto, não possuía a cultura romana —, a crise econômica.

Os cristãos, na época, aceitavam uma única explicação: o pecado sexual era diretamente responsável pelo desmoronamento do império, cujas aflições se interpretavam como sendo punição imposta à humanidade por um Deus enfurecido. Enquanto Roma ruía vagarosamente, um novo conceito de casamento e família estava surgindo. Os deuses saíam de cena, mas o cristianismo crescia cada vez mais.

O COLAPSO DO MUNDO CLÁSSICO

Reay Tannahill analisa o colapso vivido pelo mundo clássico. A seguir, faço uma síntese de suas ideias.[35] Entre a queda do Império Romano e o ano 1000, as populações migraram e toda a face da Europa continuou a se alterar. A Igreja cristã, no entanto, expandiu-se como uma só força coesiva, em um mundo instável. Em quase todos os sentidos — até mesmo militarmente, com as Cruzadas — a Igreja cristã se revelou a verdadeira sucessora da Roma imperial.

Em outras circunstâncias políticas, a moralidade cristã talvez jamais tivesse conseguido conquistar todo o pensamento ocidental de forma tão paralisante, que somente agora começa a relaxar. Entretanto, houve dois fatores na situação europeia durante os séculos que se seguiram ao colapso de Roma que tornaram o resultado quase inevitável: a ausência geral de lei e ordem impostas pelo Estado e o desaparecimento da instrução, na vida pública e privada.

A lei moral que a Igreja pregava era respaldada por ameaças com o fogo do inferno (um meio de intimidação mais eficaz do que poderia idealizar qualquer agência de imposição da lei), sendo válida tanto na aldeia como na cidade. Desta forma — e durante muitos séculos — a moralidade cristã não foi apenas disseminada, mas investida de autoridade religiosa e também social.

A instrução e o aprendizado, no entanto, foram duas das mais importantes vítimas no colapso do mundo clássico. Durante o período conhecido como a Era do Obscurantismo, ler e escrever se tornaram um privilégio dos mosteiros — e o que era lido e escrito ficou a critério apenas da Igreja. Escribas monásticos ocupavam-se integralmente em copiar o que era ortodoxo. O que não era ortodoxo simplesmente não existia. A censura estava bastante próxima de ser total.

Com isso, as palavras e conclusões dos padres da Igreja permaneceram inatacadas e, com o tempo, se tornaram inatacáveis. Suas deliberações — com frequência produtos de um ponto de vista altamente pessoal e preconceituoso sobre a vida e a sociedade — conquistaram uma aura de verdade revelada, e sua moralidade, quase inteiramente relativa em suas origens, alcançou um status absoluto.

Muito do que o mundo atual ainda considera "pecado" não tem origem nos ensinamentos de Jesus de Nazaré ou nas Tábuas entregues no Sinai, mas nas antigas vicissitudes sexuais de homens que viveram nos últimos tempos da Roma imperial, como São Jerônimo e Santo Agostinho.

Nos séculos seguintes à Antiguidade Tardia, o cristianismo desenvolveu uma fixação fanática a respeito da glória da virgindade, da maldade da mulher, da imundície do ato sexual. As ideias cristãs sobre a sexualidade e o prazer persistem até hoje. O sexo continua sendo vivido como algo muito perigoso. Dois mil anos se passaram, mas a maioria das pessoas ainda sofre por conta de seus desejos, suas frustrações, seus temores, suas vergonhas e sua culpa sexuais. Não é de admirar que tanta gente renuncie à sexualidade e que a atividade sexual que se exerce na nossa cultura gere tantos conflitos. A forma como a mentalidade do Ocidente continuou a ser moldada pelo cristianismo veremos no próximo capítulo, sobre a Idade Média. O que vimos até agora foi apenas o começo.

LINKS

NÃO AO PRAZER

A repressão dos impulsos sexuais caracteriza o homem novo, pagão e depois cristão. O cristianismo trouxe como principal novidade a ligação entre o sexo e o pecado, criando um sentimento esmagador de culpa a respeito do prazer sexual, que era visto como transgressão contra Deus. O horror da danação eterna, com todos os tormentos do inferno, tornou-se uma constante na pregação dos padres. Eles afirmavam que o ato sexual é repulsivo, degradante, indecoroso. Como não poderia deixar de ser, o sexo passou a ser visto como algo sujo; o prazer deveria ser evitado a qualquer custo. Conscientemente ou não, homens e mulheres possuidores de desejos sexuais normais tornaram-se obcecados pela culpa. O sexo podia ser seu único pecado, mas aos olhos da Igreja era o maior.

Embora a maioria já não acredite que o sexo em si seja algo tão mau, de forma inconsciente ele continua sendo vivido como algo perigoso. Há até quem acredite ser o sexo uma coisa pouco humana. Não é de admirar que tanta gente renuncie à sexualidade e que a atividade sexual que se exerce na nossa cultura gere tantos conflitos.

Sandra, uma advogada de 34 anos, conheceu Júlio numa festa. Conversaram bastante, e no final trocaram longos beijos. Saindo dali, foram para o apartamento dele, onde transaram. No dia seguinte, Sandra chega ao meu consultório e desabafa: "Não estou me sentindo bem, pelo contrário, quando acordei e me dei conta do que aconteceu ontem fiquei mal. O sexo foi ótimo, mas tenho medo de que o Júlio me considere uma mulher fácil, uma vagabunda mesmo. Acho que tudo aconteceu porque eu estava com muito tesão. Mas minha cabeça não está preparada para aceitar esse tipo de situação. Esse sentimento de que cometi um erro grave está me torturando".

A doutrina de que há no sexo algo pecaminoso é totalmente inadequada, causando sofrimentos que se iniciam na infância e continuam ao longo da vida. Embora a repressão tenha atingido ambos os sexos, na prática houve mais condescendência com o homem. Hoje, todos sabem que homens e mulheres têm a mesma necessidade de sexo, e que a mulher pode ter tanto prazer quanto seu parceiro. Contudo, curiosamente, a maioria das pessoas finge não saber disso. Se uma mulher foge ao padrão de comportamento tradicional, ou seja, não esconde que gosta de sexo, é inacreditável, mas ainda corre o risco de ser chamada de *galinha* ou de *piranha*. As próprias mulheres participam desse coro, ajudando a recriminar aquelas que conseguiram romper a barreira da repressão e exercem livremente sua sexualidade. Não é nenhuma novidade, mais uma vez os próprios oprimidos lutando para manter a opressão.

Afinal, em que encontro a mulher pode fazer sexo com um homem? No segundo, terceiro, sexto? Qual? O grau de intimidade que se sente na relação com uma pessoa não depende do tempo que você a conhece. Além disso, o prazer sexual também independe do amor ou do conhecimento profundo de alguém. Para o sexo ser ótimo basta haver desejo de obter e proporcionar prazer. E uma camisinha no bolso, claro.

Wilhelm Reich, profundo estudioso da sexualidade humana na primeira metade do século XX, considera que as enfermidades psíquicas são a consequência do caos sexual da sociedade, já que a saúde mental depende da potência orgástica, isto é, do ponto até o qual o indivíduo pode se entregar e experimentar o clímax de excitação no ato sexual. É lamentável, mas muitos ignoram a importância do sexo e o fato de que, quando vivido sem medo ou culpa, pode levar a uma comunicação profunda entre as pessoas e acrescentar muito às suas vidas.

SANTOS PADRES

A repressão sexual que a Igreja Católica exerce sobre os fiéis traz graves consequências para adultos e crianças. Não só para sua vida psíquica, mas também para sua integridade física. O número de abusos sexuais cometidos por padres católicos em todo o mundo é impressionante. Uma linha direta criada, em 2010, pela Igreja Católica na Alemanha para aconselhar as vítimas de abusos sexuais ficou saturada por ligações. No primeiro dia de funcionamento integral do serviço, 4.259 pessoas telefonaram — um número muito maior do que os terapeutas contratados para atender aos telefonemas seriam capazes de processar.

Foi uma ideia muito criticada. Diante da onda crescente de alegações de abusos sexuais envolvendo clérigos na Alemanha, muitos duvidavam que as vítimas telefonariam para a organização que fora responsável pelos seus sofrimentos. Mas eles estavam enganados. Andreas Zimmer, diretor do projeto no Bispado de Trier, admite que não estava preparado "para uma participação desse tamanho". Depois que as primeiras denúncias de abusos sexuais em escolas católicas emergiram na Alemanha, centenas de vítimas se manifestaram em vários países da Europa, incluindo Áustria, Suíça, Holanda e Dinamarca.

Casos semelhantes abalaram as autoridades eclesiásticas americanas. A Igreja Católica dos Estados Unidos — principalmente a Arquidiocese de Boston — esteve envolvida em uma série de escândalos de abuso sexual infantil. Em 2002, um dos maiores escândalos veio à tona e sacudiu a opinião pública. Naquele ano o homem que ficou em evidência foi Bernard Law, cardeal de Boston. Quando o padre John Geoghan foi levado a julgamento acusado de estuprar mais de 130 crianças, tornou-se público que o cardeal o transferia de uma paróquia para outra sempre que ele se envolvia em um novo caso de pedofilia. Ou seja, Law era o homem que jogava toda a sujeira de Geoghan para debaixo do tapete — e fez o mesmo com outros padres abusadores.

O padre Lawrence Murphy, que morreu em 1998, é suspeito de ter abusado de até duzentos meninos em uma escola para surdos entre 1950 e 1974. Uma das supostas vítimas disse à BBC que o papa sabia das acusações há anos, mas não tomou nenhuma atitude.

DESVALORIZAÇÃO DO CORPO

O cristianismo realizou uma grande reviravolta do corpo contra si mesmo. O judaísmo nunca considerou o pecado original de Adão e Eva um erro carnal e sim um pecado de conhecimento e competição com Deus. Para o cristianismo, Eva tenta Adão e, então, caímos na condição humana com todo seu sofrimento. O corpo propicia o pecado e é punido com a morte, a necessidade do trabalho e a vergonha da nudez. O ascetismo cristão é um ataque feroz ao corpo. Para combater o desejo sexual era recomendado evitar banhos, não ver nem tocar o corpo, comer pouco, e só alimentos que deixassem o corpo frio e seco. A sujeira tornou-se uma virtude. Temendo a danação eterna, não bastava enfraquecer o corpo: era preciso flagelá-lo, torturá-lo, mortificá-lo. Hoje, a maioria das pessoas ainda acredita que imagens do corpo humano nu, particularmente experimentando o prazer sexual, são obscenas. Não é fácil se libertar disso.

CONTATO FÍSICO: UMA NECESSIDADE

Um estudo americano nos anos 1950, acompanhou 34 bebês órfãos. As enfermeiras atendiam às suas necessidades físicas, mas não lhes davam carinho algum. Não os acariciavam nem brincavam com eles. Aos três meses, os bebês tinham dificuldade de conciliar o sono, estavam perdendo peso e gemiam. Dois meses depois pareciam imbecilizados. E, ao fim de um ano,

27 deles tinham morrido. A conclusão então é a de que necessitamos de contato físico, de carinho. Mas nem sempre isso acontece.

"Não me lembro de um carinho do meu pai, um beijo sequer"; "Meu marido sempre rejeitou chamegos; nunca foi de fazer carinho"; "Desde pequena assisto com curiosidade à relação de alguns amigos com seus familiares: beijos e abraços. Lá em casa nunca houve isso"; "Tenho certeza de que minha namorada me ama, só que ela detesta que eu a abrace e faça carinho". Em toda a minha vida profissional, ouvi muitos comentários como esses.

Será que as pessoas se tocam o suficiente? Sem dúvida, não. Entre nós existe uma carência profunda daquilo que mais desejamos: tocar, abraçar, acariciar. A pele, o maior órgão do corpo, até há pouco foi negligenciada. Ashley Montagu, um especialista americano em fisiologia e anatomia humana, se dedicou, por várias décadas, ao estudo de como a experiência tátil, ou sua ausência, afeta o desenvolvimento do comportamento humano. A linguagem dos sentidos, na qual podemos ser todos socializados, é capaz de ampliar nossa valorização do outro e do mundo em que vivemos, e de aprofundar nossa compreensão em relação a eles. *Tocar*, que é o título de seu excelente livro, é a principal dessas linguagens. Afinal, como ele diz, nosso corpo é o maior playground do universo, com mais de 600 mil pontos sensíveis na pele.

Como sistema sensorial, a pele é, em grande medida, o sistema de órgãos mais importante do corpo. O ser humano pode passar a vida todo cego, surdo e completamente desprovido dos sentidos do olfato e do paladar, mas não poderá sobreviver de modo algum sem as funções desempenhadas pela pele. A prova disso é a famosa experiência vivida por Helen Keller, que ficou surda e cega na infância e cuja mente foi literalmente criada por meio da estimulação da pele. Quando os outros sentidos estão prejudicados, a pele pode compensar suas deficiências num grau extraordinário.

Montagu acredita que a capacidade de um ocidental se relacionar com seus semelhantes está muito atrasada em comparação com sua aptidão para se relacionar com bens de consumo e com as pseudonecessidades que o mantêm em escravidão. A dimensão humana encontra-se constrangida e refreada. Tornamo-nos prisioneiros de um mundo de palavras impessoais, sem toque, sem sabor. A tendência é as palavras ocuparem o lugar da experiência. Elas passam a ser declarações em vez de demonstrações de envolvimento; a pessoa consegue proferir com palavras aquilo que não realiza num relacionamento sensorial com outra pessoa. Mas estamos começando a descobrir nossos negligenciados sentidos.

O sexo tem sido considerado a mais completa forma de toque. Em seu mais profundo sentido, o tato é a verdadeira linguagem do sexo. É principalmente por meio da estimulação da pele que tanto o homem quanto a mulher chegam ao orgasmo, que será tanto melhor quanto mais amplo for o contexto pessoal e tátil. Um ditado francês diz que uma relação sexual é a harmonia de duas almas e o contato de duas epidermes. E por sermos criação neurologicamente contínua e podermos combinar nossa capacidade de movimento e contato com a nossa sensibilidade de pele, é possível ficar muito tempo acariciando alguém sem repetir nunca a mesma sensação.

Mas até que ponto existe relação entre as primeiras experiências táteis de uma pessoa e o desenvolvimento de sua sexualidade? O autor acredita que, da mesma forma como ela aprende a se identificar com seu papel sexual, também aprende a se comportar de acordo com o que foi condicionado originalmente por meio da pele. Assim, o sexo pode ter uma variedade enorme de significados: uma troca de amor, um meio de magoar ou explorar os outros, uma modalidade de defesa, um trunfo para barganha, afirmação ou rejeição da masculinidade ou feminilidade e assim por diante, para não mencionar as manifestações patológicas que o sexo pode ter, em maior ou menor intensidade, influenciadas pelas primeiras experiências táteis. Montagu acredita que a estimulação tátil é uma necessidade primária e universal. Ela deve ser satisfeita para que se desenvolva um ser humano saudável, capaz de amar, trabalhar, brincar e pensar de modo crítico e livre de preconceitos.

A COMUNICAÇÃO DO CORPO

A experiência do contato dos corpos é ainda mais profunda e necessária do que a alimentação. O tocar e o acariciar representam modos primários e essenciais de conhecer e de amar. "Com a carícia eu 'formo' o corpo, sigo e descubro os seus limites, restituindo-o à sua carne; regenero-o e me deixo regenerar. Naturalmente, há a tentativa de descobrir o ser amado revelando, por intermédio do contato, o seu segredo. O aspecto mais significativo de uma relação está justamente nessa inesgotável possibilidade de ser, que dificilmente deixa transparecer a sua dimensão mais profunda."[36]

A proximidade corpórea permite se experimentar uma intensa comunicação não verbal. E isso vem desde muito cedo. Nos momentos de perigo, medo ou ternura é comum a mãe apertar o filho contra o peito. Estudos mostram que entre as causas menos conhecidas para o choro em bebês está a necessidade de serem acariciados. Muitas mães rejeitam um contato mais prolongado com seus filhos com base na falsa suposição de que dessa forma eles se tornarão profundamente dependentes delas. Não são poucos os pais que evitam beijar e abraçar os filhos homens, porque temem que assim se tornem homossexuais. Mesmo dois grandes amigos se limitam a expressar afeto dando tapinhas nas costas um do outro, enquanto as amigas trocam beijinhos impessoais quando se encontram.

VIDA SEM SEXO

Como vimos, para os padres da Igreja o sexo era abominável. Eles argumentavam que a mulher (como um todo) e o homem (da cintura para baixo) eram criações do demônio. Diziam que se no Jardim do Éden existiu sexo, certamente foi frio e espaçado, sem erotismo e nenhum êxtase. Seu objetivo seria apenas cumprir as exigências do processo reprodutivo. O sexo era uma experiência da serpente e o casamento um sistema de vida repugnante e poluído. São Paulo, no século I, estabeleceu os fundamentos de que o celibato era superior ao casamento. Dizia que era uma condição mais cristã, uma vez que não acarretava obrigações mundanas passíveis de interferir com a devoção ao Senhor. Reconheceu que isso requeria uma dose de controle que nem todos podiam alcançar. Assim, o casamento era um paliativo: "É melhor casar do que arder (em desejo)".

Mas alguns recusaram esse paliativo e foram mais radicais. Enquanto o cristianismo lutava contra os prazeres do corpo, o casamento continente, sem nenhuma relação sexual, se transformou no ideal de casamento cristão e passou a ser louvado como sendo a mais elevada forma de união entre homem e mulher. Isso perdurou por vários séculos. Mas essa mentalidade não desapareceu totalmente. Alguns ainda acreditam na afirmação de São Paulo: viver em castidade os torna superiores às outras pessoas.

Em setembro de 2008, a cantora Sarah Sheeva, filha de Baby do Brasil e Pepeu Gomes, afirmou que fazia abstinência há nove anos, desde que se converteu à Igreja Celular Internacional. Após, segundo ela, ter conversado com Deus, não sentiu mais falta de sexo, mas levou dois anos para se organizar e ter uma vida "correta". Afirma que se purificou porque é uma missionária, e como suas mãos precisam ser puras, jamais se masturba.

"Toda vez que pensa naquilo, Bia, 20 anos, sente um friozinho na barriga. E não do tipo bom. 'Na minha cabeça, sexo é algo meio sujo. Sinto repulsa.' Ela é virgem e quer continuar assim para sempre. O primeiro beijo só foi dar este ano, de curiosa. Não curtiu. No terceiro ano do ensino médio, a mineira Bia costumava se achar 'um ET', mas essa fase já passou. Hoje aceita bem o que é: assexual. A moça não está só. Uma pesquisa do Datafolha de setembro de 2009 revelou que 5% dos jovens de 18 a 24 anos não veem graça no sexo." Este é um trecho da matéria sobre os assexuais, "Jovens com repulsa a sexo usam web para encontrar semelhantes", publicada na *Folha de S. Paulo*, no caderno Folhateen, em 20 de junho de 2011.

Na mesma matéria, a presidente da Sociedade Brasileira de Estudos em Sexualidade Humana, Maria Luiza de Araújo, declara que a falta de apetite sexual só deve ser tratada se virar um incômodo: "Temos que tomar cuidado com a tendência de medicar tudo. Se o jovem se sentir bem assim, pode levar uma vida perfeitamente normal sem pôr a sexualidade como ponto principal". Mas aí estamos diante de uma questão séria. A maioria das escolhas não é livre. O condicionamento cultural é tão forte que muitos chegam à idade adulta sem saber o que realmente desejam e o que aprenderam a desejar. Assim, perceber os incômodos talvez não seja fácil.

Entretanto, não são somente os assexuais que não fazem sexo. Em muitos casamentos a escassez de sexo progride até a ausência total.

Casamento: onde menos se faz sexo

Miriam, 29 anos, chegou angustiada ao meu consultório: "Sou casada há três anos, amo muito meu marido; não consigo imaginar a vida sem ele. É meu melhor amigo e companheiro. Gosto quando ficamos juntos, abraçados ternamente, ele fazendo cafuné na minha cabeça. Mas, ao primeiro sinal de um carinho mais sexual, uso algum pretexto para me afastar. Não desejo fazer sexo com ele de jeito nenhum. Durante nosso namoro e no início do casamento eu gostava muito, mas agora só a ideia já me desagrada. Não conto isso para ninguém. A família e os amigos nos veem como exemplo de um casamento perfeito".

Paulo, 38 anos, casado há sete, está desanimado: "Amo demais a minha mulher. Nossa vida é ótima; pensamos de forma parecida e nunca brigamos. Mas vivo um problema sério: Laís nunca quer fazer sexo. Sempre arranja uma desculpa para escapar. Namoramos durante cinco anos, e você acredita que o sexo era o ponto alto da relação? Não entendo por que mudou tanto. Já faz mais de dois meses que transamos a última vez. Se eu não insistir, acho que ela nunca vai se lembrar que sexo existe. Não gostaria de procurar outra mulher nem de me separar, mas estou cansado de só ter prazer me masturbando".

Os exemplos acima representam o que ocorre em grande parte dos casamentos. É muito maior do que se imagina o número de mulheres que fazem sexo com seus maridos sem nenhuma vontade. Dor de cabeça, cansaço, preocupação com trabalho ou família são as desculpas mais usadas. Elas tentam tudo para postergar a obrigação que se impõem para manter o casamento. Quando o marido se mostra impaciente, o carinho que sente por ele, ou o medo de perdê-lo, faz com que a mulher se submeta ao sacrifício. Há algumas décadas, o filósofo inglês Bertrand Russell afirmou: "O casamento é para as mulheres a forma mais comum de se manterem, e a quantidade de relações sexuais indesejadas que elas têm que suportar é provavelmente maior no casamento do que na prostituição".

O sexo no casamento tem uma longa história. No início do cristianismo, os pais da Igreja não viam nenhum aspecto positivo no vínculo conjugal, nem consideravam o afeto entre marido e mulher algo desejável. Ter filhos era um dever do casal. Da mesma forma que antes deveria ficar em segredo o ardor entre o casal, se houvesse, agora se tenta ocultar a diminuição ou o término do desejo sexual entre marido e mulher. Essa questão só passou a ser problema — o maior enfrentado pelos casais — quando, recentemente, o amor e o prazer sexual se tornaram primordiais na vida a dois e se criaram expectativas em relação a isso. Jornais, revistas e programas de tevê fazem matérias, tentando encontrar uma saída para a falta de desejo sexual no casamento. Como resolver a situação de casais que, após alguns anos de vida em comum, constatam decepcionados terem se tornado irmãos?

Alguns dizem que é necessário quebrar a rotina e ser criativo. As sugestões são variadas: ir a um motel, viajar no fim de semana, visitar uma sex shop. Mas isso de nada adianta. O desejo sexual intenso é que leva à criatividade, e não o contrário. Quando não há desejo, a pessoa só quer mesmo dormir. Quem se angustia com essa questão sabe que desejo sexual não se força, existe ou não. A falta dele no casamento nada tem a ver com falta de amor. Muitas mulheres, como Miriam, amam seus maridos, só não sentem mais desejo algum por eles. O sofrimento da mulher é maior quando ela reconhece no parceiro um homem inteligente, generoso, afetivo, e o mais doloroso de tudo: um homem que a ama e a deseja. Nesses casos é comum ouvirmos lamentos do tipo: "Nunca vou encontrar ninguém parecido". E com medo do novo, de ficar sozinha, ela pode acabar optando por uma relação assexuada, até convencendo o marido de que sexo não é tão importante.

O número de homens que perdem o desejo sexual no casamento é bem menor do que o de mulheres. Para cada homem que não tem vontade de fazer sexo há pelo menos quatro mulheres nessa situação. Alguns fatores podem contribuir para essa situação. Em primeiro lugar, o homem, na nossa cultura, é estimulado a iniciar a vida sexual cedo e se relacionar com qualquer mulher. Outra razão seria a necessidade de expelir o sêmen e, por último, a sua ereção seria mais rápida do que a da mulher, na medida em que necessita de menos quantidade de sangue irrigando os órgãos genitais.

Não é necessário dizer que existem exceções, e que em alguns casais o desejo sexual continua existindo após vários anos de convívio. Mas não podemos tomar a minoria como padrão. Por que o desejo acaba no casamento? Mesmo que os dois se gostem, a rotina, a excessiva intimidade e a falta de mistério acabam com qualquer emoção. Busca-se muito mais segurança que prazer. Para se sentirem seguras, as pessoas exigem fidelidade, o que sem dúvida é limitador e também responsável pela falta de desejo. A certeza de posse e exclusividade leva ao desinteresse, por eliminar a sedução e a conquista. Familiaridade com o parceiro, associada ao hábito, pode provocar a perda do desejo sexual, independentemente do crescimento do amor e de sentimentos como admiração, companheirismo e carinho.

E o que fazer quando o desejo acaba? Essa é uma questão séria, principalmente para os que acreditam ser importante manter o casamento. É fundamental todos saberem que na grande maioria dos casos não se trata de problema pessoal ou daquela relação específica, e sim de fato inerente a qualquer relação prolongada, quando a exclusividade sexual é exigida. Essa informação pode evitar acusações mútuas, em que se busca um culpado pelo fim do desejo. O preço é a decepção de ver se dissipar a idealização do par amoroso. No entanto, a partir daí fica mais fácil cada um decidir o que fazer da vida.

As soluções são variadas, mas até as pessoas decidirem se separar há muito sofrimento. Alguns fazem sexo sem vontade, só para manter a relação. Outros optam por continuar juntos, vivendo como irmãos, como se sexo não existisse. E ainda existem aqueles que passam anos se torturando por não aceitarem se separar nem viver sem sexo.

Falta uma reflexão a respeito do modelo de casamento vivido na nossa cultura. Nega-se o óbvio: o desejo sexual por outras pessoas constitui parte natural da pulsão sexual. Quando essa mentalidade mudar, as torturas psicológicas e os crimes passionais certamente diminuirão, assim como inúmeros outros fatores que geram angústia.

OS RISCOS DA AUSÊNCIA DE SEXO

Norma chegou ao meu consultório bastante agitada. "Tenho 48 anos, sou separada há 15, e já me esqueci de quando foi a última vez que fiz sexo. Acho ótimo sair com as minhas amigas; vamos ao cinema, teatro, viajamos, fazemos almoços... Mas isso não basta. O que eu faço com o meu tesão? As mulheres que conheço reclamam da mesma coisa. Uma chamou um garoto de programa para ir à casa dela. Mas eu tenho medo. Sei lá se é um ladrão ou mesmo um assassino. Outro dia eu estava pensando... se existisse um bordel para as mulheres fazerem sexo em segurança, seria tão bom..."

O sexo sempre teve destaque na história da humanidade. Dependendo da época e do lugar, foi glorificado como símbolo de fertilidade e riqueza, ou condenado como pecado. A condenação do sexo emergiu com o surgimento do patriarcado, há 5 mil anos. No início, restringia-se às mulheres, para dar ao homem a certeza da paternidade, mas com o cristianismo a repressão sexual generalizou-se.

A partir das décadas de 1960/1970 a moral sexual sofreu grandes transformações, mas o sexo continua sendo um problema complicado e difícil. Muitas pessoas dedicam um tempo enorme de suas vidas às suas fantasias, desejos, temores, vergonha e culpa sexuais. Entretanto, estudos científicos comprovam cada vez mais a importância do sexo para a saúde física e mental.

Carmita Abdo, médica e coordenadora do Prosex (Projeto de Sexualidade do Hospital das Clínicas de São Paulo), afirma que as pessoas que têm relações sexuais com regularidade conseguem equilibrar seus hormônios e estimular suas potencialidades, além de aumentar a autoestima e o ânimo para trabalhar e para enfrentar os problemas do dia a dia.

Um estudo americano afirma que ter relações sexuais duas vezes por semana ajuda a diminuir a incidência de diabetes e a reduzir a tensão arterial. O *American Journal of Cardiology* garante que o sexo ajuda a proteger o coração. Pesquisas realizadas pela Universidade de Nova York mostram que o sexo pode melhorar o sistema imunológico, suprimir a dor e reduzir a enxaqueca. Segundo outro estudo americano recente, pessoas que praticam sexo com frequência vivem mais e correm menos risco de desenvolver câncer.

Resultados semelhantes aos dos Estados Unidos foram encontrados em uma série de estudos realizados na Inglaterra, Suécia, França e Alemanha. Até a própria Organização Mundial da Saúde (OMS) dá destaque ao tema, colocando a atividade sexual como um dos índices que medem o nível de qualidade de vida.

Diante de todos esses dados, observamos um paradoxo. Um número grande de pessoas — solteiras ou casadas — não faz sexo. Elas desejam muito, mas não têm com quem fazê-lo. Se levarmos a sério todos os estudos científicos, e acredito que devemos fazer isso, só podemos concluir que estamos diante de um caso de saúde pública. Penso que o Ministério da Saúde deveria se pronunciar.

IDADE MÉDIA

Século V ao XV

O sofrimento tem três origens: a força superior da natureza, a fragilidade dos nossos corpos e a inadequação das normas que regulam as relações mútuas dos seres humanos na família, no Estado e na sociedade.

Sigmund Freud

Aconteceu no século VI...

Lotário I, rei da Gália, casou-se com uma moça chamada Ingunda. Esta, após o casamento, disse a ele que se sentia muito feliz por ter sido escolhida como sua esposa. Mas gostaria de lhe pedir um único favor: ele deveria descobrir um bom marido para a irmã dela, chamada Aregunda.

Lotário ouviu com atenção os elogios que sua esposa fez à irmã e sentiu-se imediatamente exaltado. Viajou para os domínios de Aregunda, casou-se com ela e logo voltou para contar o que acontecera.

— Eu procurei um homem rico e de bom temperamento para oferecer à sua irmã, mas não encontrei ninguém melhor do que eu mesmo. Saiba, portanto, que a tomei por minha esposa, o que acredito não lhe desagradará — disse Lotário a Ingunda.

— Que o meu senhor faça, com toda a liberdade, o que parece bom a seus olhos; permita apenas que a sua criada viva no gozo do seu favor — respondeu-lhe Ingunda.

Aconteceu no século VII...

O conde Eulálio era casado com Tetradia. Como de hábito, ele negligenciava a esposa e fazia das escravas suas concubinas. Cada vez que voltava de um desses encontros lhe dispensava os mais duros tratamentos. Após aguentar tanto ultraje e desonra, Tetradia tomou-se de desejo pelo sobrinho do marido, Vir, e fugiu com ele. Este prometeu casar-se com ela, mas, temendo a inimizade do tio, enviou-a para o duque Didier com a intenção de desposá-la mais tarde. Ela levou toda a fortuna do marido que pôde carregar — prata, ouro, roupas... Depois de aplacar sua dor, Eulálio esperou um tempo e matou seu sobrinho. Didier, então, casou-se com Tetradia. Eulálio raptou uma jovem de um mosteiro de Lyon e casou-se com ela. Suas concubinas, dizem, levadas pelo ciúme, tiraram-lhe a sanidade por meio de malefícios.

Aconteceu no século VIII...

Carlos Magno foi rei dos francos e dos lombardos. Pelos padrões do século VIII, ele era tido como um homem instruído e esclarecido, e adorava mulheres. Casou-se quatro vezes e tinha cinco concubinas conhecidas publicamente, além de inúmeros encontros furtivos. Teve seis filhas e ordenou-lhes que nunca se casassem para que permanecessem sempre em seu palácio. Todas as vezes que uma filha engravidava e se recolhia para dar à luz, ele sorria e aceitava a situação.

ESTAMOS NA IDADE MÉDIA...

A queda do Império Romano trouxe o caos político à Europa ocidental. Roma foi saqueada e destruída; sua população praticamente desapareceu. Muitos morreram, outros se retiraram para cidades do interior. Nos lugares em que viviam quase um milhão de pessoas, não sobraram mais de 50 mil. As cidades estavam desertas; os prédios, em ruínas; as ruas, obstruídas por escombros. O início da Idade Média assistiu a inúmeras tribos e bandos em movimento saqueando e incendiando aldeias quando não se encontravam guerreando entre si. Durante os trezentos anos seguintes a Europa ocidental manteve uma cultura primitiva instalada sobre a elaborada cultura do Império Romano, que nunca chegou a ser esquecida por completo. Foi complexa a fusão da antiga sofisticação romana com as culturas primitivas dos francos, normandos, godos e borguinhões, entre outros.

Contudo, a Igreja conseguiu se afirmar no meio de toda essa agitação porque os chefes bárbaros, que se haviam apoderado de parcelas enormes de terras do império, a reconheceram como aliada politicamente útil para a manutenção da estabilidade. Por sua vez, a Igreja soube adaptar-se de modo geral aos costumes dos bárbaros, desde que estes últimos aceitassem seus princípios teológicos básicos. A Idade Média pode ser entendida como um período de mil anos, entre a Antiguidade e a Idade Moderna (1453-1789). Sua delimitação foi baseada em acontecimentos políticos, tendo início com a queda do Império Romano do Ocidente, no século V (em 476), e fim com a queda do Império Romano do Oriente, com a tomada de Constantinopla pelos turcos, no século XV (em 1453). A Idade Média divide-se em Alta Idade Média — século V ao X — e Baixa Idade Média — século XI ao XV.

PROGRESSOS TÉCNICOS

É na Idade Média que vemos se formarem o Estado e a cidade "moderna". Os progressos técnicos foram decisivos: o início da agricultura com o novo arado; o moinho, que foi a primeira máquina do Ocidente; a medida do tempo por meio dos relógios, que se difundiu a partir do século VII. No fim do século XIII surgiu uma invenção decisiva: o relógio mecânico, que se espalhou por toda a Europa no século XIV.

Seu funcionamento estava longe de ser perfeito nesse período, mas o relógio instaurou no mundo medieval um instrumento essencial de medida do tempo: a hora regular e o conceito de um dia dividido em 24 horas iguais. "Esses esforços para dominar o tempo natural mostram aquele que foi o principal progresso do homem medieval em relação à natureza: ela deixou de ser sagrada. Depois de sem dúvida a ter rebaixado muito diante da onipotência de Deus, o homem estabeleceu, no século XIV, um equilíbrio entre Deus e a natureza, e com isso permitiu o desenvolvimento futuro da ciência, que será uma das características e uma das forças do Ocidente."[1]

CULTURA

A população era privada de instrução; praticamente só os membros do clero sabiam ler e escrever. Dessa forma, eles consideravam seu dever explicar a História, buscando detectar nela os sinais de Deus. Tudo o que parecia ser um desregramento na natureza era considerado um anúncio dos tormentos que deviam preceder o fim do mundo. As manifestações sociais mais ostensivas, assim como as manifestações do corpo, são amplamente reprimidas. O esporte desaparece na Idade Média. A prática antiga não existe mais: estádios, circos e ginásios desaparecem, vítimas da ideologia anticorporal. Somente no século XIX, desejando sobretudo reatar com os exercícios antigos, se instaurou aquilo que chamamos de esporte.

Desaparece também o teatro, herdado dos gregos e dos romanos. Proibido como pagão e blasfemo, renasce em princípio nos conventos e nas igrejas, em torno de temas religiosos. "Essa Idade Média da nossa infância, que não é nem negra nem dourada, se instaura em torno do corpo martirizado e glorificado de Cristo. Ela cria novos heróis, santos, que são, em princípio, mártires em seus corpos. Mas a partir do século XIII, com a Inquisição, ela também faz da tortura uma prática legítima que se aplica a todos os suspeitos de heresia, e não somente aos escravos, como na Antiguidade."[2]

AUSÊNCIA DE INDIVIDUALIDADE

Para homens e mulheres da Idade Média só é importante o que é impessoal. Eles desprezavam as qualidades individuais e as delicadas distinções das coisas, independente da sua capacidade de observar os traços específicos delas. O que lhes interessava era ligá-las sob um princípio geral. O espírito não procura as realidades individuais, mas sim modelos, exemplos, normas. Esta tendência mental é o resultado de um profundo idealismo. Sente-se uma imperiosa necessidade de ver o sentido geral, a sua relação com o absoluto. A tendência para reduzir todas as coisas a um tipo geral tem sido considerada uma fraqueza fundamental da mentalidade da Idade Média, impedindo-a de discernir e descrever os caracteres individuais. Partindo desta premissa, se justificaria a bem conhecida afirmação de que foi no Renascimento que teve origem o individualismo.[3]

AMOR: SÓ A DEUS

Os cristãos dissociaram o amor, separando-o do sexo — sendo o primeiro assunto de Deus, e o segundo, do Diabo. O amor na Idade Média deveria ser unicamente dirigido a Deus. Fora isso, o termo amor nunca era empregado num sentido positivo. O que chamamos de amor foi totalmente ignorado, e era sempre visto como paixão sexual irracional, selvagem, destrutiva. Nunca o amor se aplica ao casamento. Para designar o sentimento amoroso conjugal, o papa Inocêncio I (411-417) chamou-o de *charitas conjugalis*, pois se trata de graça conjugal e, ao mesmo tempo, uma mistura de ternura e amizade.

Erotização de Deus

O historiador Ronaldo Vainfas faz uma análise do amor na Idade Média, da qual sintetizo alguns aspectos.[4] No discurso dos teólogos, o amor residia na relação com Deus. Dessa forma, o amor era sinônimo de ascese e contemplação. Amar significava entregar-se a Deus com a alma piedosa e o corpo imaculado; unir-se a Ele e renunciar a si mesmo; assumir-se, enfim, como criatura. Uma erótica em que o exercício do amor se confundia com a oração e salvação da alma. As mulheres deveriam amar rejeitando o casamento e unindo-se a Deus. Este, sim, seria o verdadeiro casamento. Os homens deveriam mortificar-se e recolher-se para o exercício desse amor em busca da graça. Uma erótica dessexualizada, que implicava a recusa da carne.

O sentimento amoroso, a relação entre dois indivíduos da qual fazia parte a atração sexual e a igualdade entre os parceiros, esteve totalmente ausente na concepção cristã de amor conjugal. Este não poderia jamais ser o amor recíproco entre um homem e uma mulher. Os cônjuges deveriam querer o bem um do outro, deveriam até manter alguma amizade, desde que no âmbito da *caritas*. Durante toda a Idade Média, e mesmo nos séculos seguintes, o amor entre os cônjuges não pertencia ao casamento. Os teólogos preferiam tratar de Deus, da caridade e dos atos. Oscilavam entre a erotização de Deus e a ritualização da cópula, suprimindo o possível sentimento dos cônjuges.

O historiador Jean-Claude Bologne também mostra como o amor dos místicos para com Deus é profundamente carnal.[5] Santa Lutegarda vivia corporalmente a presença de Deus a seu lado; Hadewijch de Antuérpia fala em termos crus do "prazer comum e recíproco, boca a boca, coração a coração, corpo a corpo, alma a alma". Bologne dá o exemplo do imperador Henrique II e sua mulher Cunegundes, que foram canonizados no século XII. Como não tinham filhos e a esterilidade era uma suspeita de maldição divina, um acréscimo à história de suas vidas, um século mais tarde, informa que eles haviam feito um voto de castidade na noite de núpcias.

O mesmo voto faz uma outra Cunegundes, filha do rei da Hungria e casada com o rei da Polônia no século XIII: há o relato de uma discussão prolongada que mantém com o marido e com os sacerdotes visando conservar ao mesmo tempo o marido e a virgindade. Ela obtém de seu marido um prazo de um ano antes da consumação do casamento, prazo que fará renovar por três vezes antes que seu voto comum seja pronunciado perante o arcebispo de Varsóvia. Mas é necessária uma intervenção de um padre para acalmar a cólera do marido a quem foi negada a descendência.

O CORPO DESPREZADO

Na Idade Média houve grande renúncia ao corpo. O historiador Jacques Le Goff e o jornalista Nicolas Truong, no excelente livro que escreveram juntos, *Uma história do corpo na Idade Média*, analisam, sob vários aspectos, o corpo nesse período.[6] Na introdução, os autores explicam por que escrever sobre o tema. Eles afirmam que o corpo foi esquecido pela História e pelos historiadores, e que ele continua a ser o ator de um drama. Para eles a Idade Média é a matriz de nosso presente; muitos de nossos comportamentos foram concebidos nesse período. Isto afeta nossas atitudes em relação ao corpo, apesar de duas reviravoltas terem ocorrido. A primeira, no século XIX, com o ressurgimento do esporte. A outra, no século XX, com o domínio da sexualidade. Selecionei algumas ideias interessantes, divididas por temas, que aqui sintetizo.

Veneno da alma

Mulher diabolizada; desejo sexual reprimido; trabalho manual depreciado; homossexualidade banida; riso e gesticulação reprovados; máscaras e maquiagem condenadas; luxúria e gula associados... O corpo é considerado a prisão e o veneno da alma. O culto do corpo praticado na Antiguidade cede lugar, na Idade Média, a uma derrocada do corpo na vida social. A dinâmica da sociedade e da civilização medievais resulta de tensões: entre Deus e o homem, entre o homem e a mulher, entre a cidade e o campo, entre a riqueza e a pobreza, entre a razão e a fé, entre a violência e a paz. Mas uma das principais tensões é aquela entre o corpo e a alma. E, ainda mais, as tensões no interior do próprio corpo.

Contudo, havia, a respeito do corpo, uma questão contraditória. Na sociedade medieval, a tensão entre a glorificação do corpo e sua humilhação era extrema. De um lado, o corpo é desprezado, condenado. A salvação, na cristandade, passa por uma penitência corporal. No começo da Idade Média, o papa Gregório, o Grande, qualifica o corpo de "abominável vestimenta da alma". O modelo humano da sociedade da alta Idade Média, o monge, mortifica seu corpo. O uso do cilício sobre a carne é o sinal de uma piedade superior. Abstinência e continência estão entre as virtudes mais fortes.

Por outro lado, o corpo é glorificado. O acontecimento capital da história — a encarnação de Jesus — foi o resgate da humanidade pelo gesto salvador de Deus, o filho de Deus, tomando o corpo de homem. E Jesus, Deus encarnado, venceu a morte: a ressurreição de Cristo funda o dogma cristão da ressurreição dos corpos, crença desconhecida no mundo das religiões.

Os corpos iriam ressuscitar no final dos tempos. No além, homens e mulheres reencontrarão um corpo, para sofrer no Inferno, ou, graças a um corpo glorioso, usufruir licitamente do Paraíso, onde os cinco sentidos estarão em festa. O corpo cristão medieval é atravessado por essa tensão, esse vaivém, essa oscilação entre a repressão e a exaltação, a humilhação e a veneração.

O CORAÇÃO

Um castelo era habitado por 12 cavaleiros e suas damas. Ignaure seduz todas as senhoras e é finalmente descoberto. A revelação da sedução de Ignaure começa com um jogo inocente criado pelas mulheres. Uma delas é escolhida para desempenhar o papel de um padre para quem todas as outras vão confessar quem é seu amante secreto. Desta forma, e para grande surpresa de todas as damas, torna-se claro que Ignaure é o amante secreto de cada uma delas. Elas ficam tão indignadas com a infidelidade dele que tramam se unir para matá-lo.

Entretanto, Ignaure espertamente escapa da morte, explicando que ele ama cada uma delas igualmente. As damas resolvem exigir que ele escolha apenas uma delas, a quem deve ser fiel a partir de então. Ignaure aceita a exigência, mas as 11 amantes rejeitadas se vingam dele contando para seus maridos a relação extraconjugal que tiveram. Os maridos se reúnem e decidem castrar e matar Ignaure. Depois disso, seu coração e pênis são moídos. Na noite seguinte são servidos como jantar às 12 mulheres sem que elas saibam. Depois de comer, as damas ficam horrorizadas ao saber a verdadeira natureza dos ingredientes do jantar. Elas se recusam a comer novamente e preferem morrer de fome.

———•◦•———

O relato acima é do texto francês *Lai d'Ignaure*. No fim do século XII, o teólogo Alain de Lille já exalta "o coração, sol do corpo". O tema do coração devorado surge de forma obsessiva na literatura a partir do século XIII. Em outra história, *Roman du châtelain de Couci et de la dame de Fayel*, da mesma época, uma mulher também vítima de cruel refeição teve que comer o coração de seu amante. Do século XIII ao século XV, a ideologia do coração se expande e prolifera através de um imaginário que chega por vezes ao delírio. No século XV intensifica-se o tema do martírio do coração, lugar privilegiado do sofrimento.

Nudez

São Francisco de Assis manifesta sua conversão e seu engajamento no apostolado por meio de dois atos públicos de desnudamento. O primeiro, para mostrar a renúncia solene de seus bens, de sua condição social, de toda a riqueza, consistiu em desnudar-se na presença do bispo, de seu pai e do povo de Assis. O segundo foi pregar nu no púlpito da catedral. São Francisco executa, ao pé da letra, a palavra de ordem proclamada, na virada do século XII para o XIII, pelos devotos da renúncia e da pobreza: "Seguir nu o Cristo nu".

O caso de São Francisco de Assis é particularmente impressionante, pois o nu é considerado uma das principais manifestações de risco moral, que são a falta de pudor e o erotismo. A roupa, ao contrário, é não somente adorno, mas também proteção e armadura. O corpo dos eleitos estará nu ou vestido no Paraíso? É o que se perguntam os teólogos medievais. Não é uma pergunta insignificante, afinal, a sociedade balança entre o desprezo e a glorificação do corpo. Assim, a nudez irá oscilar entre o apelo à inocência de antes do pecado original — a beleza dada por Deus aos homens e às mulheres — e a luxúria. Do mesmo modo, a beleza feminina oscilará entre Eva, a tentadora, e Maria, a redentora.

Visando a procriação, os casais são autorizados a dormir nus. Mas mesmo no casamento, o nu permanece uma situação perigosa. A representação de cônjuges nus em um leito pode ser percebida como um sinal de luxúria. Assim, a nudez oscila entre a beleza e o pecado, a inocência e a malignidade. A partir do século XIII, a frequência das representações de Adão e Eva testemunha essa atração da nudez física humana sobre os medievais.

Voltando à questão inicial: os corpos dos eleitos ficarão nus ou vestidos no Paraíso? Os teólogos, atormentados por essa questão, se dividem. A solução mais puramente teológica é a da nudez, já que, após o Juízo Final, o pecado original será apagado para os eleitos. Como a roupa é uma consequência da queda de Adão e Eva do Paraíso, não há necessidade alguma de usá-la. Para outros, a nudez não depende tanto da teologia quanto da sensibilidade e do pudor. Contudo, parece que a maioria dos teólogos optou pela nudez, mas sempre enquadrada, codificada e "civilizada" à maneira do cristianismo.

A DOENÇA E O PECADO

A lepra se estende pela Europa a partir do século VII e constitui o maior problema sanitário da Idade Média. Mas desde a primeira metade do século VI, em um sermão, o bispo Césaire de Arles informa a seu auditório: "Todos os leprosos nascem de ordinário não dos homens instruídos, que mantêm sua castidade nos dias proibidos e nas festividades, mas principalmente dos homens grosseiros que não sabem se conter". A lepra representa então uma questão espiritual, pois, na Idade Média, não há doença que atinja o corpo como um todo que não seja simbólica.

Essa doença é vista como produto do pecado, e do pior deles: o pecado sexual. O leproso desagradara a Deus e seu pecado purgava através dos poros. A mancha da fornicação cometida pela carne aparece na superfície do corpo, no qual é refletida a podridão de sua alma. Todos acreditavam que os leprosos eram devorados pelo ardor sexual, e que buscavam libertar sua alma e seu corpo de suas imundícies, ou seja, da luxúria. Era frequente também se considerar que haviam sido gerados por seus pais em períodos em que o sexo é proibido aos cônjuges — Quaresma, vigília de dias santos etc. Como a carne transmite o pecado original, as crianças pagam pelo erro dos pais.

No século XIV, entre 1347 e 1352, a peste bubônica, ou peste negra, dizimou um terço da população ocidental. A peste introduziu na Idade Média, de maneira brutal, uma morte repentina e selvagem. Os cortejos e as cerimônias tradicionais de luto tiveram de ser proibidos em muitas cidades.

Os mortos eram empilhados diante das portas das casas. Havia um clima de medo e pânico, de dores corporais e espirituais.

O clero apresentava a peste negra como um castigo de Deus, irado com o abandono da fé e a imoralidade dos cristãos. Procuram-se bodes expiatórios e encontram-se os judeus e os leprosos, acusados de envenenar os poços. As cidades isolam-se, proibindo a entrada ao estrangeiro suspeito de trazer o mal. A morte está em toda parte. É no campo cultural que as repercussões do choque são mais visíveis. O macabro instala-se na literatura e na arte. Propagam-se imagens trágicas, o tema do esqueleto, da dança macabra. A crença que vai atravessar a Idade Média é a de que a doença é uma perseguição, é culpabilizante.

No mesmo século XIV, entretanto, houve progresso na higiene, como consequência da elevação do nível de vida, quando se adquiriu o hábito de usar peças íntimas, roupas que se lavam.

O PECADO DA GULA

A recusa do corpo não se reduz à sexualidade ou ao sofrimento voluntário de uma minoria de religiosos. A luxúria passa a ser cada vez mais associada à gula. As recomendações da Igreja se dirigem tanto à boca quanto aos prazeres alimentares. Pecados da carne e pecados da boca caminham de mãos dadas. O "homem novo" do cristianismo tomará assim o caminho de Agostinho, longe do barulho das tavernas, do furor do desejo e dos tormentos da carne. Dessa forma, a condenação da luxúria será acompanhada frequentemente da condenação da gula e do excesso de bebida e de alimentação.

Vitória sobre a sexualidade, vitória sobre a alimentação. Ao longo de toda a Idade Média, a luta contra a concupiscência do comer, do beber, a vitória sobre a abundância alimentar e sobre a embriaguez acompanham quase sempre a luta contra o desejo sexual. Quando se forma, no seio da vida monástica do século V, uma lista de pecados capitais ou mortais, a luxúria e a gula estão quase sempre acasaladas. A luxúria nasce muitas vezes dos excessos no comer e no beber... Essa dupla luta levará o homem à impotência e a mulher à frigidez, sucesso final do exercício ascético.

Civilização dos costumes alimentares

Ao mesmo tempo, a alimentação é um dos principais motivos de prazer. A civilização dos costumes alimentares irá progredir. Uma civilização do corpo instala-se com as artes da mesa e as boas maneiras. Proibição de cuspir, de assoar o nariz, de oferecer a um conviva um pedaço que se tenha previamente mordido... A Idade Média civiliza as práticas alimentares. Não se come mais estirado, como entre os romanos, mas sentado. Com os dedos, é verdade, mas de acordo com regras estritas, à imagem dos comedores de carneiro assado em pedaços na esfera cultural islâmica. Uma distância conveniente entre os convidados também é algo a respeitar. O ápice material dessa "civilização dos costumes" será a invenção do garfo, que, após a Idade Média, virá de Bizâncio, via Veneza.

O SEXO

O pecado da carne tem seu lugar tanto na terra como no inferno. Na pequena cidade de Moissac, há um sino famoso no portal da Igreja de São Pedro, cuja construção foi iniciada no século XII e concluída no século XV. Nele é mostrada uma visão do Apocalipse. A exibição da luxúria nesse sino — uma mulher nua com serpentes mordendo-lhe o seio e os órgãos genitais — por muito tempo será uma obsessão para o imaginário sexual do Ocidente.[7] "Da cópula as únicas imagens autorizadas são monstruosas ou fabulosas: de um lado, os demônios possuem sua vítima, que parece perdida em um bestiário; do outro, Leda, perfeita mulher do mundo, importunada por seu cisne, ou Ganimedes, estranhamente perturbado pela águia de Michelangelo. Entre os dois, a banalidade não se mostra."[8]

Origem da repressão ocidental

A Bíblia é uma coleção de livros escritos por diferentes pessoas ao longo de mais de mil anos, tendo início em 1450 a.C. Divide-se em duas partes: o

Antigo Testamento e o Novo Testamento. Os livros do Antigo Testamento são as Escrituras do povo judeu. O Novo Testamento são os escritos sobre Jesus e seus seguidores. Entretanto, no Antigo Testamento não há o mesmo nível de repressão sexual que surge depois com o cristianismo, como apologia da castidade, rigor na monogamia e a concepção sexualizada do pecado original. As proibições no Antigo Testamento dizem respeito ao incesto, à nudez, à homossexualidade e ao sexo durante o período de menstruação da mulher. Na Idade Média, qualquer prazer sexual era vivido como uma grande ameaça. A alma do pecador corria o risco de não alcançar a salvação e, portanto, ser alvo da danação eterna no inferno.

PECADO ORIGINAL

Como vimos, a sexualização do pecado original foi uma invenção cristã. No Antigo Testamento, ele aparecia ligado ao conhecimento e à desobediência a Deus, e não ao sexo. O homem teria pecado pela primeira vez ao ceder à tentação de conhecer, e assim querer igualar-se a Deus. "A interpretação sexualizada do primeiro pecado marcou decisivamente o conjunto das éticas cristãs, dela resultando a concepção de um mundo entrevado pelas aflições da carne, a visão do homem como um ser fragilizado pelo desejo e a identificação da virgindade, pureza e salvação. Foi também a sexualização do pecado original que estimulou a imagem diabolizada da mulher, em oposição à imagem do 'homem espiritual', mais infenso ao pecado, embora responsável por ele sempre que agisse como Adão."[9]

O primeiro homem e a primeira mulher são condenados ao trabalho e à dor — trabalho manual ou trabalho de parto, acompanhados de sofrimentos físicos — e devem ocultar a nudez de seus corpos. Dessas consequências corporais do pecado original, a Idade Média tirou conclusões extremas. A sexualidade se fechou numa rede de definições, de proibições e de sanções. A Igreja, para a remissão dos pecados, elabora penitenciais — listas de pecados e de penitências.

Masturbação

Na Antiguidade a masturbação era uma forma aceita de se obter prazer, embora os greco-romanos a desestimulassem até a idade de 21 anos. Em outros lugares ela adquiriu significado religioso. Os antigos egípcios acreditavam que a criação do universo havia ocorrido por meio de um ato de masturbação do deus Atum, que teve por parceira divina a própria mão. Mas a nossa história tomou outro rumo.

Com o cristianismo, qualquer prática que não levasse à procriação foi, durante muito tempo, objeto de severas punições. A condenação bíblica à masturbação perdurou por milênios, chegando ao ponto de, na Inquisição, o acusado ser considerado herege, podendo ser sentenciado à morte na fogueira. No *Confessional* de Jean Gerson (século XV), sugeria-se que os confessores insistissem no assunto: "apalpas ou esfregas o teu membro como as crianças têm o hábito de fazer?" e "durante uma hora, meia hora, ou até que o membro não esteja mais em ereção?". A masturbação feminina era punida com quarenta dias de jejum durante um ano ou mais.

Homossexualidade

A homossexualidade masculina, valorizada entre os gregos e tolerada entre os romanos, foi vigorosamente condenada pelo cristianismo. Nos séculos XII e XIII começou na Europa uma repressão maciça da homossexualidade, como parte de uma campanha contra heresias de toda natureza, que evoluiu até o terror da Inquisição. Penitências já não eram julgadas satisfatórias: em 1260, a França iniciou a perseguição ao estabelecer a pena de amputação dos testículos na primeira ofensa, do pênis na segunda e da morte na fogueira em caso de terceira reincidência.

A noção de pecado contra a natureza se dilata na Idade Média com a extensão do conceito de sodomia — homossexualidade, sodomização da mulher, coito por trás ou a mulher se mantendo por cima do homem também serão proscritos. A historiadora Reay Tannahill esclarece aspectos importantes da homossexualidade na Idade Média, que sintetizo a seguir.[10]

No século VI, o imperador Justiniano, de Constantinopla, combinou a lei romana com a moralidade cristã e conseguiu a imposição de ambas em uma vasta área do antigo império. Para ele, blasfêmia e homossexualidade eram igualmente heresias. Dizia que com isso surgiam fome, terremotos e pestilências. Uma das punições que ele ordenou foi a castração, seguida pela exposição pública do infrator.

O homossexual foi transformado em um perigo para a Igreja, um vivo repúdio à moralidade cristã. No início do século IV, o batismo e a instrução na fé eram recusados ao homossexual até que ele houvesse renunciado a seus hábitos "malignos". Apesar disso, a Igreja sabia que havia homossexuais em suas fileiras. Em 567, o segundo Concílio de Tours decidiu reforçar a regra beneditina de que os monges nunca deveriam dormir aos pares em uma só cama. Além disso, as lâmpadas do dormitório tinham que ser mantidas acesas durante a noite. Vários séculos mais tarde, uma regra semelhante foi feita para as freiras.

Em 693, o Concílio de Toledo considerou que a homossexualidade imperava na Espanha e decretou que "se qualquer dos homens que cometerem esta vil prática contra a natureza com outros homens for um bispo, um padre ou um diácono, ele deverá ser rebaixado da dignidade de sua ordem e permanecerá em exílio perpétuo, atingido pela condenação". Cem chibatadas, a cabeça raspada e o banimento eram as penalidades impostas ao acusado. Ao castigo da Igreja, o rei acrescentou o castigo da castração.

PROSTITUIÇÃO

A Igreja não se empenhava em impedir o estabelecimento da prostituição. São Tomás a comparava aos esgotos do palácio. Era tirar os esgotos e o palácio ficaria poluído. Para ele, sem prostitutas o mundo estaria cheio de devassidão e a virtude das mulheres iria por água abaixo. Essa atitude favorecia um padrão duplo de sexualidade, apesar da doutrina formal da Igreja em sentido contrário. Um bom exemplo são as "estufas" perto da ponte de Londres, que receberam licença do bispo de Winchester. Era usado um eufemismo para se referir às jovens, que eram denominadas "gansos de

Winchester". As "estufas" sobreviveram até que Henrique VIII ordenasse seu fechamento em 1546.

LUTA CONTRA AS TENTAÇÕES

Como vimos, os únicos indivíduos com instrução do século VI até o século XIII eram os clérigos, treinados para ver o Diabo à espreita em qualquer sombra. O que havia sido hábito, sem culpa alguma, tornou-se proibido e culpado. O desejo sexual foi rebatizado, recebendo a denominação de luxúria. Embora nem todos os homens e mulheres tenham se tornado ascéticos, todos aprenderam a se envergonhar do que faziam. Uma parcela cada vez maior da população europeia, incapaz de encontrar solução para esses dilemas, privava-se voluntariamente do sexo e do casamento e fugia para a vida de celibato em mosteiros e conventos. Ali, os que assim procediam podiam amar a Deus, aos santos e ao papa, sem complicações.

ESTIGMAS E FLAGELAÇÃO

A reforma monástica do século XI e do início do século XII acentuou a repressão do prazer, principalmente do prazer do corpo. O desprezo pelo mundo — palavra de ordem da espiritualidade monástica — é, antes de tudo, um desprezo pelo corpo. Acentuam-se a privação e a renúncia alimentar (jejuns e proibições de certos alimentos) e a importância de sofrimentos voluntários. Os piedosos leigos podem se submeter a mortificações corporais comparáveis àquelas que se infligem os ascetas: o uso do cilício, a flagelação, a vigília, dormir diretamente no chão...

Da mesma forma, o rei da França, Luís IX, São Luís, no século XIII, machuca seu corpo até o ponto máximo de sua devoção, para fazer jus à salvação. O desenvolvimento da imitação de Cristo na devoção introduz, entre os leigos, os estigmas, que são as marcas das feridas de Cristo durante a Paixão. Devoto de um Deus sofredor, São Luís será um rei-Cristo, um rei sofredor.[11]

Essas práticas se manifestam por iniciativa dos leigos e de confrarias de penitentes. Em Perúgia, em 1260, os leigos organizaram uma procissão expiatória, na qual se flagelaram publicamente. A manifestação obteve um grande sucesso e se espalhou por diversos lugares. "Da mesma maneira como somos bombardeados por imagens comerciais que proclamam o valor da atividade sexual, os cristãos medievais eram rodeados por imagens-modelo de famosos ascéticos."[12]

AS MULHERES

O imperador Carlos Magno (século VIII) entregou em casamento, numa única cerimônia nupcial em massa, todas as viúvas dos seus barões, mortos em guerra na Espanha, a jovens nobres que ele pessoalmente escolheu. Na Idade Média, a mulher voltou a ser o animal útil e domesticado, e o amor tornou a ser o que havia sido nos dias dos primitivos guerreiros homéricos, os quais ou combatiam para ter direito a mulheres cativas ou as davam uns aos outros, como presente. As conquistas das mulheres romanas foram varridas da História.

Rapto e estupro

A pureza da mulher é fundamental por motivos religiosos e sociais. Há a íntima convicção de que a pureza é idêntica à limpeza e deve-se fazer tudo para evitar a desonra das mulheres. Isso compromete o próprio equilíbrio da sociedade inteira. Encontramos aqui a velha crença romana pagã do estupro, mácula indelével que torna o casamento impossível. Nessa época de violência, a virgem constitui o futuro da família. Surge então uma série de medidas para reprimir a ruptura ou a impossibilidade de casamento. É necessário evitar o estupro, o rapto de mulheres, o incesto e o adultério. São muitas as leis romanas e germânicas a respeito desses delitos.[13]

O rapto era também um artifício. Muitos jovens forjavam o rapto de suas esposas para se livrarem delas; muitos rapazes o provocavam para afastar suas irmãs da herança paterna; e muitos pais o incitavam para evitar os ônus da cerimônia nupcial. O rapto, contudo, contrariava o sistema de reciprocidade que marcava o casamento aristocrático, e muitas vezes conduzia a conflitos e guerras entre nobres.[14]

Um dos pensamentos comuns entre os homens era o de que toda mulher podia ser conquistada. Havia conselhos sobre a melhor forma de praticar um estupro: "Com uma mão levante a sua roupa e, em seguida, encaixe o membro ereto em seu sexo. Deixe-a gemer e gritar... Pressione seu corpo contra o dela e satisfaça os seus desejos".[15] A força bruta era vista com bons olhos. Na verdade, o autor aconselhava o estuprador a se casar com a mulher, se ela fosse fiel. Em todas as probabilidades, uma jovem que tivesse perdido a sua virgindade de tal maneira era aconselhada a casar-se com o estuprador, especialmente se engravidasse.

Georges Duby nos fala dos estupros coletivos. Havia muitos jovens solteiros nas cidades no fim da Idade Média. Esses jovens frequentemente se reuniam em associação, a associação da juventude, com um chefe à sua frente. Era um bando, institucionalizado. Existia apenas uma dessas associações em cada cidade, e ela tinha alguns privilégios. Assim, esses jovens podiam, em alguns momentos, liberar sua libido na cidade mesmo. Eles eram autorizados a isso. As mulheres em situação marginal, mal integradas à família, eram as principais vítimas. O rito principal nessas associações da juventude era o estupro coletivo.[16]

O RENASCIMENTO DO SÉCULO XII

No século XII houve um renascimento intelectual e, por conta de um grande avanço econômico, um movimento de renovação social e ideológico. A reforma da escrita, a revisão da Bíblia e o ensino da gramática foram os pontos altos dessa renovação cultural. Entre os séculos XI e XIII, observamos um grande progresso material, comparável ao desencadeado no século XVIII. A produção agrícola multiplicou-se por cinco ou seis, e em dois séculos a população triplicou nas regiões que constituem a França atual. O mundo mudava muito rapidamente. Era nítida a evolução das mentalidades.

O ano de 1215 marcou a psicologia e a cultura do Ocidente. Nesse ano foi decretada a obrigação para todos os cristãos, de ambos os sexos, a partir dos 14 anos, de se confessar pelo menos uma vez por ano, o que resultou na comunhão de Páscoa e no exame de consciência, base de nossa introspecção e da psicanálise.

MUDANÇAS NA SITUAÇÃO DA MULHER

O período entre o começo do século XII e final do XVI foi notável na história das mulheres, talvez o mais crítico desde a Era Neolítica, embora ao terminar elas não se situassem melhor financeira ou fisicamente do que no começo. A única diferença perceptível se concentra na imagem feminina. No início as mulheres haviam sido desprezadas, não somente pelos homens, mas, com frequência, por si mesmas; no fim, eram respeitadas, até mesmo admiradas.[17]

O culto à Virgem Maria, essencial na religião e na sociedade medieval, pode ter contribuído para isso. Ele começou no Ocidente no século XI, mas foi principalmente no século XII que a imagem de Maria se impôs. Embora esse culto tenha constituído o início de uma revolução, a Igreja oficial vai logo esvaziar o conteúdo de toda sua significação. Ela fará da Virgem um ser cuja característica feminina só será atestada pelo aspecto da mãe sofredora, sacrificada, passiva e escrava do filho. No culto da Virgem Maria poderia ter sido recuperado o prestígio da mulher em todos os seus aspectos, mas não foi o que realmente aconteceu.

Entretanto, ocorreram mudanças. A melhora nas oportunidades profissionais das mulheres causava efeito sobre sua posição social. Como contribuinte ativa para os rendimentos da família, ela adquiria voz mais destacada nas decisões familiares. Transformações também ocorreram em meio à nobreza. Na Inglaterra, as esposas dos lordes não mais faziam as refeições em apartamentos separados — podiam realizá-las com seus maridos no salão. As viúvas demonstravam capacidade crescente de conservar os bens, resistindo aos esforços de seus senhores no sentido de casá-las.

Com a prosperidade da Europa, os ricos mostraram-se sedentos de luxo e as mulheres utilizavam sua posição recém-adquirida a fim de abandonar guarda-roupas austeros, prescritos pelo clero. Começaram a dar mais atenção à toalete, e as perucas entraram na moda. Certo clérigo jurou em sessão periódica de tribunal superior que as mulheres estavam usando tanta tinta no rosto que não restava o bastante a fim de pintar as imagens santas na Igreja.[18]

AMOR CORTÊS: NOVO SENTIDO PARA O AMOR

As pessoas se aglomeraram ao longo da estrada perto de Veneza para ver passar uma procissão estranha. Era um domingo, 25 de abril de 1227. O fato teve ampla divulgação. Um mensageiro levou uma carta aberta, dirigida aos cavaleiros da Lombardia, Áustria e Boêmia. A carta dizia que no dia 24 de abril a deusa Vênus emergiria do mar e começaria, no dia seguinte, uma viagem para o norte, a caminho da Boêmia, lutando com qualquer guerreiro que desejasse encontrar-se com ela no combate. Aquele que a inclinasse sobre a montaria receberia um anel de ouro e passaria a gozar de grande prestígio perante as damas. Aquele que deixasse de lutar com ela seria, dali por diante, escarnecido por todas as damas. E aquele que primeiro a derrubasse do cavalo ganharia todos os cavalos do seu séquito.

A cavalgada surgiu. Primeiro, devagar, com ar solene, passaram a cavalo 12 cavaleiros vestidos de branco, de forma extravagante. Depois, vieram duas damas de honra e, atrás delas, seis músicos tocando animados. Por fim, surgiu sobre um cavalo luxuosamente enfeitado uma figura robusta, do tamanho de um homem, com um vestido branco todo ornamentado. A figura usava um véu pesado, um diadema de pérolas e tranças que lhe caíam até a cintura. Nem mesmo na crédula Idade Média alguém poderia acreditar que ali se encontrava uma divindade verdadeira, ou mesmo uma mulher de verdade.

Na realidade, todos sabiam que quem ali estava era Ulrich von Lichtenstein, cavaleiro errante, lutador de torneios de grande proeza, *Minnesinger* (cantor do amor) de algum talento. E, mais do que tudo, devotado admirador de uma dama cujo nome ninguém mencionava. Para a conquista de seu amor, Ulrich estava empreendendo aquela tarefa árdua e quase impossível. Aceitou todos os desafios, e como conta em sua biografia — *Frauendienst* (A serviço da mulher) —, defrontou-se com 307 lanças. A única finalidade de tanto esforço e despesa era ganhar a alegria de ter a permissão para ver e falar, face a face, com a dama de nome não mencionado, e de possivelmente ser recompensado com um beijo.

Da história de Ulrich, sabemos que nasceu por volta de 1200 na pequena nobreza. Ele conta que mais ou menos aos cinco anos ouviu falar que a verdadeira felicidade e a verdadeira honra só poderiam ser conseguidas por intermédio do serviço em prol de uma mulher nobre e digna de ser amada. Para ele era claro que tal serviço, pedra fundamental do amor cortês, só poderia ser por uma mulher com a qual nunca pudesse se casar. O amor verdadeiro tinha de ser clandestino, agridoce, perturbado por dificuldades sem fim e também por infinitas frustrações. Por conta disso, o amor verdadeiro consistia em elevação espiritual, transformando o cavaleiro num homem melhor e num guerreiro maior.

Aos 12 anos, Ulrich tornou-se pajem na corte de uma princesa casada e a elegeu dama de sua vida. Na sua presença ficava pálido; era difícil controlar a emoção quando via as mãos dela tocando as flores que ele em segredo colocara à sua frente. Ele a adorava em segredo a tal ponto que, quando ela lavava as mãos, roubava a bacia e, escondido no seu quarto, bebia a água suja. Cinco anos depois, Ulrich partiu para a Áustria, onde foi sagrado cavaleiro. Assim, através de um intermediário, manifestou seu amor à princesa, que não o viu durante todo esse período. Rejeitado num primeiro momento, ele enviou à dama uma de suas novas canções e teve permissão de lhe falar por um minuto. Entretanto, Ulrich ficou tão perturbado que não conseguiu falar.

A dama o chamou de impostor e arrancou um punhado de cabelos de sua cabeça, para demonstrar como ele a desagradara. O jovem ficou mais convencido do que nunca que ela era um prêmio de valor. Alguns anos se passaram, e ele continuava a ansiar pelo amor da dama, que sempre o rejeitava. Em certa ocasião, ela o repreendeu por afirmar ter perdido um dedo a seu serviço. Na verdade, o dedo fora apenas ferido.

Quando soube disso, Ulrich pediu a um amigo que lhe cortasse o dedo. Colocou-o num estojo de veludo e o enviou à dama. Ela lhe escreveu que sentia satisfação de ver essa prova de sua afeição todos os dias. Ulrich, em sua posição costumeira de genuflexão — cabeça baixa e mãos entrelaçadas —, recebeu tais comentários. Percebendo que sua dama estava mais receptiva, sentiu que uma façanha de fantástica ousadia o levaria a alcançar a meta que há tanto perseguia. Foi aí que teve a ideia de vestir-se de branco e fazer o papel de Vênus.

Durante a cavalgada, visitou a esposa e os filhos. Chegou a Viena, onde a notícia de sua façanha se espalhara. Sua dama concordou em vê-lo. Ela queria que ele se vestisse como leproso e se pusesse na fila com os outros, pedindo esmolas. Além disso, ele passou a noite numa vala imunda. Quando, finalmente, pôde subir ao castelo, encontrou sua dama com oito criadas atendendo-a no leito. Ele pediu que ela as mandasse embora, mas, sem dar importância a seus apelos, a dama lhe deu outra tarefa a cumprir. Ao vê-lo descer pela janela, a princesa fingiu beijá-lo, mas deixou que a corda escapasse de suas mãos, fazendo com que Ulrich caísse de volta ao fosso. Ordenou-lhe então partir em cruzada a seu serviço e, quando ele aceitou a ordem, mudou de ideia e lhe concedeu seu amor.

Morton M. Hunt, que relata esta história em seu livro,[19] diz que na autobiografia de Ulrich não está referido com clareza qual dos seus favores, após 15 anos, a princesa tão tardiamente concedeu. Mas com base em documentos da época, relacionados com os costumes do amor cortês, é possível que ela lhe tenha permitido beijá-la e abraçá-la. Talvez tenha lhe dado até mesmo o direito de acariciá-la nua na cama.

Se deu a Ulrich recompensa máxima e definitiva, isso deve ter acontecido, provavelmente, em ocasiões bastante raras. Na verdade, a relação sexual não era o motivo disso tudo. "Ulrich não estivera sofrendo e lutando ao longo de quase 15 anos para a conquista de uma comodidade tão vulgar; a sua recompensa verdadeira havia sido sempre o seu próprio sofrimento, o seu esforço, o seu anseio."[20] Pouco tempo depois, Ulrich e a princesa deixaram de se ver. Ele, entretanto, acreditava que o amor o havia transformado num cristão verdadeiro e num cavaleiro modelar.

Amar a esposa teria sido ato impróprio e quase impensável da parte de um cavaleiro, diz Hunt. À maneira dos outros homens de sua categoria e do seu tempo, Ulrich considerava o casamento uma fase de administração de negócios, uma vez que a união conjugal consistia basicamente na reunião de terras, na consolidação de lealdades e na produção de herdeiros. Entretanto, o êxtase purificador e enobrecedor do amor para com uma mulher ideal — que tinha isso a ver com os pormenores das colheitas ou da criação do gado? Que tinha isso a ver com pulgas e lareiras, com servos e a drenagem de pantanais?

Ainda assim, embora o amor verdadeiro fosse impossível entre marido e mulher, o homem sem casamento era completamente sem valor. Ulrich, por isso, podia visitar, sem se envergonhar, a própria esposa, durante a sua viagem pomposa, orgulhoso do que estava fazendo e certo de que, se viesse a saber, sua esposa se sentiria envaidecida, e isto porque o *Frauendienst* lhe tornava o marido mais nobre e mais requintado.

Mas Ulrich não foi o único enamorado excêntrico. O trovador Pierre Vidal apaixonou-se por uma dama chamada Loba de Penautier. Como Loba é o feminino de lobo, ele se vestiu com peles desse animal e ficou rondando as dependências da casa dela. Seu disfarce, ao que parece, enganou alguns pastores, pois atiçaram os cachorros sobre ele, que foi seriamente mordido. "As extravagâncias dos trovadores sugerem que foram gente bizarra e altamente fora do comum. Embora dotados de imaginação, suas tentativas ocasionais de levarem fantasias ao comportamento real parecem ter terminado mal, na maior parte dos casos, e suas capacidades interpessoais eram com frequência inferiores a seus talentos artísticos."[21]

AMOR RECÍPROCO

Uma das grandes transformações da Idade Média foi a passagem do amor unilateral — amor a Deus — para o amor recíproco. Por volta do fim do século XI, alguns poetas e nobres do sul da França idealizaram uma relação amorosa original entre o homem e a mulher que ficou conhecida como amor cortês. "Quando o desejo insatisfeito foi colocado no centro da concepção poética do amor, deu-se uma virada importante na história da civilização. A Antiguidade também tinha cantado os sofrimentos do amor, mas nunca os tinha concebido como esperanças de felicidade ou como frustrações lamentáveis dela."[22]

Tudo começou como brincadeira e mero conceito literário. Inesperadamente, porém, deu forma às maneiras e aos costumes do Ocidente. O amor cortês corporifica a relação entre amantes desejosos e suas nobres damas. Os trovadores compunham poemas e canções, exprimindo um código cujas afirmações principais eram: o poder enobrecedor do amor, a concepção do amor como paixão ardente, a impossibilidade do amor entre marido e esposa, a elevação da amada a uma posição superior àquela do suplicante — imitando a relação entre o senhor feudal e o vassalo — e a ideia de fidelidade entre os amantes.

O amante aceitava o adultério como consequência do triunfo do amor, mas vacilava entre a preocupação de saber quanto tempo levaria para conquistar sua amada e a crença obstinada de que a paciência seria recompensada, afinal. "O amor cortês começou sendo um divertido exercício de lisonjas, mas acabou sendo uma força espiritual a guiar os lisonjeadores. Foi, no início, um esporte privativo da aristocracia feudal, mas se tornou o ideal das classes médias e exaltou ao mesmo tempo o adultério e a castidade, a duplicidade e a fidelidade, o desregramento e a austeridade, o sofrimento e o deleite."[23]

REBELDIA

A ideia de que duas pessoas podiam estar se amando e nutrindo desejo mútuo não deixava de ser uma rebeldia perigosa. Para a Igreja, que pregava que o amor prestava-se unicamente a Deus, o amor recíproco parecia impossível. Os trovadores, ao introduzirem a imagem dos amantes como nobre e valiosa, subvertiam a ordem. Afinal, até então, o amor entre homens e mulheres era considerado pecador e vulgar. Retratar o amor como um sentimento majestoso, um ideal a ser buscado, na realidade era chocante. Outro aspecto revolucionário foi o papel da mulher. Ela deixou de ser inferior e submissa para adquirir igualdade de condições no amor e ser enobrecida por ele. Aceitar que o desejo sexual podia ser parte natural do amor, mas que o sentimento total era mais espiritual, uma unidade intensa, não estava de acordo com os ensinamentos clássicos.[24]

FANTASIA ERÓTICA

O cavaleiro e a sua dama, ou, em outras palavras, o herói que serve por amor — é este o motivo primário e invariável do qual a fantasia erótica partirá sempre. É a sensualidade transformada em ânsia de sacrifício, no desejo revelado pelo macho de mostrar sua coragem, de correr perigos, de ser forte, de sofrer e sangrar diante da amada. O homem não se contentará somente com sofrer; ambicionará salvar do perigo ou do desespero o objeto do seu desejo.

O PODER DA MULHER

Havia um grande número de homens solteiros disponíveis. Como a herança só era transmitida ao filho mais velho, os mais novos não tinham como se casar. Um jovem solteiro assedia uma dama casada, portanto impossível de ser conquistada. A mulher pertence à nobreza, seu marido é um poderoso senhor, mas, apesar dos perigos, o seu apaixonado nada teme. Dedica-lhe seu amor, seu objetivo é servi-la e cumprir suas ordens. A subserviência do homem o transforma por completo. Quanto mais sofre pela dama, mais se sente elevado espiritualmente.

Muitos homens que conseguiram cavalgar o dia inteiro sem mostrar fadiga, combater envergando armadura durante horas, ou passar dois anos em viagem a Jerusalém, estavam dispostos, com o máximo de seriedade, a ajoelhar-se diante de suas damas. Estavam prontos a lhes agradecer por haverem feito deles cavaleiros melhores e cristãos mais perfeitos, por meio do sofrimento imposto e do desejo raramente satisfeito.

Isto reverteu os tradicionais papéis masculinos e femininos, garantindo o poder das mulheres sobre os homens, que pela primeira vez foram colocados em uma posição inferior. A dama só aceitaria o amor do cavaleiro que a merecesse e, para isso, o sujeitava a inúmeras provas. Os cavaleiros eram guerreiros, e devia ser estimulante para uma dama obrigá-los a ser gentis e refinados em seu nome, sabendo que a violência estava sendo controlada. O "serviço" era tudo. Romanos e gregos desprezavam homens que servissem quem quer que fosse, especialmente uma mulher.

Agora, o serviço elevado a uma forma de arte, bem como o desejo dos cavaleiros de serem humilhados por amor. "O serviço do amor cortês, por sua própria natureza, objetiva ferir o orgulho masculino. Nessa submissão voluntária do amigo à amada, havia profunda verdade; visto reinar, até então, sobre o impulso do amor recíproco, a misoginia profundamente arraigada no homem, era importante que tal amor possuísse, a partir de agora, como seu ponto de partida a humilhação simbólica do poder masculino."[25]

Mas é importante assinalar, como faz a ensaísta americana Marilyn Yalom,[26] que essa posição sublime da pessoa amada provavelmente não refletia a vida das esposas de verdade e era a realidade de apenas uma pequena camada da população feminina, isto é, das mulheres da nobreza. Para estas mulheres, geralmente casadas com homens mais velhos por razões políticas, sociais e econômicas, a visão de um jovem cavaleiro em uma armadura oferecia uma saída para a imaginação erótica. Finalmente, esta visão fantasiosa migrou da nobreza para a população em geral, na qual se mantém até os dias de hoje. O romance do arlequim, com a sua versão plebeia de heróis salvadores, continua a alimentar a imaginação de muitas esposas desencantadas.

Mudança de atitude

Apesar de o comportamento de Ulrich ter sido extremo, seus exageros servem para demonstrar a originalidade das crenças incorporadas no amor cortês. "Os homens eram tidos como grosseiros e insensíveis até que o amor, como um relâmpago, viesse sacudir-lhes o tutano dos ossos; e então adquiriam cortesia, a sede de saber e a gentileza nos modos."[27] A seguir, os comentários de Morton M. Hunt sobre essa mudança tão radical de comportamento.[28]

Os nobres da França, da Germânia, da Itália e de outros países falaram e escreveram com eloquência sobre essas crenças. Eles ficavam ouvindo extasiados inúmeros poemas e romances baseados nelas. Muitos guerreiros, sempre acostumados a tomar pela força o que mais lhes agradasse, e a desvalorizar a mulher, começaram a pensar que um homem deve agir com respeito, com admiração e com súplica diante da dama pela qual está apaixonado. Centenas de canções escritas por esses senhores, e cantadas pelos seus *jongleurs*, fizeram eco ao tema.

Nos salões de centenas de castelos da nobreza, damas e cavalheiros começavam a apreciar a leitura em voz alta, ou a recitação de longos romances em verso, depois do jantar. Contavam-se as lendas do rei Artur, de Carlos Magno, da Grécia e de Roma. Os atos dos cavaleiros, em tais romances, são indicadores do que interessava aos senhores e às damas do século XII. Hunt diz que quando, em um romance da Idade Média, o conde Nevers desmaia e cai como morto, ao simples som do nome de sua dama, ou quando Parsifal (poema lírico de autoria do germânico Wolfram von Eschenbach) cai em síncope de amor, que dura vários meses, não precisamos duvidar que tais coisas realmente tenham acontecido a cavaleiros sob a influência do amor cortês.

O que intriga o autor é que tais representações não sejam vistas como ridículas e dignas de reprovação. Significativo foi o fato de a mudança nas maneiras ocorrer primeiro entre os nobres medievais da França, e depois entre outras nações. Assim, num espaço de poucos anos, chefes ferozes e semiprimitivos começaram a cultivar as artes do canto, da dança e da produção literária, com o objetivo de agradar às damas de suas cortes. Trajaram finas roupas, começaram a fazer uso do lenço e passaram a tomar banho com mais frequência; praticavam conversas gentis e galantes; faziam uso de argumentações sofisticadas e proferiam votos secretos de amor — embora esses segredos fossem discretamente difundidos.

Além disso, desperdiçavam tanto dinheiro como saúde em torneios intermináveis e em penosas peregrinações, tudo concebido exclusivamente para ganharem mérito aos olhos de suas respectivas damas. Por meio desses "serviços" continuados, aliados a uma fidelidade a toda prova, bem como por uma humilhação imposta por si próprios, os cavaleiros percorriam o longo caminho do amor: do estágio inicial, de mero aspirante ao amor (*fegnedor*), ao estágio de suplicante (*precador*), para depois passar ao estágio de admirador reconhecido como tal (*entendedor*), e finalmente ao de amante aceito (*drut*).

E QUANTO AO SEXO?

Essa é uma pergunta que muitos historiadores se fazem: o apaixonado e sua dama faziam sexo? A resposta permanece em aberto. "As relações entre o corpo e o amor não caminhavam juntas na Idade Média. De um lado, os romances corteses exaltam o amor, de outro a Igreja o parte ao meio ou o limita ao quadro estrito do casamento. Mas a literatura provavelmente embeleza a realidade. O amor cavalheiresco ou 'cortês' era talvez uma maneira de aliviar as carências sexuais e passionais de um tempo pouco propício às folias do corpo e aos arroubos do coração, tal qual os pintavam os romances ou as canções."[29]

Para Reay Tannahill, os poetas mostravam mais interesse no espírito dessas mesmas mulheres. A virtude era o atributo que, ao elevá-las a algum plano imaculado, isentava o amor a elas dedicado de toda a carnalidade, deixando-o livre para alcançar as alturas do domínio espiritual. A virtude se tornou o harém da Europa. Os trovadores jamais cantaram o amor consumado. Alguns rejeitavam explicitamente todo desejo de possuir suas damas. Outros, desafiando a credibilidade, cantavam uma castidade que sobreviveria a qualquer prova. Não viam perigo algum em carícias e beijos, nem mesmo em passar a noite na cama (conversando) com a bem-amada.[30]

Morton M. Hunt, em sua pesquisa, parece concordar com Tannahill. Ele conclui que o apaixonado e sua dama dão preferência a prolongadas sessões de brincadeiras sexuais, despidos e na cama, sem completar o ato sexual. Os testemunhos que restam quanto à existência do costume do amor cortês, ou seja, do amor puro, deixam claro que os cavaleiros e as damas — adultos, saudáveis e sexuados — conseguiam a maior parte das vezes limitar-se às preliminares do sexo, por considerá-las uma forma muito mais requintada de amor do que o ato sexual completo. "Conhece pouca coisa, ou nada, do serviço a mulheres aquele que deseja possuir inteiramente sua dama", escreveu o trovador Daude de Pradas.[31]

Muitos trovadores zombaram do ponto culminante do ato sexual, considerando-o "amor falso", ao mesmo tempo que enalteceram o "amor verdadeiro", o "puro" beijar, tatear, acariciar, bem como o controlado contato nu dos corpos dos amantes. Hunt afirma que não temos motivos para duvidar desse curioso padrão de vida sexual. Isso teve como precedente as experiências de casamento espiritual dos primeiros séculos do cristianismo, e também o culto das *agapetae*, das seitas heréticas. Essas mutações do comportamento sexual foram o resultado da separação violenta que afastou o amor do sexo nos ensinamentos da Igreja primitiva.

AMORES ADÚLTEROS

Nos tempos medievais, o amor era considerado um dom livremente dado e, por definição, isto o excluía do casamento, um contrato comercial, sem lugar para considerações pessoais. Durante a maior parte do tempo, os maridos estavam ausentes, na guerra. As mulheres então dominavam a vida na corte. Entre elas, várias desejavam ser amadas. Os cavaleiros podiam conseguir os favores dessas esposas dos nobres por meio do flerte e da adulação. O ciúme era retratado como um sentimento nobre quando eram os amantes que o sentiam, e desprezível, no caso dos maridos. A meta dos cavaleiros era o romance com as esposas de outros homens, caracterizado por um entusiasmo e uma ternura que contrastavam nitidamente com a monotonia de um casamento sem amor. O perigo era a tônica.[32]

A literatura cortês, que floresceu nesse período, mostra que as pessoas se refugiavam no adultério. "Do que falava na realidade? De jovens cavaleiros que faziam tudo para tirar a mulher do outro. De acordo com essa concepção, o amor se desenvolvia sempre fora do casamento, no adultério. Tristão e Isolda, um caso de adultério. Guenevere e Lancelot, um caso de adultério. O amor cortês era o adultério!"[33] As emoções e os costumes do amor cortês eram inteiramente impróprios e inadequados para as intimidades e as necessidades da vida conjugal. E visto que o prazer sexual e o amor não podiam combinar-se na mesma pessoa, o casamento ficava apenas com o sexo, sendo negada totalmente a possibilidade do amor.

Maria, Condessa de Champagne, a maior árbitra do amor cortês, declarou o seguinte, em 1174: "Nós declaramos, e temos conta de coisa firmemente estabelecida, que o amor não pode exercer seus poderes entre duas pessoas que estejam casadas entre si. E isto porque os amantes dão, reciprocamente, tudo, com plena liberdade, sem nenhuma compulsão ocasionada pela necessidade, ao passo que as pessoas casadas entre si são, por dever, obrigadas a ceder ao desejo de cada qual, e a não se negar uma a outra em coisa nenhuma".[34]

A devoção apaixonada era possível porque os amantes constituíam objetos de desejo abstratos, cujo amor era proibido, um tabu e uma novidade. Intimidade entre eles, ideia relativamente recente, de forma alguma fazia parte do estilo medieval, mas foi nascendo pouco a pouco da necessidade de dissimulação por parte dos amantes. Mergulhar nos olhos do outro, falar por meio de gestos, trocar bilhetes e sinais. Os enamorados aprendiam a ser uma sociedade secreta completa, com senhas e cerimônias e uma cruzada santa, uma religião a dois.[35]

OS TROVADORES

O primeiro trovador foi Guilherme IX, duque de Aquitânia e conde de Poitiers (1071-1127), considerado por muitos o nobre mais poderoso da cristandade ocidental. Consta que ele estava comodamente adaptado a uma vida de sensualidade e sedução quando suas atividades foram seriamente reprimidas por um pregador, Robert d'Arbrissel, que conseguiu converter muitas damas da sua corte a uma crença de que o fogo do inferno estava sendo reservado para os adúlteros.

Profundamente preocupado, Guilherme dedicou-se a refletir sobre o problema; reflexões que se tornaram aparentes em seus poemas. Ele argumentava que o amor não era um rebaixamento, mas uma exaltação, não um sórdido pecado, mas um divino mistério, e que a dama nele envolvida era uma deusa a ser adorada. Verdadeiro ou não, ele parece ter convencido suas damas, que se sentiam felizes assumindo o novo papel de deusas. De qualquer modo, ainda que à luz dos fatos o novo amor fosse apenas tão adúltero quanto o antigo, parecia muito mais refinado.

Mesmo que a dama fosse totalmente intocável, ou que pudesse ser tocada dentro de limites específicos, o amor cortês, tal como foi praticado pelos trovadores, continuou sendo algo como uma devoção para com o objeto quase inanimado. A dama era figura inerte e não se conseguiu encontrar, nos escritos provençais, coisa alguma a respeito do que ela dizia, sentia ou fazia. Ela era simplesmente amada.

Guilherme foi, em muitos aspectos, o modelo de todos os futuros adeptos do amor cortês. "Apesar dos restos fragmentários da literatura medieval, conhecemos os nomes de quatrocentos e sessenta trovadores; além disso, possuímos dois mil e quinhentos dos seus poemas. Muitos trovadores eram nobres de menor importância, mas havia entre eles vários reis, dos quais Ricardo Coração de Leão, bisneto de Guilherme IX, foi o mais conhecido."[36]

Em 1122, quando as ideias de Guilherme de Aquitânia, agora com 51 anos de idade, já desabrochavam e floriam no seio da nobreza provençal, nasceu Leonor, sua neta. Ela tornou-se uma das mais famosas e poderosas mulheres da Idade Média. Entre muitos outros feitos, foi ela quem levou o amor cortês da Provença para as cortes reais tanto da França como da Inglaterra, ajudando-o a emancipar-se, e fazendo-o sair do estado de mero capricho literário para ser uma forma de vida praticada a sério.[37]

Leonor de Aquitânia

Leonor de Aquitânia (1122-1204), desde cedo, já se mostrava imbuída das ideias trovadorescas de seu avô. Quando seu pai, Guilherme X, morreu, Leonor se tornou sua herdeira universal e dona de uma grande parte do que é hoje a França. Aos 15 anos passou a ser a moça mais desejada da Europa. O rei da França despachou imediatamente seu filho, Luís Capeto, um jovem de 17 anos, para casar-se com ela. A jovem nada disse, uma vez que era direito do rei Luís decidir seu casamento. Ela sabia que era um instrumento de ação política e que o amor não era levado em conta. Duas semanas após o casamento, seu sogro faleceu. Leonor se viu então, ainda adolescente, elevada à categoria de rainha da França.

Ela fez o possível para levar um pouco de poesia e do encanto de sua terra natal para a insípida corte real de Paris: seu marido, porém, era um jovem sóbrio, religioso, totalmente desinteressado por aquele assunto, e muito beato. Mais tarde, Leonor observou que se casara com um rei, acabando por constatar, porém, que se tratava apenas de um monge. Quando o rei Luís VII, seu marido, decidiu partir com a Segunda Cruzada, em 1147, a jovem rainha atuou nos preparativos: promoveu torneios para arrecadar recursos, recolheu doações e, como era costume dos cruzados, foi a todas as abadias pedir a bênção e as preces dos religiosos das ordens. Leonor acompanhou a longa e terrível expedição, assim como outras damas da nobreza, mas ela tinha o estatuto de líder feudal do exército da Aquitânia em pé de igualdade com os outros dirigentes.

Foi durante a expedição que começaram as divergências entre Leonor e Luís. Em Bizâncio, onde o casal se demorou por algum tempo, ela ficou admirada com a vida sensual e licenciosa dos cristãos orientais. Alguns cronistas afirmam que logo depois, durante a cruzada, ela iniciou o primeiro dos seus muitos casos de amor. Apaixonou-se pelo próprio tio, Raimundo, príncipe de Antióquia, em cuja corte síria o grupo real francês descansou e reorganizou as tropas, depois de um desastre militar na Ásia Menor. O rei Luís, percebendo o que acontecia, fez a própria esposa sua prisioneira. Ordenou que ela fosse retirada às pressas da cidade. Em 1149, Luís e Leonor regressaram à Europa, passando por Roma, onde o papa Eugênio III promoveu a sua reconciliação. A segunda filha do casal, Alice Capeto, nasceu pouco depois, mas o casamento estava terminado.

Em 1152, o rei estava resolvido a deixar sua esposa livre para fazer o que quisesse, afinal, em 15 anos de casamento ela só havia lhe dado duas filhas e nenhum filho. A união foi anulada por suposta consaguinidade e, em consequência, Leonor recuperou o controle dos seus territórios, que foram devolvidos pela coroa francesa. Leonor transformou-se em vassala leal de Luís, em vez de esposa infiel.

Dois meses depois, Leonor se casou com Henrique Plantagenete, o futuro Henrique II, da Inglaterra, então conde de Anjou, 11 anos mais novo do que ela e o mais perigoso rival político do rei Luís no norte da França. No mesmo ano do casamento, nasceu Guilherme, o primeiro filho do casal. Henrique deixou Leonor encarregada do seu castelo, em Angers, no Anjou, e partiu para a Inglaterra, a fim de reclamar seus direitos no trono inglês.

Leonor tinha 30 anos e estava agora livre para viver a vida que sempre desejara. Reuniu cavaleiros, damas e poetas ao redor de si e começou a criar uma corte elegante. Entre os poetas que logo lhe prestaram homenagem estava Bernardo de Ventadour. Ele havia sido importado pela rainha de sua terra natal na Provença. "Ela tinha conhecimentos em assuntos de valor e honra e fazia questão de canções de louvor. As canções de Bernardo a agradaram. Ela o recebia e dava-lhe sempre as boas-vindas, com muita cordialidade. Ele esteve longo tempo na corte de Leonor; apaixonou-se por ela, e ela por ele", assegurou um cronista da época.

Henrique soube do caso, e logo a chamou a Londres. Em 1154, com a morte do rei Estevão, Henrique se tornou Henrique II, rei da Inglaterra. Leonor, aos 32 anos, era rainha pela segunda vez. Novamente ela introduziu suas novas ideias na corte real e, ao que parece, obteve grande sucesso. Nos 15 anos seguintes, Leonor teve oito filhos com o rei, mas a relação do casal era péssima. Tudo piorou quando Henrique construiu um refúgio para sua amante, Rosamunda Clifford, e fez alarde público do seu caso de amor.

Em 1170, aos 48 anos de idade, Leonor e Henrique se separaram. Ele permitiu que Leonor voltasse para seu próprio país. Ela voltou a morar em sua cidade natal, a fim de assumir o controle de seus antigos domínios franceses. Leonor escolheu o castelo de Poitiers como residência oficial, e ali reuniu uma nova corte, composta de poetas, filósofos, jovens cavaleiros e moças nobres. Todos iam para lá a fim de aprender com Leonor as maneiras da cortesia. Sua filha Maria, condessa de Champagne — filha do primeiro casamento de Leonor com o rei Luís, da França —, também se dirigiu para Poitiers, a fim de ser a principal mestra das novas maneiras e dos novos costumes.

Música e jogos, cavalheirismo e cavalaria, amor cortesão, maneiras à mesa e cortesia, literatura e filosofia. Tudo isso fazia parte desses encontros criados por Leonor e por Maria. Jovens senhores e jovens castelãs — gente que procedia da França do Norte, da Inglaterra e até mesmo dos mais longínquos domínios da própria Leonor, no sul da França. Entre os métodos adotados por ela e Maria para ensinar o amor cortês, havia uma representação teatral, conhecida por *Corte do amor*.

Corte do amor

A partir dos trovadores, o amor passou a ocupar lugar relevante na conversação da corte. O amor cortês era praticado no interior do castelo. O código cortês não servia exclusivamente para fazer versos; era tido como aplicável à vida. Na *Corte do amor* todos se reuniam num grande salão para debater questões amorosas, segundo regras rígidas.

Algumas perguntas eram lançadas: "Quem é mais fácil de se conquistar, a esposa de um homem impotente ou a de um homem ciumento?"; "O que você prefere: roupas quentes no inverno ou uma amante da corte no verão?"; "Se a sua senhora, para entregar-se a você, oferecesse como condição passar uma noite com um velho desdentado, você preferiria que ela cumprisse a condição antes ou depois?"; "Falta uma dama à sua promessa escolhendo outro quando abandonada pelo seu amante?"; "Pode um cavaleiro que perdeu toda a esperança de ver a sua dama (que um marido ciumento tem encarcerada) buscar novo amor?"; "Belo senhor, o que preferis: que as pessoas digam mal da vossa dama e que vós a acheis boa, ou que falem bem dela e vós a julgueis má?". A concepção estrita da honra obrigava um homem distinto a responder: "Senhora, eu prefiro ouvir dizer bem dela e achá-la má".

Na verdade, ninguém pretendia obter soluções para tantas questões difíceis, mas brincar e ter o prazer de falar sobre o amor em público. Uma vez pediram à rainha Leonor para decidir quem ela preferia ter como amante — um jovem sem virtudes ou um velho profundamente virtuoso. Ela escolheu o velho, afinal, no amor cortês, a virtude era fundamental. Havia também julgamentos. Numa das sessões da *Corte do amor*, presidida por Maria de Champagne, filha de Leonor, sentenciou-se que o amor "verdadeiro" não podia existir entre esposos. O "verdadeiro" amor só podia ser adúltero.

Um amante anônimo ou sua dama, falando por meio de representantes, pode apresentar queixa e defesa numa questão litigiosa. Um único juiz — uma grande dama como a própria Leonor — ou várias damas nobres atuando como júri, ouvem o caso e proferem a decisão. Leonor e Maria fizeram com que esses debates se tornassem recurso pedagógico semissério em prol do apefeiçoamento das novas relações, codificando-as e esclarecendo-as, tornando-as públicas nos círculos da nobreza de Poitiers.

É possível que a *Corte do amor*, de Poitiers, tenha tido maior importância do que se pensa. Tudo indica que foi um salão pseudolegal de justiça, onde os pronuciamentos sobre questões de amor eram procurados a sério e meticulosamente obedecidos. Para essa corte, não importa muito se era efetivamente isso ou simplesmente um processo artificial de se examinar um código de conduta que nascia. De qualquer forma, homens e mulheres se encontravam na *Corte do amor*, comportando-se com respeito mútuo, a fim de investigar questões das suas relações amorosas.[38] A *Corte do amor* promoveu profunda alteração nos sentimentos das camadas mais elevadas da sociedade europeia.

LEONOR ENCARCERADA

Hunt esclarece que a alegre vida civilizada em Poitiers durou apenas quatro anos, depois cessou de súbito. O motivo foi Leonor ter se metido em política. Parece que fez intrigas com poderosos senhores franceses a favor de seus filhos, Ricardo e Geoffrey. Isto passou a ser uma ameaça a Henrique II, seu marido. Em 1174, ele destruiu-lhe a corte e capturou a própria Leonor na estrada, enquanto ela tentava fugir disfarçada com roupas de homem.

Os filhos escaparam e conseguiram asilo junto ao rei da França. Leonor foi levada prisioneira para a Inglaterra e encarcerada em vários castelos durante 15 anos, até a morte de Henrique. Ela atuou então como regente na Inglaterra, enquanto o rei, seu filho Ricardo Coração de Leão, estava ausente participando de uma Cruzada. Quando ele caiu prisioneiro, ela foi para a Áustria a fim de resgatá-lo. Faleceu em 1204, aos 83 anos.

Contudo, o amor cortês não foi eliminado com o aprisionamento de Leonor. Quando a corte de Poitiers foi desmantelada, Maria de Champagne, filha de Leonor, voltou para sua própria corte, em Troyes, sede provincial da região de Champagne, e ali restabeleceu o mesmo círculo e as mesmas práticas que Leonor havia promovido.

E ela fez muito mais: protegeu escritores que quisessem explicar o sistema do amor cortês e difundiu esse estilo de amor por todo o resto do mundo civilizado. Um desses escritores foi André Capelão, e foi em sua corte, por solicitação dela, que ele escreveu o *Tratado do amor cortês*. O crescimento do amor cortês entre os anos 1100 e 1400 é assinalado por uma notável produção de romances, poemas e obras didáticas.[39]

O amor cortês, tal como apareceu no século XII, foi uma relação amorosa que não teve precedentes na cultura ocidental. Na Grécia, encontramos o amor ligado ao enobrecimento do caráter, mas associado à homossexualidade. Em Roma, o adultério tinha sido sistematicamente praticado, mas se fazia isso pelo puro prazer sexual, sem nenhum objetivo de louvar a pureza. Os primeiros cristãos tinham dado ênfase à restrição sexual e ao amor puro, mas não havia nenhuma adoração pela mulher nem humilhação do homem diante de sua dama. O amor cortês fundiu vários componentes do passado e criou algo totalmente novo na história do amor.[40]

O suíço Denis de Rougemont, autor do clássico *O amor e o Ocidente*, assinala que o amor cortês foi mau no começo, e pior no seu desenvolvimento. Ele sustenta que esse amor exerceu uma influência lamentável por induzir o homem ocidental a crer que amar significa estar dominado pela emoção, impotente, infeliz e trágico por sua causa. "Por que razão deseja o homem ocidental sofrer esta paixão que o dilacera, e que todos os seus sentidos rejeitam?", pergunta. Ele mesmo responde: "Porque essa paixão representa os seus anseios recalcados para com a morte". Rougemont vê essa espécie de amor imortalizada nas vidas de Heloísa e de Abelardo; e, na lenda de Tristão e Isolda, ele encontra a força que impingiu ao amor uma enfermidade permanente: o desejo da paixão, do sofrimento, da morte.[41]

Alguns autores chegaram a ver, nestas mesmas histórias de amor, nítidas alegorias da fixação incestuosa da Idade Média: quando alguém amava o mesmo ser com que praticava a luxúria, os sentimentos de culpa que daí resultavam só podiam produzir um desejo de punição derradeira. Tristão tinha de morrer; pois não adorava ele Isolda, e não a possuía em êxtase? "A história do amor cortês, suas mudanças e metamorfoses, não é só a de nossa arte e literatura: é a história de nossa sensibilidade e dos mitos que incendiaram muitas imaginações desde o século XII até nossos dias. A história da civilização do Ocidente."[42]

CASAMENTO

Ingeborg, uma princesa dinamarquesa, casou-se com grande pompa, no dia 14 de agosto de 1193, em Amiens, com o rei da França, Filipe Augusto. No dia seguinte, foi coroada solenemente por ele. Mas, no meio da cerimônia, o rei estremeceu subitamente e voltou-se contra a jovem noiva. Tomado pela repulsa, incapaz de consumar as suas núpcias, o rei só pensava em anular o casamento. "Oh, assombro! Nesse mesmo dia, por instigação do Diabo, o rei, ao que se diz, foi perturbado por certos malefícios transmitidos pelas bruxas e começou a odiar a esposa que há tanto tempo desejava", conta Rigord.[43]

O que será que aconteceu? O historiador francês Jean-Claude Bologne faz várias conjecturas e nos dá detalhes dessa história.[44] À primeira vista, parece que a virilidade do rei não está em causa. Este jovem viúvo de 27 anos é visto por seus contemporâneos como um *bon vivant*, que não despreza a companhia das mulheres; o seu primeiro e o seu terceiro casamento lhe dão filhos.

Ingeborg afirma ter sido honrada durante a única noite que passou com o rei, e o tema do malefício da impotência aparece muito tardiamente nos pedidos de anulação introduzidos por ele. A fecundidade da rainha, após um dia de casamento, não pode ser posta em causa. Sem dúvida, o amor não é obrigatório entre marido e mulher que não se conhecem, e que não falam a mesma língua, mas a situação nada tem de excepcional na época. Ao casal não se pede mais que alguns herdeiros.

A repulsa de Filipe Augusto por Ingeborg parece insuperável e misteriosa. Os súditos não tardam a fazer suposições. A princesa não é virgem? Será que ela tem alguma deformidade escondida? Ou terá simplesmente mau hálito? Ingeborg terá reavivado a lembrança de uma outra rainha de 20 anos, falecida em trabalho de parto três anos antes? O rei tem da sua primeira esposa um único filho pequeno; a sucessão não lhe parece assegurada.

Em novembro do mesmo ano, uma assembleia de bispos declara a nulidade do casamento, alegando parentesco distante entre o rei e sua esposa. Ao rei é concedido um prazo de reflexão. Em 1195, a nulidade do casamento é pronunciada pelo clero. A situação é explicada a Ingeborg, a quem em dois anos nunca se ensinou francês. Antes de ser enclausurada num mosteiro, ela apenas encontra forças para exclamar: "Mala Francia, mala Francia! Roma, Roma!".

Roma ouvirá as queixas da princesa dinamarquesa. O papa Celestino III toma sua defesa, mas limita-se a proibir o rei de voltar a casar, uma vez que continua a ter uma esposa, ainda que enclausurada. O papa, que espera lançar uma Cruzada com o auxílio da França, não ameaça os planos do rei. Filipe Augusto passa por cima da proibição e, em junho de 1196, casa-se com Agnès de Méranie.

Em 1198, Inocêncio III torna-se papa, e será um dos mais poderosos pontífices da Idade Média. Logo que chega ao poder, ele exige que Ingeborg torne a ser rainha e envia um legado à França encarregado de resolver a questão. Este convoca toda a hierarquia eclesiástica. Brande a arma suprema, o interdito, que lança efetivamente sobre todo o reino. No dia 13 de janeiro de 1200, toda a vida religiosa é paralisada na França. Não há mais comunhões, nem funerais, nem casamentos — o próprio filho do rei tem de desposar Branca de Castela em território inglês.

Após oito meses de resistência, o rei, forçado a ceder, jura tudo o que se lhe pede, rejeita Agnès, aceita Ingeborg novamente, prometendo amá-la como esposa e rainha, e confirma alguns privilégios eclesiásticos. Entretanto, mal o emissário do papa vira as costas, Ingeborg é enclausurada no convento e Agnès volta ao trono. Após a morte de Agnès, em 1201, Inocêncio III, tentando uma conciliação, legitima seus filhos com o rei.

Mas Filipe Augusto continua a rejeitar Ingeborg. Pela correspondência entre Ingeborg e o papa, percebe-se como são penosas as condições de vida da esposa real. Os seus guardas a insultam, ela não pode receber visita alguma, não tem confessor e raramente lhe é permitido ouvir missa, a alimentação é pouca, os medicamentos são insuficientes para sua frágil saúde, os banhos lhe são proibidos e as suas roupas são indignas de uma rainha.

O rei tem novas amantes. Ele tem a esperança de que Ingeborg retire a queixa de um processo que se arrasta há anos e regresse para a casa do seu irmão, o rei da Dinamarca. Aborrecido com a demora do processo, Filipe Augusto pede para ser separado de Ingeborg "por afinidade ou malefício, ou por qualquer outro motivo razoável, pelo qual se rompem habitualmente os casamentos". Inocêncio III, em 1207, concorda, desde que antes haja coabitação de três anos com a rainha. Filipe recua, assustado com a prova.

O caso se estende por mais seis anos, e o rei faz inúmeras tentativas. Em 1210, ele promete ao governante da Turíngia casar com sua filha se este conseguir convencer o papa a anular o seu casamento dinamarquês. Em 1213, cansado dessa guerra, Filipe aceita Ingeborg. Nesse mesmo ano, o rei da Inglaterra reúne uma ampla coligação contra a França e Filipe necessita muito da neutralidade dinamarquesa. O rei está perto dos 50 anos, Ingeborg dos 40. Os projetos matrimoniais passaram para segundo plano. "Se este caso teve tamanha repercussão, é porque dois gigantes da Idade Média se defrontaram durante vinte anos, e ele marca bem os limites dos poderes civis e eclesiásticos", diz Bologne.

Casamento na igreja: uma novidade

A partir do século XII a Igreja começou a estender aos poucos seu poder sobre o casamento — que se tornou um sacramento, sobretudo no século XV, quando passou a ser celebrado dentro das igrejas — e impôs seu modelo: casamento indissolúvel e monogamia. Assim, ela passou a controlar melhor a vida cotidiana dos fiéis.

Mas essa mudança não foi tão simples. Marilyn Yalom nos traz dados dessa novidade, que sintetizo a seguir.[45] Apesar dos decretos do século XII, os casamentos religiosos não tinham se tornado obrigatórios ou mesmo comuns para os fiéis. Nos países germânicos, os camponeses continuaram a se casar sob a proteção de um membro da família, e nos países católicos, como a Itália e a França, mesmo entre as classes altas, os casamentos continuavam a acontecer no cenário habitual. Diante de tanta resistência, o papa Alexandre III (1159-1181) foi forçado a abandonar suas tentativas de obrigar os cristãos a se casarem na igreja. A cena nupcial francesa a seguir, ao relembrar práticas primitivas de "levar os noivos para a cama", é um exemplo do comportamento da época.

Em 1194, Arnoud, o filho mais velho do conde de Guines, contraiu núpcias em casa. Um dos padres que oficiou a cerimônia escreveu este registro: "Quando o marido e a esposa se uniram na mesma cama, o conde nos chamou — um outro padre, meus dois filhos e eu — até o quarto". O padre era casado, pai de dois filhos, que também eram padres. O conde ordenou que os recém-casados fossem abençoados com água benta, a cama perfumada com incenso e o casal "entregue" a Deus. Em seguida, o conde invocava as bênçãos de Deus pedindo que o casal "vivesse o amor divino do Senhor, permanecesse em harmonia e que sua semente se multiplicasse ao longo dos dias".

Neste caso, a cerimônia acontece no quarto dos noivos, com o pai liderando os procedimentos junto com os padres. A noiva — a única mulher presente no local com mais seis homens — pode ter sentido medo em uma cama estranha, longe de seus próprios anseios femininos. Ela certamente sentiu o peso da solenidade e especialmente a sua obrigação de gerar um herdeiro para sua nova família. Com o tempo, a pressão religiosa para divulgar os casamentos e conduzi-los para a igreja se fortaleceu em toda a Europa.

Em 1231, o imperador Frederico II, do reino da Sicília, promulgou a seguinte lei: "Ordenamos que todos os homens do reino, e especialmente os nobres, que desejarem contrair matrimônio celebrem-no solenemente em público, com a bênção de um padre, depois que o noivado tiver sido selado". Os casamentos deveriam ser realizados "na igreja", o que inicialmente significava "na porta da igreja", na entrada ou em uma das portas laterais. Somente a partir do final da Idade Média o casamento passou a acontecer dentro da igreja, uma prática que se tornou obrigatória para os católicos depois do Concílio de Trento (1545 a 1563).

NOITE DE NÚPCIAS

Sabe-se pouco ou quase nada do primeiro encontro sexual do casal. Entretanto, no grande silêncio dos documentos, aparecem alguns indícios de suas consequências funestas: uma dispensa concedida pelo papa Alexandre, autorizando o novo casamento de um rapaz que havia mutilado irremedia- velmente a jovem moça abandonada às brutalidades da sua inexperiência; mais frequentemente, no espírito dos maridos, essa brutal reviravolta do desejo (amor), transformado em ódio (*odium*) na primeira noite de núp- cias; tantas alusões em relação ao pouco que se revela dessas coisas, à impo- tência do noivo, a fiascos dos quais o que mais teve repercussão foi o do rei Filipe II e Ingeborg.[46]

Philippe Braunstein assinala alguns aspectos da noite de núpcias.[47] Per- feitamente privada, a união carnal foi cercada pela sociedade medieval de ritos publicitários, quando era ato fundador da família. Desde o leito nup- cial em que os esposos penetram sob olhar de seus próximos até a alegre exposição dos lençóis no dia seguinte às núpcias consumadas. Mas a noiva não é posta a nu, nem a posse, nem o prazer. O ato sexual, o primeiro como os seguintes, o legítimo como o furtivo, tem necessidade de sombra e reco- lhimento.

Apesar de haver controvérsias entre os historiadores, o *jus primae noctis* dava teoricamente o direito, ao senhor feudal, de deflorar a noiva de um vassalo. "Alguns relatos dispersos, mas verídicos, indicam que este costume foi efetivamente praticado em diversos países europeus, mesmo no período em que a cavalaria estava transformando-se em filosofia orientadora da aristocracia."[48]

Lua de mel

O Concílio de Leptines, em 744, esclarece que alguns acreditam "que as mulheres se entregam à Lua para poder tomar o coração dos homens como os pagãos". Para muitos, a mulher continuava um mistério, ora benéfico, ora maléfico, fonte de felicidade e de desgraça, pureza assustadora, mas im- pureza destrutiva. Para aplacar a angústia, oferecia-se aos jovens nubentes uma taça de hidromel, álcool resultante da fermentação do mel.

Este tranquilizante, euforizante, antifiltro do amor, ao mesmo tempo forte e suave, devia lhes dar a coragem de penetrar os mistérios da carne.

"Daí provém a expressão muito reveladora 'lua de mel', essa inevitável fase de fusão dos cônjuges, essa impressão de coincidência com o mundo no desaparecimento de si mesmo no outro que todos os jovens nubentes conhecem. Assim, se exorcizavam os furores do amor para viver outras luas e salvar a ordem do mundo."[49]

A intimidade do casal

A vida dos casais nos séculos XIII e XIV aparece no *Decamerão*, do escritor Giovanni Boccaccio, conjunto de histórias da vida íntima. Embora em tom de sátira, é dali, dentre outros documentos, que aprendemos sobre o amor conjugal na Idade Média. Havia o quarto do casal, que, a portas fechadas, acolhia marido e esposa para o momento íntimo.

Mas como a presença de Deus não respeita fechaduras, eles oravam, antes de qualquer coisa. Pediam ajuda nas finanças para filhos, defesa da honra e concórdia. Depois, talvez falassem de coisas do dia a dia. É o serão familiar. Em seguida, se o homem não estiver exausto, pode-se imaginar a ternura, a nudez. Há a história de um nobre florentino que não conseguia reconhecer a nudez da esposa sem lhe ver o rosto. Muitas esposas vestiam camisolão ao irem para a cama. Mas São Bernardino denuncia os toques com os lábios na pele, com as mãos no corpo que pertence a Deus.

O calendário da abstinência

O controle da vida sexual dos casados teve influência na vida cotidiana da maioria dos homens e das mulheres. Jacques Le Goff nos explica como esse controle submeteu a sexualidade a um ritmo de consequências múltiplas — influiu sobre a demografia, sobre as relações entre os sexos, sobre as mentalidades —, segundo um calendário perfeitamente "contra a natureza".[50] No século VIII, as proibições teriam levado os "casais devotos" a não se unirem mais do que em 91 ou até 93 dias por ano, sem contar os períodos de impureza da mulher — menstruação, gravidez, puerpério.

A continência é mais plausível durante os fins de semana, o que eleva o tempo livre para a sexualidade conjugal a 184 ou 185 dias por ano. Há uma nova regulamentação progressiva para o tempo de continência. O total das proibições não se altera, mas as incidências desses dias, sim: aos longos períodos das três maiores festas litúrgicas (Natal, Páscoa, Pentecostes) sucede-se uma fragmentação de pequenas épocas de jejum, abstinência e continência. Essa nova ética sexual se impôs ao Ocidente durante séculos.

Orgasmo

Vainfas nos mostra que desde o século XIII os teólogos passaram a especular sobre a existência e o papel do orgasmo e do sêmen feminino no ato sexual: a mulher deveria emitir o sêmen no decurso do ato? Deveriam ambos emitir o sêmen ao mesmo tempo? Questões como estas passaram, cada vez mais, a povoar o discurso dos moralistas, prevalecendo, no conjunto, a convicção de que o sêmen feminino era, se não necessário, pelo menos importante para a concepção.[51]

Outra dúvida que levou a especulações foi sobre se a esposa poderia emitir sêmen acariciando-se a si mesma, após o marido ter-se dela retirado. Até mesmo os beijos e as carícias nas "partes vergonhosas", ainda violentamente proibidos no século XII, passariam a ser timidamente tolerados a partir do século XVI, mesmo com o risco de "estimularem a poluição".

Para Jean-Claude Bologne,[52] quando mais tarde, no século XVI, a verdade médica se impõe, e não mais se acredita que o orgasmo da mulher é necessário à procriação, a maior prova de amor conjugal para uma mulher será a de se comportar como Santa Ida. Como citamos anteriormente, ela teve cinco filhos, mas conservou durante toda a vida uma santa frigidez.

Os escritores franceses Montaigne e Brantôme, também no século XVI, consideram escandaloso que o homem se porte com a mulher como uma amante, ou seja, fazendo sexo por prazer e não para ter filhos. Ensinar-lhe o Arétin (o Kamasutra da época), para Brantôme, é correr o risco de a excitar até à lascívia.

Quanto a Montaigne, que ensina a "tocar a mulher com prudência e severidade, com receio de que, ao fazer-lhe cócegas muito lascivamente, o prazer possa fazer-lhe perder a razão", é mais radical: "Pelo menos, que aprendam a imprudência por outras mãos".[53]

CINTO DE CASTIDADE

A mudança na atitude do homem em relação à mulher, entre 1100 e 1400, foi maior do que em todos os 4 mil anos de civilização transcorridos até então. "A nova ênfase na virtude e na moralidade tinha alguns infelizes efeitos secundários, em especial entre burgueses de mente prática, que trancafiavam seu dinheiro e não viam motivos para que deixassem de fazer o mesmo com suas esposas."[54]

O cinto de castidade parece ter se desenvolvido no século XIV, possivelmente na Itália, embora seu nome, "cinto florentino", não seja conclusivo. É possível que, no início, o cinto tenha sido destinado à proteção contra o estupro, um evento comum nos tempos medievais. Entretanto, os maridos que ainda compartilhavam a antiga crença de que as mulheres eram libertinas por natureza o adotaram com satisfação.

Em geral, o cinto dos tempos medievais era construído sobre uma estrutura de metal, passando por entre as pernas da mulher, da frente para trás. Tinha duas pequenas e rígidas aberturas para as necessidades fisiológicas, mas efetivamente impediam a penetração. Uma vez fechado o cinto sobre as ancas da esposa, o marido ciumento podia levar a chave.

As pilhérias sobre chaves sobressalentes se tornaram parte do repertório dos satiristas e caricaturistas. Até o século XIX, ainda existiam cintos comercializados em Edimburgo por um médico chamado John Moodie. Era um modelo que evitava os dildos (pênis artificiais), uma prática considerada tão perigosa quanto imoral, e que, segundo ele, eram utilizados por metade das escocesas.[55]

MARIDO IMPOTENTE

Charles de Quellenec, nobre francês, havia desposado, no dia 20 de junho de 1568, Catherine de Parthenay de Soubise, de 12 anos. Dois anos depois, a jovem queixa-se de que nunca havia feito sexo com o marido. Sua mãe conta então este fato para todos da alta sociedade, na medida em que tem acesso à rainha de Navarra, Joana d'Albret, e ao jovem rei Henrique. A impotência de Quellenec torna-se assunto de Estado, e toda a corte nele se intromete.

O marido refugia-se em suas terras, seguido pela esposa. Mãe e filha trocam correspondência comprometedora. Em 1571, o marido decide entrar na justiça contra a sogra. Não se conhece o resultado desse processo, mas pouco depois a moça tem de se submeter a uma visita, e Charles Quellenec é convocado, a seu pedido, para um ato sexual em Blois. Sofre um grande fracasso, mas não tem tempo de conhecer todas as suas consequências: é vítima do massacre de São Bartolomeu, no dia 23 de agosto de 1572.[56]

Havia uma curiosidade mórbida nesses casos matrimoniais. Catarina de Médicis, a rainha-mãe que inspirou o massacre dos protestantes, "mandou procurar o corpo de Quellenec, e depois de o terem encontrado, observou as partes naturais, com grandes gargalhadas, na presença de um grande número das suas damas". Todos os testemunhos concordam em fazer dos processos por impotência um motivo de sarcasmos e piadas, nos quais tomam parte as grandes damas.

Anular um casamento é verificar que ele nunca existiu. Neste caso, cada uma das partes pode se casar de novo sem que a teoria da indissolubilidade seja atingida. Para tanto, é necessário provar que existiu um "impedimento" ao matrimônio, que se ignorava no momento da celebração. De todos os motivos para a anulação de um casamento, a impotência do marido anterior ao casamento era a mais fácil de ser conseguida, afinal, impedia a propagação da espécie.

Já no século VIII apareceram os primeiros vestígios de uma reflexão sobre o assunto. No Concílio de Verberie, a mulher é autorizada a abandonar o marido impotente. Investido de tamanho poder na relação conjugal, o homem não podia falhar: desde o século VIII, os teólogos recomendavam a anulação do casamento em caso de impotência do marido. O Concílio de Compiègne (757) admitiu a separação por esse motivo, a menos que o marido proclamasse a sua virilidade. No século IX, Hincmar de Reims dizia que, se por obra do demônio o casamento não se consumasse, e se, a despeito de confissões e mortificações, a impotência do marido persistisse, anular-se-ia o matrimônio.[57]

Magia para provocar impotência

A mulher que queria provocar a impotência do homem se despia, untava-se de mel e rolava num monte de trigo. Os grãos eram cuidadosamente recolhidos e moídos com uma mó girada no sentido contrário ao normal, da esquerda para a direita. Com essa farinha fazia-se um pão que se dava ao homem em questão. Como o pão fora feito ao contrário, anulava-se o efeito procriador e excitante da nudez e do mel. O homem estava aniquilado. Por outro lado, a "fabricação" normal do mesmo pão levava ao resultado inverso, ainda mais que se fazia a massa nas nádegas da mulher.[58]

Como provar a impotência do marido

Não era nada simples para a mulher provar a impotência do marido. No século XII, ainda se aceitam provas como juramento dos esposos, testemunhos de sete vizinhos que "ouviram dizer" que o homem era impotente, ordálios — em que o acusado tinha que resistir a suplícios: caminhava sobre ferros quentes ou colocava os pés em água fervente, a fim de provar sua inocência. A verificação da impotência foi se aperfeiçoando. No final do século XI, o bispo deveria indicar sete parteiras para examinar minuciosamente as partes genitais da esposa, a fim de verificar se o hímen fora rompido.

Outra prova utilizada era a do "congresso", palavra que até o século XVII designa apenas o ato sexual. A medicina medieval já havia aconselhado esta união pública de marido e mulher em que o homem era acusado de impotência. Guy de Chauliac assim a descreve, em 1363: "O médico, tendo licença da justiça, examina em primeiro lugar a constituição e a composição dos membros genitais. Depois, uma mulher respeitável e experiente assiste ao casal deitado durante alguns dias. Ela lhes dará especiarias, aquecendo-os e ungindo-os com óleos quentes, friccionando-os e ordenando-lhes que conversem, se acariciem e se beijem. A mulher transmitirá depois ao médico o que tiver visto. E, quando o médico estiver bem informado, poderá depor perante a justiça com toda a verdade".[59]

Embora o "congresso" pudesse ser pedido tanto pelos homens como pelas mulheres, são principalmente estas que arrastam os maridos perante a justiça. É provável que, nesse caso, as esposas tenham todo o interesse em que as suas vítimas fracassem apesar dos óleos quentes com que os untam as matronas. Quanto ao homem, levado sob os gritos da multidão para a casa onde se lhe pede que execute a função — muitas vezes num estabelecimento de banhos públicos —, não está no melhor da sua forma para cumprir o seu dever conjugal. Além do ridículo por que passa, o marido é ameaçado, em caso de fracasso, de ser separado da mulher, de ter que devolver o dote e de ser condenado ao celibato para o resto dos seus dias.[60]

A IMPOTÊNCIA DA MULHER

A teoria da impotência atinge seu auge no final do século XII. Por extensão já não se limita a uma incapacidade masculina, mas abrange todos os obstáculos fisiológicos à união sexual: a falta de ereção no homem e a estreiteza ou malformação dos órgãos da mulher. É esta a "impotência feminina" que será invocada para a separação de Luís XII e de Joana de França, apesar dos protestos da rainha e dos numerosos testemunhos de consumação.

A impotência pode ser temporária ou perpétua, se o médico não deixa esperança alguma de cura. Esta, por sua vez, pode ser absoluta ou relativa. Uma mulher, por exemplo, cujos órgãos são considerados demasiado estreitos para o sexo do seu marido poderá casar novamente com um homem com o pênis menor. Da mesma forma, um homem bastante fraco para deflorar uma virgem poderá voltar a se casar com uma viúva.

ESPANCAMENTO DAS ESPOSAS

Um casal, dono de estalagem, vivia na Romanha, região da Itália setentrional. Uma noite, a mulher não queria ajudar o marido, só o fazendo de má vontade, resmungando. Um cliente estava lá, sufocando de indignação. Algum tempo depois, tendo ficado viúvo, assim como sua anfitriã de uma noite, ele desposou esta última com a única intenção de puni-la pela sua insolência passada. O que fez desde a sua noite de núpcias, atormentando a infeliz com surras, brutalidade, humilhações. Corrigida, prostrada, domada, a nova esposa jurou tudo o que se quis numa voz entrecortada: seria uma perfeita esposa. Para eles não havia dúvida de que a qualidade das esposas dependia inteiramente dos homens.[61]

O marido era considerado em tudo responsável pela conduta da esposa e tinha o direito e o dever — dentro de certos limites — de puni-la e de bater nela para impedir mau comportamento ou simplesmente para lembrar-lhe sua superioridade. Ela, como uma criança ou uma empregada, devia obedecer-lhe em tudo que ele lhe ordenasse e suportar suas reprimendas ou surras sem replicar. Tudo isso os moralistas eclesiásticos, os juristas, os provérbios e os antigos costumes populares testemunham abundantemente.[62]

Uma lei galesa determina que o bastão utilizado em tal castigo não deve ser mais comprido do que o braço do marido nem mais grosso do que seu dedo médio. Se não fossem quebrados ossos ou a fisionomia da esposa não ficasse seriamente prejudicada, poucas queixas surgiriam.

A mulher era obrigada a obedecer ao marido em tudo, contanto que ele não ordenasse algo que pudesse violar as Leis Divinas. O jurista inglês Henry de Bracton, do século XIII, relatou um episódio em que um casal forjou um documento real e, apesar de o marido ter sido enforcado, a esposa foi absolvida com a alegação de que cumprira ordens do marido.

Tanto a lei francesa como a inglesa foram mais além ao declarar que a mulher que matasse seu marido seria julgada por traição, em vez de pelo crime, já que havia tirado a vida de seu amo e senhor. Se o marido fosse brutal à mulher davam o conselho de Lady de La Tour: "A mulher que tolera pacientemente um marido assim, sem se desacreditar, aumenta tanto mais o renome de si e de suas honras".

"O espancamento legal das esposas não desapareceu com a Idade Média. Foi praticado em muitos lugares no século XIX e, mesmo depois, quando passou a ser proibido por lei, continuou a existir entre todas as classes sociais. Nossos recentes esforços em propiciar ajuda às mulheres espancadas e apagar esta prática agora considerada uma ofensa criminal é uma corrida contra séculos de tradição."[63]

ESPOSAS AGRESSIVAS

Se um homem permitisse à esposa ocupar posição de superioridade era desonrado. A sociedade patriarcal tomava medidas a fim de punir os dois: a esposa agressiva e o marido tímido. Entre os teutões — povo antigo da Germânia que habitava as margens do Báltico —, a mulher que batesse no marido era obrigada a montar em um asno, transitando pelas ruas, voltada para trás e segurando nas mãos a cauda do animal atônito. O marido submisso poderia, um dia, descobrir os vizinhos retirando o telhado de sua casa — o homem que não podia proteger-se da esposa não devia ser abrigado contra as intempéries.

ESPOSAS INFELIZES

O movimento pastoral tentava reconfortar as mulheres vítimas no casamento, que parecem ter sido muito numerosas nessa época: feridas, abandonadas, repudiadas, humilhadas, surradas. Talvez os maridos ficassem exasperados ao sentir, entre suas mulheres e eles, não a presença do esposo celeste, mas a do padre.

Quantos homens, nas casas, não ficavam gritando, a propósito de uma esposa obstinadamente arredia: "Os padres fincaram uma cruz nos rins dessa mulher?". O dever das mulheres não é partilhar seu amor, mas partilhar a si mesma. De um lado (do lado do terrestre, do carnal, do inferior), a obediência passiva. Do outro, o impulso para o alto, o ardor, o amor, em resumo. Desdobramento no casamento, mas só da figura feminina. Não se imaginava que o homem tivesse, nas paragens celestes, uma outra companheira a quem, no ato sexual, permanecesse espiritualmente fixado. O homem só tem uma esposa. Ele deve tomá-la como ela é: fria no pagamento do débito conjugal, e lhe é proibido excitá-la.[64]

ADULTÉRIO

Durante a longuíssima viagem que fez a Roma, em meados do século XI, Adèle de Flandres permaneceu encerrada em uma espécie de casa ambulante, uma liteira de cortinas constantemente fechadas. A defesa da honra consistia em primeiro lugar em erguer um anteparo diante do público: o temor de o marido ser desonrado pelas mulheres explica ao mesmo tempo a sombra que havia em torno da vida privada e o dever de vigiá-las de perto. Mulheres enclausuradas para que homens não sejam difamados por suas extravagâncias, para que estas permaneçam ocultas, no segredo da privacidade. "A não ser que o adultério fosse proveitoso, se fosse boa ocasião para se desembaraçar de uma esposa estéril ou aborrecida, de uma irmã que se temia reclamasse parte da herança. Então o chefe da casa revelava, denunciava, tornava pública a falta feminina, a fim de poder legitimamente castigar a culpada, expulsá-la da casa, quando não decidia queimá-la viva."[65]

No século XI, os homens são atormentados pela obsessão do adultério feminino. As rainhas e as damas, acusadas de relações com os homens que mantiveram no "quarto", desculpam-se frequentemente pelo ordálio — ferro em brasa que seguravam na mão. Durante o reinado do rei Canuto, no século XI, o adultério dos homens era punido com multa, mas para as mulheres o rei decretou que "seu marido legal fique com tudo o que ela possui, e ela perca o nariz e a orelha".

No século XIII, na França, tanto o homem quanto a mulher flagrados em adultério costumavam desfilar nus pelas ruas, e no século XIV, na Germânia, os adúlteros podiam ser enterrados vivos e empalados. Em 1231, o rei da Sicília, sob ordens do imperador Frederico II, adotou uma série de leis com a intenção de diminuir a penalidade das mulheres adúlteras: em vez de ferimentos a espada, era decretado o confisco da propriedade do homem que fizesse sexo com uma mulher casada, enquanto a esposa condenada sofria um corte profundo no nariz, punição considerada suficiente.

No século XVII, na Nova Inglaterra, a pena mais comum era o chicote ou uma multa, aliada a uma execução simbólica: aquele que praticava adultério permanecia de pé em praça pública, por cerca de uma hora, com uma corda em volta do pescoço.

CHARIVARI

O casamento, e tudo o que se refere a ele, esteve durante muito tempo submetido à meticulosa vigilância, tanto nos vilarejos como nos bairros urbanos. Esse controle é exercido sobre toda a vida dos cônjuges, tentando definir "o que não se faz". Quando a mulher engravida, e tem um filho, o fato não é só assunto de parentes próximos, mas também de todos os moradores do local. O historiador Daniel Fabre nos explica o *charivari*, uma denúncia ruidosa, que formula um julgamento de conduta.[66]

Ele compreende a explosão de sinos, trompas, tambores, tenazes e caldeirões, que se alternam com buzinas de sons desafinados. É uma algazarra ritual e os insultos constituem o próprio costume. A honra da mulher é objeto de censura. No casamento há um conjunto de exigências sociais. A dimensão de denúncia do *charivari* matrimonial é constante, expondo o casal à chacota pública. Assim, quem passa por essa situação se vê diante da opinião comum sobre seu comportamento, pois o *charivari* acompanha o casamento como uma sombra.

Há outras discrepâncias que o costume pode considerar motivo de chacota: grande diferença de idade; gritante desigualdade social; ou ainda o fato de o cônjuge pertencer a vilarejos com os quais existe inimizade. Podia-se também encomendar qualquer *charivari* mediante uma contribuição, às vezes fixada pelo costume.

Numa gravura do inglês W. Hogarth, do século XVIII, o *charivari* tem por alvo um alfaiate que provavelmente apanhou da esposa, a julgar pelos bastões, ossos, cutelos que brandem os participantes embaixo da janela do casal. Dedicado a um trabalho considerado feminino, o alfaiate é visto como fraco e facilmente dominado. Havia também *charivari* em que todos os maridos traídos eram representados por homens portando cornos, fusos ou utensílios domésticos. Eles desfilam ao som de uma música executada por instrumentos de sopro — gaita de foles e trompa — e ritmada pelas batidas vigorosas num caldeirão.

Entre os séculos XIV e XVIII, tais práticas são censuradas pelos poderes religiosos e civis, que depois de 1650 se unem para, em nome da "boa ordem" e da "decência", proibir as algazarras injuriosas. Na França, no século

XVIII, os alvos das zombarias se revoltam e o número de queixas e casos na justiça aumenta.

O CELIBATO DOS PADRES

Em 904, Marozia, filha de alto funcionário do palácio papal, teve seu amante coroado papa, com o nome de Sérgio III. Em 914, a mãe dela garantiu esse mesmo lugar para seu próprio amante, que se tornou o papa João X. Anos depois, o filho e o neto de Marozia tornaram-se papas. O neto passou a ser o famoso papa João XII, o primeiro papa adolescente, que foi processado e julgado por um conselho eclesiástico. Ele foi acusado por seus próprios cardeais do crime de incesto, bem como de adultério com a concubina do próprio pai.

Esse quadro prosseguiu até meados do século XI, quando o papa Leão IX deu início a uma completa reforma da Igreja. Há vários séculos a Igreja tentava refrear os excessos sexuais e o casamento do clero, mas não conseguia êxito. O poder central não se encontrava suficientemente forte para se arriscar a um passo que poderia ser ampla e publicamente desobedecido. "O papado tinha seus altos e baixos, tendo um dos baixos mais espetaculares acontecido no século X, quando duas nobres dominadoras e desacreditadas — Marozia e Theodora — se tornaram virtuais ditadoras em questões de designações papais."[67]

O papa Gregório VII, na última metade do século XI, expediu uma proibição do casamento clerical. Houve violenta reação em algumas partes do mundo cristão — os germânicos anunciaram que preferiam desistir da vida do que das esposas —, mas a Igreja terminou vencendo e ficou estabelecido o princípio do celibato sacerdotal.

Foi o mais próximo que a Igreja já esteve em se tratando de estabelecer o que realmente pretendia: não o celibato, mas a castidade, que permaneceu um ideal inatingível. O grande problema era que a grande maioria dos sacerdotes entrava para a Igreja por ser este o único meio de fazerem uma carreira profissional. Isso significa que a vocação religiosa não era tão comum. Um bispo de Liège, em 1274, era pai de 65 filhos ilegítimos.[68]

FAMÍLIA

Os chefes de família não deixam de ter seu refúgio próprio, dentro de casa, em que abrigam seus papéis familiares e livros. Eles os tiram da arca, abrem sobre as mesas de escrever e leem no sábado à tarde ou à noite. Em sua vida cotidiana, esses homens fazem questão de se proporcionar em casa lugares que os isolam, ocupações próprias que os interessam e que cultivam, sem que, no entanto, percam de vista sua família, cuja preocupação explica muitas vezes seu retiro. A esposa também tem seu momento de solidão, algumas vezes imposto, outras, escolhido. As circunstâncias podem impor um isolamento provisório. Em caso de doença, por exemplo, parece normal que uma jovem mulher mande arrumar sua cama em lugar separado.[69]

Os partos também levam a esposa a ter, por um tempo uma cama à parte. Buscando a santificação pessoal, algumas esposas usam o quarto como espaço místico. Elas fazem dele capela, claustro, refúgio contra o mundo. Ele é equipado com um genuflexório e um crucifixo. A esposa aí vem rezar, ajoelhada, várias vezes por dia. É aí também que ela busca na leitura e na oração um refúgio contra as conversas ociosas após o jantar. O quarto é primeiramente o lugar dos sentimentos e do segredo. "A sós com seus cofrezinhos, a esposa pega suas cartas, as relê, as responde, evoca seu marido distante ou seu amante: enternece-se."[70]

COTIDIANO FAMILIAR

O historiador holandês Johan Huizinga nos mostra a ideia que muitos tinham sobre a família, na Idade Média.[71] A poesia de Eustache Deschamps, poeta francês (1345-1406), está cheia das mesquinhezas da vida e dos seus inevitáveis incômodos. Para ele, feliz é aquele que não tem filhos porque as crianças não fazem senão chorar e cheiram mal; só dão trabalhos e cuidados; têm de ser vestidas, albergadas, alimentadas; contraem doenças e morrem. Quando crescem podem seguir por maus caminhos e serem presas. Nada senão cuidados e desgostos; nenhuma felicidade nos compensa das aflições, dos trabalhos e das despesas com a sua educação.

Felizes são os solteiros, porque todo homem que tem uma má mulher passa uma vida infeliz, e aquele que tem uma boa tem sempre receio de a perder. Por outras palavras, receia-se sempre a felicidade juntamente com o infortúnio. Na velhice vê o poeta sempre o mal e o desgosto, um declínio lamentável do corpo e do espírito, o ridículo e a insipidez. E ela vem sem tardança, aos 30 anos para a mulher, aos 50 para o homem, e nenhum vive em geral mais do que 60.

O marido pode ser um bêbado, um gastador, um avarento. Se for honesto e bom, as más colheitas, a morte do gado, um naufrágio podem ocorrer e arrebatar-lhe tudo o que possui. E que desgraça não é ficar grávida! Quantas mulheres não morrem de parto! A mulher que amamenta o filho não mais terá descanso ou contentamento. Os filhos podem ser desobedientes ou aleijados; o marido pode morrer e deixar a viúva desolada e na pobreza. Huizinga considera que esse pessimismo nada tem a ver com religião. Desânimo e tristeza, e não piedade, são o que se encontram no fundamento do poema de Deschamps.

Ausência do sentimento de infância

De maneira geral, os bebês não são amamentados pelas mães. São confiados a amas de leite, das quais apenas 23% são instaladas na casa dos patrões. Três em cada quatro bebês passam os primeiros meses longe de casa. A metade não retorna à sua família em menos de 18 meses. O sentimento de infância nem sempre existiu. Para que ele exista, é necessário que se tenha uma imagem nítida das diferentes idades da vida e também uma terminologia. Quando se tem interesse nas crianças, elas devem aparecer na iconografia.

Entretanto, na iconografia da Idade Média, elas são raras. Antes do século XII, elas aparecem como pequenos adultos, só se distinguindo destes pela altura. Só a partir do século XIV elas começam a se distinguir pela roupa. Na vida cotidiana, as crianças vivem como adultos, uma vida de adultos: mesmos jogos, até o século XVII pelo menos; mesma vida profissional, pois de alto a baixo da escala social, as crianças se formam por aprendizagem.

A escola, aprendizagem para os clérigos, não distingue classe de idade: os escolares de 10 anos são misturados aos adultos. Sem segredos sexuais, dos quais são afastadas as crianças: até o século XVII, elas participam de todas as conversas, de todas as brincadeiras, mesmo de todos os espetáculos.[72]

Enfim a criança aparece

A importância dada à criança irá crescer. A princípio, e como sempre acontece na Idade Média, um sentimento poderoso vai buscar seu fundamento e sua legitimação na religião. Para Jacques Le Goff[73], é com a promoção do menino Jesus — culto que se desenvolve a partir do século XIII — que se promove a criança, sobretudo por meio da redação de inúmeros evangelhos apócrifos contando a sua vida. Brinquedos de puxar e acalentar igualmente se multiplicam, visíveis nas miniaturas ou descobertos nas escavações arqueológicas. A iconografia busca desenvolver a formosura e a beleza do corpo e do rosto da criança. Os anjinhos multiplicam-se na arte religiosa.

Acentuam-se as manifestações transbordantes de dor pela morte de uma criança, enquanto, anteriormente, sua frequência havia produzido não uma indiferença, mas uma ausência de manifestação social a esse respeito. Mais do que nunca no Ocidente medieval, o sacramento essencial é o batismo. As crianças recém-nascidas são logo batizadas porque acredita-se que as crianças mortas sem batismo serão privadas da eternidade no Paraíso. Philippe Ariès distingue os aspectos mais importantes do sentimento de infância: "o mimo", por volta do século XVI; a consciência da inocência infantil e a preocupação com a educação, por volta do século XVII.

PECADOS E CASTIGOS

O caso amoroso mais famoso na Idade Média foi o de Abelardo e Heloísa, no século XII. Abelardo foi o filho mais velho que renunciou aos seus direitos de primogênito por causa dos estudos. Rapidamente se destacou dentre todos os outros filósofos, tornando-se o mais famoso da Europa.

Com 30 anos, era um mestre em teologia. Foi durante o período em que viveu em Paris, aos 37 anos, que conheceu Heloísa. Ela tinha aproximadamente 15 anos.

Belo, educado e, acima de tudo, entusiasmado, Abelardo atraía estudantes de todos os cantos da Europa. Havia se mantido casto até se envolver com Heloísa. Para poder se aproximar dela, propôs ao tio da jovem, o religioso Fulbert, que pernoitasse na casa sacerdotal em troca de aulas particulares para ela. Em pouco tempo, Abelardo cativou Heloísa e eles começaram uma relação amorosa. No início, Fulbert não deu atenção aos comentários sobre o caso entre o erudito professor e sua sobrinha. Mas Heloísa engravidou. Seu tio descobriu então o romance que estava acontecendo em sua própria casa, e os amantes foram obrigados a se separar.

Abelardo decidiu enviar Heloísa para perto de sua irmã, na Grã-Bretanha, onde ela ficou o resto da gravidez. Ele, no entanto, continuou em Paris, em confronto com Fulbert. Os dois decidiram que Abelardo deveria se casar com a mulher que havia "desonrado". A única condição imposta por Abelardo era de que o casamento acontecesse secretamente, para que não afetasse a sua carreira e reputação. Como era apenas um sacerdote e não tinha sido ordenado, ele poderia casar-se, de acordo com as leis canônicas, mas não poderia mais atuar como professor.

Depois do nascimento do filho, que se chamou Astrolábio, e foi deixado aos cuidados da irmã de Heloísa, o casal voltou secretamente a Paris. Abelardo pretendia se casar com Heloísa, como havia prometido a seu tio. O único obstáculo para essa união era a própria Heloísa, que protestou contra o casamento: acreditava que isso iria interferir na carreira de Abelardo e com a contribuição que ele tinha a dar ao mundo.

Mas Abelardo decidiu honrar a promessa feita ao tio da jovem; casaram-se secretamente na igreja, na presença de Fulbert e de algumas poucas testemunhas. Para manter o casamento em segredo, Abelardo e Heloísa seguiram suas próprias vidas, encontrando-se ocasionalmente e com imensa discrição. Entretanto, Fulbert começou a falar publicamente sobre o casamento, contrariando a promessa que havia feito de manter em segredo a união do casal. Ele não estava satisfeito com o desenrolar dos acontecimentos e queria uma recompensa maior em troca da desonra da família.

Quando Fulbert começou a bater em Heloísa, Abelardo decidiu raptá-la e enviá-la para um mosteiro, o mesmo em que ela havia sido criada e educada desde criança. Ela se vestiu como freira, com exceção do véu, reservado àquelas que fizessem votos mais duradouros.

Acreditando que Abelardo havia se cansado da esposa e se preparava para abandoná-la, fazendo com que se tornasse freira, Fulbert vingou-se com uma atitude cruel. Subornou o criado de Abelardo e, enquanto ele dormia, um bando de homens o atacou e o castrou. A ideia era a de que, se Heloísa ia ser freira, Abelardo deveria ser monge! Anos depois, quando Abelardo relembrou este evento, não só falou de sua dor e vergonha, como mencionou a justiça divina: "Que justa decisão recebi de Deus, na parte do corpo pela qual pequei!". Abelardo ordenou que Heloísa usasse o véu permanentemente e ambos se converteram ao hábito no mesmo dia. Ele na abadia de Saint-Dennis, e ela no convento de Argenteuil.

Abelardo viveu o resto da vida — mais 24 anos — como monge, escritor, professor e fundador do mosteiro de Paraclet, onde anos mais tarde Heloísa se tornaria madre superiora. Ele faleceu em 1142. Heloísa confessou que nunca escolheu a vida religiosa; escolheram por ela. Contudo, foi muito amada por suas freiras, até falecer vinte anos depois de Abelardo.

MASSACRES EM NOME DA FÉ

Inquisição

No século X, surgem em toda a Europa grupos de fiéis que pregam e aplicam a fraternidade, e recusam a autoridade eclesiástica. Combatendo esses movimentos, a Igreja se organiza para exterminar os habitantes de regiões inteiras, condenando os sobreviventes ao suplício público. A perseguição é intensa e muitas pessoas são torturadas e assassinadas. Jacopo Fo[74] explica que o único motivo é o de terem apoiado a tese de que Jesus e os apóstolos não possuíam riquezas ou bens materiais. O simples fato de alguém ter em casa uma Bíblia já bastava para levantar suspeitas de ser um inimigo da Igreja. Se essa Bíblia ainda por cima fosse traduzida para o latim vulgar, ou seja, uma língua entendida pelo povo, e não tivesse autorização, a condenação por heresia era certa.

Os cristãos comunitários queriam se inspirar no Evangelho sem intermediários. E muitas, muitas vezes, pagaram por isso com a própria vida. Contra esses, considerados hereges, chegou a ser inventado um instrumento repreensivo de perfeição diabólica: a Inquisição. Os inquisidores eram, ao mesmo tempo, policiais, carcereiros, acusadores e juízes. Um boato, uma carta anônima, um comportamento ligeiramente diferente do normal já eram suficientes para que uma pessoa acabasse nas garras dos inquisidores. Até mesmo a devoção excessiva era suspeita, vista como comportamento duvidoso. O suspeito era considerado culpado se não conseguisse provar sua inocência. E quem testemunhava em favor de um suposto herege podia, por sua vez, tornar-se suspeito e sofrer um processo.

Mais tarde, em 1254, a Inquisição passou a empregar a tortura e a fogueira como forma de punição, com autorização do papa Inocêncio IV. O castigo deveria ser realizado por autoridade secular, mas depois, por questões práticas, os inquisidores e seus assistentes também receberam permissão para "sujar as mãos", com a possibilidade de darem a absolvição uns aos outros.

A Inquisição não poupou mulheres, crianças, velhos, santos, cientistas, políticos, loucos e até mesmo gatos, que foram vítimas do auto de fé promovido pelos cristãos. "As histórias dos processos e das perseguições realizadas pela organização eclesiástica e pelo 'Santo Tribunal' são tão absurdas e contraditórias que não nos permitem nenhuma análise verossímil. É impossível fazer um balanço confiável dessas guerras e perseguições, e decerto milhões de pessoas foram assassinadas em mais de mil anos de crueldade desumana."[75]

Joana d'Arc foi condenada por feitiçaria e heresia, e mandada para a fogueira no dia 30 de maio de 1431. Sua "heresia" foi ter colocado o juízo pessoal à frente do oficial da Igreja. Séculos depois, esta admitiu implicitamente seu erro e, em 9 de maio de 1920, proclamou-a santa. Nos séculos XVI e XVII, a "caça às bruxas" se intensificou, mas isso veremos no próximo capítulo, sobre o Renascimento.

CRUZADAS: OS EXÉRCITOS CRISTÃOS

Os papas ordenaram as Cruzadas, alegando que o objetivo era a reconquista da Terra Santa (Palestina), nesta época em poder dos muçulmanos. Jacopo Fo nos esclarece detalhes importantes.[76] Por meio de testemunhos de vários cronistas medievais do Oriente Médio, o autor mostra que até depois da metade do século XII, ou seja, antes do começo das invasões dos franco-cruzados, milhares de cristãos visitavam livremente a Palestina e todos os lugares onde Jesus Cristo vivera e pregara. As Cruzadas foram um projeto criminoso em todos os aspectos.

Os exércitos cristãos que se dirigiam à Palestina tinham um longo caminho a percorrer, sem provisões e acampamentos organizados. Costumavam, então, obter o que precisavam saqueando as cidades cristãs pelas quais passavam durante a viagem. Como exemplo, cita-se a famosa "Cruzada dos Mendigos", em 1096, que massacrou 4 mil pessoas apenas na cidade húngara de Zemun. No mesmo ano, o contingente guiado pelo nobre germânico Gottschalck trucidou mais de 10 mil pessoas culpadas de terem se deixado dominar pelos saques.

O pontificado de Inocêncio III marca o auge do poder temporal do papado. O papa passava a ser um soberano para todos os efeitos, e o Estado torna-se uma verdadeira potência europeia. Como todos os soberanos, o bispo de Roma possuía territórios e exércitos, declarava guerra e realizava alianças. Vários reinos se reconheciam como vassalos da Santa Sé e pagavam tributos a Roma.

As Cruzadas tiveram episódios de grande fúria, como o massacre de Béziers, em 1209. Quando os cruzados conquistaram a cidade e perguntaram ao representante do papa como poderiam diferenciar os católicos dos hereges, este respondeu: "Matem todos. Deus reconhecerá os seus". Os representantes do pontífice escreveram um relatório oficial ao papa sobre os acontecimentos. "A cidade de Béziers foi dominada, e como nossos homens não distinguiram dignidade, sexo ou idade, quase 20 mil homens morreram sob a espada... a cidade foi saqueada e queimada: assim a atingiu o admirável castigo divino." Foram duzentos anos de guerras inúteis e cruéis.

A Igreja escravista

A Igreja, desejando se expandir, dedicou-se às conquistas coloniais. São os sacerdotes os primeiros colonizadores da África negra. Eles também estão ao lado dos conquistadores espanhóis que massacraram os índios da América. Foram os padres que organizaram o comércio de escravos. O próprio Estado da Igreja ordenou, em 1344, a conquista das Ilhas Canárias. Provavelmente, foi o bispo de Las Casas, após a conquista da América, que sugeriu que os indígenas, que não suportavam o trabalho massacrante e as doenças levadas pelos colonizadores, fossem substituídos pelos africanos. Assim, desde 1500, os missionários da África começaram a organizar a exportação de escravos para a América, equipando os navios "missionários" para tal fim. O massacre foi tão grande que se calcula que, só no México, a população tenha passado de 25 milhões de índios, em 1520, a menos de um milhão e meio, em 1595.[77]

Um sentimento geral de calamidade iminente ameaçava a todos. Textos do período sublinham o lado tenebroso da vida naquela época. O povo parece considerar o seu destino e o do mundo apenas como uma infinita sucessão de males. Mau governo, extorsões, cobiça e violência, guerras, assaltos, escassez, miséria e peste — a isto se reduz, quase, a história da época aos olhos do povo. O sentimento geral de insegurança causado pelas guerras, pela falta de confiança na justiça, era ainda por cima agravado pela obsessão da proximidade do fim do mundo, pelo medo do Inferno, das bruxas e dos demônios. O pano de fundo de todos os modos de vida parecia negro. Por toda a parte as chamas do ódio aumentaram e a injustiça reinava.

O PESSIMISMO DO FINAL DA IDADE MÉDIA

Nos fins da Idade Média pesava na alma do povo uma tenebrosa melancolia. Huizinga assinala alguns aspectos importantes.[78] Lendo uma crônica, um poema, um sermão ou até um documento legal, a mesma impressão de tristeza nos é transmitida. Para o historiador, isso significa que esse período foi particularmente infeliz, como se tivesse deixado apenas memória de violências, de cobiça, de ódio mortal, e não tivesse conhecido outras satisfações que não as da falta de moderação, do orgulho e da crueldade. A verdade é que nos documentos de todas as épocas o infortúnio deixa mais vestígios do que a felicidade.

No século XV era de mau gosto elogiar francamente o mundo e a vida. Estava na moda ver apenas o sofrimento e a miséria, descobrir em tudo sinais de decadência e da aproximação do fim — em suma, condenar aqueles tempos ou ter por eles desprezo. No fim do século XV o tom ainda não havia variado. Os nobres tinham necessidade de adornar a alma com as roupagens do pesar. É raro encontrar um que não venha a afirmar que só vê misérias durante a sua vida e que espera algo ainda pior no futuro.

Georges Chastellain, chefe da escola de retórica borgonhesa, fala assim também no prólogo da sua crônica: "Eu, homem triste, nascido num eclipse de escuridão e em densos nevoeiros de lamentações". Huizinga sugere que se observe, do ponto de vista da fisionomia, os retratos da época, que na sua maioria nos impressionam pela tristeza da expressão. É curioso notar a variação de significados que a palavra "melancolia" apresenta no século XIV. As ideias de tristeza, de reflexão e de fantasia encontram-se misturadas nesse termo. A mudança de significado revela, evidentemente, uma tendência a identificar com a tristeza todas as ocupações sérias do espírito.

Quanto mais sombrio é o presente, mais forte será a aspiração por uma vida de beleza e serenidade. Uma promessa de fuga às tristezas cotidianas está ao alcance de todos; basta darmos o colorido da fantasia à vida para entrarmos no caminho que conduz ao esquecimento contido na ilusão da harmonia ideal.

O PAÍS DA COCANHA

O país da Cocanha nasceu no imaginário do povo da Europa Ocidental por volta do século XIII. Essa terra maravilhosa que atendia aos anseios profundos de muita gente foi cantada em verso e prosa durante séculos. É uma das raras utopias da Idade Média; um território onde há liberdade, eterna juventude, o trabalho não é necessário e a comida é abundante. Existem rios de leite e de vinho. Há campos de verduras prontas para serem consumidas, arbustos com salsichas que, apenas colhidas e devoradas, brotam em seguida. As cotovias já caem inteiramente assadas nas bocas dos felizes mortais. Um paraíso de igualdade e prosperidade para todos. O sexo é sem regras, o prazer é absoluto. Banquetes em oposição ao corpo flagelado, desregramento contra ascese.

Qual a razão desse sucesso? "O fato de a Cocanha ser uma terra imaginária, maravilhosa, uma inversão da realidade vivida, um sonho que projeta no futuro as expectativas do presente. Em outras palavras, o fato de ela ser uma utopia. (...) A Cocanha é um mosaico mítico formado por dezenas de peças de diversas procedências. Fragmentos manipulados de forma própria conforme a época e o local de cada versão."[79] O país da Cocanha foi retratado pelo pintor Pieter Brueghel, em 1567.

O DECLÍNIO DA IDADE MÉDIA — SÉCULOS XIV E XV

Com o fim da Idade Média, as aldeias cresceram, surgiram grandes cidades e não foi mais possível controlar as pessoas de perto. Nobres que desejavam ir à guerra ou fazer negócios necessitavam do apoio da classe crescente dos comerciantes, dos manufatureiros e dos banqueiros. Antes, o indivíduo tinha que permanecer na classe social à qual pertencia. No final da Idade Média isso começou a se transformar.

Se uma pessoa estivesse bem-vestida e soubesse falar, poderia circular entre as classes. "Um homem sempre tinha sua reputação a zelar e sua posição a ser mantida, por meio de duelos ou de ostentação. Visto ser a honra fundamental, aquilo que coroava a própria condição social, exigindo fidelidade própria, tornou-se possível inventar uma imagem e um passado aceitável. As aparências eram tudo."[80]

Para Huizinga, nos séculos XIV e XV as condições do poder alteraram-se pelo acréscimo da circulação da moeda e o ilimitado campo aberto a quem quer que desejasse satisfazer a sua ambição de amontoar riqueza. Para esta época a cobiça torna-se o pecado predominante. A riqueza não tinha adquirido ainda a feição palpável que o capitalismo, baseado no crédito, lhe daria mais tarde. O poder da riqueza é direto e primitivo, não é enfraquecido pelo mecanismo de uma automática e invisível acumulação por meio dos investimentos. A satisfação de ser rico tem fundamento no luxo e no desperdício ou na bruta avareza.[81]

A Igreja

O povo aceitava todas as proibições que Igreja impunha enquanto acreditava que ela era a mediadora entre o homem e Deus. No final da Idade Média, a maioria das pessoas ainda acreditava em Deus, mas era cada vez maior o questionamento a respeito da conduta da Igreja. Surgiam dúvidas quanto ao papel do clero como mediador válido. Impelida por seu desejo de crescente poder político e controle dos leigos, a Igreja mergulhava nas questões deste mundo com tal determinação que a contradição entre sua preocupação propagada pela salvação espiritual do homem e seu uso ganancioso dos serviços religiosos visando o poder e a fortuna não passava despercebida.[82]

No século XVI, período conhecido como Renascimento, o sacerdote germânico Martinho Lutero ataca a corrupção na Igreja Católica e dá início à Reforma Protestante. Para ele, a absolvição do pecado deriva de uma relação direta entre Deus e o fiel, que não poderia ser obtida pela compra de indulgência ou pela intervenção de um confessor. A este tema, voltaremos no próximo capítulo.

As mulheres

Na Idade Média houve uma diminuição do ascetismo excessivo do início do cristianismo. Mas foi um período no qual as mulheres e o casamento foram desvalorizados. Considerada inferior ao homem, a mulher, além de esposa, podia ser freira ou prostituta, atividades consideradas pela Igreja necessárias para a manutenção da sociedade. No final desse período, a aceleração dramática no comércio e a escalada concomitante da classe média trouxeram à cena circunstâncias mais favoráveis às mulheres. A agricultura perdeu sua posição proeminente e diversas ocupações urbanas tronaram-se disponíveis a elas.

No final da Idade Média, o vestuário das mulheres tornou-se bastante audacioso: os vestidos tinham decotes tão grandes e o busto espartilhado tão alto que uma mulher de atributos normais, dizia-se, podia equilibrar uma vela nos mesmos. Os sapatos eram compridos e estreitos.

Agnès Sorel, a amante do rei da França, Carlos VII, usava a cabeça raspada na parte dianteira, de acordo com a moda. Dotada de belos seios, foi quem introduziu o primeiro vestido sem ombros, que permitia que todo o encanto de seu seio esquerdo fosse exibido, enquanto o direito continuava modestamente encoberto.[83] Muitas mulheres da classe alta em cidades como Veneza e Paris, esposas inglesas proprietárias de terras e burguesas em toda a Europa começaram a desfrutar de maior conforto material e mais autoridade.

O desenvolvimento maior dessas novas oportunidades e seus efeitos sobre a natureza das relações conjugais viriam aparecer nos cem anos seguintes, período ao qual chamamos de Renascença. Por via de mais um daqueles paradoxos que ocorrem com tamanha frequência na história do amor, o namoro adúltero e os apaixonamentos ilícitos da Idade Média integraram os próprios instrumentos que começaram a melhorar o estado da mulher, e por isso, a seu tempo, a modificar o conceito de casamento.

Entretanto, antes que tudo isso pudesse acontecer, o homem teria que solucionar o problema capital do amor: teria de decidir se a mulher era efetivamente uma madona dos céus ou uma feiticeira a serviço de Satã, ou, possivelmente, um pouco de cada uma das duas coisas.

LINKS

Nossa forma de viver o amor foi moldada na Idade Média. Não é difícil observar que muitos comportamentos de homens e mulheres desse período estão presentes na nossa cultura, influenciando o nosso cotidiano.

O AMOR

O amor cortês respeitoso pelas mulheres surgiu como tema central na poesia e na vida. Ao contrário da ideia estabelecida da mulher dominada e desprezada e do homem dominador e brutal, a visão trovadoresca reverteu essa imagem, trazendo um enfoque característico do Período Neolítico: a mulher poderosa e honrada, e o homem gentil. No século XII, em que a selvageria masculina era a norma, os conceitos trovadorescos de cavalheirismo foram de fato revolucionários.

Os poetas clássicos, os grandes escritores, os autores de novela e os diretores de Hollywood, e todos nós, somos perseguidos pelo mito da paixão. O amor cortês se tornou um estilo de vida e sua influência é preponderante no Ocidente. Até então, o que havia era o desejo sexual e a busca de sua satisfação, muito diferente da experiência de apaixonar-se vivida no amor cortês.

Essa revolução amadureceu, dando origem ao que chamamos de amor romântico. Sempre à margem do casamento, o amor romântico passou a ser uma possibilidade na união entre um homem e uma mulher a partir do século XIX, e conserva expectativas que povoam as mentalidades contemporâneas.

Lena, 28 anos, foi abandonada pelo noivo. Durante um mês, sofreu com a separação, a ponto de chorar todos os dias, mas na primeira semana do mês seguinte foi ao aniversário de uma amiga e conheceu Ronald, jovem americano trabalhando numa multinacional. Conversaram bastante, com as dificuldades linguísticas de ambos, que lhes renderam boas risadas, e acabaram marcando um encontro. Ronald lhe explicou sutilezas do diálogo que a tradução havia perdido. Ela riu muito e ele a beijou. Naquela mesma noite foram para a cama.

O dia seguinte foi de planos, narrados ao telefone para Marta, sua melhor amiga. Lena estava apaixonada por Ronald. Ele era separado, mas, após o sexo maravilhoso, fizeram planos de passar juntos, quem sabe, o resto da vida. Ela colou em Ronald. Todos os programas o incluíam. No fim do ano, Ronald precisou passar seis meses nos Estados Unidos. Contaria aos parentes o seu relacionamento sério com uma bela brasileira. A despedida no aeroporto foi emocionante. Hollywoodiana, mesmo. Lágrimas, acenos com o lenço colorido, olhar vago vendo o avião desaparecer no horizonte.

Durante duas semanas, Lena não quis saber de sair. Os convites de amigas para festas eram rejeitados em troca de ficar curtindo a saudade e falando com Ronald pelo Skype, no computador, e mesmo ao telefone, quando ensaiaram um sexo virtual cheio de quebradas linguísticas. Mas um sábado de sol derrotou o seu isolamento, e ela foi à praia em Ipanema com Marta. Lá, conheceu Alessandro, italiano, filho de brasileira. O rapaz se encantou por seu sorriso e deram as mãos para pular a onda. Um beijo surgiu, quase ocasional, mas ambos adoraram o contato afetivo e acabaram passando a noite juntos.

No café da manhã, no flat de Alessandro, Lena contou do seu ex-namorado americano, e de como o amor estava surgindo de verdade. Mas não sabia o que dizer ao gringo. O italiano informou que os americanos eram muito bobos com essas coisas de namoro. Bastava ela mudar o e-mail e o número do telefone, após uma última mensagem, quando anunciaria alguma razão fortíssima para não mais se falarem. Ele a ajudaria na criação do texto. Lena aceitou; afinal, não é todo o dia que o amor bate à nossa porta.

Os ocidentais amam o fato de estar amando. Apaixonam-se pela paixão. Na verdade, não importa muito quem seja o objeto do amor. O que se busca é o estado de exaltação. Quase todas as pessoas na nossa cultura estão aprisionadas pelo mito do amor romântico e pela ideia de que só é possível haver felicidade se existir um grande amor, exatamente como os amantes medievais. Há, portanto, uma busca incessante do par amoroso. Acredita-se tanto nisso que a sua ausência abala profundamente a autoestima de uma pessoa e faz com que se sinta desvalorizada.

Nas *Cortes de amor*, de Leonor de Aquitânia e sua filha Maria, as *leys d'amour*, foram recolhidas num *Código de amor* do qual constavam 31 artigos. Alguns deles ainda regem as expectativas dos amantes de hoje: Quem não tem ciúmes não sabe amar; A conquista fácil avilta o amor, a conquista difícil o valoriza; O ciúme faz o verdadeiro amor crescer constantemente; Todo ato do amante se faz com o pensamento na amada.

O amor cortês idealiza o amor, assim como o par amoroso. Na verdade, somos vítimas inocentes e inconscientes de um mito. O mito nasce de costumes e ideologias que ditam normas de conduta, mas com o passar do tempo esses costumes desaparecem. A questão é que os comportamentos condicionados permanecem, dando a impressão de fazer parte da natureza humana, ou seja, alimentando a crença de que só existe essa forma de amor.

Amor não correspondido

Após o casamento com a princesa dinamarquesa Ingeborg, o rei da França, Filipe Augusto, sente repulsa pela esposa e a rejeita. Algum tempo depois ele é forçado a aceitar Ingeborg novamente, prometendo amá-la como esposa e rainha. Entretanto, mal o emissário do papa vira as costas, Ingeborg é enclausurada no convento.

O amor não correspondido pode se transformar em tragédia. Curioso é o caso de John W. Hinckley, que escreveu uma carta para a atriz Jodie Foster, em 30 de março de 1981, pouco antes de tentar assassinar o presidente Ronald Reagan:[84]

> *Querida Jodie,*
>
> *Há uma possibilidade definitiva de que eu seja morto em minha tentativa de pegar Reagan. É exatamente por essa razão que estou lhe escrevendo esta carta. Como você sabe muito bem agora, eu a amo muito. Nos últimos sete meses eu lhe deixei dúzias de poemas, cartas e mensagens de amor com a tênue esperança de que venha a ter um interesse por mim... Sei que as muitas mensagens deixadas em sua porta e em sua caixa de correspondência foram um aborrecimento, mas sinto que foi o modo menos doloroso para que eu manifestasse meu amor por você...*
>
> *Jodie, eu abandonaria a ideia de pegar Reagan num segundo se ao menos pudesse conquistar seu coração e viver o resto de minha vida com você... Vou lhe confessar que o motivo que me faz levar adiante essa tentativa agora é porque simplesmente não posso esperar mais para impressionar você. Tenho que fazer algo agora para que você entenda, em termos nada vagos, que estou fazendo isso por sua causa!*

Ao sacrificar minha liberdade e possivelmente minha vida, espero que você mude de ideia a meu respeito. Esta carta está sendo escrita apenas uma hora antes de eu ir ao Hilton Hotel. Jodie, estou lhe pedindo por favor para olhar dentro do seu coração e pelo menos me dar uma chance, com esse feito histórico, de ganhar seu respeito e amor.

Amo você para sempre

John Hinckley

Casos extremos como o de John W. Hinckley são raros. Mas a experiência do amor não correspondido é muito comum. O psicólogo David Buss relata uma pesquisa que concluiu que 95% dos homens e mulheres indicaram que, por volta dos 25 anos, haviam experimentado amor não correspondido pelo menos uma vez, como um possível amante cujas paixões foram rejeitadas ou como o objeto dos desejos não aceitos de alguém. Só uma pessoa em vinte nunca experimentou amor não correspondido de nenhuma espécie.[85]

Os jogos do amor são incontáveis, e talvez mais numerosos ainda sejam os do não amor. Na nossa cultura, submetidos ao mito do amor romântico, e à crença de que só é possível ser feliz tendo alguém ao lado, procuramos desesperadamente um par amoroso. A jornalista italiana Rosella Simone diz num artigo que, acima de tudo, uma mulher não se resigna a viver sem amor, e o procura incessantemente, ainda que de modo errado. Mil vezes pronta a se enganar, a fazer mal a si própria, a sofrer abusos e afrontas, até o desespero.[86] Um bom exemplo é a história de Lady Di.

Poucos meses antes de seu casamento, Diana desconfiou que Camilla Parker-Bowles tinha um caso com seu futuro marido e o confrontou. "Recuso-me a ser o único príncipe de Gales que não tem uma amante", foi a resposta dele. Desse dia em diante Lady Di perdeu a paz. Os sonhos de princesa eram acompanhados pelos pesadelos de ter que conviver com as idiossincrasias da nobreza. Bonita, famosa, rica, ainda por cima jovem, a futura rainha foi se degradando. Ela passou a sofrer de bulimia — compulsão por excesso de alimentação seguido de vômito. Nas cerimônias oficiais, seu olhar buscava Camilla entre os convidados.

Diana tentou o suicídio jogando-se do alto de uma escada, mas Charles chamou os criados e saiu para montar. A infelicidade tornou-se uma constante, apesar do nascimento dos herdeiros. Nos anos seguintes ela não se furtou a relacionamentos paralelos, desde Barry Mannakee, seu segurança pessoal, até o jogador de polo James Hewitt, passando por amigos da corte. Em uma de suas únicas entrevistas, pouco antes da separação, ela declarou: "Eram três pessoas no meu casamento desde o primeiro dia, alguém estava sempre sobrando".

AMIZADE, COMPANHEIRISMO E SOLIDARIEDADE

Hoje, para haver entendimento no amor, quando se procura a igualdade, é necessário ter a percepção do que a outra pessoa deseja e do que ela é. Somos capazes de introduzir, sem parar, novos significados no amor. No passado havia a ideia de possessão e sacrifício pelo outro. Embora existam pessoas ainda vivendo no passado, está surgindo uma nova dimensão do amor, na qual há mais troca e a tentativa de um equilíbrio, sem sacrifícios. Essa nova forma de amar, diferente da expectativa do amor romântico de sermos a única pessoa importante para o outro, terá como ingredientes principais a amizade, o companheirismo, a solidariedade.

MULHERES

EVAS X MARIAS

Apesar de toda a mudança das mentalidades, ainda encontramos mulheres que tentam corresponder à expectativa do homem e representam o papel de quem não dá importância ao sexo. Sempre fez parte do jogo da sedução e conquista o homem insistir na proposta sexual e a mulher recusar. Até algumas décadas atrás, essa situação atingia a maioria. O homem apostava no seu sucesso e para isso não media esforços.

Quanto mais a mulher recusava, mais ele insistia e mais emocionante o jogo se tornava. Só para ele, claro. Para a mulher era um tormento. Além de toda a culpa que carregava por estar permitindo intimidade a um homem, seu desejo era desconsiderado, assim como seu prazer. Não podia relaxar um segundo. Ela sabia que, se não se controlasse, seria logo descartada e ainda por cima rotulada de fácil.

Mas o homem continuava insistindo, e ela dizendo não. Ele nem a percebia, o importante era chegar ao final. Jogo cruel para ambos, é verdade. Aprisionados à moral antissexual, nenhum dos dois tinha a menor chance de experimentar o prazer proporcionado pela troca de sensações eróticas.

Toda essa encenação perversa nos permite entender por que, até hoje, muitas mulheres se esquivam do sexo. Temendo ser usadas — e durante muito tempo foram mesmo —, se queixam com frases do tipo: "Os homens só querem sexo", o que à primeira vista poderia soar estranho, já que ninguém duvida de que sexo é bom. Não é raro também observarmos mulheres que conhecem um homem numa festa, por exemplo, e, no dia seguinte, esperam passivamente um telefonema dele. Dar o primeiro passo, jamais!

Como vimos, na Idade Média os teólogos determinaram que o homem poderia manifestar-se claramente quando desejasse a sua mulher; esta, porém, deveria eximir-se de tal solicitação, ficando o marido obrigado a decifrar no semblante ou na sutileza gestual de sua esposa a vontade do ato sexual.

A expectativa sempre foi a de que a mulher tivesse pudor e vergonha, considerados naturais do sexo feminino. A divisão das mulheres entre Marias e Evas — moças "direitas" e moças "fáceis" — perdurou por muito tempo. Isso teve como precedente as experiências de casamento espiritual dos primeiros séculos do cristianismo, e também no culto das *agapetae*, das seitas heréticas, tendo sido reforçado na Idade Média. Essas mutações do comportamento sexual foram o resultado da separação violenta que afastou o amor do sexo, nos ensinamentos da Igreja.

MULHERES SOLTEIRAS

As mulheres solteiras eram geralmente enviadas para conventos. A outra opção seria trabalhar como prostituta nos bordéis. Não ter marido ao lado significava não ter valor algum. Essa mentalidade perdurou até algumas décadas atrás; quem não casasse tinha uma vida infeliz. As mulheres "solteironas" viviam reclusas ou eram malfaladas. Ficavam então ansiosas com o passar do tempo, já que no caso delas a situação era mais difícil. Havia a incapacidade de se sustentarem sozinhas, além do peso de transgredir a "lei da natureza", a realização na maternidade.

Havia dificuldade de convívio social, visto que a maioria das pessoas ficava casada a vida toda e essas "desgarradas" representavam uma ameaça constante aos casais. Poderiam interessar aos cônjuges ou poderiam servir como um perigoso exemplo. Não formar um par era como não ter uma família, até então único meio de não se viver na mais profunda solidão.

Apesar de toda a emancipação feminina, é provável que a desvalorização das mulheres solteiras medievais ainda afete mulheres economicamente independentes do século XXI. Não são poucas as que se sentem inferiorizadas por não terem um namorado ou marido. Ter um homem ao lado parece elevar a autoestima e fazer com que se sintam mais importantes. Há mulheres que sentem tanto medo que preferem se contentar com uma relação morna, frustrante e mesmo difícil de suportar a arriscar viverem sozinhas.

O MITO DA NINFOMANIA

A repressão sexual ao longo da História alimentou uma fantasia persistente e de aparência confiável, se é possível dizer isso de um mito: a ninfomania. Ela nasceu de um outro mito, também solidificado longamente: o de que mulheres não tinham prazer sexual. Tais "verdades" faziam supor que, se as mulheres não tinham desejo, qualquer uma que tivesse algum era doente: uma ninfomaníaca.

Sandro, estudante universitário, 22 anos, está namorando Andréa há três meses. Mas desde então não teve mais sossego. Seus pais não admitem o namoro, alegando que a moça não serve para ele, por se tratar, segundo afirmam, de uma mulher insaciável, de uma ninfomaníaca. "A situação lá em casa está insuportável. As brigas têm sido diárias. Meus pais não admitem o fato de Andréa ter ficado com três amigos meus. O pior para eles é que começamos a namorar no dia seguinte em que eles a viram beijando o Júlio, meu melhor amigo. Acho que eles são caretas, mas estão conseguindo infernizar a minha vida."

O pesquisador da sexualidade Alfred Kinsey dizia que ninfomaníaca é alguém que gosta mais de sexo do que você. O que é "excessivo" é determinado por regras da época. O que se comprovou é que, antes de tudo, a mulher insaciável é uma fantasia masculina. "Ninfomania" como doença orgânica ou distúrbio psicológico diagnosticável, com sintomas cientificamente definidos, não existe. Mas muitas mulheres sofreram em função desse mito. No século XIX, médicos retiravam os ovários de algumas mulheres para controlar sua sexualidade e, em alguns poucos casos, removiam o clitóris. Outras foram colocadas em instituições para doentes mentais com o diagnóstico de ninfomania.

Psiquiatras e psicólogos do século XX recomendavam tratamento clínico, psicanálise, choque elétrico, sedativos, tranquilizantes e até internações. A americana Carol Groneman, estudiosa do tema, lista algumas conclusões a se tirar, na desconstrução desse mito:[87]

1. Sexo não é apenas dentro do corpo. Não é um simples fato natural ou biológico. Ele tem diferentes significados em momentos diferentes. Além disso, no que compete à sexualidade, não é um "guia tamanho único" sobre normal ou natural.

2. As mulheres precisam entender as várias formas como a ninfomania e outros conceitos têm sido usados para rotular e controlar a sexualidade feminina. São conceitos perigosos, que precisam ser desafiados e alterados.

3. Nossa sexualidade é importante demais para ser deixada para os "especialistas".

A ideia de ninfomania serviu a muitos interesses ao longo do tempo. Desde a utilização mais grosseira no argumento de advogados, que revertiam acusações de estupro contra a vítima, até o seu uso distorcido no cinema e na literatura. Nos casos jurídicos, a argumentação que apelava para o conceito de ninfomania ao defender estupradores caía como uma luva.

Groneman cita um caso acontecido no estado de Michigan, EUA, em 1948, quando dois rapazes violentaram uma menina de 15 anos, argumentando que ela forçara o intercurso com ambos. O advogado utilizou a figura da *prosecutrix*, algo como o feminino de *prosecutor*, que significa promotor, no sentido daquele que age. O termo (masculino) era usado especificamente em casos de estupro.

Sua inclusão como argumento legal vinha da autoridade jurídica de John Henry Wigmore, diretor da faculdade de direito de Northwestern, que inventara a definição de "mentalidade anormal de mulheres queixosas: ninfomania". Seu apoio para tal conceito vinha de longas citações de estudiosos juristas e médicos, alimentado pelos históricos preconceitos quanto à sexualidade feminina. Muitos processos contra estupradores caíram no vazio, pressionados pela imagem antiga da mulher histérica e mentirosa.

Hollywood compreendeu que era possível levar o mito da ninfomania para os cinemas de grande circuito e para os lares em fitas de vídeo. É possível vender o sexo insaciável como produto erótico, foi a conclusão dos produtores ao lançarem *Instinto selvagem*, em 1992. Sharon Stone preencheu perfeitamente as exigências que a fantasia dos espectadores pedia para uma ninfomaníaca de consumo fácil. A personagem, escritora, fria e calculista, devorava homens e mulheres que lhe provocassem o apetite. A cena em que descruza as pernas para expor sua intimidade fez história. Sharon escapa ilesa de suas diabruras eróticas.

Os últimos anos foram múltiplos os lançamentos com diferentes versões da ninfomania: *Rose, uma mulher de fogo* liga a obsessão sexual ao amor; *Amateur*, de Hal Hartley, ironiza o conceito de *ninfo*; *Procura-se Amy* desfaz a imagem machista do desejo insaciável. O mito da ninfomaníaca agoniza.

VIOLÊNCIA NO CASAL

A mulher era extremamente maltratada pela violência do homem, considerada banal no lar. No entanto, supõe-se que ela tinha que aguentar e sofrer sem se queixar. Isso durou muito tempo. Mesmo no século XX, ninguém queria intervir em briga de marido e mulher. Alegava-se que se tratava de um assunto privado e havia um ditado popular bem conhecido que dizia: "Em briga de marido e mulher ninguém mete a colher". Foi somente na década de 1970, com as iniciativas das feministas, que se começou a estudar o impacto da violência conjugal sobre as mulheres. Mesmo assim muitas continuam sendo agredidas por seus maridos.

Segundo um artigo do jornal americano *New York Times*, o comandante das forças das Nações Unidas na Bósnia costumava se referir aos rugidos noturnos das metralhadoras no centro de Sarajevo, em 1993, como "violência doméstica". As estatísticas mostram que grande parte dos ferimentos físicos e dos assassinatos ocorre entre pessoas que vivem juntas. No Brasil, uma em cada quatro mulheres sofre com a violência doméstica.

Numa relação amorosa é comum haver discussões; afinal, quando não se está de acordo com alguém, argumentar, mesmo que de forma veemente, é um modo de reconhecer o outro, de levar em conta que ele existe. Na violência, ao contrário, o outro é impedido de se expressar, não existe diálogo. A agressão física não acontece de uma hora para outra. Tudo tem início muito antes dos empurrões e dos golpes. Um olhar de desprezo, uma ironia, uma intimidação, são pequenas violências que vão minando a autoestima da mulher.

A psicanalista francesa Marie-France Hirigoyen, que escreveu um livro sobre o tema[88], diz que quando um homem estapeia sua mulher a intenção não é deixá-la com um olho roxo, e sim mostrar-lhe que é ele quem manda e que ela tem mais é que ser submissa. O ganho visado pela violência é sempre a dominação.

Antes do primeiro tapa as mulheres devem cortar o mal pela raiz, reagindo à violência verbal e psicológica. Para isso é essencial que elas aprendam a perceber os primeiros sinais de violência para encontrar em si mesmas a força para sair de uma situação abusiva. Compreender por que se tolera um comportamento intolerável é também compreender como se pode sair dele.

Não é nada fácil para o homem corresponder ao ideal masculino que a sociedade patriarcal lhe exige. Homens e mulheres têm as mesmas necessidades psicológicas — trocar afeto, expressar emoções, criar vínculos. A questão é que perseguir esse ideal impede a satisfação das necessidades, e a impossibilidade de alcançá-lo gera frustração. Está aberto o espaço para a violência masculina no dia a dia. Essa ideia se confirma quando os estudos mostram que a violência contra as mulheres não é a mesma em todos os lugares. É muito maior onde se cultua o mito da masculinidade.

AGRESSÕES FÍSICAS

Na Idade Média, o marido tinha o direito e o dever de punir a esposa e de espancá-la para impedir "mau comportamento" ou para mostrar-lhe que era superior a ela. Até o tamanho do bastão usado para surrá-la tinha uma medida estabelecida. Se não fossem quebrados ossos ou a fisionomia da esposa não ficasse seriamente prejudicada, estava tudo certo. Hoje as esposas ainda são vítimas de agressões físicas. Estima-se que nos Estados Unidos a violência ocorra em pelo menos 3.400.000 lares! A mulher americana é mais vítima de agressões físicas em casa do que em acidentes de carro, assaltos e câncer somados. Quase todos os homens que agridem suas mulheres acreditam ter esse direito. E o incrível é que parece existir mesmo uma permissão da sociedade para isso.

Marie-France Hirigoyen acredita que atos de violência física podem não ocorrer mais de uma vez ou podem se repetir, mas quando não são denunciados há sempre uma escalada de intensidade e frequência. É suficiente, a partir daí, fazer lembrar a primeira agressão por meio de ameaças ou de um gesto, para que, segundo o princípio do reflexo condicionado, a memória reative o incidente na vítima, levando-a a submeter-se novamente. A violência física inclui uma ampla gama de sevícias, que podem ir de um simples empurrão ao homicídio: beliscões, tapas, socos, pontapés, tentativas de estrangulamento, mordidas, queimaduras, braços torcidos, agressão com arma branca ou com arma de fogo. "Por meio de golpes, o que lhes importa é marcar o corpo, arrombar o envoltório corporal da mulher, fazer cair assim a última barreira de resistência, para possuí-la inteiramente. É a marca do jugo, é o sinal que permite ler no corpo controlado a aceitação da submissão."[89]

Paul Mullen, da Universidade de Otago, Nova Zelândia, documentou uma série de comportamentos violentos numa amostragem de 138 pacientes encaminhados à terapia devido ao ciúme. Alguns atos de violência eram comuns, tais como empurrar, repelir com força, chutar, atirar objetos e destruir bens. Além disso, seis homens e duas mulheres brandiram uma faca enquanto emitiam ameaças verbais, e nove brandiram instrumentos rombudos como bastões grandes e atiçadores. Um homem encostou uma arma na cabeça da esposa enquanto ameaçava a vida dela. Dez relataram estrangular as esposas com intenção de matar, um tentou envenenamento com gás, 11 bateram nas esposas com instrumentos rombudos, fraturando ossos em quatro casos. Da amostragem de pacientes ciumentos, 57% tinham histórico de atos de violência conjugal. A maioria parecia ter a intenção de causar dano corporal.[90]

Mulheres que buscam refúgio em abrigos para mulheres espancadas relatam quase invariavelmente que seus maridos fervem de ciúme. Num estudo sobre mulheres espancadas, muitas das quais necessitaram de cuidados médicos, a mulher típica relatava que o marido "tenta limitar meu contato com amigos e família" (a tática da ocultação); "insiste em saber onde estou a todos os momentos" (a tática da vigilância) e "me xinga para me rebaixar e para que eu me sinta mal a respeito de mim mesma" (a tática de minar a autoestima). O ciúme é a causa principal do espancamento das esposas, mas é até pior que isso. O ciúme dos homens coloca as mulheres em risco de serem assassinadas.[91] A seguir as observações feitas à polícia por um homem de 31 anos que matou a esposa de 20 a punhaladas, nos Estados Unidos, depois de se reconciliarem após seis meses de separação.

> *Então ela disse que desde que voltara em abril tinha trepado com aquele homem umas dez vezes. Eu disse a ela como é que você pode falar de amor e casamento e anda trepando com esse outro homem. Fiquei furioso de verdade. Fui à cozinha e peguei a faca. Voltei ao quarto e perguntei: estava falando a sério quando me contou isso? Ela disse que sim. Brigamos na cama e eu a apunhalei. Seu avô apareceu e tentou*

tirar a faca da minha mão. Eu disse a ele para chamar a polícia para mim. Não sei por que matei a mulher, eu a amava.[92]

O psicólogo Vincent Miller acredita que em alguns casos o ciúme se torna negro e perigoso, numa erupção vulcânica súbita de ansiedade de abandono, que algumas pessoas mantêm contida enquanto possuem o controle sobre seus parceiros. O indivíduo que usa violência contra seu parceiro íntimo, ou mesmo ameaça usá-la, golpeia em cheio a diversidade da outra pessoa, eliminando a liberdade de sua vontade pelo ataque direto ao seu corpo. Trata sua vítima como um prolongamento de si mesmo, alguém que só existe para a satisfação de suas necessidades.[93]

No Brasil, uma mulher é morta a cada duas horas. Reportagem do jornal *O Globo*, de 11 de julho de 2010 mostra que o país é o 12º no ranking mundial de homicídios de mulheres. A maioria das vítimas é morta por parentes, maridos, namorados, ex-companheiros ou homens que foram rejeitados por elas. Segundo o Mapa da Violência 2010, do Instituto Sangari, 40% dessas mulheres têm entre 18 e 30 anos. Dados do Disque-Denúncia, do governo federal, mostram que a violência ocorre na frente dos filhos: 68% assistem às agressões e 15% sofrem violência com as mães, fisicamente.

Violência sexual

É dessa forma de violência que as mulheres têm mais dificuldade de falar e, no entanto, ela está muitas vezes presente. A violência sexual abrange um espectro bastante amplo, que vai do assédio sexual à exploração sexual, passando pelo estupro conjugal.

Tânia, uma designer de 36 anos, chegou aos prantos à primeira sessão de terapia. "Meu casamento não ia nada bem, tanto que eu tentava conversar com meu marido sobre uma possível separação. Já não fazíamos sexo há vários meses, apesar das insistências dele. Na sexta-feira de manhã ele parece ter perdido a paciência: com raiva, me jogou na cama, me amarrou e me estuprou."

Um estudo na França, com uma amostragem de 148 mulheres vítimas de violência no casal que foram objeto de decisão judicial, mostrou que 68% das vítimas interrogadas relatavam ter sofrido, além de pancadas e ferimentos, violência sexual, e as mulheres sexualmente agredidas apresentavam, significativamente, mais sintomas psicológicos pós-traumáticos do que as que haviam sofrido apenas violência física sem componente sexual.[94]

Muitas mulheres aceitam relações sexuais que não desejam simplesmente para que o parceiro pare de assediá-las. Quase todos os homens violentos, em seus momentos de irritação, usam um vocabulário grosseiro, injúrias aviltantes, comparando a mulher a uma prostituta: "Prostituta nojenta, que só serve pra chupar pau!". Em um estudo de Quebec, Canadá, abrangendo 200 mulheres vítimas de violência no casal, 75,4% assinalaram que as relações sexuais com o cônjuge eram um modo de ficar em paz.[95] A violência sexual tem duas formas de se manifestar: pela humilhação ou pela dominação. De qualquer forma, toda violência sexual é bastante traumatizante. A violência sexual é, sobretudo, um meio de sujeitar o outro. O que não tem nada a ver com o desejo; é simplesmente, para o homem, um modo de dizer: "Você me pertence".

POR QUE AS VÍTIMAS NÃO VÃO EMBORA?

Não há necessidade do uso da força para subjugar o outro; meios sutis, repetitivos, velados, ambíguos podem ser empregados com igual eficácia. Atos ou palavras desse tipo são muitas vezes mais perniciosos do que uma agressão direta, que seria reconhecida como tal e levaria a uma reação de defesa. Marie-France Hirigoyen faz uma severa crítica aos psicanalistas que consideram que as mulheres que permanecem na relação experimentam uma satisfação de ordem masoquista em ser objeto de sevícias. "É preciso que esse discurso alienante cesse, pois, sem uma preparação psicológica destinada a submetê-la, mulher alguma aceitaria os abusos psicológicos e muito menos a violência física."[96]

Stalking

Letícia chegou bastante tensa à sessão de terapia. "Estou à beira do desespero. Há três meses, desde que terminei minha relação com Mário, não tenho sossego. No início, pensei que fôssemos ficar amigos, afinal, foram quatro anos de vida em comum. Mas não tem jeito, ele não se conforma com a separação. Ontem, quando cheguei do trabalho, mais uma vez levei um susto tão grande que meu coração parecia que ia sair pela boca. Eu estava abrindo o portão do meu prédio quando ele pulou na minha frente. Tinha ficado me esperando escondido atrás das árvores. Isso sem falar nos inúmeros recados que deixa no meu celular e os bilhetes na caixa de correio do prédio. No trabalho, quando saio para almoçar, já vou com medo. Já o vi algumas vezes à espreita. A sensação é que estou sendo perseguida 24 horas por dia. Tenho pesadelos com ele entrando no meu quarto e me enforcando. A minha vontade é de desaparecer. Socorro!"

Este é um caso de *stalking*. Originário do verbo inglês "to stalk", cujo significado literal é "atacar à espreita", como se faz com a caça. Mário é um *stalker*. E estima-se que, como Letícia, 20% da população, em algum momento da vida, já tenha sido molestada por um *stalker*.

Stalking é um comportamento assustador, que desde 1990 é considerado crime nos Estados Unidos. Para David Buss, o *stalking* aprisiona as vítimas tanto física quanto psicologicamente. Elas relatam restringir suas atividades, tornarem-se temerosas de se aventurar fora do território familiar e sentirem-se amedrontadas em locais muito frequentados. Sentem-se ansiosas ao atender a porta, abrir a correspondência ou atender ao telefone. O medo se origina de importunações infligidas por tais perseguidores, inclusive telefonar repetidamente para as vítimas em casa e no trabalho, tocar a campainha, inundar as vítimas de cartas e flores, pular inesperadamente das moitas, bombardeá-las com insultos e súplicas verbais, e em geral segui-las por toda parte.

Muitos perseguidores espreitam suas vítimas (75%), fazem ameaças explícitas (45%), vandalizam bens (30%), e às vezes ameaçam matá-las ou a seus animais de estimação (10%). Embora as mulheres sejam vítimas em muito maior número, homens também podem ser perseguidos. Quem não se lembra do filme *Atração fatal* com Michael Douglas e Glenn Close? Em alguns casos os *stalkers* se tornam especialmente violentos quando a vítima passa a ter uma nova relação amorosa.

Para tentar explicar esses atos bizarros e criminosos, Buss diz que "embora alguns sejam claramente patológicos, sua frequência e seu padrão revelam serem geralmente manifestações extremas do ciúme e da possessividade dos homens — medidas desesperadas destinadas a obter o retorno de alguém à relação ou para restaurar um amor que foi perdido".[97]

O sofrimento das vítimas é intenso. Após uma experiência como essa, geralmente apresentam quadros de depressão ou estresse pós-traumático, o que repercute em suas vidas social e profissional. Um terço delas necessita tratamento psicológico. Num estudo de 628 mulheres vítimas de perseguidores, 87% tinham menos de 40 anos, com a média em torno de 28 anos.

Buss considera que a primeira pista vem da relação entre perseguidores e suas vítimas. Os perseguidores são de vários tipos. Alguns perseguem celebridades, como no caso de John Hinckley com a atriz Jodie Foster, ou o caso bizarro da mulher que continuou irrompendo na casa do entrevistador de televisão David Letterman, insistindo que era sua esposa. Alguns perseguem completos estranhos ou conhecidos casuais.

Mas a grande maioria dos *stalkers* já esteve envolvida romanticamente com suas vítimas — como um atual cônjuge, um ex-cônjuge, um amante anterior ou um namorado do passado. Em 60% dos casos, o *stalking* por parte de um parceiro íntimo começou antes de a relação terminar oficialmente. Isso sugere que representa uma tática frenética destinada a manter um parceiro ou a coagir o parceiro a voltar.

J. Reid Meloy, psicólogo especializado em medicina legal e professor de psiquiatria da Universidade da Califórnia, Estados Unidos, é autor do livro *The Psychology of Stalking, Clinical and Forensic Perspectives*. Ele conta que há muitos anos dirigia um hospital psiquiátrico dentro de uma prisão de segurança máxima, e naquela época tentava entender a razão por que uma pessoa insistia em perseguir outra, mesmo sabendo que esta não o desejava por perto.

Meloy passou, na década de 1980, a coletar dados sobre o assunto. Depois de algum tempo concluiu que o *stalking* poderia ser definido como "um comportamento anômalo e extravagante, causado por vários distúrbios psicológicos (narcisismo patológico, pensamentos obsessivos etc.), nutridos por mecanismos inconscientes como raiva, agressividade, solidão e inaptidão social, podendo ser classificado como patologia do apego".

As causas desse desejo de perseguir ainda não estão totalmente esclarecidas, mas existem estudos apontando para a incapacidade de lidar com as perdas da infância e da idade adulta. "O que se sabe é que movido pelo desejo de proximidade, um *stalker* desenvolve uma habilidade incomparável para elaborar estratégias repetidas e indesejáveis só para manter contato", diz Meloy

---

Os efeitos da violência conjugal são devastadores para a saúde física e mental das mulheres e de seus filhos. Por meio do processo de submissão, um círculo vicioso se instala: quanto mais frequentes e mais graves as agressões, menos a mulher tem meios psicológicos de se defender. Marie-France ressalta ainda que embora as consequências físicas da violência sejam mais facilmente percebidas, as mais graves são as psicológicas. As marcas de uma agressão física desaparecem, ao passo que as ofensas e as humilhações deixam marcas indeléveis. Por essa razão, para ajudar as mulheres é essencial levar em conta todos os aspectos da violência, e não apenas a violência física.

RENASCENÇA

Séculos XVI e XVII

*Se conseguirmos viver num mundo melhor certamente
perceberemos os mitos atuais, científicos e religiosos, com
assombro. Certamente nos surpreenderemos com o fato
de a história mais famosa da origem humana, a história de
Adão e Eva no Gênese, nada dizer de positivo em relação ao
sexo, ao amor e ao prazer, de apresentar a busca humana
de uma consciência superior como maldição, e não uma
bênção, e de sequer mencionar a admiração e reverência que
experimentamos quando contemplamos e tocamos alguém
que amamos.*

Riane Eisler

Em 1507, no palácio ducal de Urbino, na Itália, um grupo de senhores
e de damas elegantes passou quatro tardes debatendo as maneiras e a
vida amorosa que deveriam adequar-se a pessoas da corte. O livro *O corte-são*, de Castiglione, resumiu esse debate e exerceu imensa influência. Nesse
período, a dama é enaltecida e se torna objeto de adoração. Os nobres não
só idealizavam a beleza na mulher, como na Idade Média, mas também
passaram a contemplá-la com reverência quase religiosa. Os cortesãos cultivavam a arte do *bel parlare*, isto é, da conversação fina, e começavam a
praticá-la intensamente.

Extensas listas de perguntas sobre o amor foram publicadas, do século XIV ao século XVII. Elas continham problemas como: Pode um homem amar mais de uma mulher ao mesmo tempo? É o amor mais nobre quando não possui nunca o corpo do ser amado? Deve ser permitido o beijo? Qual destas coisas é mais agradável: falar à mulher amada, sem ver, ou vê-la, sem a possibilidade de lhe falar? Estas eram as distrações principais com que se enchiam os lazeres das cortes, das quais a de Urbino constituía um bom exemplo.

Uma grande parte de *O cortesão* trata das características do gentil-homem ideal, que deve, naturalmente, ser de nascimento aristocrático, conhecedor dos clássicos, e possuir tanto estilo literário como boa conversa. As armas são a sua verdadeira profissão, mas a fim de não se tornar brutalizado, ele deve cultivar os requintes. O livro, portanto, faz indagações íntimas a respeito de suas roupas, de sua linguagem, de suas maneiras e até das brincadeiras que faz com os outros.

A dama de corte ideal não é mais a mulher distante, como uma deusa raramente vista, de acordo com as líricas dos trovadores medievais. Ela é, ao contrário, uma pessoa real, que deveria ser lida, mostrar-se ativa nas reuniões sociais, ser habilidosa no escrever e no conversar, e ter capacidade para lidar com assuntos mundanos e políticos.

As partes mais importantes do livro se referem aos conceitos de amor, namoro e conduta sexual. Muitas afirmativas, como as citações de *O cortesão*, são, em essência, repetições dos princípios do amor cortês, do século XII, um pouco modificadas. O tema fundamental é de que o amor integra a fonte de toda doçura e de toda virtude moral, uma vez que induz o homem a concentrar-se na beleza. E a beleza, por sua vez, leva a alma para a contemplação do que é divino.

Fica claro que o amante e a dama tinham de encontrar-se e conversar com bastante frequência. Já não havia nada daquelas intermináveis proezas medievais, realizadas longe da mulher, mas sempre em nome dela. Entretanto, o amor entre dama e amante — para ser dos mais belos e enobrecedores — tinha de permanecer casto, e, portanto, livre de toda união física. Embora amante e dama pudessem conversar muito sobre o amor, cabia à dama preservar a pureza das relações.

O que importava a essa reunião particular de cortesãos e de damas não era a conquista sexual, e sim o prolongamento do êxtase casto e das exaltações puras; o que importava era a condução das conversas, o namoro purificado. Entretanto, eles não consideravam isso um passatempo trivial. Atribuíam à conversa um objetivo elevado, sem o complicado e tedioso mecanismo dos bons serviços prestados, nem das complexas devoções da cavalaria.[1]

ESTAMOS NA RENASCENÇA...

A partir do século XVI, houve uma profunda modificação na Europa. As cidades expandiram-se, não estando mais confinadas dentro de suas muralhas medievais. O comércio e a indústria se desenvolveram; os príncipes tornaram-se parceiros de banqueiros e de mercadores, que lhes financiavam as guerras. A pólvora tornou obsoletas as muralhas dos castelos. A invenção da imprensa, por Gutenberg, facilitou a reprodução das obras em maior quantidade e com maior rapidez; a expansão marítima contribuiu para o alargamento dos horizontes geográficos e culturais; a invenção do telescópio e a comprovação, por Galileu, da teoria de que o Sol — e não a Terra — é o centro do Universo levou ao conhecimento mais objetivo do homem e seu meio.

Inicia-se um movimento, o Humanismo, que se caracteriza por uma nova visão do homem em relação a Deus e a si próprio. Ao contrário do pensamento medieval, que via Deus como centro do universo, no Humanismo renascentista prevalece a ideia de que o homem é o centro deste mesmo universo. A preocupação dos teólogos estava voltada para as almas e para Deus. "Os humanistas voltavam-se para o aqui e agora, para o mundo concreto dos seres humanos em luta entre si e com a Natureza, a fim de terem controle maior sobre o próprio destino. (...) A postura humanista era completamente diferente, valorizava o que de divino havia em cada homem, induzindo-o a expandir suas forças, a criar e a produzir, agindo sobre o mundo para transformá-lo de acordo com sua vontade e seu interesse."[2]

Os estudos humanísticos foram centrados na Antiguidade clássica, excluindo os textos medievais. Renascem formas, estilos e valores culturais adormecidos ou silenciados na Idade Média. Surgem brilhantes criadores e uma nova fase da história da arte ocidental. Michelangelo, Rafael, El Greco, Brunelleschi e Leonardo da Vinci, personagem-síntese do Renascimento, pintor, escultor, filósofo, engenheiro e inventor. Na literatura, Shakespeare, Camões, Rabelais e Cervantes, com *Dom Quixote*, sátira expressa encerrando definitivamente a época medieval.

CASAMENTO

Um pouco antes do Concílio de Trento (1545-1563), o casamento torna-se uma cerimônia puramente religiosa. Os ritos antes executados pelo pai são agora integrados na missa e reservados aos sacerdotes. À porta da igreja, o sacerdote acolhe os prometidos cantando o salmo "Ad te levavi" seguido de uma curta oração. O resto da cerimônia efetua-se no interior da igreja.

VANTAGEM DO CASAMENTO PARA A MULHER

O casamento afetava o status da mulher. A vantagem podia ser grande em termos de proteção e segurança. Havia a ideia de que a grande vantagem do casamento para as mulheres seria levar a uma rica viuvez. O tema da "viúva alegre" está presente desde *A esposa de Bath* com seus cinco casamentos (1390), de Chaucer, até a *Ópera dos mendigos* (1728), de John Gay. Nesta última, Peachum pergunta à sua filha Polly se ela não tinha "as expectativas comuns de uma dama" no seu casamento com Macheath, o salteador de estradas. Quando Polly pergunta inocentemente quais são essas expectativas, o pai lhe diz: "Bens assegurados para quando ficar viúva". Polly protesta que não quer separar-se do homem que ama, ao que o pai responde: "Separar-se dele! Por que não? Essa é toda a finalidade e intenção dos casamentos. A condição confortável da viuvez é a única esperança que mantém o espírito da mulher".[3]

FALTA DE MARIDOS

As mulheres desejavam se casar. Havia a crença generalizada de que a demanda de maridos excedia a oferta. A duquesa de Newcastle escrevia em suas cartas, no século XVII, que havia mais demanda por maridos do que "maridos à venda (...) os maridos são tão escassos, especialmente os bons". Uma balada de Pepys, da mesma época, dizia:[4]

Para um jovem uma esposa será fácil arranjar,
Pois viúvas e donzelas por maridos vão brigar,
Tão escassos são os homens que vivem neste lugar,
Como abelhas na colmeia, elas juntam-se no altar.

Surgiram várias sugestões no final do século XVII para que fossem baixadas leis obrigando os solteiros com mais de 25 anos a casar a fim de remediar a situação. Um decreto nesse sentido foi assinado em 1695 impondo taxas a todos os homens acima de 25 anos que permanecessem solteiros. Viúvos sem filhos que não se casavam de novo eram taxados com mais rigor, continuando uma antiga tradição de tributos sobre o celibato. As mulheres não desejavam o casamento mais do que os homens. Alguns diziam que o casamento era muito mais necessário a um homem do que a uma mulher; pois ele é muito menos capaz de prover a si mesmo os confortos domésticos. Mas por várias razões demográficas e culturais, na Inglaterra, era grande o número de solteiros no século XVII.[5]

Os dotes eram importantes. Oferta e procura ditavam o preço. Como havia muitas mulheres casadouras, os dotes alcançavam patamares absurdos. "A moça jovem era como gado, vendida no mercado conjugal. No meio do século XVII, chegou-se a estabelecer uma tabela de casamentos, que fixava o partido casadouro. Segundo o montante do dote, tinha-se direito a um comerciante, um vendedor ou um marquês..."[6] Muitas moças pobres trabalhavam dia e noite a fim de juntar a quantia suficiente para um dote, sem o qual não teriam esperança de casamento.

Em busca de uma esposa

O rei Henrique VII (1457-1509), da Inglaterra, mandou que três gentis-homens da sua corte estudassem a jovem rainha de Nápoles, viúva de Ferdinando II, para sua esposa. Eis alguns dos pormenores que ele pediu a seus emissários que avaliassem:[7]

1. Assinalar, de modo especial, o agrado da sua aparência, verificando se é pintada ou não, se é gorda ou esbelta, angulosa ou redonda.
2. Assinalar bem a forma do seu nariz, bem como a altura e a largura de sua fronte.
3. Aproximar-se tão perto quanto possível de sua boca, com a intenção de perceber as condições do seu hálito, verificando se é doce ou não.
4. Investigar para saber que terras ou recursos a mencionada jovem rainha possui, ou poderá possuir, após o falecimento de sua mãe.

Ao que parece, a jovem mulher foi considerada satisfatória por todos os aspectos, menos o último, que era o mais importante. Henrique VII resolveu continuar viúvo.

A esposa ideal

Os homens das cidades traçam os contornos ideais da mulher que desejam ter a seu lado: a esposa casta, fechada às solicitações dos outros homens, mas fecunda, mãe nutridora generosa, capaz de sacrifício. "Em contraposição, imaginam a diaba, a que se entrega aos vícios da natureza feminina, particularmente ao insaciável desejo sexual, quando não é firmemente dominada por um homem. Só o casamento pode salvá-la de si mesma e garantir sua salvação. A divisão entre pura e impura não é nova. Ela toma então uma dimensão maior que no passado. Testemunhos disso são o avanço da devoção à Virgem Maria e, ao mesmo tempo, a caça às bruxas, que culmina entre 1580 e 1630 na Europa ocidental."[8]

O amor no casamento

Na primeira parte da Renascença, o casamento era tratado com franqueza extrema — não somente quanto aos seus aspectos físicos, mas também quanto aos seus aspectos financeiros. O amor não era levado em conta para se realizar um casamento, nem parte essencial dele depois de realizado. Como havia sido durante muitos séculos, o casamento ainda tinha como função a manutenção da casa e a angariação de riquezas, entre as classes mais baixas e a aristocracia.

Por toda a Europa da Renascença, a preocupação dos pais dos jovens era quanto ao dote e às garantias de propriedade. O casamento era uma transação financeira; um negócio que durava a vida inteira. Os êxtases podiam ser danosos ao casamento ou simplesmente perecer na vida mundana que o casamento proporcionava. "Eu não o aconselharia a casar com quem você tem mantido ao mesmo tempo relações de amor", escreveu Juan Luís Vives, principal educador da primeira fase do século XVI.[9] Poucos tinham oportunidade de tentar amores ilícitos antes do casamento, mas todos tentavam depois. A maior parte dos casamentos se realizava quando a moça se encontrava entre 14 e 16 anos.

A vida cotidiana

O casamento é valorizado a partir dos meados do século XVI na França e na Inglaterra. Embora a situação da esposa, como ser humano e objeto de amor, tenha melhorado, continuava sendo apenas um pouco melhor do que na Idade Média. O lar ocupa lugar cada vez maior na existência das mulheres. Enquanto maridos e filhos crescidos podem ter acesso ao mundo exterior e praticar o duplo padrão erótico, as esposas e as filhas são, em princípio, condenadas à clausura, tanto no plano sexual como no da residência.

A vigilância moral é reforçada. O casamento torna-se o lugar por excelência da obediência feminina desejada pelas autoridades religiosas e políticas. A identidade da mulher submerge como que engolida pelo marido.

Logo que ela se casa, o marido passa a ter todos os direitos em nome dela: concluir os contratos; mover processos; administrar seus bens.

A posição legal da mulher foi assim resumida: "Marido e mulher são uma coisa só, mas o marido é que é a coisa". Surrar a esposa ainda era um direito reconhecido do homem. Contra esse direito a esposa não tinha recurso, ao que informa um manual jurídico inglês para mulheres, publicado em 1632. Ela deve se comportar com virtude, modéstia e humildade, aceitando a tutela do esposo como natural e normal.

Os casos de incompatibilidade dos casais eram numerosos, e as relações conjugais, muito violentas. Muitas vezes a esposa se via ligada a um maníaco ou a um ciumento que a atormentava. Em 1700, Madame de Maintenon disse: "Em vez de tornar felizes os humanos, o casamento torna infelizes mais de dois terços das pessoas."[10]

O SEXO NO CASAMENTO

O século XVII registra uma intensa dessexualização, que atinge até mesmo os casados, que então tentam exercer os deveres conjugais sem buscar neles a volúpia. "Para os moralistas, a volúpia designa os excessos carnais que degradam o ser humano. Distingue-se sutilmente do prazer, que os médicos da época dizem necessário, tanto para a mulher quanto para o homem, a fim de procriar em boas condições."[11]

Os confessores aconselham a não amar intensamente o cônjuge e fazem perguntas insistentes, particularmente às mulheres, sobre as posições adotadas ou os tipos de carícias. Preocupam-se em saber também se o homem ejacula fora do "vaso feminino". O único comportamento admissível, dizem eles, é a penetração fecundante, o homem em cima da parceira, sem visar o gozo por si só.

Observa-se uma espécie de sublimação ou, pelo menos, uma moderação dos apetites físicos, a fim de evitar a danação. "Na França, depois de 1640, a arma do medo dos tormentos infernais é substituída, entretanto, pela nova ideia tranquilizadora do resgate do pecado pela graça, o que contribui para desculpabilizar um pouco os esposos até então saturados por sérias advertências, incitando-os veementemente a controlar seus desejos."[12]

OS CASAMENTOS SECRETOS[13]

Em 1556, na França, seria celebrado o casamento de Diana de França, filha legitimada do rei Henrique II, com Francisco de Montmorency, um dos principais personagens do reino. Diana tem 18 anos e é viúva. Para um Montmorency, é um casamento louvável, já que, após a união, ele terá acesso à intimidade do seu soberano. Entretanto, nas vésperas das núpcias, o jovem revela que está secretamente casado com Joana de Halluin, donzela de Piennes, dama de honra da rainha Catarina de Médicis.

O único problema dessa união é impedir um casamento melhor para Francisco. A própria Joana, que tinha menos de 20 anos, não sabe se está casada há cinco ou seis anos, nem se o compromisso teve lugar em Paris ou Saint-Germain. Foi um romance de adolescentes — ela tinha então 14 anos, e ele, 20 — que chegaria ao fim quando o jovem partisse para a guerra na Espanha. Ele foi feito prisioneiro e ficou ausente durante cinco anos. No seu regresso, declarou amor novamente a Joana e disse "recebo-a como esposa", o que confirma o casamento secreto, mas indissolúvel.

A pedido do pai de Francisco, que quer romper essa aliança, abre-se um inquérito. Joana de Piennes é interrogada: sem dúvida não possui provas e o casamento ainda não foi consumado. Mas ela conhece seu direito canônico, e afirma "não saber que o dito casamento fosse secreto e proibido, e julgava poder se casar não obstante ter pai e mãe, porque o casamento pertence a Deus, e as cerimônias à Igreja". Não tinham o que argumentar, ainda mais porque o noivo admite ter pronunciado as palavras "recebo-a como esposa", o que caracterizava o casamento. Mas ele invoca a falta de reflexão da sua juventude, afinal um bom partido estava em jogo naquele momento.

Encarcerar Joana no convento das Filhas de Deus, em Paris, e pedir ao papa a anulação do casamento parece o suficiente. Como não foi consumado, não deveria haver problemas. O pai de Francisco e o rei, tentando apressar o inquérito, cometem muitos erros. Os noivos são obrigados a trocar cartas em que voltam atrás com suas declarações, como se eles próprios pudessem desfazer o que Deus havia unido. Francisco envia um bilhete à Joana em que diz: "Tendo eu reconhecido o erro que cometi sem pensar e estando desgostoso por haver ofendido a Deus, o Rei, ao Monsenhor, desvinculo-me de todas as palavras e promessas de casamento que foram trocadas entre nós".

Joana, a quem a carta é entregue em seu cárcere, responde num pranto "que ele tem o coração menor do que o de uma mulher" e que ele "prefere ser rico a ser homem de bem". Após muita insistência, o consentimento para a ruptura acaba por lhe ser arrancado. Em 4 de maio de 1557, Francisco de Montmorency casa-se oficialmente com Diana de França.

O escândalo do casamento secreto entre Joana e Francisco constitui uma virada fundamental na história do casamento. Por um lado, porque suscitou, ou apressou, um édito importante de Henrique II, o primeiro ato real em matéria matrimonial, o primeiro passo, portanto, para uma laicização do casamento. Por outro lado, porque o caso será evocado no Concílio de Trento, na qual os representantes franceses se empenharão em fazer do consentimento paterno a condição para um casamento válido. O caso pesou certamente no decreto adotado em 1563 contra os casamentos secretos. Para compreender a virada que deu a Igreja, é necessário regressar por um momento ao consenso do direito medieval.

O direito canônico havia feito do casamento um contrato fundado unicamente no consentimento do casal. O objetivo era diminuir o número de uniões ilícitas, facilitando a conclusão do casamento. Bastava, portanto, que duas pessoas se declarassem casadas para oficializar uma união. O sistema tinha inconvenientes, como a ausência do consentimento paterno, que, em certos casos, criava perturbações familiares que a Igreja não queria suscitar. Outro problema é que as moças seduzidas multiplicavam as queixas perante as autoridades, e a falta de prova colocava os juízes numa situação embaraçosa.

Por isso, se combatia há muito tempo o contrato consensual dentro da própria Igreja, em favor do contrato solene na igreja, perante um sacerdote, na presença da família e de algumas testemunhas. Já em 1215, o Concílio de Latrão IV se havia pronunciado nesse sentido ao exigir a presença do sacerdote. Mas não chegou ao ponto de fazer do casamento secreto um impedimento decisivo.

ADULTÉRIO

O adultério é punido de várias formas. Entre 1567 e 1568, em Paris, há 33 acusados; 18 são mulheres. As penas mais graves limitam-se ao envio de dois homens às galeras e a dois anos de banimento para uma moça solteira que se relacionou com um homem casado. Banimentos, multas, açoitamento público, exposição infamante são as punições dos outros condenados. Uma prática ligada ao controle do homem sobre o casal parece ter-se imposto: o marido enganado pode mandar deter a culpada durante dois anos numa instituição religiosa e depois decidir se vai deixá-la por toda a vida ou vai trazê-la de volta para junto dele. A situação inversa, claro, não acontece.[14]

Das mulheres que não viviam bem com seus maridos, ou seja, a maioria, algumas se resignavam. Entretanto, as pertencentes às camadas mais altas não obedeciam às normas impostas. Eram raras as esposas que permaneciam fiéis. "Algumas mulheres tinham aventuras bastante espantosas... Elas enganavam seus maridos. Abertamente, e repetidas vezes! No tempo de Henrique IV, belas mulheres da nobreza voltavam do sermão de braços dados com seus amantes, rindo dos pregadores que declaravam seu desgosto com a carne, fustigavam a nudez e condenavam o uso de decotes da moda, símbolo do mal e do pecado. Era um reino muito cristão, onde a infidelidade era a norma!"[15]

AMOR PURO X AMOR SENSUAL

O debate sobre o amor, praticado em Urbino, estava na moda nas outras cortes da Europa ocidental, mas a maior parte dos homens e das mulheres não vivia em sintonia com essa forma de amor, ascética e espiritualizada.

"Eles se debatiam no esforço de ser platônicos, mas, com grande frequência, satisfaziam os anseios da carne em lugares vergonhosos e com pessoas das mais baixas condições. Falavam do platonismo; por vezes praticavam o *amor purus* com as suas ou os seus amantes platônicos — mas muitas vezes perdiam completamente o controle do próprio platonismo."[16] Muitos dados indicam que a antiga separação entre sexo e amor ainda dominava as emoções dos homens da Renascença. Eles eram capazes de amar damas, com pureza, enquanto procuravam satisfação sexual com outras mulheres.

Muitos amores acabavam tendo contato físico, mas o padrão duplo fez com que diversas damas se conservassem puras, no mínimo por medo das consequências. Algumas das grandes damas da Renascença, pelas quais vários homens sentiram afeições platônicas que se tornaram célebres, continuaram sendo perfeitamente virtuosas e encontraram no amor platônico uma recompensa intelectual e emocional pela conduta dos respectivos maridos.[17]

Margarida de Navarra

Irmã do rei Francisco I, Margarida de Navarra deu grande importância ao amor puro, que, no século XVI, pregou às damas e aos cortesãos franceses durante trinta anos. Casada duas vezes, foi a principal figura intelectual feminina da corte do rei Francisco e também da corte de seu marido, em Nérac. Encorajava e patrocinava debates sobre o amor platônico e sobre costumes de cortesãos, poetas e intelectuais que se reuniam ao seu redor. Dizem que uns 12 homens se apaixonaram por ela, e que amava a todos com sinceridade, intensidade e castidade. Homens e mulheres da Renascença não estranhavam o contraste entre as práticas livres do amor e do sexo, que existiam ao mesmo tempo que o amor casto.

Margarida, campeã do amor espiritual, é um exemplo disso. Ela assistia a situações e ouvia casos a respeito de episódios sexuais. Embora seus próprios hábitos fossem considerados exemplares, ela achava que os hábitos contrários eram divertidos. Assim, escreveu o *Heptamerão*, coleção de 72 contos inspirados em Boccaccio. Abade Brantôme, historiador amador da última parte do século, considerava a existência de uma chave para a interpretação das histórias por ela contadas, identificando seus personagens licenciosos com pessoas verdadeiras. O que surpreende é que Margarida, rainha meiga, inteligente e religiosa, se permitisse a tarefa de redigir narrativas tão obscenas como algumas das que compõem o *Decamerão*.[18]

"Como foi que a mais platônica das damas da França se sentiu em face de enredos tão pouco edificantes, e também das pessoas que neles se envolveram? Evidentemente, com o seu intenso sentimento platônico, ela possuía um sentimento igualmente intenso da vulgaridade e da imprudência — curiosa combinação própria da Renascença, que, com frequência, se denominava franqueza. Tamanha franqueza contrastava estranhamente com a ética sublime do platonismo. Da mesma maneira, os homens da Renascença podiam exibir tanto uma adoração muito requintada da beleza feminina como uma desconcertante franqueza a respeito das funções sexuais e do casamento."[19]

Novos conselhos

No final do século XVI, ocorre uma transformação na vida familiar. Na Idade Média, a maior parte dos nobres e muitos mercadores ricos consideravam a família uma espécie de estação, em que se detinham ocasionalmente, a fim de reconstituir as energias e engravidar as esposas. Na Renascença, porém, os aristocratas passavam menos tempo em torneios e mais tempo nas cidades e nas cortes principescas, ao passo que os mercadores se tornavam capazes de realizar negócios por meio de saques em bancos, podendo igualmente pôr suas mercadorias no seguro, sem necessidade alguma de defendê-las pessoalmente. Em ambos os casos, os homens passavam mais horas dentro ou perto dos seus lares. Assim, a escolha de uma companheira desejável passou a ter uma nova importância.[20]

Os muitos livros proporcionando conselhos aos homens sobre o conveniente trato das esposas surgiram, cada vez mais, afirmando que o homem e a mulher não deveriam vincular-se um ao outro somente como cooperadores e produtores de descendentes, mas também para gozar mutuamente o companheirismo, a amizade e os deleites enternecidos do amor. O sexo e o amor combinados começaram muito lentamente a infiltrar-se no casamento.

IMPULSOS ROMÂNTICOS

Em 1540, numa obra sobre o amor puro, o escritor italiano Alessandro Piccolomini declarou: "O amor é uma reciprocidade da alma; tem fim diferente; e obedece a leis diferentes das do casamento. Logo, o homem não deve tomar a mulher, sua bem-amada, por esposa".[21] Esta era a mentalidade até então. O amor cortês, do século XII, deu origem ao amor romântico, que se tornará uma possibilidade no casamento a partir do século XIX, mas os sinais de que essa mudança estava a caminho já podiam ser percebidos. Quando Piccolomini reescreveu o livro, já tinha mudado de opinião. Afirmou então que o amor puro não é uma entidade separada, e sim o início e o acompanhamento para o casamento, inspirando os sentimentos mais elevados, criando o desejo pela união das vidas e dos corpos, e adoçando e purificando o ato sexual. Ao mesmo tempo, começaram a aparecer textos que mostravam o impulso romântico culminando em casamento.

O IDEAL ROMÂNTICO SE PROPAGA

O casamento romântico, como aparece algumas vezes retratado na literatura da época, tinha a sua contrapartida na realidade. Um exemplo famoso é *Romeu e Julieta*, de Shakespeare, que é em essência um conto de amor da Renascença, tendo o casamento por fim, mas que é frustrado pelas tradições familiares e políticas. Casar por amor é uma ideia radical que se propaga. Não somente os aristocratas e os intelectuais estavam começando a pensar que o amor poderia associar-se ao casamento, mas a classe média também. Esta, que aumentava, há muito tempo vinha invejando a conduta da nobreza na esfera do amor romântico.

O burguês médio e sua esposa não podiam dispor de tempo, nem de dinheiro, para episódios extraconjugais de amor cortês. Ele e sua mulher tinham, por tradição, descartado esse amor, fazendo ao mesmo tempo uso da moral cristã para justificar seu ponto de vista. Entretanto, os ideais românticos unidos ao casamento constituíam algo que as classes médias não somente podiam aceitar, mas pelo qual também haviam estado ansiando, embora secretamente.[22]

A peça *Romeu e Julieta* agrada, em diversos níveis, a muitas classes. Como vimos, a vida familiar havia começado a mudar. As batalhas tinham diminuído, os negócios mantinham os homens perto de seus lares, marido e mulher passavam mais tempo juntos e era melhor que fosse uma união agradável. Muitos escritores discutiam se os casamentos deviam ser arranjados pelos pais ou feitos a partir da inclinação pessoal dos jovens. A classe média ansiava em se igualar às maneiras amorosas dos cortesãos, mas sempre num contexto purificado e moral. Em 1632, por exemplo, foi escrito um manual de conversação amorosa, intitulado *Escola de Cupido*, por meio do qual todo indivíduo, por mais inculto que fosse, poderia aprender a maneira requintada de namorar.

AS MULHERES

Em 1558, o bispo inglês John Aylmer tratou do tema da dupla natureza da mulher. Em seu púlpito trovejou: "As mulheres são de duas espécies. Algumas são mais ponderadas, mais instruídas, mais discretas e mais constantes do que determinado número de homens. Mas uma outra espécie, muito pior, de mulheres — que constitui a maior parte delas — é voluntariosa, amalucada, arrogante, tagarela, indecisa, destituída de espírito, inconsequente, fraca, descuidada, ríspida, orgulhosa, afetada, mexeriqueira, venenosa, perversa e, por todos os aspectos e modos, estupidificada pelos detritos da imundície do Diabo".[23]

A Renascença era um mundo masculino. Não havia igualdade entre homens e mulheres. O homem se via predestinado, nobre, romântico, capaz de heroísmo e tragédia. O tema permeava artes, sociedade e política. Historiadores ofuscam-se diante do virtuosismo da Renascença italiana, glorificando-a como a chegada espiritual de uma nova era. "Havia, inseparável de tal culto de individualidade, um egoísmo narcisista, em busca pela autoexpressão que nada mais poderia gerar senão a desumanidade. A real singularidade do homem da Renascença estava no verniz de urbanidade com que ele a revestia. A Idade Média inventou o cavaleiro. A Renascença inventou o cavalheiro — um cavalheiro de maneiras perfeitas, mas sem qualquer moralidade."[24]

Papéis sociais

O historiador Robert Muchembled nos mostra que os papéis sociais são preestabelecidos em função da ordem pública.[25] A masculinidade implica a expressão de uma atitude viril, dominante, agressiva, por parte tanto dos rapazes em idade de casar quanto dos mais velhos, dos nobres ou dos que querem ter sucesso na corte. O jovem do sexo masculino que força o sexo com uma moça está em seu papel e parece desculpável aos olhos da comunidade, porque a vítima deveria ter evitado tal situação ou ter sido protegida pelos homens de sua família. Na França, onde o direito de correção do marido pode ir muito longe, contanto que não ponha em perigo a vida da esposa espancada, e onde o estupro é muito difícil de se provar diante de um tribunal, a vítima é suspeita de se ter deixado levar por sua sensualidade natural.

Administradores, escrivães criminais ou tabeliães interessam-se unicamente pelo laço principal que traduz seu estado: esposa, filha, mãe, irmã "de" quem. O primeiro nome não é fundamental. Em 1612, o parlamento de Paris trata de um caso envolvendo uma senhora nobre, açoitada nua, ameaçada de morte, insultada, golpeada com um candelabro que lhe quebrou vários dentes. Ela é designada apenas por sua qualidade de esposa do violento senhor de Cerveau.

Muchembled explica que a principal dificuldade encontrada pelas mulheres da época, seja qual fosse sua posição no mundo, era endossar um papel social complexo e frustrante. Enquanto o homem pode evoluir e passar para um tipo de comportamento valorizado — o de adulto, pai de família, chefe da casa —, sua companheira deve aceitar a subordinação a ele e impor, ao mesmo tempo, sua própria autoridade aos filhos e aos empregados domésticos, caso ela pertença às classes sociais médias ou superiores. Nesse caso, é preciso conformar-se aos discursos dominantes sobre a inferioridade feminina, mas fazer-se respeitar pelos criados homens e evitar, o que é bastante difícil, expor-se à visão que eles têm da mulher como sexualmente insaciável.

Mais ainda do que o homem dos séculos XVI ou XVII, a mulher tem enorme dificuldade em situar sua identidade entre as regras sociais e as realidades concretas. Ela é extremamente maltratada pela violência do homem, considerada banal no lar, sem falar nas humilhações que sofre, ligadas à prática masculina do duplo padrão sexual. No entanto, supõe-se que ela deva aguentar e sofrer sem se queixar. A salvação da alma tem esse preço, pois o corpo da mulher a empurra naturalmente para o inferno.

Um ser inferior

Nos séculos XVI e XVII, a mulher é considerada o "vaso mais fraco". Na Inglaterra, a expressão *weaker vessel* surge em 1526. Por volta de 1600, ela designa o conjunto do sexo feminino, sendo especialmente utilizada por Shakespeare. Na França, ocorre o mesmo. Por toda a Europa, a mulher é considerada o elemento mais frágil do casal produzido por Deus. Em 1579, Laurent Joubert, médico do rei, diz que "Deus criou a mulher para ser submissa a seu companheiro, fazer filhos e permanecer sob a proteção de sua casa, que ela deve carregar, como o caracol ou a tartaruga".[26]

A mulher era vista pelos médicos como uma criatura inacabada, um macho incompleto, daí sua fragilidade e sua inconstância. Inútil, canhestra e lenta, desavergonhadamente insolente, mentirosa, supersticiosa e lúbrica por natureza, havia a ideia de que era indispensável uma rigorosa vigilância para controlar este ser imperfeito.

Mesclavam-se teorias eruditas produzidas pela teologia, pela medicina e pelo direito com os preconceitos populares mais correntes. Entre os tópicos religiosos tratados, predomina a ideia do pecado: primeiro o da luxúria, o mais frequentemente mostrado, depois a inveja, a vaidade, a preguiça e, por fim, o orgulho. A natureza feminina pertencia ao lado sombrio da obra do Criador, estando mais próxima do Diabo que o homem, inspirado por Deus. A mulher seria inferior por natureza, isto é, pela vontade divina.[27]

O corpo da mulher

Medos e interditos estão relacionados muito mais ao corpo da mulher do que ao do homem. O médico zelandês Levinus Lemnius (1505-1568), autor de uma obra muito conhecida na Europa, afirma que o homem cheira bem naturalmente, ao contrário da mulher: "A mulher abunda em excrementos, e por causa de suas flores (menstruação) ela exala mau cheiro, também ela piora todas as coisas e destrói suas forças e faculdades naturais". Ele acredita que o contato com o sangue menstrual destrói as flores e os frutos, amolece o marfim, faz o ferro perder o corte, enraivece os cães, provoca a fuga das abelhas, o aborto das éguas, a esterilidade das asnas. Para esse médico, o cheiro feminino é resultado do frio e da umidade próprias desse sexo, ao passo que "o calor natural do homem é vaporoso, doce e suave, e quase embebido por algum aroma".[28]

Ao contrário do homem, a mulher não cheira bem de jeito nenhum, segundo a visão do Dr. Lemnius. O odor que ela exala é tão desagradável que a sua aproximação faz secar, sujar e escurecer a noz-moscada. O coral empalidece a seu contato, ao passo que se torna mais vermelho em contato com o homem. "Em outras palavras, o corpo feminino inquieta os homens."[29]

Extravagância das mulheres

Os homens queixavam-se da extravagância das mulheres, que quase se nivela à deles próprios. Em Florença, entre 1343 e 1396, foram decretados sete conjuntos diferentes de leis, em uma tentativa de ser regulado o número de saias que uma mulher deveria ter, o comprimento da cauda que poderia usar, o preço dos tecidos e ornamentos e até mesmo a profundidade de seu decote — embora este último tivesse mais a ver com as distinções de classes do que com a economia.[30]

"As belezas nuas tiveram que se velar e depois, logo em seguida, cobrir cada centímetro de sua carne pecadora sob pesados tecidos sombrios, à moda espanhola, tornada dominante para as elites sociais de toda a Europa. A segunda metade do século XVI e os primeiros decênios do seguinte ordenaram insistentemente às mulheres que cobrissem o seio que a moda lhes permitia às vezes mostrar e entrassem na linha."[31]

AMOR E ÓDIO PELAS MULHERES

Como vimos, a condição social das mulheres havia melhorado um pouco. A Virgem Maria, como uma versão moderna de Afrodite, passara a ser a imagem preferida de Botticelli, Ticiano e outros artistas. Eles retratavam mulheres cuja compleição robusta irradiava colorido, energia e movimento. No livro *O cortesão*, um dos personagens diz: "Quem não percebe que, sem as mulheres, não extrairemos qualquer prazer ou satisfação da vida, a qual, se não fossem elas, perderia o encanto e seria mais bárbara, mais selvagem do que a dos animais ferozes? Quem não percebe que somente as mulheres podem libertar nossos corações de todos os vis e falsos pensamentos, ansiedades, sofrimentos e do lamentável mau humor que frequentemente os acompanha?".[32]

Contudo, exatamente na mesma época, floresceu uma aversão às mulheres sem igual em qualquer outro século. Elas eram consideradas a origem de todo o mal no mundo e, portanto, tinham que ser punidas e mortas. Dois teólogos dominicanos, bastante experientes como inquisidores do papa, apresentaram as seguintes conclusões: "Bela é a visão da mulher, contagiante ao toque e mortífera sua posse; um mal necessário, uma tentação natural; um mal da natureza, retratado em cores enganosas; mentirosa por natureza. Como as mulheres são mais frágeis, tanto mental como fisicamente, não admira que sejam enfeitiçadas pela bruxaria mais do que os homens. Uma mulher é mais carnal do que um homem. Toda bruxaria provém da luxúria carnal, que nas mulheres é insaciável".[33]

As sombras do passado podem persistir. Na Renascença, uma das mais longas de tais sombras ainda estava sendo projetada por Santo Agostinho. Já se haviam passado 11 séculos desde que ele dissera: "Por meio de uma mulher, fomos enviados à destruição; por meio de uma mulher, a salvação nos foi restituída". Contudo, ao fim do século XV, a sua afirmação mostrava-se ainda mais poderosa que nunca. O conceito de mulher foi se tornando gradativamente dualista: ela não era mais Mulher; passara a ser Dama ou Feiticeira — Virgem abençoada ou Eva pecadora — objeto de adoração ou depósito de luxúria abominável.[34]

CAÇA ÀS BRUXAS

Estamos em 1600, na Baviera, Germânia. Anna Pappenheimer tem 59 anos e é filha de um coveiro; portanto, pertence ao grupo dos proscritos. Anna se casou com Paulus Pappenheimer, um limpador de fossas itinerante, também membro da classe inferior. Estão casados há 37 anos, tiveram sete filhos, dos quais três sobrevivem. Apesar da pobreza, a família é unida. Anna é uma mulher respeitável.

A Baviera é governada pelo jovem duque Maximiliano, que teve intensa educação jesuíta e fica preocupado com a feitiçaria em seu ducado. Além disso, ele quer evitar o aumento dos roubos nas estradas e o vandalismo. Para acalmar os barões e oligarcas da cidade, precisa de um meio de demonstrar seu poder. Ele exige, então, uma caça às bruxas. Maximiliano decide que é necessário um julgamento em forma de espetáculo, uma exibição pública. Todos os súditos, nobres e plebeus, não teriam dúvida de quem estava no comando da Baviera.

Os Pappenheimer, vistos como poluidores da sociedade, são denunciados como feiticeiros por um criminoso condenado. Presos, são levados para Munique. São mantidos em celas separadas e interrogados repetidamente, mas não admitem feitiçaria. Cruelmente torturados, começam a se render. Anna conta que voou em um pedaço de madeira para ir ao encontro do Diabo; fez sexo com seu amante demoníaco; matou crianças com o objetivo de fazer unguento de seus corpos, e fabricou um pó demoníaco das mãos de crianças mortas. O unguento e o pó, ela admite, eram usados para cometer assassinatos. Após um longo e bem divulgado julgamento, toda a família Pappenheimer é condenada por feitiçaria.

A execução dos quatro Pappenheimer adultos atrai milhares de pessoas da zona rural próxima. Primeiro, eles são despidos para que seus corpos possam ser queimados por tenazes em brasa. Então os seios de Anna são decepados. Os seios, sangrando, são enfiados à força em sua boca e depois na boca dos dois filhos crescidos. Um manual de tortura da época registra que "os seios femininos são extremamente sensíveis, por causa do refinamento das veias". Essa punição cruel é assim usada como um tormento especial para as mulheres.

Uma procissão se forma com mais de 800 m de comprimento, conduzida por um oficial municipal carregando um grande crucifixo. Oficiais da lei vestidos com túnicas vermelhas e azuis, o principal juiz ducal e muitos clérigos estão entre a multidão. Os sinos das igrejas repicam para celebrar o triunfo do cristianismo sobre Satã; os participantes cantam hinos; os vendedores divulgam panfletos que descrevem os pecados das vítimas.

Enquanto isso, a cavidade do peito de Anna sangra. À medida que as carroças avançam balançando, os prisioneiros feridos agonizam. Apesar disso, em determinado ponto do caminho, eles são obrigados a descer das carroças, a se ajoelhar diante de uma cruz e a confessar seus pecados. Os Pappenheimer estão perdendo a consciência. Não lhes foi concedido o "privilégio" de serem enforcados antes de ser queimados. A extrema brutalidade desses procedimentos os obriga a suportar as próprias chamas.

Paulus, marido de Anna, tem os braços amarrados numa pesada roda de ferro, até que os ossos se quebrem. Ele então é empalado com um espeto colocado através do ânus. Os quatro Pappenheimer são amarrados em estacas, as piras de gravetos são acesas e eles são queimados até a morte. O filho de 11 anos é forçado a assistir à agonia mortal de seus pais e irmãos. Anna ainda está viva quando as chamas saltam ao seu redor, pois o filho gritou: "Minha mãe está se contorcendo!". O menino é executado três meses depois.[35]

A caça às bruxas foi uma perseguição religiosa e social. Teve início no final da Idade Média e se intensificou na Idade Moderna (1453-1789). Alguns historiadores estimam que o número de vítimas foi de aproximadamente 320 mil. Outros acreditam que foram bem mais. Destas, 85% eram mulheres. As vítimas foram queimadas vivas nas fogueiras, acusadas de ter pacto com o Diabo e de fazer sexo com ele. Após serem cruelmente torturadas, as acusadas eram executadas na presença de uma multidão.

Este espetáculo tinha o significado de um ritual além da simples punição. "Como uma purgação pública do mal, declaravam que a terra estava livre de inimigos demoníacos e que nenhum traço de sua presença odiosa permanecia. Uma vez que o condenado havia sido reduzido a cinzas, aquelas próprias cinzas eram atiradas ao vento ou espalhadas em água corrente. Mas as execuções públicas de feiticeiras eram mais até do que uma purgação: elas confirmavam que o dirigente que as ordenava era religioso e, ainda mais importante, que seu poder era maior do que as forças do mal."[36] O destino da família de Anna Pappenheimer é um bom exemplo.

COMO TUDO COMEÇOU...

Desde a Antiguidade as mulheres detinham um saber próprio, transmitido de geração em geração: faziam partos, cultivavam ervas medicinais, curavam doentes. Na Idade Média seus conhecimentos se aprofundaram e elas se tornaram uma ameaça. Não só ao poder médico que surgia, como também do ponto de vista político, por participarem das revoltas camponesas. No final da Idade Média, na parte central da Europa, começaram a surgir rumores acerca de conspirações malignas que estariam tentando destruir os reinos cristãos por meio de magia e envenamento. Houve pânico.

A imagem do Diabo transformou-se, nascida, ao mesmo tempo, da imaginação popular e da dos monges. Por volta do século XVI, muitos — especialmente a elite — começaram a sustentar uma nova crença. Afirmavam que esse poder sobrenatural provinha do Diabo, que o conferia principalmente às mulheres em troca de sua obediência. No condado de Artois, em 1459, um eremita e alguns outros suspeitos foram acusados de bruxaria e executados.

No fim do século XV, a crença na bruxaria se propagou, enquanto se instalavam os instrumentos jurídicos de grande caça aos bruxos. A partir daí, abriu-se um período de lenta definição de uma verdadeira ciência do demônio, a demonologia, que começou a recobrir as crenças da grande maioria neste domínio. Satã tornou-se cada vez mais uma obsessão na cultura europeia no final da Idade Média. O sentido da palavra bruxo evoluiu para significar mais precisamente a origem demoníaca de seus poderes.

A bruxaria tornou-se, desse modo, uma antirreligião cujos adeptos, os bruxos, se dedicavam ao culto do Diabo. Uma das características da Idade Média, em seu declínio, foi promover a imagem de Satã, poderoso e onipresente, ao qual eram imputados todos os infortúnios da época. A ideia de um combate para a dominação do mundo, entre Deus, promotor do bem, e Satã, promotor do mal, se impõe e se mantém durante boa parte da época moderna, sobretudo no mundo católico.[37]

Robert Muchembled assinala que houve necessidade de mais de dois séculos para abranger círculos sociais cada vez mais amplos e acabar produzindo um modelo humano do Mal absoluto, encarnado na feiticeira. Para ele, este longo encaminhamento é o da invenção da teoria do sabá, seguida de sua colocação em prática pelos inquisidores e mais ainda pelos juízes leigos, convencidos de estarem participando da luta primordial do Bem contra o Mal.

O demônio tornava-se, ao mesmo tempo, tão distante quanto Deus, imensamente inquietante e capaz de infiltrar-se no corpo de seus cúmplices humanos. Desde cerca de 1400 até o ano de 1580, a demonologia propagou-se de forma insensível e contínua sobre todo o continente europeu, modificando, simultaneamente, a maneira de ver das gerações sucessivas que a produziram e a de camadas cada vez mais amplas da sociedade.[38]

Na mesma época em que o mundo está entrando na Renascença, que virá a dar na Idade das Luzes, processa-se a mais delirante perseguição às mulheres. As grandes ondas repressivas contra as feiticeiras aconteceram de 1480 a 1520, período ao qual sucederam uma relativa pausa e uma nova onda de perseguições de 1580 a 1670.

A CRENÇA NA FEITIÇARIA

Homens e mulheres do século XVI não faziam qualquer consideração a respeito do impossível, nem distinguiam minimamente entre o natural e o que chamamos de sobrenatural. Eles eram persuadidos de estar diante de uma seita devotada a Satã. O Diabo sabia aproveitar-se de um momento de fraqueza para tentar aquele ou aquela que deveria servi-lo. Propunha-lhe um pacto: ele se comprometia a ajudá-lo em troca de um juramento de obediência. O Maligno era astucioso e sempre conseguia o juramento tão desejado. Todos na Europa acreditaram na existência da bruxaria demoníaca, na realidade do sabá e da seita maléfica. E também acreditaram que uma prática comum a todas as feiticeiras era a cópula com os demônios.

A crença na feitiçaria se espalhou por todo o clero, particularmente na Germânia, na França e nos Países Baixos. As notícias e os relatos em torno de casos de feitiçaria chegaram a todas as camadas sociais da Europa ocidental. "A falta de equilíbrio que caracterizava a alma dessa época, a despeito da nítida forma das suas ideias, acentua especialmente o domínio da superstição. Sobre o assunto da bruxaria, a dúvida e as interpretações racionalistas alternam com a mais cega credulidade. Nunca se pode dizer precisamente qual era o grau de sinceridade desta crença."[39]

AS FEITICEIRAS

Como vimos, ao mesmo tempo que na Renascença a dama foi enaltecida, outra versão da mulher — a feiticeira — foi tomando forma clara, definitiva e assustadora na Europa ocidental. Era tão novo e característico esse fenômeno que os homens da Igreja e os inquisidores acabaram concluindo que uma nova raça de malfeitores, não conhecida antes, havia aparecido sobre a terra.

Até o século XV, as colheitas goradas, as tempestades, as doenças do gado e as crianças deformadas tinham sido obra, principalmente, de feiticeiros e de diabos masculinos. Agora, inexplicavelmente, os inquisidores encontravam estas e outras formas de *maleficium* (de prática do mal) conduzidas, principalmente, por mulheres. Ao mesmo tempo, os inquisidores estavam convencidos de que o *maleficium* era dominado por assuntos de ordem sexual.[40]

Os feitos mais comuns das feiticeiras eram o roubo do sêmen de homens adormecidos, a provocação da impotência, a esterilidade e os abortos, afora a imposição de doenças e deformidades às partes íntimas das pessoas. Sendo assim, os pesadelos, os sonhos com atividades proibidas ou pecadoras, os anseios de ordem sexual, o declínio da potência — tudo, enfim, começou a assumir um aspecto novo e mais aterrador: integravam obras de Satã, realizadas na terra por suas novas hordas de seguidoras femininas. No século XV, as cortes civis começaram a reconhecer que a cópula verdadeira com o Diabo não somente era possível, mas era também motivo para aplicação da pena capital, uma vez que constituía a ratificação do pacto de feitiçaria com Satã.

Por volta de 1450, tornou-se dogma aceito por todos o fato de que as feiticeiras podiam voar durante a noite. A imagem da mulher que, à noite, se transforma em ave de rapina, que voa emitindo gritos aterradores, que entra nas casas para devorar as criancinhas, é, desde sua origem, um componente importante do mito demonológico.

Os processos contra feiticeiras e sua queima na fogueira passaram a ser episódios cada vez mais comuns, até mesmo nos centros civilizados da Europa. Vários pronunciamentos de bulas papais advertiram as cortes clericais contra as atividades das feiticeiras, e insistiram na necessidade de seu extermínio. Os teólogos redigiram apaixonados apelos ao público, e os pregadores aterrorizaram as suas congregações com sermões sobre os perigos e os sintomas da feitiçaria.[41]

Eles discorriam sobre a fraqueza da mulher que, por natureza, seria mais sensível às ilusões diabólicas do que o homem. Católicos e protestantes, inquisidores e humanistas, aceitavam as feiticeiras como parte normal da vida. Qualquer moça atraente era suspeita de bruxaria e de ter relações sexuais com Satã. Este é representado com pênis longo, duro, guarnecido de ferro e de escamas, de onde escorre um esperma glacial. Apesar de provada a virgindade anatômica, jovens são condenadas à fogueira, acusadas de, além de ter relações com o Diabo, atrair para suas redes padres e bispos, e de acasalarem-se com animais, especialmente gatos pretos.

As pessoas são facilmente transformadas em cúmplices do maligno, bastando uma simples mancha cutânea ou qualquer outro sinal, como uma crise de epilepsia. "Eram consideradas feiticeiras as mulheres orgásticas e ambiciosas, as que ainda não tinham a sexualidade normatizada e procuravam se impor no domínio público exclusivo aos homens."[42] Os poucos que protestavam contra a mania de perseguição das feiticeiras se viam imediatamente acusados de serem aliados do próprio Diabo.

Um simples boato era suficiente para pôr em ação o aparelho judiciário e todo o seu arsenal. Assim que a suspeita de feitiçaria surgia, o juiz devia intervir sem demora, e proceder a uma investigação e perseguição. Ora, essa suspeita não precisava de muito para ser provocada. Qualquer morte, doença, acidente, qualquer acontecimento desagradável tendo, ou parecendo ter, um caráter imprevisto podia ser atribuído ao sortilégio: uma mulher que parisse uma criança morta, uma queda de costas do alto de uma escada, o emprego, durante uma discussão, de expressões como "vá para o inferno", mudança frequente de domicílio, ficar perturbado ou manter olhos fixos no chão, quando se falava de feitiçaria, frequentar ostensivamente as igrejas, possuir um terço em que a cruz tinha um dos braços quebrados etc.[43] As crianças eram pressionadas a dar depoimentos contra seus pais e a presenciar a execução destes. Crianças pequenas, de 3 anos, eram aprisionadas, e crianças de 8 eram executadas como feiticeiras.[44]

Não é possível falar de feiticeiras sem levar em conta a posição da mulher na sociedade cristã. Para os teólogos, a mulher é marcada pelo pecado original, causa de toda a miséria humana, agente do Diabo. Mas também é o seu corpo que perturba. O desconhecimento da fisiologia do corpo dá livre curso a todas as extravagâncias da imaginação.

Mulheres insaciáveis

As mulheres eram vistas como portadoras de excessivos desejos sexuais. A ideia de que queriam que o Diabo as seduzisse baseava-se na crença medieval de que apreciavam o estupro. Dos países bascos vem o ditado "Um galo é suficiente para dez galinhas, mas dez homens não são suficientes para uma mulher". Sobre as crenças francesas, em geral, Martine Segalen concluiu: "De todos os poderes maléficos que um homem é levado a recear em sua esposa, o mais temível é o seu apetite sexual, o qual ameaça subjugá-lo ao poder dela."[45]

Muchembled mostra como a ética protestante na Inglaterra, a reconquista espiritual católica na França e a invenção da civilidade em toda a Europa contribuíram para ensinar as virtudes da moderação e da contenção. O fenômeno desenvolve-se, em seguida, no interior da família, dentro da qual os valores mudam de maneira fundamental.

As mulheres perdem nisso uma grande parte de sua liberdade e são até mesmo impedidas de seu direito ao prazer com o próprio marido. Na origem do movimento, a caça às bruxas, dos anos 1580-1680 contribuiu para exorcizar um medo da sensualidade devoradora das filhas de Eva, atestada pela medicina humoral dos séculos XVI e XVII. Os interrogatórios fazem com que as mulheres confessem que buscaram o prazer sexual com o Diabo. Para Muchembled, pode-se ver nisso uma maneira de identificar a volúpia feminina desenfreada com o demoníaco e de introduzir uma metáfora aterrorizadora que liga o orgasmo a intensos sofrimentos, prolongados pelos tormentos eternos.[46]

IDOSAS E VIÚVAS

As mulheres idosas, em especial, eram vistas como hipersexuadas. Os homens acreditavam que as viúvas, uma vez que seus maridos haviam despertado seus apetites sexuais, eram todas ninfomaníacas em potencial. Nathaniel Smith disse, em 1669: "Ele que poderia cortejar uma donzela deve fingir, mentir ou lisonjear, mas ele que corteja uma viúva deve abaixar suas calças para ela".[47] Essa projeção da hipersexualidade sobre as mulheres mais velhas conflitava com o ensinamento da Igreja de que o sexo tinha somente o propósito de procriação. A atividade sexual pós-menopausa era, sob essa luz, inapropriada e ilícita em todo caso. Houve assim muitas razões para se repelir uma mulher mais velha ativa sexualmente.[48]

As pessoas idosas, especialmente as mulheres, eram odiadas pela aparência que tinham. Se a beleza externa era comparada à virtude interna, então uma mulher idosa feia era vista como maligna e, portanto, feiticeira. Todas as mulheres sem marido estariam especialmente vulneráveis ao Diabo. Muitas vezes, possuidoras de uma sabedoria oral da medicina empírica conheciam os segredos que curavam, mas também eram suspeitas de conhecer as receitas para enfeitiçar.

Sexo com o Diabo

Ao contrário do que descrevem os demonólogos, a cópula com o Diabo nunca era experimentada com prazer pelas feiticeiras. Elas se queixavam, geralmente, da tirania do seu novo amante e da dor causada pela penetração. A iniciação demoníaca se encerrava com um casamento, que selava definitivamente o pacto entre Satã e sua parceira. Como recompensa, o Senhor das Trevas lhe oferecia algumas moedas de ouro que se revelavam falsas ou desapareciam em suas mãos, ou então se transformavam em lama ou excremento.[49]

No ducado de Lorraine, em 1624, Chrétienne Parmentier descreveu uma relação sexual dolorosa, que lhe fez mal durante muito tempo, incluindo uma sensação de frio. Outras explicavam que o pênis do Diabo é anormalmente grande, que ele machucava e arrancava as carnes como se fosse dotado de espinhos. O depoimento sexual constituía muitas vezes o momento de uma guinada no processo, o fim da resistência, a aceitação da culpa.[50]

Diante da obsessão dos caçadores de feiticeiras pelo sexo, não é surpreendente encontrar descrições detalhadas de como era ter sexo com o Diabo. Havia uma afirmativa quase geral das mulheres, nos julgamentos por feitiçaria, de que o toque do Diabo era desagradável. Uma acusada de feitiçaria dizendo que "o sêmen do Diabo era muito gelado" e "que ela havia pegado muitas vezes o membro do demônio, o qual era tão frio quanto gelo".[51]

Dada a frequência com que testemunhos como esse aparecem nos registros, poder-se-ia concluir que a atração sexual não era o canal pelo qual o Diabo conquistava as mulheres. Mas, em contraste, existe o testemunho de Susanne Gaudry, que, aos 57 anos, afirmou que "sentia satisfação e nada mais" quando fazia sexo com seu demônio familiar, o pequeno Grinniou. O fato de Susanne apreciar o sexo com o seu demônio pode não ter ajudado o seu caso; ela foi queimada na fogueira em 1652. "De qualquer maneira, é possível que as mulheres apreciassem mais o sexo antes que as Reformas o regulamentassem e as atitudes burguesas do século XIX impusessem uma visão mais passiva da sexualidade das mulheres."[52]

MALLEUS MALEFICARUM (O MARTELO DAS FEITICEIRAS)

Em 5 de dezembro de 1484, o papa Inocêncio VIII promulgou uma bula pela qual exortava os prelados germânicos a reforçarem a caça aos feiticeiros. Ele acreditava haver muitos naquela região. Foi, de fato, a primeira vez que o papado sentiu necessidade de legislar sobre a feitiçaria. Até então, a Inquisição perseguia os hereges, mas o problema da feitiçaria havia surgido. Essa data marcou o início daquilo que se tornou um verdadeiro extermínio em massa de mulheres e homens acusados de bruxaria.

Inocêncio VIII diz: "Com efeito, recentemente chegou ao nosso conhecimento, não sem nos causar grande aflição, que, em algumas regiões da Germânia superior, muitas pessoas dos dois sexos, descuidadas com a sua própria salvação, e se desviando da fé católica, se entregaram aos demônios íncubos e súcubos: por meio de feitiços, sortilégios, conjurações e outras infâmias supersticiosas e excessos mágicos, elas enfraquecem, asfixiam, suprimem a progenitura das mulheres, as crias dos animais, a colheita, as vinhas e as frutas".[53]

Dois inquisidores dominicanos, James Sprenger e Heinrich Kramer, recebem a missão especial de reprimir a feitiçaria. Graças à imprensa, os tratados de demonologia se propagam pela Europa e as acusações se multiplicam. Em 1487, em Estrasburgo, era impresso um livro que se tornaria um dos maiores sucessos de toda a literatura demonológica, *Malleus maleficarum (O martelo das feiticeiras)*. Esse manual era destinado aos inquisidores, mas diferia dos outros que o precederam pelo fato de ser consagrado exclusivamente à perseguição do delito de feitiçaria. Foi o manual básico da caça às bruxas. Eles ofereciam o remédio para a exterminação das feiticeiras.

Segundo a afirmação clássica do *Malleus maleficarum*, "toda feitiçaria provém do desejo carnal, que nas mulheres é insaciável". Não surpreende que muitos demonologistas ressaltassem a habilidade da feiticeira de tornar um homem impotente, de até mesmo fazer seus órgãos genitais desaparecerem, pois a chacina das feiticeiras ocorreu num período em que as mulheres eram vistas como sexualmente devoradoras.[54]

O manual descrevia por completo o mundo das feiticeiras, seus malefícios, como reconhecê-las e como conduzir os interrogatórios. "De certo ponto de vista, a caça às bruxas tornou-se uma gigantesca guerra do poder masculino contra as mulheres. Foi tirado do gênero feminino, por exemplo, o 'poder' de curar os males e assistir no parto, entregando-os ao monopólio da casta masculina dos médicos. *O Malleus maleficarum* afirma claramente que 'ninguém prejudicou mais a Igreja do que as parteiras'."[55]

POR QUE A FEITIÇARIA SERIA MAIS COMUM ENTRE AS MULHERES

Os inquisidores explicaram bem o motivo pelo qual a feitiçaria era muito mais comum entre as mulheres do que entre os homens. Basicamente, a mulher é criatura fraca e inferior; além disso, ela é torturada por insaciável desejo carnal. Isso faz com que se torne presa fácil das arremetidas do Diabo, que se oferece para satisfazer tal desejo. "É comum a todas as feiticeiras a prática da cópula carnal com os Diabos", afirmaram aqueles sacerdotes. Na verdade, somente depois de fazer isso com o próprio Satã é que a feiticeira ganharia poderes extraordinários.

A reação dos dominicanos diante das acusadas foi a de erguê-las, suspendendo-as pelo polegar; enrolar cordas ao redor do pescoço delas; enfiar agulhas por baixo das unhas das infelizes; e derramar óleo fervente sobre os pés das acusadas, na esperança beata de lhes extorquir confissões de práticas de malefícios. Mesmo depois de a mulher suspeita haver confessado suas abominações, os investigadores se mostravam cautelosos em relação à sua capacidade física de sedução; por isso, no propósito de proteger o juiz, faziam com que a mulher em questão tivesse a cabeça e o púbis raspados, e com o corpo nu, ela era arrastada de costas para o tribunal, para que seus olhos não o pudessem enfeitiçar.[56]

Em *O martelo das feiticeiras* diz-se que o Diabo, que é um espírito imundo, só pode chegar ao homem pelo corpo e, principalmente, pelos órgãos sexuais, porque os órgãos sexuais são o local da mulher. A mulher é cúmplice do Diabo porque cometeu o pecado original. Os dois inquisidores que escreveram o livro citam principalmente aquelas mulheres "que têm o imundo orgasmo", porque uma mulher só pode ter o orgasmo (que é uma coisa proibida por Deus) se ela copulou com o Diabo. "Mesmo que ela tenha tido um único homem, vocês podem ver uma fumacinha preta que é Satanás ensinando a mulher a ter orgasmo (...)"

Dois anos depois, foi o poder leigo que interveio. O imperador Maximiliano da Áustria expeliu uma ordem na qual convidava todos os bons católicos a ajudar os inquisidores em sua obra.

A MARCA DO DIABO

A moral antissexual provoca um medo cada vez maior das partes baixas do corpo. Todos devem ter cuidado com o demônio que lá se encontra latente, as mulheres mais que os homens, porque não conseguem reprimir sozinhas sua lubricidade. Havia a crença de que quando a mulher optava por se dedicar ao Diabo, virando as costas para a Igreja Católica, este fixava sobre o corpo dela uma marca, símbolo da submissão, com a ajuda de um espinho preto ou, simplesmente, com suas garras.

Era uma marca insensível à dor, que podia ser percebida na forma de uma calosidade, uma verruga ou um pequeno arranhão. Depois de fixada, ela não sangrava. Os inquisidores, visando facilitar a busca da marca diabólica, raspavam previamente todos os pelos dos acusados. Isso tinha como objetivo principal descobrir os amuletos protetores que os bruxos talvez usassem, escondidos nos pelos.

A marca também era vista, muitas vezes, sob a forma de uma teta, pela qual os demônios sugavam. "Os ingleses, seja na Velha ou na Nova Inglaterra, eram especialmente peritos em descobri-la. Embora os homens também fossem acusados de possuírem tetas suspeitas, o próprio conceito de teta do Diabo baseia-se na função feminina de prover o leite materno; é uma inversão de uma função feminina natural, uma paródia que foi transformada em zombaria mortal. Uma mulher tinha sete diabinhos, mas somente cinco tetas, e reclamou que eles lutavam sobre ela como uma ninhada de cachorrinhos quando se alimentavam."[57]

Quando Margaret Jones, uma parteira, curandeira e feiticeira de Boston, foi acusada, em 1648, de ter "uma teta visível em suas partes secretas", sua amiga explicou que era um rasgo deixado por um parto difícil. Sem dúvida, essa causa, ou um clitóris intumescido, explicava esses casos. Mas Matthew Hopkins, o fanático caçador de feiticeiras de Essex, Inglaterra, não aceitava o parto ou hemorroidas como desculpa, apontando que as marcas "estão na parte contrária". Hopkins conhecia essa anatomia feminina e pode ter presenciado vários exames.[58]

ALGUNS PONTOS IMPORTANTES A RESPEITO DA MARCA DO DIABO

Robert Muchembled, no seu livro *Uma história do Diabo*, esclarece alguns pontos importantes, que resumo a seguir.[59] A marca, as relações sexuais com o demônio e o sentimento de culpa aqui se conjugam, sob o olhar dos juízes. O maior pecado imaginável era o de dar o próprio corpo e, no mesmo ato, a alma ao demônio. O fenômeno é da maior importância, pois ele concretiza a acusação de feitiçaria a partir de então denunciada por todas as autoridades. A marca torna-se o elemento primordial da construção demonológica. Embora seja impossível encontrar exemplos dela no século XV, ela se impõe realmente no decurso das grandes caças às feiticeiras nos séculos XVI e XVII.

Deixada pela garra do Diabo em um lugar qualquer do corpo, quase sempre à esquerda — pois é seu lado preferido —, muitas vezes escondida nas "partes vergonhosas", ou dento do olho do feiticeiro, a marca dava provas de pacto concluído com Satã. Depois de desviar a atenção do interessado, espetavam-se os lugares suspeitos com grandes agulhas. Não havendo manifestação de dor ou sangramento, afirmava-se a existência de uma ou de várias marcas diabólicas. A retenção das lágrimas era outro sintoma de bruxaria. Acreditavam que nenhuma lágrima corria dos olhos dos bruxos, torturados moral e fisicamente.

Em 1671, o Conselho do rei da França teve que intervir para fazer cessar uma epidemia de caça às bruxas em Béarn. Um rapaz havia denunciado mais de 6 mil pessoas, que habitavam umas trinta comunidades, afirmando ser capaz de reconhecer os adeptos do Diabo por uma espécie de máscara escura — invisível a não ser para ele — que teriam no rosto, ou então por uma pequena mancha branca no olho esquerdo. Incrustado nas definições do pacto com o demônio e do sabá, a marca do demônio transforma o mito demonológico em uma certeza física, experimentada por cada um, não só a feiticeira, mas também o juiz, o alfinetador e o público da execução.

Certos culpados chegaram a vacilar ao saber da descoberta do estigma, mesmo quando até então protestavam sua inocência. De maneira mais geral, os teóricos não podiam duvidar da realidade dos crimes imputados aos acusados a partir do momento em que eles admitiam que o demônio era mais que um puro espírito, pois ele marcava as feiticeiras e tinha relações sexuais com elas. Aos olhos dos juízes, a marca tinha pelo menos a função de afirmar a presença física do Diabo, tanto quanto de provar a culpa dos prisioneiros. Esta técnica oficial contaminou rapidamente as populações, que recorriam a "alfinetadores" para verificar suas suspeitas a respeito de algum vizinho.

O ALFINETADOR

Em 1601, Aldegonde de Rue, uma camponesa viúva, de 70 anos, havia sido acusada de bruxaria em Bazuel. Para pôr fim aos rumores, ela decidiu ir a Rocroi, nas Ardenas, vilarejo à distância de um dia a cavalo de seu povoado.

Lá vivia um carrasco, mestre Jean Minart, renomado por reconhecer os culpados de feitiçaria, que afirmava já ter descoberto a marca do Diabo em 274 pessoas, que seriam executadas.

Ele mandou rasparem todos os pelos de Aldegonde e começou a furá-la, metodicamente, no corpo inteiro, com agulhas compridas. Procurava a marca insensível que o demônio teria posto no corpo de sua cúmplice para selar o pacto que os dois haviam firmado. O carrasco fez um relatório aos magistrados municipais afirmando ter encontrado sobre seu ombro esquerdo uma anomalia, constituída de cinco pequenos pontos semelhantes aos que o "inimigo do gênero humano marca na primeira vez que ele copula com as ditas feiticeiras". Menos de seis semanas depois, Aldegonde foi queimada viva. Mas antes disso, Jean Minart, enquanto preparava a já condenada viúva para a fogueira, revistou suas partes íntimas, a boca e as partes "vergonhosas".

Na Escócia, o alfinetador de feiticeiras era sempre do sexo masculino. Quando duas mulheres escocesas quiseram exercer essa profissão lucrativa, tiveram de se disfarçar de homens. Como vimos, o alfinetador conhecia uma feiticeira porque uma verdadeira marca do Diabo não doía nem sangrava quando era espetada. Mas uma pessoa da época observou que muitas mulheres inocentes ficavam tão dominadas pela vergonha e pelo medo de terem o corpo examinado por um homem estranho que ficavam entorpecidas e não sentiam nada, aparentando, assim, ser culpadas. Os órgãos genitais das mulheres também eram revistados rotineiramente.[60]

Essas práticas muito difundidas aterrorizavam as mulheres. Quando, em 1649, o povo de Newcastle-upon-Tyne contratou um conhecido alfinetador escocês para livrar sua cidade das feiticeiras, prometendo a ele vinte xelins por cada mulher que ele condenasse, eles criaram uma armadilha em potencial para todas as mulheres da cidade: "os magistrados enviaram seu emissário pela cidade, tocando o sino e gritando que todas as pessoas que tivessem alguma queixa contra alguma mulher por ser uma feiticeira, eles procurariam e julgariam a pessoa apontada. Trinta mulheres foram trazidas à prefeitura, despidas, e tiveram então alfinetes espetados em seus corpos".[61] A maioria delas foi declarada culpada.

TORTURA

A tortura judicial regular foi usada em todos os lugares, com exceção da Inglaterra, e atingiu uma ferocidade extrema. A primeira tortura era psicológica: a suposta feiticeira era levada à sala de interrogatório, onde eram expostos todos os instrumentos de suplício. Os carcereiros também simulavam gritos de dor no cômodo ao lado. Em seguida, a acusada era despida diante do magistrado, depilada e coberta por um lençol. A tortura mais branda eram as chibatadas. Depois havia a "corda": os braços eram amarrados atrás por uma corda presa à polé; a vítima era içada, provocando o deslocamento do ombro.

Ainda mais cruel que a polé era o cavalo de estiramento, um pedaço de madeira triangular com uma das pontas virada para cima: "O corpo da torturada era deitado e amarrado apertado à ponta, que lhe penetrava na carne, do pescoço aos glúteos. Então em suas mãos e pernas eram amarrados pesos cada vez mais pesados; ou cordas ligadas a uma roda que girava com a ajuda de uma manivela. Puxando as cordas, todo o corpo era esticado, e os membros após algumas horas soltavam-se do corpo".[62]

Em Pas-de-Calais, em 1573, Nisette, uma mulher em seu quarto casamento, foi presa por feitiçaria. Condenada a ser açoitada e banida, antes teve a cabeça queimada com um *chapeau d'étoupe*, ou seja, um círculo incandescente de linho ou cânhamo. Quando uma mulher era açoitada, ela tinha de ser despida até a cintura, os seios ficando nus para o público. Para tentar forçar uma confissão, um padre aplicou, repetidamente, ferros quentes nos olhos de Catherine Booyaionne e em suas axilas, na boca de seu estômago, suas coxas, seus cotovelos e em sua vagina. Ela morreu na prisão, sem dúvida dos ferimentos.[63]

As mulheres presas eram passíveis de serem estupradas. A jovem Catharina Latomia, da Lorena, ainda não púbere, foi estuprada duas vezes em sua cela e quase morreu disso. Em Ellwangen, Magdalena Weixler prestou favores sexuais ao seu carcereiro em troca da promessa de ser poupada da tortura, mas mesmo assim foi torturada e executada.[64]

Quando uma mulher era estuprada e assassinada na prisão, a culpa era colocada no Diabo. As mulheres, o sexo e o Diabo eram constantemente misturados com a feitiçaria. "É impressionante o alto nível de violência física, frequentemente usada nos processos; o uso gratuito da tortura que ia além dos limites judiciais. Chama a atenção a natureza sexual desta violência. Foi o maior assassinato em massa europeu, do povo pelo povo, não causado por guerra."[65]

Havia um limite para suportar a tortura. Por mais que negassem, a resistência era aniquilada. Os acusados sob tortura cediam quase sempre às acusações e acabavam denunciando seus supostos cúmplices. O juiz então autorizava novas investigações. Dessa forma, se instalou a escalada da epidemia da feitiçaria.

Uso sexual das feiticeiras

Uma análise da violência, tal como se viu, expõe o terror sexual e a brutalidade no cerne da caça às bruxas. Anne Llewellyn Barstow faz, em seu livro *Chacina de feiticeiras*, observações interessantes.[66] A tortura, com muita frequência, tinha seus ângulos sexuais. Realizada pelos homens em mulheres, a tortura legal permitia experimentos sádicos e investidas sexuais gratuitas. Os carcereiros, os alfinetadores, os executores, todos podiam ter seus prazeres sádicos com as prisioneiras. E os respeitáveis ministros e juízes também.

Em uma sessão pública na Nova Inglaterra, Cotton Mather, enquanto agia para controlar uma moça de 17 anos possuída por demônios, acariciava seus seios. Os pensamentos das mulheres, mesmo os mais íntimos, eram tornados públicos. Os padres tinham interesse sexual pelos corpos das mulheres possuídas. Eles interrogavam as mulheres suspeitas não somente sobre sua atividade sexual com o Diabo, mas também com seus maridos e amantes. Esses homens aproveitavam suas posições de autoridade para se entregarem a sessões de pornografia e deixavam claro seu poder sexual inquestionável sobre as mulheres.

Barstow acredita que, na caça às feiticeiras, a política de forçar uma confissão pode ter sido um disfarce para fazer uma agressão ao corpo da mulher com a aprovação da sociedade. Além disso, o fato básico de terem total poder jurídico sobre as mulheres pode ter contribuído para a propensão à violência. Como as mulheres nunca tinham sido aprisionadas em grande número, os homens pela primeira vez tinham acesso irrestrito a elas. Dado o baixo conceito destas na sociedade europeia, havia pouca pressão social para impedir os oficiais dos tribunais de obter prazer com suas vítimas.

O QUE AS MULHERES SENTIAM?

Não é difícil imaginar que, nesse período, qualquer mulher pode ter se sentido como um animal caçado. Anne Barstow reflete sobre o terror vivido pelas mulheres. A seguir faço um resumo de suas interessantes observações.[67] As mulheres se viam sozinhas. Com poucas exceções, suas famílias não as defendiam por medo e, em alguns casos, se voltavam contra elas. Acusadas pelos vizinhos, ou denunciadas sob coação pelos amigos, em geral elas enfrentavam os tribunais sem nenhuma ajuda.

Ameaçadas de tortura, esforçavam-se para dizer o que pensavam que os juízes queriam ouvir. Mas muitas não eram libertadas, e a desesperança das vozes que falam da prisão por meio dos registros dos tribunais sublinha o fato de que percebiam que não havia saída. As mulheres aprenderam a viver com um medo intenso. Se uma mulher podia ser apontada como feiticeira por predizer o futuro de alguém ou por responder a um vizinho, bem, então era melhor ficar quieta, cuidar da própria vida — e obedecer ao marido. As mulheres aprenderam especialmente a não confiar em outras mulheres, pois poderiam ser chamadas perante o juiz e começar a denunciar as outras.

O terrorismo sexual é o sistema pelo qual os machos amedrontam e, amedrontando, dominam e controlam as fêmeas. Há uma multiplicidade de maneiras como isso é feito: pelo estupro, pelas revistas corporais, ofensas verbais e pela tortura. O principal artifício do século XVI para ensinar a ambos os sexos o controle definitivo dos homens sobre as mulheres, porém, foi a execução pública das feiticeiras.

O que uma mulher, no meio da multidão, nos arredores de Munique, viu, pensou, sentiu, enquanto olhava os braços de Anna Pappenheimer serem queimados com tenazes em brasa, seus seios serem decepados, seu corpo ser queimado vivo? Quais eram as mensagens dessa cena selvagem, uma cena que os observadores sabiam que ocorria milhares de vezes?

Para todos os observadores, uma mensagem principal era que o poder do Diabo, naquele momento, havia sido superado e que a Igreja Católica e o governo do duque Maximiliano estavam seguros no comando da Baviera. Mas para as mulheres que observavam houve outras mensagens, pois todos sabiam que, embora os homens também pudessem ser condenados, a feitiçaria era um crime essencialmente feminino.

Um ritual é um espetáculo. Essa execução, por intermédio da complexa procissão de oficiais eclesiásticos e seculares, exibia o absoluto poder do Estado sobre o indivíduo, da Igreja sobre Satã e o indivíduo, das leis públicas sobre o domínio privado da família. Mas como a tortura que precedia as execuções era gratuita, uma vez que os prisioneiros já haviam confessado e sido condenados, ela assinalava que esse ritual exibia mais alguma coisa. Algumas torturas eram habituais, tais como arrancar a carne dos Pappenheimer com tenazes em brasa; isso extrairia e cauterizaria algo de maligno neles, garantindo, assim, alguma pequena esperança de salvação.

Essas eram as mensagens para todos. Para uma mulher, porém, havia mais: decepar os seios de Anna a descaracterizavam como mulher, informando que a coisa mais perigosa nessa mulher maligna era sua sexualidade, que a sua única esperança de salvação estava em tornar-se uma não mulher. A mensagem para as mulheres na multidão era: seja você também uma não mulher; seja tão invisível na sexualidade e na maternidade quanto lhe for possível. No século em que os homens usavam *codpieces* para realçar e ostentar seus órgãos genitais, dizia-se às mulheres: é perigoso mostrar os seios; nem mesmo amamente seus filhos em público.

No caso da família Pappenheimer, os planejadores — o conselho municipal e os conselheiros jesuítas — romperam o limite que havia até então. A "linguagem" das execuções comuns foi considerada insuficiente para comunicar sua mensagem. Treze anos antes, na vizinha Wurttemberg, marcar os seios com tenazes em brasa e decepar a mão tinham sido suficientes para preparar Walpurga Hausmänin para a fogueira.

Que medo (do Diabo), que ódio (das mulheres), que impulso louco para obter poder poderia ter motivado esses planejadores a levar seu ritual a esse extremo? A mulher na multidão veria Anna ser despida e saberia que os homens haviam planejado isso como um momento pornográfico e, por mais que temessem uma feiticeira, ela compartilharia da vergonha de Anna. A mulher saberia que a pornografia gera violência e tremeria de medo do que o carrasco faria a seguir com a mulher seminua.

Quando ele pegasse a faca, segurasse um dos seios de Anna na mão, decepasse a carne, colocasse o mamilo ensanguentado entre os lábios dela, a mulher sentiria a faca em sua própria carne, sentiria náusea, teria vontade de vomitar, tanto de vergonha como de horror. Ela se sentiria tonta com a pergunta que estaria martelando em sua cabeça: podem nossos corpos ser assim tão malignos? Não há limite para o ódio que os homens têm de nós?

Por que a caça às bruxas na Renascença?

Será que esse estarrecedor aspecto da vida da Renascença constitui parte da história do amor? Selecionei a avaliação de dois autores, Morton M. Hunt e Rose Marie Muraro, que sintetizo a seguir. Hunt considera que sim e explica os motivos desse genocídio.[68] Muitos séculos antes, a separação da mulher em dois modos de ser ia se tornando realidade na mente e na vida do homem cristão. Na Idade Média, os sentimentos contraditórios dos homens a respeito da mulher fizeram com que ela fosse a deusa bondosa, terna, alheia ao ódio — a Virgem Maria, a dama dos trovadores —, ou a feiticeira realizadora de males, sedutora e lasciva — Eva e todas as mulheres pecadoras ou fisicamente desejáveis.

Mas por que motivo essa divisão se intensificou justamente quando surgia uma nova mentalidade, voltada para a vida mundana, para o racionalismo e o redescobrimento da alegria? Por que motivo deveria se desenvolver a feiticeira no mesmo momento em que florescia a dama da Renascença? Hunt acredita que todas as modificações econômicas e intelectuais da época perturbaram seriamente o equilíbrio da Igreja e puseram de pernas para o ar a estabilidade da ordem que ela havia sustentado por tão longo tempo.

Percebendo a sua própria enfermidade, a Igreja começou a resistir e a lutar, sem saber claramente a quem estava visando, nem o que a afligia. A Igreja via, nebulosamente, todas as novas influências, considerando-as um inimigo comum — o nacionalismo, o humanismo e o amor da Renascença.

As duas concepções de mulher se tornaram padrões dos dois lados do conflito iminente. Os cortesãos cultos viam as mulheres como damas; o clero e os pobres ainda continuavam encarando-as como aborrecimentos, ou coisa pior. Os humanistas estavam interessados no amor; os teólogos, no pecado. Na Itália não pairava dúvida alguma quanto aos poderes e ao controle do papa. A histeria da feitiçaria, portanto, teve força somente em uns poucos vales alpinos. Na Europa do norte, onde o desenvolvimento econômico abria caminho para a insatisfação com o controle do Vaticano, e a autoridade do papa se achava em perigo, os inquisidores se mostravam inclinados a ver assombrações e feiticeiras em toda parte.

Rose Marie Muraro atribui a caça às bruxas a outros aspectos.[69] Quem denuncia as feiticeiras são os grandes donos de terra, cujos feudos são cercados por pequenas propriedades de mulheres velhas e viúvas, que não tinham ninguém que as protegesse. Esses senhores querem anexar esses feudos.

Do século XIV ao XVIII, formaram-se as nações como as conhecemos hoje, e não antes, pois até então não havia condições de concentração suficiente de poder entre os pequenos senhores feudais, que guerrearam durante séculos entre si. A caça às bruxas acelerou a concentração de poder, que possibilitou a formação do Estado moderno.

Foi essencial a supressão dos comportamentos não normatizados para que emergissem os novos padrões racionais que viriam a dar origem à Revolução Industrial.

Isto não só em âmbito intelectual como também sexual, pois a ética protestante funciona basicamente sobre a repressão da sexualidade. É sobre a insatisfação sexual de homens e mulheres que o sistema competitivo se constrói, na medida em que a energia reprimida é conduzida para o trabalho compulsivo e sem gratificação nesta vida. Foi a caça às bruxas que normatizou o comportamento das populações em pânico de serem julgadas e torturadas pela Inquisição, que não era só católica, mas também protestante.

Durante três séculos, o *Malleus* foi a Bíblia dos inquisidores e esteve na banca de todos os julgamentos. Para Rose Muraro, quando cessou a caça às bruxas, no século XVIII, houve grande transformação na condição feminina. A sexualidade se normatiza e as mulheres se tornam frígidas, pois desejo e orgasmo são coisas do Diabo e, portanto, passíveis de punição. Reduzem-se exclusivamente ao âmbito doméstico, pois sua ambição também era passível de castigo. O saber feminino popular cai na clandestinidade, quando não é assimilado pelo poder médico masculino já solidificado.

Rose acrescenta que a substituição do Estado teocrático pelo Estado secular, da mente mágica pela mente racional e científica, o fim do feudalismo e o início do capitalismo — tudo isso potencializou o genocídio das mulheres orgásticas. Assim, no século XIX só sobraram os corpos dóceis das mães dóceis, dos operários dóceis da nova era industrial. As outras foram torturadas e queimadas em nome de Deus. Foi no Ocidente, já no século XIX, que as primeiras sufragistas começaram a reivindicar os direitos de cidadania para as mulheres, e na segunda metade do século XX fabrica-se uma revolução das mentalidades que questiona não só a sexualidade reprimida como também a própria base do sistema dominante.

O DECLÍNIO DA CAÇA ÀS BRUXAS

O Diabo não foi expulso do imaginário ocidental de uma hora para outra. A partir do século XVII houve uma profunda cisão intelectual entre os racionalistas e os pensadores tradicionais, que queriam que a teologia continuasse dominando o campo das ideias. Aos poucos, Satã foi perdendo importância numa Europa em grande transformação. Robert Muchembled analisa o fim da crença no Diabo e, consequentemente, o declínio da caça às bruxas. A seguir, algumas de suas ideias.[70]

O fim das graves crises religiosas, a ascensão de Estados nacionais rivais e o caminho aberto pelos avanços da ciência, sobretudo depois de 1660, foram fundamentais. Tudo parecia concorrer para a busca de uma visão menos trágica da existência, mais serena e mais racional. A ciência encontra ecos na medicina, na cirurgia, na anatomia, que perscrutam o corpo, descobrindo pouco a pouco que ele não poderia se transformar ao bel-prazer de supostas vontades divinas ou diabólicas.

Logo a seguir o fluxo de novas ideias, que iriam ser qualificadas de Luzes ou o gosto por uma *dolce vita*, compuseram a trama movediça da mudança. As sociedades do Velho Continente começaram a se afastar do medo de um demônio aterrorizante e de um inferno escabroso. Encerrava-se então um ciclo, que tinha visto Satã reinar de maneira incontesta sobre os todos espíritos. Muchembled acrescenta que a matriz da transformação não é puramente intelectual ou religiosa. Ela provém de uma verdadeira revolução mental, visível em inúmeros aspectos da existência, constituída por um "desencantamento" do universo.

Entretanto, o declínio de Satã não ocorreu após o fim da caça às bruxas. Foi justamente o contrário: o fim das perseguições contra supostos adeptos do Diabo está ligado ao enfraquecimento da crença no demônio, às dúvidas sobre a realidade do sabá e do pacto infernal. O motivo não foi só a arrancada racionalista e científica, que previa os debates de ideias do século XVIII, mas também um questionamento mais geral dos modos de sentir e de pensar até então dominantes.

OS AMORES DE HENRIQUE VIII

Catarina de Aragão, Ana Bolena, Jane Seymour, Ana de Clèves, Catarina Howard, Catarina Parr. Estas foram as seis esposas do rei da Inglaterra, Henrique VIII (1491-1547). Como para a Igreja Católica o casamento é indissolúvel, Henrique protagoniza a história mais original da Renascença. De suas mulheres, duas são repudiadas, duas decapitadas e uma morta no parto.

Em 1509, aos 18 anos, Henrique, por imposição do seu pai Henrique VII, se casa com a viúva de seu irmão, a filha do rei da Espanha, Catarina de Aragão. Ela tinha seis anos mais que ele e era pouco atraente. O casamento se realizou por motivos de Estado, e Catarina não foi capaz de exercer a função de Estado mais importante de todas: dar à luz a um filho para herdar o trono. Dos cinco filhos que tiveram, sobreviveu apenas uma menina, a futura Maria Tudor. Em 1524, Henrique deixou de ter relações sexuais com a esposa e procurou meios de afastá-la de si. Passou a divertir-se com diversas amantes. Até então seu comportamento não causara escândalo, pois se aceitava que reis que se casavam por motivos de Estado se dedicassem a outras damas.

Aos 36 anos, Henrique se encanta pela jovem Ana Bolena, contratando-a como dama de honra da rainha. Pela primeira vez, ele se apaixona, ao contrário do que aconteceu com as suas amantes anteriores. Mas Ana, por algum tempo, soube recusá-lo com habilidade.

Numa das primeiras cartas de Henrique dirigidas a Ana, ele fala da dor da "ausência", bem como "da esperança da exclusiva afeição da parte dela". Henrique lhe escreveu:

> *Asseguro-lhe que daqui por diante meu coração será dedicado somente a você, com um forte desejo de que meu corpo também possa dedicar-se dessa forma. Confio em que dentro em pouco, gozarei isso que há tanto tempo venho ansiando por gozar... Penso que anseio por isso desde que a beijei.*[71]

Após quase dois anos, no fim de 1528, Henrique escreve:

> *Minha querida namorada: serve esta para lhe comunicar a grande solidão em que me vejo aqui, desde que você partiu. Posso assegurar-lhe: eu penso que o tempo vem tornando-se mais longo depois que você se foi. Sua ausência agora dura mais do que eu planejava... Desejo (principalmente à noite) estar nos braços da minha querida, cujos lindos lábios confio em que logo poderei beijar. Escrito com a mão daquele que foi, é e será seu, por sua vontade.*[72]

Decidido a se casar com Ana, Henrique dirige insistentes pedidos ao papa Clemente VII para que anule seu casamento com Catarina. O papa adia a solução do caso; a situação se complica para o rei da Inglaterra. Em 1532, ele nomeia Thomas Cranmer, partidário da anulação para o arcebispado de Canterbury. Pouco depois, casa-se secretamente com Ana Bolena, antes mesmo da separação oficial de Catarina de Aragão. A precipitação ocorre porque Ana está grávida do tão esperado herdeiro. Logo depois, entretanto, se saberá que se trata mais uma vez de uma menina, a futura rainha Elizabeth. Cranmer anula o primeiro casamento e oficializa o segundo, coroando Ana Bolena como rainha.

Roma não pode fechar os olhos, e Henrique VIII é excomungado pelo papa. Em 1534, o Parlamento nega a autoridade papal na Inglaterra e declara a Igreja da Inglaterra uma instituição separada, tendo no rei seu chefe supremo. Este ato marca o nascimento da Igreja Anglicana e a ruptura definitiva com Roma. Qualquer referência ao papa foi retirada das missas. Forest, um frei defensor da autoridade absoluta do papa nas questões de fé, foi acusado de heresia e queimado na fogueira. Outros bispos foram decapitados por sua fidelidade a Roma.

Muitos consideram surpreendente o fato de Henrique, depois de ser amante de Ana, ainda ter desejado que ela fosse sua esposa e ter prosseguido em sua pendência com o papa até que a ruptura com a Igreja Católica se tornasse irremediável e Ana passasse a ser rainha. O exemplo teve imensa repercussão; o casamento por amor se transformou no assunto mais comentado em toda a Inglaterra. Visto que a maior parte dos homens enfrentava obstáculos muito menores do que os enfrentados por Henrique, o casamento por amor acabou sendo, afinal, uma ideia possível.

Em menos de três anos Henrique começou a se cansar do matrimônio, talvez por conta do temperamento e das exigências incessantes de Ana. E quando viu que ela não lhe oferecia um filho, enfurecido diante das próprias dificuldades sexuais, reavaliou todo o seu caso de amor. Chegou a pensar que teria sido seduzido por Ana e levado ao casamento com ela por tenebrosas maquinações de feitiçaria. Afinal de contas, não era verdade que Ana possuía um sexto dedo rudimentar em sua mão esquerda? Henrique poderia ter preferido usar isso como acusação para alcançar a liberdade, mas optou por acusar Ana de conduta leviana. É possível que tenha sido movido pelo ciúme, já que apresentava um quadro de impotência sexual.

O rei tratou de obter provas da infidelidade de Ana. Além do depoimento de testemunhas torturadas, alguns bajuladores fizeram declarações quanto a evidências improváveis, dizendo cada um aquilo que Henrique desejava ouvir. Dezesseis pessoas testemunharam que Ana havia praticado incesto com seu irmão George Bolena. Essas pessoas juravam ter visto, com clareza, ao mesmo tempo, Ana "provocar o irmão, introduzir a língua na boca do referido George, sendo que a língua do mencionado George se introduzia na boca de Ana" (acusação de 15 de maio de 1536).

Henrique escreveu a Ana, enquanto ela se achava confinada na Torre, solicitando que confessasse e assim vivesse. Ela reconheceu ter recebido duas propostas, mas sustentou com firmeza que resistira a elas. Henrique não acreditou, ou simplesmente queria se livrar dela. Seu casamento com Ana Bolena foi declarado nulo e dois dias mais tarde, em 19 de maio de 1536, Ana foi decapitada. Seus seis supostos amantes também perderam a vida. Seis anos depois, Henrique promulgou uma lei classificando como traição o ato de se praticar feitiçarias com a intenção de "provocar o amor de qualquer pessoa". Talvez fosse essa a sua opinião do romance com Ana Bolena.

Onze dias após a execução de Ana, Henrique casa-se com Jane Seymour. Afirma-se que ela era bondosa e modesta, e que repelira as aproximações do rei enquanto Ana viveu. Mas Jane faleceu logo após o nascimento de seu filho, uma criança doente. Henrique continuou à procura de uma esposa que lhe desse o herdeiro masculino que tanto desejava. Foi aconselhado, por motivos políticos, a se casar com Ana de Clèves, filha do duque de Flandres. Como nunca a tinha visto, mostrou-se um tanto relutante. Foi persuadido, então, a enviar um pintor para fazer o retrato de Ana. No quadro via-se uma mulher grande, séria, mas com alguns atrativos. Henrique concordou com o casamento.

Quando viu Ana pessoalmente, o rei ficou chocado com sua aparência. Mas não dava mais para recuar. Casaram-se. Henrique tinha a esperança de gerar um filho saudável dessa vez. Entretanto, já na primeira noite ele compreendeu que não conseguiria tolerá-la. O casamento foi anulado. Aos 49 anos, Henrique casou-se pela quinta vez. Sua esposa era uma jovem de 17 anos, Catarina Howard, sobrinha do poderoso duque de Norfolk. Esta foi a mais atraente de suas esposas. O rei estava satisfeito com Catarina, até saber que ela havia tido vida sexual com diversos homens antes do casamento.

Catarina, por ingenuidade, contratou um de seus ex-amantes, Dereham, como secretário pessoal. Henrique sentiu grande pesar com isso, mas estava disposto a perdoá-la. Entretanto, o arcebispo Cranmer apresentou-lhe provas da conduta leviana da jovem, como o relacionamento que ela mantinha com seu primo. Havia uma carta que Catarina escrevera para o primo dizendo no final "sua enquanto a vida durar". Isso selou o destino da jovem. Em 13 de fevereiro de 1542, Catarina foi decapitada.

O historiador Bernard Murstein acredita que Ana Bolena foi executada, apesar de não haver provas concretas contra ela, porque o rei a detestava. Com Catarina foi diferente. Embora ele não tivesse vontade de se afastar da sensual jovem, o comportamento dela não lhe permitia outra opção. Ela foi condenada por traição, mas seu verdadeiro pecado o foi o de ter roubado do monarca megalomaníaco suas ilusões de juventude.

Catarina o tornou penosamente ciente do fato de que, com 51 anos, pesando mais de 113 kg, com apenas gordura no lugar dos músculos, ele era um velho. Em algum momento de sua atividade extraconjugal acredita-se que Henrique tenha contraído sífilis, o que o prejudicou pelo resto da vida. Tornou-se um homem de aspecto desagradável, gordo, olhos miúdos, bem diferente do belo rapaz que subira ao trono.[73]

No ano seguinte, já com a aparência bem envelhecida, Henrique se casa pela sexta vez. A nova rainha é Catarina Parr, que enviuvara duas vezes. Ela desempenhou o papel de enfermeira para um rei obeso, que tinha dificuldade até para se levantar. Uma enorme úlcera na perna, possivelmente devida à sífilis, cheirava mal e mantinha todos à grande distância. Henrique VIII faleceu em 28 de janeiro de 1547.

A REFORMA PROTESTANTE

No início do século XVI, apesar de a Igreja continuar exercendo grande influência sobre a vida das pessoas, era possível perceber sinais de insatisfação. A atividade sexual intensa do clero, o acúmulo de riqueza e a venda de indulgências a fim de absolver pecados não eram compatíveis com a filosofia cristã. O auge da prática de venda de indulgências se deu durante o pontificado de Leão X (1513-1521), que lançou uma política aberta para isso. Mercadores ambulantes percorreram a Europa vendendo "cartas de indulgência", quase bônus-Paraíso, que podiam ser compradas sem maiores formalidades.

Em 1517, foi divulgada a *Taxa Camarae*, uma lista de indulgências previstas para 35 pecados, com o respectivo preço. Alguns exemplos:[74]

— Se o eclesiástico, além do pecado de fornicação, pedir para ser absolvido do pecado contra a natureza ou de bestialidade, deverá pagar 219 libras e 15 soldos. Mas se tiver cometido pecado contra a natureza com crianças ou animais, e não com uma mulher, pagará apenas 131 libras e 15 soldos.

— O marido que infligir maus-tratos à mulher pagará às caixas da chancelaria 3 libras e 4 soldos; se a mulher for morta, pagará 17 libras e 15 soldos; e se a tiver matado para se casar com outra, pagará mais 32 libras e 9 soldos. Quem tiver ajudado o marido a perpetrar o crime será absolvido mediante pagamento de 2 libras por cabeça.

— A absolvição de homicídio simples cometido contra a pessoa de um leigo custará 15 libras, 4 soldos e 3 denários.

— Quem afogar o próprio filho pagará 17 libras e 15 soldos (ou seja, 2 libras a mais do que aquele que matar um desconhecido), e se pai e mãe o tiverem matado de comum acordo, pagarão 27 libras e 1 soldo de absolvição.

Qualquer crime, por mais cruel que fosse, podia ser perdoado mediante pagamento. Entretanto, a venda de indulgências era apenas um dos aspectos da corrupção na Igreja da época. Por séculos, os papas venderam os cargos religiosos a quem oferecia mais, e para ser ordenado bispo bastava pagar, não era necessário nem ser padre. O título de cardeal (que era "príncipe", também em sentido terreno) muitas vezes não era resultado de um longo percurso espiritual, mas de venda ou concessão do papa a parentes e amigos. Quem podia se permitir o comprava para o filho caçula ou ilegítimo, por vezes adolescente, como uma renda vitalícia. O próprio Leão X se tornara cardeal aos 13 anos.[75]

Os altos prelados acumulavam mais encargos e recebiam pagamento por isso. Os bispos não residiam nas sedes a eles designadas. Um nobre de

Ferrara, por exemplo, podia ser nomeado arcebispo na Hungria e nunca sair de sua casa, limitando-se a receber o dízimo dos fiéis de cujas almas devia cuidar. Por dinheiro, o papa Júlio II consagrou cardeal um jovem de 16 anos. Assim, no final das contas, muitos conseguiram chegar a ser eleitos papas e praticaram crimes terríveis.[76] Dois teólogos, Lutero e Calvino, questionaram profundamente esses excessos. A ideia de que cada indivíduo deveria ser capaz de buscar a salvação sem orientação do clero romano foi ganhando espaço.

MARTINHO LUTERO (1483-1546)

O germânico Lutero foi monge, teólogo e professor universitário. Suas ideias levaram à Reforma Protestante. Atormentado com o sentido do pecado, ele elabora uma nova doutrina da Salvação, em contraposição à católica. Para ele, a absolvição do pecado tem origem numa relação direta entre Deus e o fiel, que poderia ser obtida apenas por intermédio da própria fé, não por meio de obras e, muito menos, com a compra de indulgências ou a intervenção de um confessor.

Em 1517, quando desafiou a todos ao afixar na porta de uma igreja as "95 teses para esclarecer a eficácia das indulgências", ainda se considerava católico devotado, completamente leal ao papa. Mas preconizava reformas no interior da Igreja Católica. Em 15 de junho de 1520, uma bula papal condenou algumas proposições luteranas, ordenando que fossem queimadas. Lutero, como resposta, queimou, diante de uma multidão que o aplaudia, o que ele mesmo chamava de "execrável bula anticristo".

Em 1521, Lutero foi convocado para desmentir suas teses perante o imperador Carlos V e a Igreja. No entanto, ele as defendeu e insistiu na reforma. Foi tachado de herege e excomungado. Salvou-se da fogueira por influência de alguns príncipes germânicos, dentre os quais estava o da Saxônia, que o escondeu no castelo de Wartburg. Lutero escreveu, então, pequenos livros e traduziu a Bíblia para o germano. Graças à imprensa, suas ideias se propagaram rapidamente e foi desencadeado um movimento reformador em vários países, principalmente no norte da Europa.

O Diabo

Lutero acreditava no Diabo. Durante sua longa luta contra a Igreja Católica, ele conta ter encontrado pessoalmente muitas vezes com o Maligno e discutido violentamente com ele, debatendo-se contra as suas tentações. Uma vez, atirou um pote cheio de tinta contra o Diabo, e aconselhou os fiéis a atirarem um punhado de excremento na cara deste, ou, então, soltar gases intestinais na direção dele. Para Lutero, o Diabo "adere ao homem mais estreitamente que sua roupa ou que sua camisa, mais estreitamente até que sua pele".

Satã não era unicamente o princípio do Mal, mas um elemento concreto da vida cotidiana. Muitas vezes era um enviado do Senhor para punir os pecadores, que parecia capaz de agir em todos os momentos e sob múltiplas formas. Ele podia assumir o aspecto de certos animais, sobretudo da mosca. Lutero a detestava particularmente, porque ela gostava de esfregar o traseiro sobre o papel, sujando as páginas dos livros com seus dejetos, assim como o espírito do Mal fazia suas necessidades sobre os corações puros.[77]

A mulher

A maior parte das atitudes da Reforma em relação à mulher e ao amor foi contraditória, mas ficou claramente estabelecida. Isso podia ser observado pela vida pessoal e pelos atos públicos de Lutero. Pouco restou da idealização da mulher ocorrida na Renascença e do cortejar galante dessa época. Lutero não divergiu da visão que a Igreja Católica tinha da mulher como ser inferior, válida essencialmente para a reprodução.

Para ele, assim como para a maioria de seus predecessores e contemporâneos, as mulheres tinham sido criadas somente com o propósito de servirem aos homens e serem suas ajudantes. Elas deveriam ser orientadas, como convém a um "vaso inferior". Ele observava que as mulheres tinham peitos estreitos e pequenos e quadris largos porque haviam sido criadas para ficar em casa, sentar-se, cuidar do lar, ter e criar os filhos.

O CASAMENTO

Para Lutero a virgindade é indesejável, a continência anormal e a castidade ativamente perigosa. Embora ele próprio não conseguisse se libertar do conceito de Agostinho de que o sexo era pecaminoso, um "remédio", comparado a um "hospital para enfermos", não tinha dúvidas de que o casamento era tão necessário à natureza do homem como comer e beber.

Na relação conjugal não havia dúvida de que a esposa era física e intelectualmente inferior ao marido. Numa carta de 12 de abril de 1528, Lutero repreende o escrivão Stephen Roth por não exercer sua autoridade junto à esposa. Roth mudara-se de Witeenberg para Zwickau, mas a esposa se recusou a acompanhá-lo. Sem saber o que fazer, Roth pediu a ela que consultasse Lutero, mas ela não foi visitá-lo. Lutero esperou algum tempo e depois escreveu a seguinte carta:[78]

> *Graça e paz em Cristo, e autoridade sobre tua esposa!*
> *Meu caro Stephen,*
> *Sua esposa ainda não veio ver-me e esta desobediência dela a ti me desagrada muitíssimo. Na verdade, estou começando a ficar um pouco irritado também contigo, pois por tua moleza de coração transformaste em tirania o serviço cristão que deves a ela, e até aqui incentivaste de tal modo que seria tua culpa se ela agora se aventurar a desafiar-te em tudo. Devias ter-te lembrado que era melhor obedecer a Deus do que à tua esposa, e assim não devias ter-lhe permitido desdenhar e espezinhar aquela autoridade do marido que é a glória de Deus, como São Paulo ensina.*
> *Por tua própria culpa estás agora abrindo uma janela em teu vaso mais fraco, pela qual Satã pode entrar à vontade e rir de ti, irritar-te e prejudicar-te de todos os modos. És homem inteligente e o Senhor te capacitará a compreender o que escrevo. Ao mesmo tempo reconhecerás com que sinceridade desejo que os dois cheguem a acordo e Satã seja expulso. Despeço-me em Cristo.*

Na hierarquia familiar, o marido ficava no comando da família, a esposa em segundo lugar e as crianças com o dever de obedecer a seus pais. Os escritos de Lutero, e especialmente seu *Pequeno catecismo*, leitura fundamental nos lares luteranos por séculos, articulavam sua visão da família. As obrigações dos cônjuges seguiam linhas especificamente baseadas no sexo de cada um, exigindo-se do marido que desse "honra para a esposa, enquanto sexo fraco", e da esposa que se submetesse ao marido "enquanto senhor".

Lutero também insistiu que o amor mútuo entre marido e mulher era um mandamento de Deus. Luteranos ao redor do mundo, tanto na América do Norte como na Germânia e nas terras escandinavas, integraram à sua fé esta lição de reciprocidade no amor conjugal e desigualdade na questão da autoridade. Eles também têm sido fiéis à visão de Lutero de que uma vocação cristã completamente realizada inclui responsabilidades conjugais e religiosas.[79]

Os teólogos protestantes recusam-se a considerar o casamento como um sacramento, mas isso não implica uma desvalorização dessa instituição. Lutero qualificava-o de "uma questão temporal e mundana" que "não compete à Igreja; trata-se de "um assunto indiferente", nada mais do que um contrato civil. Deixa de ter qualquer interesse do ponto de vista religioso: é apenas um contrato consensual entre dois indivíduos.

Ele e os reformistas reduziram a três os sete sacramentos católicos: somente batismo, penitência e eucaristia permaneceram, uma vez que eram mencionados na Bíblia e considerados necessários para a salvação. Lutero recomendou o casamento para todos, padres e leigos. Assim, os protestantes se negaram a considerar o celibato e a virgindade como estados superiores.

LUTERO E KATHERINA

Katherina von Bora perdeu a mãe quando era ainda um bebê, e seu pai, ao casar-se novamente, colocou-a num convento. Aos 16 anos, tornou-se freira. Em 1522, quando um dos seus parentes, superior de um monastério, renunciou aos seus votos e se juntou aos luteranos, Katherina e outras freiras do mesmo convento foram profundamente influenciadas por essa decisão. Elas, então, enviaram cartas para suas famílias, pedindo permissão para renunciar a seus votos também. Mas a resposta foi negativa, pois não havia interesse das famílias em reintegrar essas jovens mulheres à sociedade. Afinal, a maioria tinha sido enviada ao convento para evitar o pagamento de um dote matrimonial, e muitas já haviam pago alguma espécie de dote ao convento.

Decidiram então escrever para o líder da Reforma, Martinho Lutero, explicando que não conseguiriam mais viver como freiras, já que suas consciências haviam sido iluminadas. Mas como escapariam? Para onde iriam? Armaram um plano com um comerciante de peixes.

Na noite de Páscoa, em 1523, Katherina e outras oito freiras se esconderam numa carroça entre barris de arenque, e três dias depois foram entregues ao monastério em Wittenberg, no qual Lutero era professor de teologia. Ele se encarregou de providenciar moradia para elas e, para algumas, conseguiu até casamento. Um estudante de Wittenberg escreveu para um de seus amigos: "Alguns dias atrás um carregamento de freiras virgens chegou à cidade, mais ansiosas pelo matrimônio do que pela vida. Deus lhes conceda maridos antes que passem mal".

Katherina permaneceu dois anos em Wittenberg tentando encontrar casamento. Após duas tentativas frustradas, comunicou a Lutero que poderia se casar com ele. Embora a maioria dos homens não aceitasse ter uma ex-freira como esposa, Lutero começou a acreditar que talvez valesse a pena. Em 1525, aos 42 anos de idade, Lutero casou-se com Katherina, de 25 anos. O casal teve seis filhos. Deste momento em diante, a casa do pastor, administrada pela esposa e repleta de crianças, oferecia um novo modelo para os casais protestantes ao redor do mundo.[80]

Lutero encontrou satisfação no lado sexual do casamento, uma vez que, depois de o haver provado, continuou a afirmar que o amor sexual era tão natural e tão necessário quanto o comer. Conservou a noção medieval de que esse amor era, de certo modo, pecaminoso, mas achava que no matrimônio Deus acoberta o pecado. "Lutero amava a sua Kate, mas nutria ideias antiquadas muito firmes a propósito do papel da mulher na vida. 'Toda mulher' — declarou ele — 'deveria ser como Kate, boa dona de casa e boa mãe'. 'Levem-se as mulheres para longe de sua atmosfera doméstica, e elas já não servem para nada' — observou Lutero, desconhecendo a evidência proporcionada pelas damas da Renascença que, mesmo no seu tempo, brilhavam em plena glória por toda a Itália, embora não em Wittenberg."[81]

Outras mulheres na Suíça e em Estrasburgo (uma "cidade independente" sob o controle da Áustria) seguiram os passos das germânicas, casando-se com reformistas protestantes, a maioria deles ex-padres. Elas partilharam o entusiasmo de seus maridos pela Reforma, assim como as adversidades e os perigos ocasionados pelas rivalidades religiosas. Como Katherina von Bora, estas esposas ofereciam companheirismo e conforto para teólogos em combate e abrigo para refugiados protestantes. Algumas vezes, quando as políticas reformistas tornaram-se muito acaloradas, também foram forçadas a fugir.[82]

O SEXO

Lutero considerava o sexo um bom remédio para a tensão conjugal. A ciência que nascia também lançava uma capa de respeitabilidade sobre os sexualmente ativos. Os médicos da época preocupavam-se constantemente com a eliminação de vapores e humores maus. Recomendavam expurgos e sangrias regulares e prescreviam uma evacuação periódica, embora não excessiva, de sêmen. "O sexo tornou-se teologicamente aceitável. Embora seu caráter agradável não recebesse alusões diretas, a época em que ele foi considerado intrinsecamente mau havia passado para os reformistas."[83]

Lutero encontrou no sexo a arma ideal para a sua guerra contra Roma. Como vimos, primeiro ele sancionou o casamento dos padres, e argumentou calorosamente que o celibato foi inventado pelo Diabo na qualidade de fonte de pecado. Depois de algum tempo, avançou adotando o ponto de vista radical de que o casamento não era sacramento de modo nenhum, e sim questão de ordem civil, sujeita a regulamentos do Estado, muito mais que à lei canônica. E mais tarde, em 1532, sustentou que Cristo havia provavelmente feito sexo com Maria Madalena e com outras mulheres, a fim de participar inteiramente da natureza do homem.[84]

JOÃO CALVINO (1509-1564)

Inspirados por Lutero surgiram outros líderes reformistas. Entre os que fugiram da perseguição aos protestantes encontrava-se o mais importante deles, João Calvino. Vindo da França, refugiou-se na cidade de Genebra. Em 1536, aos 26 anos, Calvino publicou sua obra *Instituição da religião cristã*, na qual apresentava uma ruptura bem mais profunda com os dogmas católicos do que Lutero.

Calvino defendia que as Escrituras deveriam ser obedecidas ao pé da letra; sua fé era mais ortodoxa, próxima do Antigo Testamento. O domingo deveria ser guardado como o sábado judaico. Nesse livro ele reuniu, com extremo rigor, os elementos severos do Velho Testamento, os escritos dos pais da Igreja e o luteranismo.

Criou uma teologia feroz, construída sobre a total depravação humana e a implacável ira de Deus contra o homem. Para Calvino, o pecado original transmitido por Adão a toda a humanidade tornou os homens incapazes de redenção. Apenas os eleitos, que haviam recebido uma graça especial de Deus, poderiam se salvar; todos os outros estavam predestinados à danação.

Sua ideia da predestinação está amparada no princípio de que Deus tudo sabe e tudo vê. Sendo assim, Deus sabe, desde sempre, quem vai ser destinado à salvação ou à condenação. No entanto, Calvino admitia que existiam indícios da predestinação. A teoria da predestinação cobre a salvação de incerteza, fazendo com que o fiel busque o tempo todo por indícios de que ele faz parte do grupo dos eleitos. Ao contrário do catolicismo, essa doutrina impossibilita que o fiel rejeite ou aceite livremente a graça divina.

Um ano depois da publicação do seu livro, Calvino tornou-se pregador protestante evangelizador. Já famoso aos 27 anos, passou a desempenhar um papel nos negócios da cidade de Genebra e se transformou numa espécie de ditador. E seu comportamento com os dissidentes da doutrina foi muito duro. "Fosse Calvino homem mais feliz e mais dotado de saúde, o puritanismo talvez nunca se fizesse puritano. E o pensamento dos habitantes de Genebra, dos holandeses, dos escoceses, dos ingleses e dos norte-americanos poderia ter sido, a partir de então, muito diferente."[85] O calvinismo se difundiu e fez ainda mais sucesso que o luteranismo.

As dores de Calvino

Lutero e Calvino tinham físicos e temperamentos bem diferentes, o que talvez tenha influenciado a opinião deles quanto ao casamento, à relação entre homem e mulher e ao sexo. Lutero era ardoroso, impulsivo e expressivo. Um homem animado, que gostava de comer bem, beber e tocar flauta. Calvino, ao contrário, era uma pessoa pesada, sem senso de humor. Quando criança, seu pai queria que se instruísse, e desde cedo foi excelente aluno. Talvez por ter sido criado por uma madrasta muito severa, cresceu sendo excessivamente moralista e censurador. Como era ótimo estudante de Latim, seus colegas o chamavam de "o caso acusativo".

Calvino estudou direito e os clássicos com muita avidez. Ficava curvado sobre os livros até meia-noite e levantava-se da cama pela madrugada para começar a estudar novamente. Magro, severo e pálido, durante grande parte de sua vida sofreu de dispepsia, dores de cabeça, úlceras e cálculos renais. Repentes de fúria o torturavam, mas ele não esmorecia nos seus esforços. Quando mais velho, teve hemorragias pulmonares e tuberculose. Com a saúde tão debilitada, era necessário ter muita persistência. "Não admira que ele considerasse a vida como sendo destituída de valor — e Deus um tirano sem misericórdia."[86] Calvino não esperava menos do que essa força de vontade dos cidadãos de Genebra, que deveriam controlar suas inclinações para os prazeres da vida.

Controle dos prazeres

Calvino, sendo um expoente do grupo que governava Genebra como teocracia, conseguiu transformar muitas de suas opiniões em rígidas leis. Estas davam à sua Igreja o controle total sobre a vida religiosa, moral e política dos cidadãos. Eram passíveis de multa ou prisão os atos de cantar, dançar nos casamentos, blasfemar, servir grande quantidade de pratos no jantar e usar roupas extravagantes. As representações teatrais foram banidas; o uso de joias e de outros adornos foram desencorajados; era passível de prisão qualquer estilo elegante de arrumação dos cabelos. Num período de dois anos, 414 pessoas foram processadas por crimes como o de cantar e o de usar roupas extravagantes.[87]

É difícil compreender por que os indivíduos aceitaram tantas regras sombrias visando evitar o divertimento e o prazer. Contudo, Calvino foi amplamente aceito pela elite de Genebra. E suas leis se espalharam pela Escócia, Holanda, Inglaterra e, depois, por meio dos puritanos, às colônias na América. O que tornava tão atraente as medidas repressivas? Seu "puritanismo" não tinha a intenção de mortificar a carne. Deus predestinara alguns à salvação e os eleitos podiam provar sua situação pela frugalidade e atitudes na vida. Responsabilizando cada um por demonstrar sua própria salvação, Calvino chamava, sem perceber, o auxílio mais poderoso de todos — o censor interno.[88]

Casamento

Até o próprio amor foi rigorosamente regulamentado. Os noivados estavam limitados à duração de seis semanas. Da mesma forma que os católicos antes dele, Calvino considerava que o casamento tinha duas funções principais: produzir descendentes e remediar a incontinência. À maneira dos mais antifeministas pais da Igreja, ele nada dizia quanto ao fato de o amor conjugal envolver companheirismo e afeição. Perdoava a vida sexual de casado e, na verdade, insistia na sua conveniência. Em Genebra, uma mulher podia pedir o divórcio se seu marido se tornasse impotente.

Às transgressões sexuais se reservavam punições tão severas como para as heresias. A fornicação punia-se com o exílio, e o adultério, com a morte — às vezes, por afogamento, e, outras vezes, por decapitação. Calvino estava obcecado pelo tema do adultério, e chegou a defini-lo com tamanha amplitude a ponto de incluir como sua característica até mesmo o gesto arrogante ou a palavra imprudente. As duas atitudes podiam nutrir-se logicamente da mesma concepção do amor sexual, entendendo este como pura atividade animal. Ele confortava seus seguidores com o pensamento de que Deus Todo-Poderoso havia enviado a sífilis à Terra a fim de punir aqueles que fugiam à sanção da lei.[89]

O casamento de Calvino

Quando chegou aos 31 anos, muito provavelmente ainda virgem, Calvino resolveu casar-se a fim de evitar o celibato que tanto criticara nos sacerdotes católicos. Por outro lado, queria alguém que o libertasse de ter que cuidar de si próprio para poder dedicar-se inteiramente a Deus. Pediu a amigos que lhe conseguissem uma esposa, e disse: "Não sou nenhum desses amantes insanos que, uma vez inflamados por uma bela mulher, se apaixonam também pelas faltas dela. A única beleza que me fascina está em ela ser casta, atenciosa, paciente, modesta, frugal, econômica e cuidadosa quanto à minha saúde".[90]

Uma pobre viúva, Idelette de Bure, preencheu esses requisitos. Em 1540, eles se casaram. Tiveram um único filho que morreu ao nascer. Idelette ficou inválida e viveu apenas mais sete anos. Calvino escreveu palavras amáveis após o falecimento dela e permaneceu viúvo daí por diante.

Calvinismo e capitalismo

O alemão Max Weber (1864-1920), em sua obra *Ética protestante e o espírito do capitalismo*, mostra que as ideias calvinistas exerceram influência decisiva no desenvolvimento do capitalismo, na medida em que representaram uma justificativa religiosa para o trabalho e a acumulação de capital. No século XVI, o estabelecimento de um sistema mercantil, que rompe com o quadro agrário da Idade Média, foi a virada decisiva. Ele afirma que o valor inédito atribuído à acumulação ilimitada é uma característica única, própria do Ocidente moderno. Totalmente desconhecida em outros lugares, ela surge por volta do final do século XV, e mais tarde é reforçada pelo espírito calvinista, principalmente pelo puritanismo inglês. A riqueza acumulada pelo trabalho é um dos sinais da salvação na doutrina calvinista da predestinação. "Sem nunca ter certeza de ser salvo por Deus, o indivíduo buscaria com o maior fervor sinais de êxito em várias esferas, principalmente no comércio, para tentar assegurar-se de seu enigmático destino eterno."[91]

Poucos homens foram tão duros e severos como Calvino. É surpreendente que suas ideias e seus hábitos tenham se difundido tão rápido e para tantos lugares. Entretanto, a sua repulsa contra a frivolidade e o luxo adequava-se idealmente ao temperamento daqueles cujo objetivo era trabalhar e acumular fortuna, em sintonia com a sociedade urbana em formação. Na França, os calvinistas foram chamados de huguenotes. Na Escócia, onde as ideias calvinistas foram introduzidas por John Knox, a Igreja calvinista foi organizada a partir de conselhos de pastores, os presbíteros, daí a designação de presbiterianos. Na Inglaterra, pelo tipo de comportamento que preconizavam — seriedade, austeridade inclusive no vestir, dedicação fundamental ao trabalho —, foram chamados de puritanos.

OS PURITANOS

Estamos em 13 de janeiro de 1696, na casa do juiz Samuel Sewall, em Boston. Sua jovem filha Elizabeth, após ouvir um sermão sobre o tema "Tu me procurarás e morrerás por teus pecados", passou o dia todo muito triste. Um pouco depois do jantar, como conta o juiz em seu diário, ela caiu num choro convulsivo. A menina estava com medo de ir para o inferno, porque seus pecados não haviam sido perdoados. Esta manifestação de terror não era incomum. O próprio juiz Sewall relata que alguns anos antes seu filho Sam, de 10 anos, também tivera uma intensa crise de choro. O pai havia conversado com ele sobre a necessidade de todos se prepararem para a morte. "Quando ele estava fazendo suas preces, irrompeu em pranto desesperado, dizendo estar com medo de ter de morrer. Eu rezei junto com ele e li trechos da Escritura que proporcionam conforto contra a morte, como o de 'Oh Morte, onde é que está o seu ferrão'," conta o juiz.[92] Este é um exemplo de lar puritano nos Estados Unidos.

Após a Reforma, no final do século XVI, um grupo de calvinistas ingleses radicais desenvolveu uma concepção de fé cristã própria, que rejeitava tanto a Igreja Romana como a Igreja Anglicana. Esta não era subordinada ao papa, mas a doutrina, liturgia e ética eram católicas. Eles foram denominados puritanos porque pretendiam purificar a Igreja Anglicana, retirando-lhe os resíduos de catolicismo, de modo a tornar sua liturgia mais próxima do calvinismo.

Acreditavam que as Igrejas existentes tinham perdido a sua autenticidade e pureza originais. Condenavam a pompa excessiva das vestes litúrgicas e da ornamentação das igrejas com imagens, peças em metais preciosos e pedrarias. No início do século XVII, a ação que os puritanos ingleses empreenderam para reformar a Igreja Anglicana foi tal que chegaram a ser expulsos da mesma.

A partir de 1630, muitos emigraram para a América do Norte. Povoaram uma região, que foi chamada de Nova Inglaterra, onde puderam pôr em prática, sem restrições, suas ideias. A Nova Inglaterra está situada no nordeste dos Estados Unidos, e engloba os estados do Maine, New Hampshire, Vermont, Massachusetts, Rhode Island e Connecticut. Foi berço dos movimentos pela independência dos Estados Unidos e de muitos líderes do país. No século XVII foram instaladas ali escolas públicas e instituições de ensino superior, como Harvard (1636) e Yale (1701). Boston é seu centro cultural e econômico.

Esses puritanos que fugiram para os Estados Unidos introduziram o presbiterianismo, oriundo da reforma calvinista da Igreja da Escócia. O puritanismo foi bem-sucedido na Suíça, nos Países Baixos, na África do Sul (entre os africâneres), Inglaterra, Escócia e nos Estados Unidos. A oração fervorosa, o culto sóbrio, o estudo da Escritura e a pregação da Palavra de Deus, tanto pelo ensino como pela prática de uma vida simples, eram marcas que distinguiam esses homens.

Mas os puritanos não exigiam apenas mudanças externas, religiosas e políticas, mas mudança de valores, que se manifestasse numa ética que agradasse a Deus, conforme a Palavra de Deus. Assim, pretendiam reformar todos os aspectos da vida cotidiana das pessoas. "O puritanismo é o temor persistente de que alguém, em algum lugar, possa ser feliz", disse o jornalista, escritor e grande defensor da liberdade nos Estados Unidos, H. L. Mencken (1880-1956).[93]

MAIS RIGOR AINDA

Além de Genebra e Escócia, é na Nova Inglaterra que o puritanismo se manifesta em sua forma mais severa. Não bastassem todas as restrições impostas por Calvino, havia numerosas restrições sobre os divertimentos dominicais e os encontros de casais solteiros. Estes deveriam ser bem vigiados pelos respectivos pais ou responsáveis. Nenhuma igreja puritana possuía órgão; os sermões duravam duas ou três horas, e havia vigilantes que cutucavam os que caíam no sono ou não prestavam atenção.

Os fornicadores eram flagelados e tinham que fazer uma confissão pública na igreja; o pelourinho era a penalidade para os pais cujo primeiro filho nascesse cedo demais, em relação ao dia do casamento; era comum ser recusado o batismo a uma criança nascida em um domingo, porque se acreditava que ela devia ter sido concebida em um domingo.[94]

Os considerados fracos de espírito podiam ser queimados como feiticeiros ou enforcados. Isso aconteceu com um criado adolescente, da cidade de Duxbury, Massachusetts, por haver feito sexo com uma égua, uma vaca, duas cabras, cinco ovelhas, duas bezerras e um peru. E um criminoso foi condenado à morte porque um leitão na ninhada de uma porca tinha uma expressão humana, assim como "um olho defeituoso igual ao dele, o que, tornando-o suspeito, ele confessou".[95]

Açoitamentos públicos, marcas a fogo e mergulhos na água eram penalidades impostas a ofensas tais como conduta desordeira ou atos de zombaria ou desacato. Muitos pregadores do século XVI dirigiram ataques aos homens e às mulheres da Nova Inglaterra que ainda usavam perucas. Em 1675, outra lei foi posta em vigor, banindo tais caprichos. À medida que as condições de vida foram melhorando, o uso de enfeites e a prática de embelezamento ressurgiram. No final do século XVII, embora as crianças, muitas vezes, chorassem com medo de Deus, havia brinquedos e bonecas à venda nas lojas.[96]

CASAMENTO

A obra *O orientador da noiva*, de 1617, dizia: "Seja lá quem for, portanto, que deseje ser boa esposa, ou viver confortavelmente, ela que ponha, dentro da sua alma, esta conclusão: meu marido é meu superior, e é melhor do que eu; ele tem autoridades sobre mim e me governa; foi a Natureza que lhe deu essa autoridade... Deus é que a deu a ele". A ideia de subordinação feminina dos puritanos era bem diferente da de outras épocas. Ao contrário das esposas gregas, as mulheres puritanas eram consideradas boas companheiras de seus maridos.[97]

Elas não eram subordinadas, como nos primeiros tempos do cristianismo e da Idade Média, por serem tolas e frágeis, e sim por causa de sua adaptação à criação de filhos e ao arranjo da casa. Os puritanos acentuavam a importância da harmonia emocional entre o marido e a esposa; os membros do casal deveriam ser mais íntimos e viver mais efetivamente sintonizados entre si do que quaisquer outros grupos de pessoas.

Entretanto, eles não aceitavam as manifestações românticas. Coube a um puritano, William Gouge, escrevendo em 1662, insistir, com grande seriedade, para que as esposas não fizessem uso de termos carinhosos com os seus maridos. O autor advertiu-as, especificamente, contra o emprego de expressões comuns, porém nada decorosas, tais como "querido", "benzinho", "coração", "amorzinho". Nenhum desses vocábulos deveria ser usado, e também não deveriam ser usados os pronomes, nem os apelidos. O único modo correto de uma esposa se dirigir ao seu cônjuge seria a denominação "marido".[98]

Delitos sexuais

Os primitivos puritanos não eram contra o sexo em si. Constituíam famílias numerosas e muito se orgulhavam disso. Seus líderes espirituais também louvavam a vida sexual dos casados, condenando a ideia de castidade. O problema era o sexo fora do casamento e o adultério. Em Massachusetts, antes de 1650, o adultério era um crime punido com a morte. Vários adúlteros foram condenados e executados. Depois de 1650 era aplicada a pena de chicoteamento em público além do uso, por toda a vida, de uma letra escarlate. Em alguns casos, acontecia de a adúltera ter de aparecer na igreja enrolada num lençol branco e, de uma maneira ou outra, pedir desculpas à comunidade.

John Smith deixa a esposa, em 1670, e vai viver com outra mulher. O tribunal do condado de Suffolk, Inglaterra, purifica-o com trinta golpes de chicote, mais a multa de dez esterlinos, e ordena-lhe que volte para o lar. A repressão aos prazeres em geral, e ao prazer sexual em particular, desempenhou papel importante nas duas eclosões de histeria contra a feitiçaria na Nova Inglaterra. A primeira começou em 1647, quando foram executadas 14 feiticeiras. A fúria de Salém, de 1692, provocou a execução de vinte pessoas e dois cachorros.[99]

Na Renascença, observa-se um aumento da riqueza. A Igreja Católica, apesar do luxo que adotava, ainda continuava ensinando que a ambição de dinheiro, além das próprias necessidades básicas, constituía "cobiça pecaminosa", e prosseguia a considerar os negócios como uma atividade um tanto vergonhosa. A Reforma louvou o esforço financeiro, removeu o estigma que pesava contra a cobrança de juros e considerou o êxito nos negócios como um sinal da bênção especial de Deus. Contudo, os protestantes condenavam o luxo que a sua própria riqueza nova lhes podia proporcionar.

A retomada do estudo e da instrução enfraqueceu a posição da teologia medieval no espírito dos homens, mas embora a Reforma devesse muito a isso, ela, na sua revolta contra Roma, rejeitou grande parte do pensamento iluminista da época, mergulhando novamente na teologia.[100]

Os sentimentos dos protestantes a respeito do sexo e do amor eram, da mesma forma, complicados e contraditórios. Eles depreciavam o celibato, louvavam o casamento sem restrições e proclamavam que o sexo conjugal era íntegro, livre de mácula. Contudo, continuavam a examinar, a condenar e a executar as feiticeiras, exatamente como faziam os inquisidores, exibindo com frequência, em tais atividades, as mesmas fantasias sexuais doentias. "Aos olhos de seus contemporâneos, os puritanos eram um povo sombrio, sem alegria. Isto poderia ser explicado por dois motivos: eles rejeitaram o humor iluminista da Renascença e davam mais valor ao dinheiro do que aos lazeres, ao êxito do que à cultura."[101]

Os sermões que prometiam o castigo da danação eterna no fogo do inferno atingiram o seu apogeu no século XVIII, e o moralismo sufocante dos vitorianos apareceu em meados do século XIX. São heranças deixadas pelo puritanismo.

A CONTRARREFORMA

A Reforma Protestante havia dividido o mundo cristão ocidental em dois: de um lado, os Estados católicos; de outro, os protestantes. Com o êxito da Reforma, a Igreja Católica preocupou-se com a perda de fiéis, na medida em que deixou de ser a religião oficial de muitos Estados europeus. Temia que isso ocorresse também com as novas colônias da América. Decidiu-se, então, por reformas a fim de reestruturar a Igreja e barrar o avanço protestante.

Em 1536, o clero se reúne na cidade italiana de Trento com o objetivo de refutar as heresias protestantes, reafirmando os dogmas católicos e instituindo reformas dentro do catolicismo. As sessões do Concílio de Trento (1536-1563) foram mais uma defesa das leis tradicionais do casamento. O Concílio reafirmou, entre outras coisas, que o casamento era sacramento. Os clérigos não podiam se casar e se alguém advogasse o casamento como superior à virgindade seria excomungado. A concordância principal do Concílio com Lutero e Calvino era de que a impotência constituía impedimento ao casamento.

A CONSCIÊNCIA DE SI

Na Idade Média as pessoas não se percebem como indivíduos. Cada um só é consciente de si mesmo por meio de uma raça, um povo, uma família. Robert Muchembled faz uma análise do surgimento do indivíduo e do desenvolvimento do seu autocontrole.[102] A percepção pelo homem de sua singularidade, até mesmo a consciência precisa de si mesmo, existia na Antiguidade. O cristianismo introduziu uma desconfiança crescente a esse respeito.

Na Idade Média, portanto, a introspecção não pode ter por objetivo mais que descobrir a extensão dos pecados cometidos para deles se arrepender. Isso impede o acesso à vida interior de cada um. Poucos ousam enfrentar o tabu cristão que proíbe falar de si mesmo, porque é preciso pensar constantemente em Deus, na morte e na salvação. Tudo se opõe à expressão do sentimento particular.

O Renascimento inaugura uma trajetória contínua de individualização da pessoa. O ser se torna realmente um indivíduo do ponto de vista espiritual, capaz de se reconhecer como tal. Registra-se uma grande atração pela produção de autobiografias, que junto com as cartas e os retratos pintados demonstram uma busca cada vez maior pela introspecção. No século XVII, não é rara a utilização da primeira pessoa do singular pelos escritores. Ela afirma uma nítida consciência de si, mas ainda num contexto em que se imprimem fortes marcas coletivas.

Até o século XVIII, o dogma da dualidade entre o corpo e a alma contraria a exploração do mundo interior, demasiadamente ligado ao pecado. A afirmação de si desencadeia as emoções, as paixões, o prazer ou a dor, tudo o que um bom crente deve conter e domesticar para assegurar a salvação de sua alma. O corpo é a prisão desta última e ela aproxima o homem — mesmo que santo — da animalidade. É preciso esperar os progressos científicos e a filosofia das luzes para começar a assistir à mudança desse olhar.

Autocontrole

Embora o cristianismo tenha tentado, desde a sua origem, aprisionar a sexualidade com proibições e interdições, a pressão moral só se intensifica verdadeiramente a partir de meados do século XVI. A consciência de si próprio leva à introjeção dos valores morais impostos, ou seja, cada um passa a censurar sua própria conduta sexual. Católicos e protestantes apoiam as severas leis promulgadas pelos poderes civis. Observa-se o aumento cada vez maior do autocontrole pessoal e da culpa em relação a condutas consideradas impudicas ou obscenas. Isso contribui para impor um modelo de sexualidade puramente procriadora, admissível unicamente no casamento, mesmo assim com muita moderação. Surge então uma tensão interior naqueles que tentam domar ou frear seus desejos para obedecer aos mandamentos da Igreja e da legislação monárquica.

A energia vital assim canalizada é frequentemente reorientada em proveito dos grandes ideais coletivos. "A vigilância constante dos corpos e das almas denunciada por Michel Foucault tem, pois, consequências positivas inesperadas, fazendo com que a sociedade se beneficie do acúmulo de energia dela decorrente. A instalação do autocontrole das paixões físicas leva à produção de uma 'economia libidinal' na qual se baseia o extraordinário crescimento europeu a partir dos Grandes Descobrimentos", diz Muchembled.

Até meados do século XX, a tensão entre a libido de cada um e os ideais coletivos exigiu grande esforço de sublimação. Responsável por isso não é somente a religião, católica ou protestante, mas também o ideal de moderação — dos filósofos das Luzes e dos médicos do século XIX — e as leis do mercado capitalista. A sublimação das pulsões eróticas constitui o alicerce da originalidade da Europa desde o Renascimento.

Geração após geração é marcada pelo sofrimento no âmago do prazer, acompanhado por alguns por um gosto ardente pela transgressão. "O vício e a virtude se revezam incessantemente, marcando, cada um por sua vez, um século, uma década ou um curto período até os anos 1960, a partir dos quais a emancipação sexual das mulheres e o irresistível avanço de uma aspiração à felicidade imediata anunciam amplas mudanças, até mesmo uma revolução...", conclui o historiador.

CASTIDADE X OBSCENIDADE

É comum se pensar a Renascença como um período liberal. Entretanto, a Reforma, a Contrarreforma e o Estado absolutista se empenharam ativamente em reprimir o amor e o sexo. "A sexualidade se tornara um desafio para o poder. Não é exagero dizer que esta esfera pessoal da atividade humana foi sendo progressivamente cerceada por redes de interdições e, mais ainda, por imagens culturais fortes, capazes de desencadear sentimentos de angústia ou de mal-estar."[103]

Vários autores concordam com Muchembled no que diz respeito a uma repressão muito forte da sexualidade ter se instalado por volta dos meados do século XVI, apenas cedendo terreno realmente a partir dos anos 1960. "Fora ou dentro do casamento, o prazer carnal era severamente condenado. A ordem sexual reinava mais do que nunca! É até mesmo provável que se tenha vivido melhor o prazer carnal no final da Idade Média do que no século XVII."[104]

Católicos e protestantes pretendiam promover um retorno à pureza dos primeiros cristãos, para com isso exercer um controle social absoluto. "Na Europa inteira, as autoridades religiosas conseguiram transformar o sexo em ato abjeto. Era uma ordem terrível pesando sobre a sexualidade. O Ocidente das Reformas tentou aprisionar o sexo."[105]

A castidade da Contrarreforma se opunha ao erotismo renascentista. Diante da austeridade protestante, que levou à introjeção de mecanismos de autocontrole, a Europa vivia uma efervescência cultural manifestada pelo conflito entre essas polaridades. A época barroca convive com formas de luxúria, incentivadas por um convívio com outras culturas, que traziam sabores, odores e sensualidades novos.[106]

FALANDO DE SEXO

Na Renascença, o sexo — ou mais precisamente, falar de sexo — foi uma das mais populares vias de escape para a autoexpressão. Ao mesmo tempo que as mulheres, por conta de sua sexualidade, são queimadas na fogueira, que os sermões nas igrejas aterrorizam os fiéis com a possibilidade da danação eterna, o erotismo se desenvolve na arte e na literatura. O século XVI aparece como aquele em que nasce uma crítica à Igreja, que traz no seu rastro a legitimação da libertinagem e um número impressionante de discursos pornográficos.[107]

A historiadora Mary Del Priore concorda. Ela assinala que uma das consequências dos progressos da repressão sexual foi a de levar a sociedade ocidental, em princípio condenada a respeitar a decência e o pudor, a uma obsessão erótica ligada, muitas vezes, ao culto clandestino da pornografia. O paradoxo da Reforma católica foi o de coincidir, na Europa aristocrática, com o desenvolvimento da civilização renascentista. Misticismo e pecado, normas e desregramento coabitavam na prática e nas representações. Sermões tenebrosos sobre o Juízo Final conviviam com uma literatura erótica.[108]

Aretino (1492-1556), por exemplo, escreveu alguns sonetos tão explícitos que foi banido da corte papal. A sensualidade irreverente também foi representada por Rabelais (1483-1553), em *Gargântua e Pantagruel*, que provocou um escândalo entre os intelectuais e teólogos da época. Pantagruel e seu pai, Gargântua, são gigantes de grande apetite. Rabelais descreve com detalhes o exercício das funções naturais por seus personagens, o que é considerado obsceno e grotesco. Panurge, companheiro de Pantagruel, pergunta a seu senhor se deve ou não se casar, explicando: "Estou fervendo de desejo, querendo uma esposa, e veemente na vontade de desatar a ponta da braguilha... sinto coceiras, formigamento, contorço-me e anseio fervorosamente casar-me para que, sem o perigo de golpes de cacete, possa trabalhar minha companheira de teto com o ímpeto de um demônio de chifres de touro."[109]

Em 1584, Brantôme (1540-1614) cai do cavalo e quebra a bacia. É obrigado a ficar quatro anos de cama em seu castelo do Perigord. Durante esse tempo escreve *As damas galantes*, seis discursos dos quais o primeiro, "Das damas que fornicam e os seus maridos cornudos", renova um tema comum desde a Idade Média. Para ele, a liberdade sexual era essencialmente aristocrática, feminina e francesa.

Ele achava bom que as princesas, como o sol atingindo tudo com seus raios, distribuíssem seus favores carnais a todos: "Tais belas e grandes damas... não devem nunca prender-se a um só amor, mas a vários; essas inconstâncias lhes são próprias e permitidas, mas não às mulheres comuns". Das burguesas ele dizia que "tais damas médias precisam ser constantes e firmes como as estrelas fixas e nada erráticas, que quando se põem a mudar, vagar e variar nos amores, tornam-se com razão puníveis e cumpre tratá-las como putas de bordéis".[110]

A CAMINHO DE UMA NOVA VISÃO DO AMOR

O período da História que acabamos de ver foi de grande turbulência e transformação, não apenas na política, na economia, na ciência, na arte, mas também nas relações amorosas. Os conflitos entre a religião da Idade Média e o Humanismo da Renascença, entre o poder do papa e o das nações que começavam a surgir no Ocidente, afetaram a forma com que homens e mulheres viviam o casamento.

O fim do feudalismo reduz a necessidade de alianças entre a nobreza dos diversos reinos, diminuindo, assim, a força dos casamentos arranjados pelos pais. Os jovens passam a participar mais na escolha do cônjuge. "Com o desenvolvimento de carruagens de relativa 'alta velocidade' e estradas melhores, os jovens dispunham de maior mobilidade e podiam com mais prontidão escolher companheiros do que fora possível nos dias do castelo isolado."[111]

As mulheres tiveram mais acesso à educação. Embora ainda encaradas como basicamente inferiores aos homens, aproveitaram-se do clima humanista geral e sua ênfase sobre a importância do indivíduo. Para Morton M. Hunt,[112] a mudança mais significativa, entretanto, se encontra na forma que o homem percebia a mulher: dama ou feiticeira. Entre o início e o fim da Renascença houve uma profunda modificação.

Ao mesmo tempo que a adoração da dama e o ódio da feiticeira atingiam maior intensidade, observamos uma aproximação desses dois sentimentos em relação à mulher. Os homens começaram a perceber as mulheres como seres complexos, que uniam tanto os bons como os maus atributos. Se a mulher verdadeira era menos divina do que a dama, por outro lado, era também menos desprezível do que a feiticeira. O resultado disso foi possibilitar aos homens sentir amor e ternura pela mesma mulher por quem sentiam desejo sexual. A esposa passou a ter qualidades que produziam uma coisa e outra.

A diminuição da crença nos dogmas religiosos fez com que um número maior de pessoas mudasse o foco das recompensas do céu para aquelas que eram possíveis na terra. Assim, os prazeres da vida cotidiana ganharam importância. Entretanto, como todas as mudanças de mentalidade, as transformações na área do amor e do casamento não ocorreram rapidamente. A Renascença pode ser caracterizada como o período de transição entre os antigos padrões de comportamento — de desprezo pela mulher e imposições religiosas — para o tipo de relação amorosa que vai se desenvolver nos séculos seguintes.

LINKS

ÓDIO DAS MULHERES

Desde que o sistema patriarcal se instalou, a mulher foi oprimida. Mas na Renascença observamos uma aversão às mulheres maior do que em qualquer outro período da História. Inútil, insolente, preguiçosa, mentirosa, orgulhosa, lúbrica por natureza. Essa era a visão que tinham da mulher; sua inferioridade em relação ao homem seria pela vontade divina. Consideradas a origem de todo o mal no mundo, elas tinham que ser punidas e mortas. Muitos crimes ainda são cometidos contra a mulher. Um exemplo é a tragédia que ocorreu no Canadá, em 1989. Na Universidade de Montreal, um homem massacrou 14 estudantes do sexo feminino, gritando que odiava as mulheres.

PERSEGUIÇÃO

No final do século XV e principalmente no século XVI, toda a prática do mal foi, como vimos, atribuída às mulheres, afinal elas teriam feito um pacto com o Diabo. Qualquer moça podia ser acusada de bruxaria e de ter relações sexuais com Satã. As mulheres, consideradas insaciáveis e perigosas, eram perseguidas. Isso aconteceu há mais de trezentos anos, mas a experiência absurda vivida pelas mulheres nesse período deixou suas marcas.

Elas começaram a temer falar de si próprias. Já no século XVII, observa-se uma diminuição no número de acusações de estupro levadas ao tribunal (não necessariamente ao número de estupros cometidos). Em geral, as mulheres passaram a protestar menos, começaram a mudar para o tipo passivo e submisso que as simbolizou até quase o fim do século XIX. Essa mentalidade não tem nada a ver com o século XXI, pós-movimento feminista e revolução sexual. Trata-se de atitudes bárbaras contra a mulher, que expressam muito ódio, em um passado muito distante. Será?

Em 22 de outubro de 2009, assistimos a cenas inacreditáveis ocorridas dentro Universidade Bandeirantes — Uniban, de São Bernardo do Campo, São Paulo. A aluna Geisy Arruda, de 20 anos, foi hostilizada, perseguida, xingada, e por pouco não foi linchada por uma multidão de estudantes, aos gritos de "puta, puta". Acuada numa sala, só pôde deixar o local protegida pela polícia. O motivo? Geisy usava um microvestido. O pior ainda estava por vir. Agindo como um tribunal inquisitorial, a direção da universidade decretou a expulsão da aluna.

A partir dos anos 1960/1970, romperam-se dois tabus que causaram a morte das feiticeiras: a entrada da mulher no mercado de trabalho e a busca do prazer sem repressão. Embora ninguém consiga entender o caso Geisy, algo fica claro: a caça às bruxas não foi totalmente extinta.

Estupro

Na Renascença, a masculinidade implica uma atitude agressiva por parte tanto dos rapazes em idade de casar quanto dos mais velhos, dos nobres ou dos que querem ter sucesso na corte. Os estupros faziam parte dos títulos de glória dos cavaleiros. A vítima deveria ter evitado tal situação ou ter sido protegida pelos homens de sua família. O estupro sempre foi muito difícil de ser provado num tribunal.

Atualmente, acontece a mesma coisa. Mulheres violentadas pelos maridos ou por homens com quem saíram muitas vezes não conseguem provar a culpa dos parceiros. No século XVI, a ideia de que as mulheres queriam que o Diabo as seduzisse baseava-se na crença medieval de que elas queriam e apreciavam o estupro. Em muitos casos, hoje, a vítima é suspeita de se ter deixado levar por sua sensualidade natural. Estudos informam que possivelmente a prática do estupro surgiu com o sistema patriarcal, há 5 mil anos, quando o grupo passou a depender mais do homem do que da fertilidade da mulher.

Telma tem 24 anos e trabalha no escritório de uma grande empresa. Sua família não tem recursos e ela é a única a sustentar as pessoas com quem vive: a avó e o filho de 4 anos, que teve sozinha. Bonita e com um belo corpo, logo encantou o chefe do seu setor. Começaram um relacionamento amoroso e há seis meses vão duas ou três vezes por semana a um motel. Ele, um homem casado de 39 anos, lhe dá eventualmente alguma ajuda financeira. O problema é que Telma não pode desagradá-lo. "Na última briga ele ficou com raiva porque não o procurei para fazer as pazes. Eu não queria mesmo encontrá-lo. Aí ele insistiu para irmos ao motel só pra conversar com calma. Quando chegamos lá ele me pegou à força, arrancou minha roupa, me amarrou nua de bruços na cama e tapou a minha boca para eu não gritar. Dessa forma fez sexo anal comigo, com toda a brutalidade."

A violência masculina varia de uma sociedade para outra e de um indivíduo para outro. É claro que nos lugares em que a mística masculina ainda domina, ela é bem mais perigosa. Na década de 1970, a Comissão Norte-Americana para as Causas e Prevenção da Violência observou que "provar sua virilidade exige que o homem, com frequência, manifeste brutalidade, explore as mulheres e tenha reações rápidas e agressivas". A visão do estupro como uma "brincadeira" tornou-se notícia internacional quando a diretora de uma escola do Quênia falou sobre a morte, na escola, de 19 meninas pelos meninos, quando elas resistiram ao estupro. Seu comentário absurdo, relatado na imprensa queniana e, depois, no *New York Times*, em 4 de agosto de 1991, foi: "Os meninos não queriam fazer mal às meninas. Só queriam estuprá-las".[113]

Outros relatos na imprensa expõem a violência contra as mulheres. Na década de 1990, uma matéria de um jornal americano relatou o caso de uma jovem que foi mantida acorrentada dentro de uma caixa de madeira por um homem que a raptou em um estacionamento e a manteve como sua "escrava sexual" por mais de dois anos. Em relação ao estupro nos Estados Unidos, o FBI estima que a cada seis minutos uma mulher seja estuprada, e as estatísticas mostram que, em alguns estados, mais da metade das vítimas são meninas de menos de 18 anos.

Aproximadamente 250 mil crianças americanas, a maioria meninas, são molestadas sexualmente em seus próprios lares, todo ano, geralmente por homens da família. Não há dúvida de que um grande número de mulheres alimenta o temor de serem violentadas. Dados do Instituto de Segurança

Pública (ISP) mostram que pelo menos dez mulheres foram estupradas por dia no estado do Rio de Janeiro em 2010. Dos 4.589 registros desse tipo de violência, 3.751 tiveram como vítimas meninas de no máximo 14 anos.

Estudos mostram que os esforços exigidos dos homens para corresponder ao ideal masculino da sociedade patriarcal provocam angústia, dificuldades afetivas, medo do fracasso e comportamentos compensatórios potencialmente perigosos e destruidores. "Muitos homens alimentam fantasias sexuais de práticas veiculadas pela pornografia, nas quais a dominação masculina é encenada de forma caricatural."[114] Um bom exemplo é uma capa da revista *Hustler*, que consistia na foto de um homem impelindo uma perfuratriz na vagina de uma mulher, sob a legenda "Preliminares".

Uma página "artística" dupla na *Penthouse* exibia mulheres nuas penduradas em árvores, por ganchos, como pedaços de carne morta. Seguindo o mesmo filão, outro número da misógina *Hustler* usou em sua capa uma foto que se tornou um clássico: uma mulher nua, de cabeça para baixo, com apenas as pernas e a parte inferior do torso intactos, o resto aparecendo como um hambúrguer saindo de um moedor de carne. Os movimentos feministas denunciaram exaustivamente o uso da mulher em imagens pornográficas. O ápice da loucura contra as mulheres são os filmes *snuff* nos quais mulheres são assassinadas diante das câmeras.

Apesar de observarmos tantas violências, as mentalidades estão mudando. Muitos homens já compreenderam que a virilidade tradicional é bastante arriscada e cada vez mais aceitam que atitudes e comportamentos sempre rotulados como femininos são necessários para o desenvolvimento de seres humanos. Tanto que numa pesquisa feita por uma revista americana com 28 mil leitores sobre masculinidade, a maioria deles respondeu que queriam ser mais calorosos, mais doces, mais amantes e que desprezavam a agressividade, a competição e as conquistas sexuais. Ao que tudo indica, o fim da violência sexual está diretamente relacionado ao fim da ideologia de dominação e ao retorno da relação de parceria entre homens e mulheres.

MULHERES IDOSAS

A atividade sexual pós-menopausa era vista como inapropriada. As mulheres idosas foram repelidas sexualmente. Os homens acreditavam que as viúvas, uma vez que seus maridos haviam despertado seus apetites sexuais, eram todas ninfomaníacas em potencial. Hoje, muitas mulheres, fora da faixa etária reprodutiva, se sentem inadequadas por conta de seus desejos sexuais. E não é só isso. Qualquer atividade que transpareça sensualidade pode ser alvo de críticas — dos outros ou dela mesma —, fazendo com que a mulher se encolha e fique quieta no seu canto.

Atendi há algum tempo, no consultório, uma viúva de 80 anos que decidiu participar de um grupo de mulheres que iam a teatro, shows etc... Certa vez foi assistir a um show em que depois as pessoas podiam dançar. Ela tentou, mas não conseguiu: "Me senti tão ridícula dançando com essa idade que logo me sentei e fiquei louca de vontade de voltar para casa".

AMOR ROMÂNTICO

A história de Romeu e Julieta é o exemplo de uma ideia que começa a se propagar lentamente, o casamento por amor. Ainda serão necessários alguns séculos para que o amor romântico aliado ao casamento se torne uma característica do Ocidente — todos passam a desejar casar por amor a partir de meados do século XX — mas na Renascença já observamos os primeiros sinais de uma mudança de mentalidade que está a caminho.

Quando Romeu entra disfarçado na casa dos Capuleto, apaixona-se imediatamente ao ver Julieta. A idealização faz com que seja possível amar sem precisar conhecer, estar apaixonado sem conversar. É como ser atingido por um raio e ficar paralisado, prisioneiro desse raio. Até hoje isso acontece com frequência. É comum considerar que o amor romântico implica atração instantânea — amor à primeira vista. O primeiro olhar é uma atitude comunicativa, uma apreensão intuitiva das qualidades do outro. Esse ideal amoroso, que se desenvolveu a partir do amor cortês do século XII, é a propaganda mais difundida, poderosa e eficaz do mundo ocidental. Chega até nós diariamente por intermédio de novelas, literatura, música, cinema.

CASAMENTO

As mulheres desejavam muito se casar. Além de o casamento afetar o status da mulher, ela precisava de proteção e segurança. Mas havia a crença generalizada de que a demanda de maridos excedia a oferta. Hoje, curiosamente, ouve-se a mesma coisa: mulheres se queixando de que não existem homens disponíveis. E não são poucas as que, apesar de serem independentes financeiramente, acreditam — da mesma forma que as mulheres da Renascença —, que só serão valorizadas se tiverem um homem ao lado.

A questão é que autonomia e independência financeira são aspectos distintos. Existem mulheres com grande êxito em suas profissões, que sustentam toda a família, muito respeitadas em cargos de comando, mas que não são mulheres autônomas. Uma mulher autônoma olha com novos olhos para o mundo, o amor, o sexo. Busca sua identidade definida por si mesma e não como adjunto do seu homem.

FIDELIDADE

Das seis mulheres do rei Henrique VIII duas foram decapitadas acusadas de infidelidade. Morte por apedrejamento, fogo, afogamento, sufocamento, arma de fogo, golpes de punhal, açoitamento público, marcação a ferro quente, espancamento, decepação do nariz e das orelhas, mutilação dos genitais foram e são ainda castigos cruéis praticados em todo o mundo quando um adultério é descoberto.

Apesar de nosso tabu cultural contra a infidelidade, são muito comuns as relações extraconjugais. O pesquisador Alfred Kinsey afirmou a esse respeito: "A preocupação da biografia e da ficção do mundo, em todas as épocas e em todas as culturas humanas, com as atividades não conjugais de mulheres e homens casados é evidência da universalidade dos desejos humanos nessas questões".[115]

Um presidente à beira do impeachment

Em 28 de fevereiro de 1997, Monica Lewinsky entrou no Salão Oval para seu último encontro sexual com o presidente Bill Clinton. O presidente deu-lhe alguns presentes e então... segundo o testemunho de Monica:

> *"Voltamos ao banheiro no corredor e nos beijamos. Estávamos nos beijando e ele desabotoou meu vestido e acariciou meus seios com o sutiã, e então ele tirou o sutiã e beijou meus seios, tocou-os com as mãos na boca. E então acho que toquei em sua área genital através das calças e que desabotoei sua camisa e beijei-lhe o peito. E então eu quis fazer sexo oral nele e o fiz. E então ele me afastou, como sempre fazia antes de gozar, e então eu me levantei e disse: 'Você é tão importante para mim. Eu não entendo por que não me deixa fazer você gozar; é importante para mim. Quer dizer, não parece completo, não parece certo'. Eles se abraçaram, se entreolharam e o presidente disse: 'Não quero desapontá-la'."*

Monica Lewinsky, então, continuou a fazer sexo oral no presidente até o fim. Posteriormente, testes de laboratório revelaram que a mancha de sêmen no vestido que Lewinsky usava naquele dia continha DNA que combinava com o do presidente, fornecendo indiscutível evidência do caso secreto que os dois vinham tendo de 15 de novembro de 1995 até seu encontro final em 1997.[116]

O presidente Bill Clinton quase sofreu um impeachment por seu relacionamento com a estagiária. Na realidade, poucos se contentam com um único parceiro sexual. Em matéria de infidelidade, quem se esquece do príncipe Charles? Muitos outros também ocuparam as páginas dos jornais. O mais infiel de todos parece ter sido o escritor belga George Simenon. Ele calculou ter feito sexo com mais de 2.500 mulheres no decorrer dos seus três casamentos.

É impressionante que as pessoas arrisquem tanto — status, reputação, casamento, filhos e até segurança pessoal — para praticar sexo fora do casamento. Isso parece ser irresistível como uma droga. Tão irresistível a ponto de as pessoas se arriscarem também a serem mutiladas e/ou executadas. Mas apesar de todas as punições, homens e mulheres, de qualquer época e de qualquer lugar, se envolvem em relações extraconjugais.

Contudo, o adultério não é tão simples para todos. O conflito entre o desejo e o medo de transgredir pode ser doloroso. "As estatísticas mostram que no sexo feito à tarde é quando ocorre maior incidência de infartos, mas isso acontece porque é nesse período do dia que se dão os encontros fora do casamento. A relação extraconjugal pode ser mais excitante, mas transgredir, estar preocupado se tudo vai dar certo, são situações que podem gerar ansiedade", me disse certa vez o cardiologista Carlos Scherr.[117]

Reprimir os verdadeiros desejos não significa eliminá-los. W. Reich afirma que todos deveriam saber que o desejo sexual por outras pessoas constitui parte natural da pulsão sexual. Provavelmente diminuiriam as torturas psicológicas e os crimes passionais, e desapareceriam também inúmeros fatores e causas das perturbações psíquicas que são apenas uma solução inadequada desses problemas.

Embora os conflitos, medos e culpas, a expectativa dos parentes e amigos, os costumes sociais e os ensinamentos estimulem que se invista toda a energia sexual em uma única pessoa — marido ou esposa —, homens e mulheres são profundamente adúlteros. Será que não está na hora de começarmos a questionar se fidelidade tem mesmo a ver com sexualidade?

A infidelidade feminina

Rogério, um engenheiro de 42 anos, sente-se deprimido desde que descobriu que sua mulher teve uma relação extraconjugal. "Quando converso com Joana sobre o fato de ela ter transado com outro homem, ela diz que me ama e alega que foi uma atração sexual momentânea. Não sei o que pensar, pois sempre acreditei que transar fora do casamento fosse natural para o homem, nunca para a mulher. Ela só deseja ter sexo com o marido; não suportaria a culpa de traí-lo."

Desde a infância foi ensinado à mulher que ela deveria fazer sexo apenas com o marido. Isso fez com que se sentisse culpada no caso de ter uma relação extraconjugal. Mas o cenário não é mais o mesmo, hoje o sentimento de culpa da mulher quase desapareceu completamente. As pesquisas confirmam isso, como a do *New York Post* que concluiu que nove entre dez mulheres não nutrem qualquer tipo de sentimento de culpa. Apesar de no século XIX muitas teorias terem sido criadas afirmando que a mulher não se interessa por sexo, que seu único prazer seria cuidar dos filhos, isso não corresponde à visão predominante na história da sexualidade humana.

As mulheres mulçumanas têm o costume de usar véu porque os povos islâmicos acreditam que elas são extremamente sedutoras. A extirpação do clitóris é realizada em várias culturas africanas para conter a elevada libido feminina. Helen Fisher acredita que se tivéssemos perguntado a Clellan Ford e a Frank Beach, pesquisadores sexuais dos anos 1950, qual dos dois sexos era mais interessado na variedade sexual, eles teriam respondido: "Naquelas sociedades que não têm padrões duplos nas questões sexuais, e em que é permitida uma variedade de ligações, as mulheres utilizam tão ansiosamente suas oportunidades quanto os homens".[118] Kinsey concordava dizendo: "Mesmo naquelas culturas que tentam com mais rigor controlar o coito extraconjugal feminino, está absolutamente claro que tal atividade ocorre, e em muitos casos ocorre com considerável regularidade".[119]

O duplo padrão do adultério — homem pode, mulher não — está desaparecendo. Durante 5 mil anos os homens acreditaram ser somente deles esse direito. Mas começam a pensar diferente. A pílula anticoncepcional, possibilitando o movimento de emancipação feminina e a revolução sexual, foi fundamental para a mudança das mentalidades. Há estudos que investigam o "fenômeno da discrepância paterna", ou seja, filhos que são gerados por homens que não são os maridos das mães.

Um deles, feito por biólogos ingleses, anunciou que aproximadamente 9% das crianças estão incluídas nesta categoria. Uma médica que pesquisa a genética do câncer de mama e reuniu DNA de crianças e seus pais descobriu uma incidência de 10% de "discrepância paterna", mas não publicou a descoberta porque temia que o financiamento de sua pesquisa fosse cortado. Uma matéria do *Times*, de Londres, foi mais alarmista, afirmando que "uma proporção elevada, de uma em cada sete crianças, não era gerada pelo homem que acredita ser o pai" e que "a desconfiança em relação à paternidade não pode ser um fator desprezado na ruptura familiar."[120]

Essa mesma desconfiança foi a responsável, durante milênios, pelo encarceramento da mulher dentro de casa. Ela foi proibida de aparecer diante de estranhos. O homem ficou obcecado pela certeza de paternidade, afinal não lhe agradava a ideia de deixar a herança para o filho de outro. Se considerarmos os métodos anticoncepcionais existentes hoje, e o fato de a grande maioria das relações sexuais não terem como objetivo a gravidez, os números que os estudos apontam são bastante elevados.

Até algumas décadas atrás, os maridos não permitiam que suas mulheres trabalhassem fora de casa. Isso poderia ser uma demonstração de que não conseguiam sustentar a família, o que os desvalorizaria perante outros homens. Além disso, temiam o contato de suas esposas com seus companheiros de trabalho, o que não era de todo sem sentido.

Num estudo feito pela revista americana *New Woman*, 58% de 7 mil leitoras confessaram ter relações extraconjugais. A maioria delas disse conhecer o amante no trabalho. Shirley Glass, uma psicóloga de Baltimore, Estados Unidos, comentou em 2003 que, pelo fato de trabalharem muitas horas juntos, homens e mulheres podiam criar ligações emocionais que levavam a jogos sexuais. "O relacionamento no trabalho torna-se muito rico, e as coisas em casa são opressivas e centradas nos filhos. As pessoas se envolvem sem planejar trair."[121]

Uma pesquisa realizada com 106 mil leitoras da revista americana *Cosmopolitan* no início dos anos 1980 indicou que 54% das mulheres casadas tiveram pelo menos um caso extraconjugal, e a pesquisa de Shere Hite, na mesma época, abrangendo 7.239 homens, relatou que 72% dos casados há mais de dois anos tiveram relações extraconjugais. Estes dados, tanto para mulheres quanto para homens, foram depois verificados por outros pesquisadores.

A pesquisa que fiz no meu site comprova os resultados apresentados por Hite. Mais de mil pessoas responderam. Dessas, 72% declararam já ter tido relações extraconjugais. E Anthony Thompson, do Instituto de Tecnologia da Austrália Ocidental, argumenta que a probabilidade de que o marido ou a mulher venham a ter um caso pode chegar a impressionantes 76%.

Mário, um jornalista de 43 anos, descobriu que sua mulher, Virgínia, teve uma relação extraconjugal. Passado o choque inicial, resolveu refletir melhor sobre o assunto. "Fui tomado por sentimentos contraditórios. Fiquei com muita raiva, me sentindo enganado. Pensei até em me separar imediatamente e a agredi verbalmente. Acho que nessas horas vem na nossa cabeça todo o treinamento machista que tivemos na educação. Depois, mais calmo, falei para Virgínia da mágoa que sentia e ela foi bastante verdadeira. Ela disse que continuava comigo porque me ama e sente tesão por mim. E acha que é só isso que importa. Alega que o fato de ter tido uma transa com outro homem não afetou em nada nossa relação. Disse ainda que não acredita que exclusividade no sexo seja fundamental para uma relação. Na verdade, deixou a decisão do que fazer nas minhas mãos. Apesar de muita relutância, acredito que existe uma possibilidade de ela ter razão."

Os estudos também demonstram que duas novas tendências surgiram: ambos os sexos começaram a ter relações extraconjugais mais cedo que nas décadas anteriores, e o padrão duplo foi corroído. Todos esses dados nos levam a suspeitar que as mulheres têm relações extraconjugais com a mesma satisfação, e talvez até com a mesma avidez que os homens. Muitos ainda acreditam que as mulheres fazem sexo para ter amor e os homens dão amor para ter sexo. Esse padrão de comportamento, assim como a ideia de que a mulher só tem relação extraconjugal motivada por uma grande paixão, e o homem só para fazer sexo, estão saindo de cena.

O PORQUÊ DA RELAÇÃO EXTRACONJUGAL

Em 1992, a escritora americana Dalma Heyn tentou detonar alguns mitos comuns sobre as mulheres e o sexo, como a crença de que as mulheres são monógamas por natureza e que mulheres com casamentos felizes não cometem adultério. Ela entrevistou mulheres casadas que tinham casos extraconjugais e sustenta que ter um caso é uma maneira das mulheres de tentar resgatar a individualidade que achavam ter perdido no casamento. A autora recebeu ameaças; quando apareceu no programa de TV *Larry King Live*, espectadores telefonaram para denunciá-la. A revista *Elle* disse às leitoras que "um caso pode ser uma recarga sexual". A *Harper's Bazaar* sugeriu que os casamentos podem realmente melhorar com os casos extraconjugais: "Como conseguem obter bastante êxtase em outro lugar, essas mulheres não estão inclinadas a reclamar, censurar ou encontrar defeitos nos maridos."[122]

Pesquisando o que estudiosos do tema pensam sobre as motivações que levam a uma relação extraconjugal na nossa cultura, fiquei bastante surpresa. As mais diversas justificativas apontam sempre para problemas emocionais, insatisfação ou infelicidade na vida a dois. Não li em quase nenhum lugar o que me parece mais óbvio: embora haja insatisfação na maioria dos casamentos, as relações extraconjugais ocorrem principalmente porque as pessoas gostam de variar.

Um casamento pode ser plenamente satisfatório do ponto de vista afetivo e sexual e mesmo assim as pessoas terem relações extraconjugais. Concordo com Reich quando diz que ninguém pensaria em condenar outra pessoa por não querer usar a mesma roupa durante anos, ou por não querer comer todos os dias o mesmo prato.

Isso sem falar no fato de ser possível amar duas pessoas ao mesmo tempo. E podemos amar com a mesma intensidade, do mesmo jeito ou diferente. Acontece o tempo todo, mas ninguém gosta de admitir. A questão é que nos cobramos a rapidamente fazer uma opção, descartar uma pessoa em benefício da outra, embora essa atitude costume vir acompanhada de muitas dúvidas e conflitos.

Mas, na realidade, todas as pessoas estão constantemente expostas a estímulos sexuais novos, provenientes de outros que não o parceiro atual. É provável que esses estímulos não tenham efeito na fase inicial da relação, em que há total encantamento pelo outro. Entretanto, existem e não podem ser eliminados. "Todo o moralismo em torno das relações extraconjugais só produz efeitos contrários, na medida em que a repressão das necessidades sexuais serve sobretudo para exacerbar a sua urgência. Os estímulos sexuais, que apenas podem ser contrariados eficazmente por uma inibição sexual neurótica, despertam em qualquer pessoa sexualmente saudável o desejo de outros objetos sexuais. Quanto mais saudável é a pessoa, mais consciente, isto é, não recalcados serão esses desejos e, consequentemente, mais fáceis de controlar. Evidentemente, tal controle é tanto menos nocivo quanto menos for determinado por considerações morais", diz Reich.[123]

Carmen Posadas diz que é impossível possuir o outro por completo, por isso inventaram a fidelidade, que no fim das contas é uma reciprocidade possessiva. Cada membro do casal compromete-se a ser fiel ao outro para não perdê-lo, para assegurar-se de que "está atado e bem atado".[124] O argumento de que o ser humano é "predestinado" à monogamia é difícil de sustentar. Portanto, uma vez que nós humanos nos damos tão mal com a monogamia, outras estruturas de relacionamento livremente escolhidas também devem ser consideradas.

O psicoterapeuta e escritor Roberto Freire diz estar convencido de que "a maneira mais fácil e rápida de destruir uma relação afetiva é torná-la exclusiva, isolada, fechada. O namoro permanente, inespecífico e poliforme serve justamente para impedir isso. Além de ser muito mais gostoso viver desse jeito".[125]

O CONTROLE DA FIDELIDADE

Sérgio, advogado, 38 anos, é casado com Rita há 12 anos. Ela telefona para ele várias vezes ao dia, temendo que ele saia com outra mulher. Não admite, em hipótese alguma, o celular do marido desligado, sem bateria. Para impedir essa desculpa, ela pessoalmente o põe para carregar todas as noites. Nada disso, entretanto, impede que Sérgio passe diariamente na casa de Vilma, sua namorada há três anos, e fique lá por duas horas. Como Rita só acorda por volta de 9h30, Sérgio se organizou de forma eficiente. Sai de casa sempre às 7h, enquanto ela ainda dorme. Rita está convencida de que há muito trabalho no escritório e aceita o fato com tranquilidade. Quando Rita acorda e inicia o controle sobre o marido, ligando de meia em meia hora, ele, feliz, aguarda o encontro do dia seguinte com Vilma.

De uma maneira geral, numa relação estável as cobranças de fidelidade são constantes e é natural sua aceitação. Severa vigilância é exercida sobre os parceiros. O medo de ficar sozinho é tanto que é difícil encontrar quem reivindique privacidade e tenha maturidade emocional para saber que, se tiver um episódio extraconjugal, isso não diz respeito ao parceiro. A única coisa que importa numa relação é a própria relação, os dois estarem juntos porque gostam da companhia um do outro e fazerem sexo porque sentem prazer.

Entretanto, o controle da fidelidade da mulher sempre foi uma grande preocupação para o homem. O pintor espanhol Pablo Picasso não usava cinto de castidade para controlar a fidelidade de suas mulheres, mas utilizava outras formas eficazes de controle. Convidou Fernanda à sua casa para posar como modelo e a pintou com um gato. Ficaram juntos nove anos. Temendo perder Fernanda, Picasso escondia-lhe os sapatos de modo que ela não pudesse sair de casa. No fim, ela se apaixonou por um pintor italiano, Ubaldo Oppi, e fugiu com ele.[126]

Esses fatos são vistos por nós com humor, como coisa do passado. Contudo, na contramão da evolução das mentalidades, há alguns indicadores que apontam para maior vigilância por parte de alguns maridos. Um kit doméstico para teste de infidelidade de US$ 49,95, o CheckMate, que testa manchas de sêmen, fez grande sucesso nos EUA e na Europa, vendendo mais de mil unidades por semana. Brad Holmes, diretor de marketing do produto, afirma que quase 85% dos seus clientes nos EUA são homens: "O estereótipo da esposa submissa casada com o marido traidor está ultrapassado", diz ele. "Parece que agora a mesa virou. As mulheres estão traindo como loucas."[127]

CASAMENTO ABERTO

O psicoterapeuta e escritor José Ângelo Gaiarsa afirma que a questão de o casamento dever ser fechado ou aberto só é discutida superficialmente, pois uma das graves hipocrisias históricas do casamento é constatar que em quase todas as sociedades quase todos dizem que a fidelidade é fundamental, mas em todas havia relações extraconjugais em demasia, mesmo quando existiam horrorosos tormentos e suplícios para a pessoa que prevaricasse. "Houve sociedades muito cruéis nessa área. Apesar disso, sempre houve infidelidade. Então o casamento sempre foi aberto. Ponto. Vamos partir desta premissa. Estamos discutindo a hipocrisia coletiva, e não um fato. Tendo que escolher entre o casamento aberto e o fechado é importante observar que uma aventura não é só passatempo, não é só gostoso, não é só uma relação sexual diferente. Se ela for uma ligação afetiva e pessoal de certa força, é profundamente rejuvenescedora, repousante, transformadora", diz Gaiarsa.[128]

"A infidelidade que nos mantém juntos"

No dia 30 de junho de 2011, a revista de domingo do *New York Times* publicou uma matéria de capa intitulada "A infidelidade que nos mantêm juntos". O ponto de partida foi um escândalo sexual envolvendo o deputado democrata americano Anthony Weiner. Os americanos descobriram que ele usava o Twitter para enviar fotos íntimas a mulheres. A princípio, o deputado disse que sua conta havia sido *hackeada*. Pressionado, admitiu que fora ele mesmo quem enviara as fotos. Acabou renunciando.

Mark Oppenheimer, o jornalista que assina a matéria do *NYT*, relata o diálogo que teve com sua mulher a propósito do escândalo. Ele perguntou a ela: "O que iria te aborrecer mais, saber que envio fotos íntimas a mulheres desconhecidas ou descobrir que estou tendo um caso?". A resposta dela: "Um caso é, pelo menos, uma coisa humana, normal. Já tuitar uma foto do seu escroto é bem esquisito".

Esquisito, estranho. Mark achou que estes adjetivos eram insuficientes para explicar o caso. Não haveria algo no gesto do deputado com o qual todos os homens se identificariam? Ele chegou à conclusão de que a atitude de Weiner reflete, em última instância, os constrangimentos causados pela monogamia. Homens que se comprometem com a monogamia (Weiner é casado com uma assistente de Hillary Clinton) mascaram seu desejo por uma vida mais excitante. Em função disso, vivem sufocados. O Twitter funcionou, então, como válvula de escape do parlamentar.

A partir deste ponto, a matéria do *NYT* baseia-se quase que inteiramente no trabalho de Dan Savage, um jornalista e consultor sexual que assina uma coluna chamada "Savage Love". Esta coluna teve início num jornal alternativo de Seattle, no estado de Washington, e hoje é reproduzida em mais de cinquenta jornais americanos. Savage defende que a monogamia é muito mais difícil do que costumamos admitir. Ele advoga a necessidade de uma nova ética sexual que honre a realidade do casamento e não o ideal romântico.

É verdade que Savage acredita que a monogamia pode funcionar para muitos casais. Mas acha que o discurso em torno dela é desonesto. "Algumas pessoas precisam de mais de um parceiro", diz Savage, "assim como outras precisam flertar ou ter amantes de ambos os sexos".

Em outro trecho da matéria, Savage faz um comentário interessante sobre a expectativa de monogamia: "Homens nunca tiveram a expectativa de serem monogâmicos. Sempre tiveram concubinas, amantes e acesso a prostitutas. Isso poderia ter ocorrido com as mulheres a partir da revolução feminina. Mas em vez de estender às mulheres a mesma latitude, permissão e válvula de escape que os homens sempre gozaram, nós estendemos aos homens o mesmo regime de confinamento ao qual as mulheres sempre estiveram submetidas. Isso foi um desastre para o casamento".

É interessante observar o fato de o *New York Times*, o mais importante jornal americano, ter dado tanto destaque a um assunto tão polêmico. A matéria é, provavelmente, um bom termômetro das necessidades e expectativas do público leitor do jornal.

Sites para as relações extraconjugais

Há um movimento ganhando espaço na internet de todo o Ocidente. São sites para ajudar homens e mulheres casados a encontrar parceiros a fim de relações extraconjugais. Esse movimento se iniciou nos Estados Unidos e se espalhou para vários outros países. O site americano Ashley Madison pensava inicialmente em criar um site de namoro comum, mas os donos descobriram que 30% das pessoas que usavam esse tipo de ferramenta eram casadas. Seu slogan é: "A vida é curta... curta um caso" e o site já tem 10 milhões de clientes. Outro do mesmo tipo é o holandês Second Love, que registra um crescimento de 60% ao ano.

Alguns donos de sites dizem que a proposta é proporcionar uma alternativa para os casais que não querem se separar. E garantem que esta é uma maneira segura e confidencial de ter um caso, sem enfrentar os riscos de procurar por isso num bar, no Facebook ou no trabalho. Os interessados se cadastram e criam uma página onde detalham suas características físicas e preferências gerais. No Brasil, há vários deles.

É fácil observar que esses sites refletem a mudança de mentalidade que vem ocorrendo desde os anos 1970, com o declínio do amor romântico, totalmente exclusivo, que prega a ideia de que os dois vão se transformar num só e que um só terá olhos para o outro.

A exclusividade sexual do(a) parceiro(a) é a grande preocupação de homens e mulheres. Mas ninguém deveria ficar preocupado se o parceiro se relaciona sexualmente com outra pessoa. Homens e mulheres só deveriam se preocupar em responder a duas perguntas: Sinto-me amado(a)? Sinto-me desejado(a)? Se a resposta for "sim" para as duas, o que o outro faz quando não está comigo não me diz respeito. Sem dúvida as pessoas viveriam bem mais satisfeitas.

ORGASMO

Em *O martelo das feiticeiras* diz-se que o Diabo, que é um espírito imundo, só pode chegar pelo corpo, mais precisamente pelos órgãos sexuais da mulher. Os dois inquisidores que escreveram o livro citam principalmente aquelas mulheres "que têm o imundo orgasmo", porque "uma mulher só pode ter o orgasmo, que é uma coisa proibida por Deus, se ela copulou com o Diabo. Esta repressão ao prazer não deixaria as mulheres incólumes. Com toda a liberação das últimas décadas, dois terços das mulheres têm dificuldade para atingir o orgasmo.

Raramente a ausência de orgasmo na mulher se deve a um problema orgânico, sendo as causas, principalmente, culturais e psicológicas. Os inúmeros tabus e preconceitos em relação ao sexo fazem com que a mulher fique tensa e, dessa forma, não se sinta livre para participar ativamente do ato sexual. A antropóloga Margaret Mead, após estudar os hábitos sexuais das pessoas comuns em dezenas de sociedades, concluiu que a capacidade para o orgasmo é uma resposta aprendida, que uma determinada cultura pode ou não ajudar as mulheres a desenvolver.

O CONTROLE DOS PRAZERES

A Igreja de Calvino conseguiu ter o controle total sobre a vida religiosa, moral e política dos cidadãos. Ao responsabilizar cada um por demonstrar sua própria salvação, Calvino desenvolveu em cada fiel uma censura muito poderosa: a censura interna. Como vimos, eram puníveis com prisão os atos de cantar, dançar nos casamentos, blasfemar, servir grande quantidade de pratos no jantar e usar roupas extravagantes. Não podia haver representações teatrais, uso de joias e de outros adornos, nem qualquer estilo elegante de arrumação dos cabelos. Mas, da mesma forma que na Igreja Católica, as piores punições eram reservadas ao sexo. Os puritanos puniam o sexo fora do casamento com o exílio e o adultério, com a morte.

Ainda hoje, percebemos que as crianças aprendem a associar sexo a algo sujo, perigoso. Por conta de todos os preconceitos, ninguém fala com tranquilidade sobre o assunto. Sem ser percebida, a repressão sexual vai se instalando e condiciona o surgimento de valores e regras para controlar o exercício da sexualidade. Tudo isso passa a ser visto como natural, fazendo parte da vida.

Reich vai mais longe ainda. Ele afirma que a repressão sexual da criança a torna apreensiva, tímida, obediente, "simpática" e "bem-comportada", produzindo indivíduos submissos, com medo da autoridade. O recalcamento — resultado da interiorização da repressão sexual — enfraquece o "eu" porque a pessoa, tendo que constantemente investir energia para impedir a expressão dos seus desejos sexuais, priva-se de parte de suas potencialidades. Ele conclui que o objetivo da repressão sexual consiste em fabricar indivíduos para se adaptar à sociedade autoritária, submetendo-se a ela e temendo a liberdade, apesar de todo o sofrimento e humilhação de que são vítimas.

Não é de admirar, portanto, que a atividade sexual que se exerce na nossa cultura seja de tão baixa qualidade. Na maioria das vezes ela é praticada como uma ação mecânica, rotineira, desprovida de emoção, com o único objetivo de atingir o orgasmo o mais rápido possível. Um bom exemplo disso é o fato de que 75% dos homens ejaculam menos de dois minutos depois de introduzir o pênis na vagina. As mulheres, por sua vez, condicionadas a corresponder às expectativas dos homens, e temendo buscar o seu prazer no sexo, ficam paralisadas e se frustram. O resultado da repressão sexual, para ambos, é um desempenho bastante ansioso, podendo levar a um bloqueio emocional e a vários tipos de disfunção, como impotência, ausência de desejo e de orgasmo, sem falar nos casos mais graves de enfermidades psíquicas.

Controlar os prazeres das pessoas é controlá-las. O prazer sexual, por pertencer à natureza humana e atingir a todos sem exceção, sempre foi visto como o mais perigoso de todos. Virtude seria o sofrimento necessário para se alcançar o Reino dos Céus e evitar o pavor da danação eterna. Na Idade Média, como vimos, chegaram ao ponto de afirmar que o ato sexual no casamento só estava isento de pecado se não houvesse prazer entre o casal, e o homem que sentisse muito desejo pela esposa estaria cometendo um verdadeiro adultério.

Como resultado do fato de não se desenvolver o prazer, a grande maioria das pessoas acaba fazendo sexo em menor quantidade e de pior qualidade do que gostaria. Não é à toa que Reich fala da miséria sexual das pessoas, porque, segundo ele, elas se desempenham sexualmente de tal modo que se frustram durante a própria realização com uma habilidade espantosa.

A Bíblia e a ciência

Como já foi dito, a partir de 1630, muitos puritanos emigraram para a América do Norte e povoaram a Nova Inglaterra, onde puderam pôr em prática, sem restrições, suas ideias. Eles introduziram o presbiterianismo, oriundo da reforma calvinista da Igreja da Escócia, e defenderam que as Escrituras deveriam ser obedecidas ao pé da letra. No governo Bush, pudemos observar a influência dos puritanos no pensamento científico.

Em 2003, a revista *Newsweek* mostrou como o ambiente de prece e de Bíblia tomou conta da Casa Branca. O presidente Bush cercou-se de colaboradores tomados, como ele, do fervor evangélico. Ele é criacionista, ou seja, acredita em Adão e Eva e repudia o evolucionismo. O jornalista Nicholas Kristof mostra que 48% dos americanos, segundo o Gallup, também o são, e só 28% acreditam no evolucionismo.

O criacionismo é uma teoria religiosa que diz que os seres humanos são criaturas muito bem "planejadas" para que tenham sido obra da evolução. Segundo os criacionistas, que interpretam a Bíblia ao pé da letra, o universo foi criado por uma inteligência superior, ou seja, Deus. Isso teria ocorrido exatamente como é relatado no Gênesis. A Teoria da Evolução, por sua vez, iniciada pelo trabalho de Charles Darwin, em 1859, sustenta que o homem — assim como toda a vida na Terra — é produto da evolução contínua de bilhões de anos a partir do surgimento dos primeiros organismos unicelulares. A evolução é uma teoria aceita por praticamente todos os cientistas do mundo, porque é comprovada em testes, em estudos e pela observação da natureza. Bush apoiava o ensino do criacionismo nas escolas públicas.

Por volta de 1700, a Europa entra numa fase de mudanças aceleradas em todas as áreas. Novas descobertas científicas incentivavam a ideia de que o progresso seria possível se as crenças religiosas, que dominavam a Europa desde a Idade Média, dessem lugar à razão. Por intermédio da razão, em vez da fé, os homens poderiam alcançar a verdade objetiva. Iluminismo, Século das Luzes, Idade da Razão — estes termos se referem ao século XVIII, quando se acreditava que os tempos de obscurantismo e ignorância haviam ficado para trás. Uma nova era, iluminada pelo desenvolvimento da ciência e o respeito à humanidade, começava a surgir. É o que veremos no volume II.

VOLUME II

Sumário

Introdução

Iluminismo — Meados do século XVII e século XVIII

A idade da razão. As novas ideias. A enciclopédia. Os pensadores. A busca do prazer. O amor torna-se ridículo. Escondendo as emoções. Baile de máscaras. Disfarces e metamorfoses. O sexo nos bailes. Equívocos perigosos. Ninguém pode ser acusado. As boas maneiras. A herança das preciosas. A ambição mundana. O flerte. Galanteria. Ninon, a cortesã. Luís XIV. Charles II, da Inglaterra. Seduzir e abandonar. Vício e virtude. A pornografia. Os libertinos. D. Juan, Casanova e Sade. A Revolução Francesa.

Links: Sedução e conquista. Padrão comum no flerte. Quando a mulher toma a iniciativa. Erotismo ou pornografia?

Romantismo — Século XIX

O amor romântico. A própria vida de Goethe. Do amor cortês ao amor romântico. O amor romântico como transgressão. Excesso de sentimentalismo. A era vitoriana. A nova religião médica. O século do pudor. Desigualdade entre homens e mulheres. Ascensão social. As classes inferiores. A mulher dependente e frágil. A mulher estúpida. O jeito de vestir. A mulher imobilizada. A tortura do espartilho. O piano, haxixe das mulheres. Psicanálise. Histeria.

Links: Heroínas românticas. Em busca do homem "certo". Expectativas. Desencanto. Culpa. Frustrações. Herança casta.

Século XX

Primeira metade — 1900 a 1945

Obcecados pelo amor. Arte e literatura. Picasso e o cubismo. Anos loucos. A Era do jazz. A moda. As melindrosas. A crise de 1929. Cartas de amor. O medo de não ser amada. Vozes contra a mulher. Inveja da mulher. Esportes: o novo corpo. Romances água com açúcar. M. Delly. Controle da natalidade. Locais de encontro e sedução. Telefone e automóvel. Encontro marcado. Fim do casamento arranjado. Esposa virtuosa x garota dos anos loucos. A teoria do orgasmo de Reich. A influência de Hollywood. Baby boom.

Pós-guerra — 1945 a 1964

American Way of Life. Anos dourados. Retorno à feminilidade. A mulher e o trabalho. As "solteironas". Revistas femininas. Moças direitas x malfaladas. O relatório Kinsey. Namoros íntimos. O dia a dia da dona de casa. A reputação da esposa. Sinais de mudança. A Geração Beat. Rock and roll. A pílula.

Revoluções — 1965 até hoje

A contracultura. Drogas. Liberdade. Revolução sexual. Maio de 1968. Prazer para todos. Movimento Hippie. Woodstock. Desbundados e politizados. Movimento feminista. A mística feminina. Movimento Gay. Stonewall. Direito à diferença.
Links: Paixão x amor romântico. A difícil vida a dois. Rancor matrimonial. Dependência e hostilidade. Solidão a dois. Sede do novo. Inveja no amor. O ciúme é sempre limitador. A arte de se separar. Estar só nem sempre é solidão. O amor romântico começa a sair de cena. Novas formas de amar.

Conclusão

Notas

Bibliografia

NOTAS

Introdução

1. Zeldin, Theodore, *Uma história íntima da humanidade*, Record, 1996, p. 74.

A Pré-História — Até a invenção da escrita, em 3000 A.C.

1. Eisler, Riane, *O prazer sagrado*, Rocco, 1995, p. 39.
2. Tannahill, Reay, *O sexo na história*, Francisco Alves, 1983, p. 13.
3. Simonnet, Dominique, *A mais bela história do amor*, Difel, 2003, p. 23.
4. Tannahill, Reay, op. cit., p. 16.
5. Simonnet, Dominique, op. cit., p. 16.
6. Tannahill, Reay, op. cit.
7. Ibidem, p. 49.
8. Ibidem, p. 53.
9. Badinter, Elisabeth, *Um é o outro*, Nova Fronteira, 1986, p. 93.
10. Eisler, Riane, op. cit.
11. CBS News <http://bit.ly/ishcD6>.
12. Garber, Marjorie, *Vice-versa*, Record, 1997, p. 27.
13. Singer, June, *Androginia*, Cultrix, 1990, p. 36.

Grécia — 4500 a.C. a 146 a.C.

1. Ackerman, Diane, *Uma história natural do amor*, Bertrand Brasil, 1997, p. 49.
2. Ibidem, p. 50.

3. Yalom, Marilyn, *A história da esposa*, Ediouro, 2001, p. 38.
4. Roberts, John M., *O livro de ouro da história do mundo*, Ediouro, 2001, p. 181.
5. Vrissimtzis, Nikolaos, *Amor, sexo & casamento na Grécia Antiga*, Odysseys, 2002, p. 26.
6. Yalom, Marilyn, op. cit., p. 40.
7. Hunt, Morton M., *História natural do amor*, Ibrasa, 1963.
8. Ibidem, p. 26.
9. Ibidem, p. 27.
10. Idem.
11. Ibidem, p. 12.
12. Tannahill, Reay, op. cit., p. 100.
13. Idem.
14. Idem.
15. Ibidem, p. 101.
16. Hunt, Morton M., op. cit., p. 22.
17. Riane Eisler, op. cit., p. 147.
18. Vrissimtzis, Nikolaos, op. cit.
19. Ibidem.
20. Ibidem, p. 55.
21. Hunt, Morton M., op. cit., p. 22.
22. Tannahill, Reay, op. cit.
23. Vrissimtzis, Nikolaos, op. cit.
24. Yalom, Marilyn, op. cit., p. 41.
25. Tannahill, Reay, op. cit., pg. 104.
26. Idem.
27. Yalom, Marilyn, op. cit., p. 41.
28. Hunt, Morton M., op. cit., p. 22.
29. Yalom, Marilyn, op. cit.
30. Vrissimtzis, Nikolaos, op. cit., p. 57.
31. Ibidem, p. 59.
32. Ibidem, p. 58.
33. Ibidem, p. 61.
34. Hunt, Morton M., op. cit., p. 23.
35. Ibidem, p. 28.
36. Tannahill, Reay, op. cit., p. 111.
37. Vrissimtzis, Nikolaos, op. cit., p. 62.
38. Hunt, Morton M., op. cit., p. 28.
39. Tannahill, Reay, op. cit., p. 108.
40. Idem.
41. Hunt, Morton M., op. cit., p. 29.
42. Ibidem, p. 30.
43. Ibidem, p. 37.
44. Idem.
45. Ibidem, p. 12.
46. Tannahill, Reay, op. cit., p. 92.

47. Hunt, Morton M., op. cit., p. 38.
48. Ibidem, p. 39.
49. Ibidem, p. 41.
50. Ibidem, p. 42.
51. Tannahill, Reay, op. cit., p. 96.
52. Hunt, Morton M., op. cit., p. 40.
53. Ibidem, p. 41.
54. Idem.
55. Ibidem.
56. Rinne, Olga, *Medeia: o direito à ira e ao ciúme*, Cultrix, 1988, São Paulo, p. 18.
57. Eluf, Luiza, *A paixão no banco dos réus: casos passionais célebres*, Saraiva, 2002, p. XI.
58. Buss, David M., *A paixão perigosa*, Objetiva, 2000, p. 140.
59. Posadas, Carmen, *Um veneno chamado amor*, Objetiva, Rio de Janeiro, 1999.
60. Ibidem.
61. Rinne, Olga, op. cit.
62. Ibidem, p. 12.
63. Carotenuto, Aldo, em *Corriere della Salute*, 16 de fevereiro de 2003.
64. Carotenuto, Aldo, *Eros e Pathos*, Paulus, São Paulo, 1994.
65. Posadas, Carmen, op. cit., p. 148.
66. Ibidem, p. 149.
67. Idem.
68. Ibidem, p. 163.

ROMA — 146 A.C. AO SÉCULO III

1. Pound, Ezra, *ABC da Literatura*, Cultrix, 1977, p. 170.
2. Hunt, Morton M., op. cit., p. 49.
3. Ibidem, p. 54.
4. Ibidem, p. 55.
5. Idem.
6. Swinburne, Algernon C., *Laus Veneris*, <www.books.google.com.br>, verso IV.
7. Hunt, Morton M., op. cit., p. 48.
8. Ackerman, Diane, op. cit., p. 66.
9. Veyne, Paul, *Sexo & poder em Roma*, Civilização Brasileira, 2005, p. 42.
10. Hunt, Morton M., op. cit., p. 56.
11. Ibidem, p. 57.
12. Tannahill, Reay, op. cit., p. 115.
13. Ibidem, p. 121.
14. Ibidem, p. 125.
15. Ibidem, p. 117.
16. Hunt, Morton M., op. cit., p. 61.

17. Yalom, Marilyn, op. cit., p. 58.
18. Ibidem, p. 5.
19. Idem.
20. Veyne, Paul, op. cit., 2005, p. 34.
21. Ackerman, Diane, op. cit., p. 63.
22. Yalom, Marilyn, op. cit., p. 55.
23. Tannahill, Reay, op. cit.
24. Veyne, Paul, em *História da vida privada*, volume I, Companhia das Letras, 1992, p. 197.
25. Idem.
26. Veyne, Paul, op. cit., 2005, p. 45.
27. Ibidem, p. 235.
28. Hunt, Morton M., op. cit., p. 60.
29. Idem.
30. Veyne, Paul, op. cit., 2005, p. 40.
31. Ibidem, p. 44.
32. Hunt, Morton M., op. cit., p. 65.
33. Ibidem, p. 67.
34. Idem.
35. Ibidem, p. 69.
36. Veyne, Paul, op. cit., 1992, p. 46.
37. Veyne, Paul, op. cit., 2005, p. 37.
38. Hunt, Morton M., op. cit., p. 61.
39. Tannahill, Reay, op. cit., p. 131.
40. Veyne, Paul, op. cit., 2005, p. 241.
41. Yalom, Marilyn, op. cit.
42. Veyne, Paul, op. cit., 2005.
43. Veyne, Paul, op. cit., 1992, p. 197.
44. Veyne, Paul, op. cit., 2005, p. 234.
45. Yalom, Marilyn, op. cit.
46. Eliade, Mircea e Couliano, Ioan, *Dicionário das religiões*, Martins Fontes, 1995, p. 102.
47. Idem.
48. Ibidem, p. 103.
49. Hunt, Morton M., op. cit., p. 78.
50. Ibidem, p. 84.
51. Veyne, Paul, op. cit., 2005, p. 50.
52. Ibidem.
53. Hunt, Morton M., op. cit., p. 92.
54. Miller, Michael V., *Terrorismo íntimo*, Francisco Alves,1995, p. 54.
55. Carotenuto, Aldo, op. cit., 1994.
56. Solomon, Robert, *O Amor: reinventando o romance em nossos dias*, Saraiva, 1992, p. 311.
57. Pasini, Willy, *Intimidade*, Rocco, 1996, p. 24.
58. Ibidem, p. 58.

59. Ibidem, p. 43.
60. Hite, Shere, *O relatório Hite: um profundo estudo sobre a sexualidade feminina*, Difel, 1979, p. 273.

ANTIGUIDADE TARDIA — SÉCULO III AO V

1. A história de Ámon é narrada por Sócrates Escolástico em *Ecclesiastical History* e na *História lausíaca*, de Paládio, ambos do século V, e citada por Hunt, Morton M., op. cit., p. 85.
2. Le Goff, Jacques, *Uma longa Idade Média*, Civilização Brasileira, 2008.
3. Le Goff, Jacques e Truong, Nicolas, *Uma história do corpo na Idade Média*, Civilização Brasileira, 2006, p. 48.
4. Fo, Jacopo; Tomat, Sergio; Malucelli, Laura, *O livro negro do cristianismo*, Ediouro, 2007.
5. Le Goff, Jacques, *O deus da Idade Média*, Civilização Brasileira, 2007, p. 18.
6. Roberts, John M., op. cit.
7. Fo, Jacopo; Tomat, Sergio; Malucelli, Laura, op. cit., p. 14.
8. Hunt, Morton M., op. cit, p. 101.
9. Murstein, Bernard I., *Amor, sexo e casamento através dos tempos*, Tomo I, Artenova, 1976, p. 118.
10. Vainfas, Ronaldo, *Casamento, amor e desejo no Ocidente cristão*, Ática, 1992, p. 7.
11. Hunt, Morton M., op. cit., p. 103.
12. Murstein, Bernard I., op. cit., p. 121.
13. Tannahill, Reay, op. cit., p. 151.
14. Hunt, Morton M., op. cit., p. 118.
15. Ibidem, p. 96.
16. Tannahill, Reay, op. cit., p. 174.
17. São Jerônimo, Epístola XXII, citado por Hunt, Morton M., op. cit., p. 99.
18. Le Goff, op. cit., 2008, p. 144.
19. Hunt, Morton M., op. cit., p. 98.
20. Idem.
21. Idem.
22. Vainfas, Ronaldo, op. cit., p. 17.
23. Idem.
24. Murstein, Bernard I., op. cit., p. 119.
25. Tannahill, Reay, op. cit., p. 160.
26. Bologne, Jean-Claude, *História do casamento no Ocidente*, Temas e Debates, 1999, p. 76.
27. Hunt, Morton M., op. cit., p. 87.
28. Bologne, Jean-Claude, op. cit., p. 75.
29. Hunt, Morton M., op. cit., p. 90.

30. Ibidem, p. 92.
31. Veyne, Paul, *Quando nosso mundo se tornou cristão*, Civilização Brasileira, 2010, p. 12.
32. Ibidem.
33. Le Goff, Jacques, op. cit., 2007, p. 19.
34. Fo, Jacopo; Tomat, Sergio; Malucelli, Laura, op. cit., p. 44.
35. Tannahill, Reay, op. cit.
36. Carotenuto, Aldo, op. cit., 1994, p. 82

IDADE MÉDIA — SÉCULO V AO XV

1. Le Goff, Jacques, op. cit., 2008, p. 9.
2. Le Goff, Jacques, op. cit., 2006, p. 30.
3. Huizinga, Johan, *O declínio da Idade Média*, Ulisseia, p. 224.
4. Vainfas, Ronaldo, op. cit., p. 49.
5. Bologne, Jean-Claude, op. cit., p. 134.
6. Le Goff, Jacques e Truong, Nicolas, op. cit, 2006.
7. Le Goff, op. cit., 2008, p. 151.
8. Braunstein, Philippe, em *História da vida privada*, volume III, Companhia das Letras, 1992, p. 582.
9. Vainfas, Ronaldo, op. cit., p. 83.
10. Tannahill, Reay, op. cit., p. 168.
11. Le Goff, Jacques, op. cit., 2006.
12. Yalom, Marilyn, op. cit., p. 80.
13. Rouche, Michel, em *História da vida privada*, volume III.
14. Vainfas, Ronaldo, op. cit., p. 28.
15. Yalom, Marilyn, op. cit., p. 90.
16. Duby, George, *Ano 1000, ano 2000: na pista dos nossos medos*, Unesp, 2004.
17. Tannahill, Reay, op. cit., p. 278.
18. Murstein, Bernard I., op. cit., p. 162.
19. Hunt, Morton M., op. cit., p. 121.
20. Ibidem, p. 128.
21. Murstein, Bernard I., op. cit., p, 189.
22. Huizinga, Johan, op. cit., p. 111.
23. Hunt, Morton M., op. cit., p. 120.
24. Ackerman, Diane, op. cit., p. 81.
25. Ibidem, p. 85.
26. Yalom, Marilyn, op. cit., p. 90.
27. Murstein, Bernard I., op. cit., p. 180.
28. Hunt, Morton M., op. cit., p. 129.
29. Le Goff, Jacques, op. cit., 2006, p. 96.
30. Tannahill, Reay, op. cit., p. 287.

31. Hunt, Morton, op. cit., p. 130.
32. Ackerman, Diane, op. cit., p. 89.
33. Le Goff, Jacques, em Simonnet, Dominique, *A mais bela história do amor*, Difel, 2003, p. 60.
34. Capelão, André, *Tratado do amor cortês*, Martins Fontes, 2000, p. 233.
35. Ackerman, Diane, op. cit.
36. Hunt, Morton M., op. cit., p. 139.
37. Ibidem, p. 140.
38. Ibidem, p. 143.
39. Ibidem, p. 149.
40. Ibidem, p. 133.
41. Rougemont, Denis de, *O amor e o Ocidente*, Guanabara, 1988.
42. Paz, Octavio, *A dupla chama: amor e erotismo*, Siciliano, 1993, p. 91.
43. Bologne, Jean-Claude, op. cit., p. 119.
44. Idem.
45. Yalom, Marilyn, op. cit., p. 75.
46. Duby, Georges, *Idade Média, idade dos homens*, Companhia das Letras, 1990, p. 32.
47. Braunstein, Philippe, op. cit., p. 581.
48. Hunt, Morton M., op. cit., p. 118.
49. Rouche, Michel, em *História da vida privada*, volume I, p. 464.
50. Le Goff, Jacques, op. cit., 2008, p. 147.
51. Vainfas, Ronaldo, op. cit., p. 48.
52. Bologne, Jean-Claude, op. cit., p. 135.
53. Montaigne apud Bologne, Jean-Claude, Ensaios, Livro 3, capítulo, 5, op. cit, p. 65.
54. Tannahill, Reay, op. cit., p. 300.
55. Idem.
56. Bologne, Jean-Claude, op. cit., p. 162.
57. Vainfas, Ronaldo, op. cit., p. 40.
58. Rouche, Michel, em *História da vida privada* volume I, p. 505.
59. Bologne, Jean-Claude, op. cit., p. 162, apud Chauliac, Guy de e Nicaise, E., *La Grande Chirurgie*, 1363, Alcan, 1890, p. 546.
60. Bologne, Jean-Claude, op. cit., p. 163.
61. Roncière, Charles de la, em *História da vida privada*, volume II, p. 212.
62. Flandrin, Jean-Louis, *O sexo e o Ocidente*, Brasiliense,1988, p. 148.
63. Yalom, Marilyn, op. cit., p. 70.
64. Duby, George, op. cit., 1990, p. 32.
65. Duby, George , *História da vida privada*, volume II, p. 93.
66. Fabre, Daniel, em *História da vida privada*, volume III, p. 543.
67. Tannahill, Reay, op. cit., p. 155.
68. Ibidem.
69. Roncière, Charles de la, em *História da vida privada*, volume II, p. 221.
70. Idem.
71. Huizinga, Johan, op. cit., p. 35.
72. Flandrin, Jean-Louis, op. cit., p. 166.

73. Le Goff, Jacques, op. cit., 2006, p. 101.
74. Fo, Jacopo; Tomat ,Sergio; Malucelli, Laura, op. cit., p. 17.
75. Idem.
76. Ibidem, p. 18.
77. Ibidem, p. 21
78. Huizinga, Johan, op. cit.
79. Franco Júnior, Hilário, *Cocanha: várias faces de uma utopia*, Ateliê Editorial, 1998, p. 10.
80. Ackerman, Diane, op. cit., p. 99.
81. Huizinga, Johan, op. cit., p. 27.
82. Murstein, Bernard I., op. cit., p. 153.
83. Ibidem, p. 163.
84. Buss, David M., op. cit,, p. 24.
85. Idem.
86. Pasini, Willy, *Ciúme*, Rocco, 2006, p. 15, apud Simone, Rosella, em *D: La Reppublica dele donne*.
87. Groneman, Carol, *Ninfomania*, Imago, 2001.
88. Hirigoyen, Marie-France, *A violência no casal*, Bertrand Brasil, 2005.
89. Ibidem, p. 45.
90. Buss, David M., op. cit., p. 123.
91. Ibidem, p. 19.
92. Idem.
93. Miller, Michael V., op. cit.
94. Hirigoyen, Marie-France, op. cit., p. 4.
95. Ibidem.
96. Ibidem, p. 14.
97. Buss, David M., op. cit., p. 133.

RENASCENÇA — SÉCULO XV A MEADOS DO SÉCULO XVII

1. Hunt, Morton M., op. cit., p. 165.
2. Sevcenko, Nicolau, *O Renascimento*, Unicamp, 1988, p. 15.
3. Macfarlane, Alan, *História do casamento e do amor*, Companhia das Letras, 1986, p. 160.
4. Ibidem, p. 161.
5. Idem.
6. Simonnet, Dominique, op. cit., p. 75.
7. Hunt, Morton M., op. cit., p. 172.
8. Muchembled, Robert, *O orgasmo e o Ocidente*, Martins Fontes, 2007, p. 72.
9. Hunt, Morton M., op. cit., p. 172.
10. Solé, Jacques, em *A mais bela história do amor*, p. 84.
11. Muchembled, Robert, op. cit., 2007, p. 33.

12. Idem.
13. Bologne, Jean-Claude, op. cit., p. 193.
14. Muchembled, Robert, op. cit., 2007, p. 111.
15. Solé, Jacques, em *A mais bela história do amor*, p. 85.
16. Hunt, Morton M., op. cit., p. 169.
17. Ibidem, p. 170.
18. Ibidem, p. 171.
19. Idem.
20. Ibidem.
21. Ibidem, p. 190.
22. Ibidem, p. 191.
23. Ibidem, p. 18.
24. Tannahill, Reay, op. cit., p. 308.
25. Muchembled, Robert, op. cit., 2007, p. 73.
26. Ibidem, p. 69.
27. Muchembled, Robert, *Uma história do Diabo: século XII-XX*, Bom Texto, 2001, p. 98.
28. Muchembled, Robert, op. cit., 2007, p. 96, apud Lemnius, Levinus, *Les occultes merveilles et secretz de nature*, 1574.
29. Muchembled, Robert, op. cit., 2007, p. 96.
30. Tannahill, Reay, op. cit., p. 309.
31. Muchembled, Robert, op. cit., 2001, p. 97.
32. Tannahill, Reay, op. cit.,p. 313.
33. Ackerman, Diane, op. cit., p. 100.
34. Hunt, Morton M., op. cit., p. 189.
35. Barstow, Anne Llewellyn, *Chacina de feiticeiras*, José Olympio, 1994, p. 170, apud Kunze, Michel, *Highroad to the Stake: A Tale of Witchcraft*, University of Chicago Press, 1987, p. 406.
36. Idem.
37. Sallmann, Jean-Michel, *As bruxas noivas de Satã*, Objetiva, 2002, p. 22.
38. Muchembled, Robert, op. cit., 2001, p. 50.
39. Huizinga, Johan, op. cit., p. 247.
40. Hunt, Morton M., op. cit., p., 176.
41. Ibidem, p. 177.
42. Muraro, Rose Marie, na Introdução de Kramer, Heinrich e Spengler, James, *O martelo das feiticeiras*, Rosa dos Tempos, 1997, p. 13.
43. Sallmann, Jean-Michel, op. cit., p. 62.
44. Barstow, Anne Llewellyn, op. cit., p. 161.
45. Barstow, Anne Llewellyn, op. cit., apud Segalen, Martine, *Love and Power in the Peasant Family*, p. 126.
46. Muchembled, Robert, op. cit., 2007, p. 40.
47. Barstow, Anne Llewellyn, op. cit., p. 164.
48. Idem.
49. Sallmann, Jean-Michel, op. cit., p. 47.
50. Muchembled, Robert, op. cit., 2011, p. 87.

51. Barstow, Anne Llewellyn, op. cit,. p. 165.
52. Idem.
53. Sallmann, Jean-Michel, op. cit., p. 32.
54. Barstow, Anne Llewellyn, op. cit., p. 162.
55. Fo, Jacopo; Tomat, Sergio; Malucelli, Laura, op. cit., p. 151.
56. Hunt, Morton, op. cit, p. 181.
57. Barstow, Anne Llewellyn, op. cit., p. 155.
58. Idem.
59. Muchembled, Robert, op. cit., 2001, p. 85.
60. Barstow, Anne Llewellyn, op. cit,. p. 155.
61. Ibidem, p. 156, apud Sabean, David, *Power in the Blood: Popular Culture and Village Discourse in Early Modern Germany*, p. 56.
62. Fo, Jacopo; Tomat, Sergio; Malucelli, Laura, op. cit., p. 153.
63. Barstow, Anne Llewellyn, op. cit., p. 157, apud Muchembled, Robert, *Popular Culture and Elite Culture in France*, p. 250.
64. Ibidem, p. 158, apud Remy, *Demonolatry*, p. 166; Midelfort, H. C. Erik, *Witch-Hunting in Southwestern Germany*, p. 107.
65. Ibidem, p. 19.
66. Ibidem, p. 157.
67. Ibidem, p. 176.
68. Hunt, Morton M., op. cit., p. 177.
69. Muraro, Rose Marie, *Textos da fogueira*, Letraviva, 2000, p. 125.
70. Muchembled, Robert, op. cit., 2001, p. 192.
71. Hunt, Morton M., op. cit., p. 186.
72. Idem.
73. Murstein, Bernard I., op. cit, Tomo I, p. 224.
74. Fo, Jacopo; Tomat, Sergio; Malucelli, Laura, op. cit., p. 163.
75. Ibidem, p. 167.
76. Idem.
77. Muchembled, Robert, op. cit., 2001, p. 147.
78. Murstein, Bernard I., op. cit, Tomo I, p. 218.
79. Yalom, Marilyn, op. cit., p. 123.
80. Ibidem, p. 124.
81. Hunt, Morton M., op. cit., p. 206.
82. Yalom, Marilyn, op. cit., p. 129.
83. Murstein, Bernard I., op. cit, Tomo I, p. 220.
84. Hunt, Morton M., op. cit., p. 203.
85. Ibidem, p. 207.
86. Ibidem, p. 20.
87. Idem.
88. Murstein, Bernard I., op. cit, Tomo I, p. 214.
89. Hunt, Morton M., op. cit., p. 208.
90. Harkness, G., *John Calvin: The Man and his Ethics*, p. 16.
91. Muchembled, Robert, op. cit, 2007, p. 19.
92. Hunt, Morton M., op. cit., p. 213.

93. <http://www.ordemlivre.org/node/286>.
94. Tannahill, Reay, op. cit., p. 358.
95. Idem.
96. Hunt, Morton M., op. cit., p. 216.
97. Ibidem, p. 218.
98. Ibidem, p. 234.
99. Ibidem.
100.Ibidem.
101.Ibidem, p. 202.
102.Muchembled, Robert, op. cit., 2007.
103.Muchembled, Robert, op. cit., 2001, p. 115.
104.Solé, Jacques, em *A mais bela história do amor*, p. 78.
105.Ibidem, p. 79.
106.Carneiro, Henrique, *A Igreja, a medicina e o amor*, Xamã, 2000, p. 28.
107.Idem.
108.Priori, Mary Del, *História do amor no Brasil*, Contexto, 2005, p. 80.
109.Murstein, Bernard I., op. cit, Tomo I, p. 207.
110.Alexandrian, Sarane, *História da literatura erótica*, Rocco, 1994, p. 96.
111.Murstein, Bernard I., op. cit., Tomo I, p. 238.
112.Hunt, Morton M., op. cit., p. 195.
113.Riane Eisler, op. cit., p. 563.
114.Hirigoyen, Marie-France, op. cit., p. 50.
115.Kinsey, A. C., *Sexual Behavior in the Human Female*, W. B. Saunders, 1953, p. 409.
116.Buss, David M., op. cit., p. 149, apud *Newsweek*, 21 de setembro de 1998.
117.Comunicação pessoal à autora.
118.Fisher, Helen, *Anatomia do amor*, Eureka, 1992, p. 104.
119.Kinsey, A. C., op. cit, p. 410.
120.Kingston, Anne, *A importância da esposa*, Record, 2005, p. 180.
121.Idem.
122.Ibidem, p. 183.
123.Reich, Wilhelm, *Casamento indissolúvel ou relação sexual duradoura?*, Livraria Martins Fontes, 1972, p. 16.
124.Posadas, Carmen, op. cit., p. 137.
125.Freire, Roberto, *Sem tesão não há solução*, Guanabara, 1987, p. 135.
126.Pasini, Willy, op. cit., 2006, p. 59.
127.Kingston, Anne, op. cit., p. 179.
128.Gaiarsa, José Ângelo, em *Vida a dois*, Siciliano, 1991, p. 37.

BIBLIOGRAFIA

Ackerman, Diane. *Uma história natural do amor*. Rio de Janeiro: Bertrand Brasil, 2003.

Adovasio, Jim M. *Sexo invisível*. Rio de Janeiro: Record, 2009.

Alexandrian, Sarane. *História da literatura erótica*, Rio de Janeiro: Rocco, 1994.

Almeida, Armando Ferreira. *A contracultura ontem e hoje*, apresentado em um ciclo de debates sobre o assunto, realizado em Salvador, Bahia, em abril de 1996.

Anapol, Deborah. *Polyamory: The New Love Without Limits*. San Rafael: intiNet Resource Center, 1997.

Ariès, Philippe (org.). *Sexualidades ocidentais*, São Paulo: Brasiliense, 1985.

_____. *História da morte no Ocidente*. Rio de Janeiro: Ediouro, 2003.

_____. *História social da criança e da família*. Rio de Janeiro: Guanabara, 1978.

Ariès, Philippe e Duby, Georges (dir.). *História da vida privada*, volumes 1, 2, 3, 4 e 5. São Paulo: Companhia das Letras, 1992.

Azevedo, Thales de. *As regras do namoro à antiga*. São Paulo: Ática,1986.

Badinter, Elisabeth. *Rumo equivocado*. Rio de Janeiro: Civilização Brasileira, 2005.

_____. *O conflito: a mulher e a mãe*. Rio de Janeiro: Record, 2011 .

_____. *Émile, Émile: a ambição feminina no século XVIII*. São Paulo: Paz e Terra, 2003 .

_____. *Um é o outro*. Rio de Janeiro: Nova Fronteira, 1986.

_____. *XY: sobre a identidade masculina*. Rio de Janeiro: Nova Fronteira, 1992 .

Bakhtin, Mikhail. *A cultura popular na Idade Média e no Renascimento*. São Paulo: Hucitec, 1996.

Barstow, Anne Llewellyn. *Chacina de feiticeiras*. Rio de Janeiro: José Olympio, 1994.

Bassanezi, Carla. *Virando as páginas, revendo as mulheres*. Rio de Janeiro: Civilização Brasileira, 1996.

Beauvoir, Simone de. *O segundo sexo*. Rio de Janeiro: Editora Nova Fronteira, 1980.

Bloom, Allan. *Amor e amizade*. São Paulo: Mandarim, 1996.

Bloch, Howard. *Misoginia medieval*. São Paulo: Editora 34, 1995.

Boccaccio, Giovanni. *Decamerão*. São Paulo: Rialto, 1974.

Bologne, Jean-Claude. *História do casamento no Ocidente*. Lisboa: Temas e Debates, 1999.

_____. *História do pudor*. Rio de Janeiro: Elfos, 1990.

Bottéro, Jean. *No começo eram os deuses*. Rio de Janeiro: Civilização Brasileira, 2011.

Bowker, David. *O livro de ouro das religiões*. Rio de Janeiro: Ediouro, 1995.

Bozon, Michel. *Sociologia da sexualidade*. Rio de Janeiro: FGV Editora, 2002.

Braunstein, Florence. *O lugar do corpo na cultura ocidental*. São Paulo: Instituto Piaget, 1999.

Bueno, André, *O que é a Geração Beat*. Rio de Janeiro: Brasiliense, 1984.

Buffault, Anne-Vincent. *História das lágrimas*. São Paulo: Paz e Terra, 1988.

Bulfinch, Thomas. *O livro de ouro da mitologia*. Rio de Janeiro: Ediouro, 1999.

Buss, David M. *A paixão perigosa*. Rio de Janeiro: Objetiva, 2000.

Campbell, Joseph. *O poder do mito*. Rio de Janeiro: Editora Palas Athena, 1995.

Capelão, André. *Tratado do amor cortês*. São Paulo: Martins Fontes, 2000.

Carneiro, Henrique. *A Igreja, a medicina e o amor*. São Paulo: Xamã, 2000.

Carotenuto, Aldo. *Eros e Pathos*. São Paulo: Paulus, 1994.

_____. *Amar, trair*. São Paulo: Paulus, 1997.

Caruso, Igor. *A separação dos amantes*. São Paulo: Cortez, 1986.

Cavafy. *Cien Poemas*. Caracas: Monte Avila Editores, 1987.

Cavalcante, Mourão. *O ciúme patológico*. Rio de Janeiro: Rosa dos Ventos, 1997.

Chaucer, Geoffrey. *Os contos de Cantuária*, São Paulo: T. A. Queiroz Editora, 1991.

Commelin, Pierre. *Mitologia grega e romana*. Rio de Janeiro: Ediouro, 1997.

Cook, Michael. *Uma breve história do homem*. Rio de Janeiro: Zahar, 2005.

Cooper, David. *A morte da família*. São Paulo: Martins Fontes, 1994.

Costa, Ronaldo P. *Os onze sexos*. São Paulo: Gente, 1994.

Cunha, Maria Teresa Santos. *Armadilhas da sedução: os romances de M. Delly*. Belo Horizonte: Autêntica, 1999.

Davis, Melinda. *A nova cultura do desejo*. Rio de Janeiro: Record, 2003.

Darmon, Pierre. *O tribunal da impotência*. São Paulo: Paz e Terra, 1979.

De Laclos, Choderlos. *As ligações perigosas*. São Paulo: Editora Abril, 1978.

Del Priore, Mary. *História do amor no Brasil*. São Paulo: Contexto, 2005.

_____ (org.). *História das mulheres no Brasil*. São Paulo: Contexto, 2006.

Dias, Lucy. *Anos 70: enquanto corria a barca*. São Paulo: Senac, 2003.

Donzelot, Jacques. *A polícia das famílias*. São Paulo: Edições Graal, 1980.

Duby, Georges. *Idade Média, idade dos homens*. São Paulo: Companhia das Letras,1990.

_____. *Heloísa, Isolda e outras damas do século XII*. São Paulo: Companhia das Letras,1995.

_____. *Eva e os padres*. São Paulo: Companhia das Letras, 2001.

_____. *Ano 1000, ano 2000: na pista dos nossos medos*. São Paulo: Unesp, 2004.

Eliade, Mircea e Couliano, Ioan. *Dicionário das religiões*. São Paulo: Martins Fontes, 1995.

Eisler, Riane. *O prazer sagrado*. Rio de Janeiro: Rocco, 1995.

Engels, Friedrich. *A origem da família, da propriedade privada e do Estado*. Rio de Janeiro: Civilização Brasileira, 1978.

Eluf Nagib, Luiza. *A paixão nos banco dos réus: casos passionais célebres*. São Paulo: Saraiva, 2002.

Evola, Julius. *A metafísica do sexo.* Lisboa: Vega, 1993.

Falcon, Francisco José Calazans. *Iluminismo.* São Paulo: Ática, 1994.

Faludi, Susan. *Backlash: o contra-ataque na guerra não declarada contra as mulheres.* Rio de Janeiro: Rocco, 2001.

Faria, Lia. *Ideologia e utopia nos anos 60.* Rio de Janeiro: EdUerj, 1997.

Ferreira-Santos, Eduardo. *Ciúme, o medo da perda.* São Paulo: Ática,1996.

Ferreira dos Santos, Joaquim. *Feliz 1958: o ano que não devia terminar.* Rio de Janeiro: Record, 2003.

Ferro, Marc. *Os tabus da história.* Rio de Janeiro: Ediouro, 2002.

Fisher, Helen. *Anatomia do amor.* São Paulo: Eureka, 1992.

_____. *Por que amamos.* Rio de Janeiro: Record, 2004.

Flandrin, Jean-Louis. *O sexo e o Ocidente.* São Paulo: Brasiliense, 1988.

Flaubert, Gustave. *Madame Bovary.* Porto Alegre: L&PM, 2003.

Fo, Jacopo; Tomat, Sergio; Malucelli, Laura. *O livro negro do cristianismo.* Rio de Janeiro: Ediouro, 2007.

Fontanel, Béatrice. *Sutiãs e espartilhos.* Salamandra: GMT Editores, 1998.

Foucault, Michel. *História da sexualidade — O uso dos prazeres,* Edições Graal, 1984.

_____. *História da sexualidade: A vontade de saber.* São Paulo: Edições Graal, 1985.

Franco Júnior, Hilário. *Cocanha — Várias faces de uma utopia.* São Paulo: Ateliê Editorial, 1998.

Foster, Barbara; Foster, Michael e Hadady, Letha. *Amor a três.* Rio de Janeiro: Rosa dos Tempos, 1998.

Freire, Roberto. *Ame e dê vexame.* São Paulo: Casa Amarela, 1999.

_____. *Sem tesão não há solução.* Rio de Janeiro: Guanabara, 1987.

Freire, Roberto e Brito, Fausto. *Utopia e Paixão.* São Paulo: Sol e Chuva, 1991.

Freud, Sigmund. *Obras completas.* Edição Eletrônica Brasileira das Obras Psicológicas. Rio de Janeiro: Imago.

Funari, Pedro Paulo. *A vida quotidiana na Roma Antiga.* São Paulo: Annablume, 2003.

Gaiarsa, José Ângelo. *Vida a dois.* São Paulo: Siciliano, 1991.

Gambaroff, Marina. *Utopia da fidelidade.* Porto Alegre: Artes Médicas, 1991.

Garber, Marjorie. *Vice-versa: bissexualidade e o erotismo na vida cotidiana.* Rio de Janeiro: Record, 1997.

Germaine, Greer. *A mulher eunuco.* São Paulo: Artenova, 1971.

Giddens, Anthony. *A transformação da intimidade.* São Paulo: Unesp, 1992.

Giusti, Edoardo. *A arte de separar-se.* Rio de Janeiro: Nova Fronteira, 1987.

Goffman, Ken e Joy, Dan. *Contracultura através dos tempos.* Rio de Janeiro: Ediouro, 2007.

Groneman, Carol. *Ninfomania.* Rio de Janeiro: Imago, 2001.

Guillebaud, Jean-Claude. *A tirania do prazer.* Rio de Janeiro: Bertrand Brasil, 1999.

Hickman, Tom. *Un siècle d'amour charnel.* Paris: Éditions Blanche, 1999.

Highwater, Jamake. *Mito e sexualidade.* São Paulo: Saraiva, 1992.

Hirigoyen, Marie-France. *A violência no casal.* Rio de Janeiro: Bertrand Brasil, 2005.

Hite, Shere. *As mulheres e o amor.* Rio de Janeiro: Bertrand Brasil, 1987.

_____. *O relatório Hite: um profundo estudo sobre a sexualidade feminina*. São Paulo: Difel, 1979.

Hobsbawm, Eric J. *A Revolução Francesa*. São Paulo: Paz e Terra, 2008.

Hollander, Anne. *O sexo e as roupas*. Rio de Janeiro: Rocco, 1996.

Huizinga, Johan. *O declínio da Idade Média*. Lisboa: Ulisseia.

Hunt, Morton M. *História natural do amor*. São Paulo: Ibrasa, 1963.

Johnson, Robert. *We: a chave da psicologia do amor romântico*. São Paulo: Mercuryo, 1987.

Katz, Jonathan Ned. *A invenção da heterossexualidade*. Rio de Janeiro: Ediouro, 1996.

Kingma, Daphane Rose. *Separação*. São Paulo: Saraiva, 1993.

Kingston, Anne. *A importância da esposa*. Rio de Janeiro: Record, 2005.

Kinsey, Alfred C. *Sexual Behavior in the Human Female*, Filadélfia: W. B. Saunders, 1953.

Kipnis, Laura. *Contra o amor*. Rio de Janeiro: Record, 2005.

Konder, Leandro. *Sobre o amor*. São Paulo: Boitempo, 2007.

Kramer, Heinrich e Spengler, James. *O martelo das feiticeiras*. Rio de Janeiro: Rosa dos Tempos, 1997.

Kreps, Bonnie. *Paixões eternas, ilusões passageiras*. São Paulo: Saraiva, 1992.

Ladas, Alice K.; Whipple, Berbely e Perry, John D. *O ponto G*. Rio de Janeiro: Record, 1982.

Lancelin, Aude. *Os filósofos e o amor*. Rio de Janeiro: Agir, 2008.

Lawrence, David H. *O Amante de Lady Chatterley*. Rio de Janeiro: Civilização Brasileira, 1982.

Le Goff, Jacques, *O deus da Idade Média*. Rio de Janeiro: Civilização Brasileira, 2007.

_____. *Uma longa Idade Média*. Rio de Janeiro: Civilização Brasileira, 2008.

_____. *Em busca da Idade Média*. Rio de Janeiro: Civilização Brasileira, 2005.

Le Goff, Jacques e Truong, Nicolas. *Uma história do corpo na Idade Média*. Rio de Janeiro: Civilização Brasileira, 2006.

Lemos, Paulo. *Educação afetiva*. São Paulo: Lemos Editorial, 1995.

Lerner, Gerda, *The Creation of Patriarchy*. Nova York: Oxford University Press, 1986.

Lima, Cláudio de Araújo. *Amor e capitalismo*. Rio de Janeiro: Civilização Brasileira, 1962.

Lívio, Tito. *História de Roma*. Trad. Paulo Matos Peixoto. São Paulo: Paumape, 1989. Livro I. 58.2-4. Citado por Alessandra Carbonero Lima em <http://www.hottopos.com/notand12/ale.htm>.

Macfarlane, Alan, *História do casamento e do amor*. São Paulo: Companhia das Letras, 1986.

Maciel, Luiz Carlos, *Anos 60*. Porto Alegre: L&PM, 1987.

_____. *As quatro estações*. Rio de Janeiro: Record, 2001.

Marques da Costa, Ângela e Schwarcz, Lilia. *Virando séculos: 1890-1914 no tempo das certezas*. São Paulo: Companhia das Letras, 2002.

Mello e Souza, Gilda de. *O espírito das roupas*. São Paulo: Companhia das Letras, 1993.

Miceli, Paulo. *As revoluções burguesas*. São Paulo: Atual, 1987.

Miller, Michael Vincent. *Terrorismo íntimo*. Rio de Janeiro: Francisco Alves,1995.

Montagu, Ashley. *Tocar*. São Paulo: Summus, 1988.

Montero, Rosa. *Paixões*. Rio de Janeiro: Ediouro, 1999.

Morgado, Belkis. *A solidão da mulher bem-casada*. Rio de Janeiro: José Olympio, 1985.

Muchembled, Robert. *O orgasmo e o Ocidente*. São Paulo: Martins Fontes, 2007.

_____. *Uma história do Diabo: século XII-XX*. Rio de Janeiro: Bom Texto, 2001.

Muraro, Rose Marie. *Textos da Fogueira*. Brasília: Letraviva, 2000.

Murstein, Bernard I. *Amor, sexo e casamento através dos tempos*, tomos I, II e III. São Paulo: Artenova, 1976.

Navarro Lins, Regina. *A cama na varanda*. Rio de Janeiro: Best*Seller*, 2007.

_____. *Na cabeceira da cama*. Rio de Janeiro: Rocco, 1998.

_____. *Conversas na varanda*. Rio de Janeiro: Rocco, 1999.

_____. *A cama na rede*. Rio de Janeiro: Best*Seller*, 2010.

_____. *Se eu fosse você...* Rio de Janeiro: Best*Seller*, 2010.

Navarro Lins, Regina e Braga, Flávio, *O livro de ouro do sexo*. Rio de Janeiro: Ediouro, 2006.

Neumann, Erich. *Amor e psiquê*. São Paulo: Cultrix, 1971.

Ortega y Gasset, Jose. *Estudos sobre o amor*. Rio de Janeiro: Livro Ibero-Americano, 1958.

Ovídio. *A arte de Amar*. Porto Alegre: L&PM, 2003.

Pacheco, Couto Soares. *O ciúme*. Porto: Edições Afrontamento, 1998.

Pagdon, Anthony. *Povos e impérios*. Rio de Janeiro: Objetiva, 2001.

Pasini, Willy. *Ciúme*. Rio de Janeiro: Rocco, 2006.

_____. *Intimidade*. Rio de Janeiro: Rocco, 1996.

Paz, Octavio. *A dupla chama: amor e erotismo*. São Paulo: Siciliano, 1993.

Perrot, Michele. *As mulheres e os silêncios da história*. São Paulo: Edusc, 2005.

Phillips, Adam. *O flerte*. São Paulo: Companhia das Letras,1998.

Platão. *O Banquete*. Rio de Janeiro: Difel, 1986.

Posadas, Carmen. *Um veneno chamado amor*. Rio de Janeiro: Objetiva, 1999.

_____. *A síndrome de Rebeca*. Rio de Janeiro: Record, 1988.

Porchat, Ieda. *Amor, casamento e separação: a falência de um mito*. São Paulo: Brasiliense, 1992.

Pound, Ezra. *ABC da literatura*. São Paulo: Cultrix, 1977.

Rabelais, François. *Gargântua e Pantagruel*. São Paulo: Rialto, 1972.

Reich, Wilhelm. *Casamento indissolúvel ou relação sexual duradoura?* São Paulo: Martins Fontes, 1972.

Ribeiro, Teté. *Divas abandonadas*. São Paulo: Jaboticaba, 2007.

Richards, Jeffrey. *Sexo, desvio e danação — As minorias na Idade Média*. Rio de Janeiro: Zahar, 1993.

Rinne, Olga. *Medeia: o direito à ira e ao ciúme*. São Paulo: Cultrix, 1988.

Roberts, John M. *O livro de ouro da história do mundo*. Rio de Janeiro: Ediouro, 2001.

Robles, Martha. *Mulheres, mitos e deusas*. São Paulo: Aleph, 1996.

Rossetti, Ana. *Roupas íntimas*. São Paulo: Martins Fontes, 1995.

Rouge, Kenneth e Lenson, Barry. *A síndrome de Otelo*. Rio de Janeiro: Best*Seller*, 2006.

Rougemont, Denis de. *O amor e o Ocidente*. Rio de Janeiro: Guanabara, 1988.

Rousselle, Aline. *Porneia: sexualidade e amor no mundo antigo*. São Paulo: Brasiliense, 1984.

Rousseau, George S. e Porter, Roy. *Submundos do sexo no iluminismo*. Rio de Janeiro: Rocco, 1999.

Ruffié, Jacques. *O sexo e a morte*. Rio de Janeiro: Nova Fronteira, 1979.

Russel, Bertrand. *O casamento e a moral*. Rio de Janeiro: Companhia Editora Nacional, 1955.

_____. *História do pensamento ocidental*. Rio de Janeiro: Ediouro, 2001.

Sallmann, Jean-Michel. *As bruxas noivas de Satã*. Rio de Janeiro: Objetiva, 2002.

Savage, Jon. *A criação da juventude*. Rio de Janeiro: Rocco, 2009.

Schmitt, Juliana. *Mortes Vitorianas*. São Paulo: Alameda, 2010.

Seixas, Heloísa (org.). *As obras-primas que poucos leram*, volumes 1, 2, 3 e 4. Rio de Janeiro: Record, 2005.

Sevcenko, Nicolau. *O Renascimento*. Campinas: Unicamp, 1988.

_____. *A corrida para o século XXI*. São Paulo: Companhia das Letras, 2001.

Simonnet, Dominique. *A mais bela história do amor*. Rio de Janeiro: Difel, 2003.

Singer, June. *Androginia*. São Paulo: Cultrix, 1990.

Solomon, Robert. *O amor: reinventando o romance em nossos dias*. São Paulo: Saraiva, 1992.

Sprenger, James e Kramer, Heinrich. *Malleus maleficarum: o martelo das feiticeiras*. Rio de Janeiro: Rosa dos Tempos, 1997.

Swinburne, Algernon Charles, *Laus Veneris*, em www.books.google.com.br.

Tannahill, Reay. *O sexo na história*. Rio de Janeiro: Francisco Alves, 1983.

Taylor, Timothy. *A pré-história do sexo*. Rio de Janeiro: Campus, 1996.

Vainfas, Ronaldo. *Casamento, amor e desejo no Ocidente cristão*. São Paulo: Ática, 1992.

Vários autores. *Vida a dois*. São Paulo: Siciliano, 1991.

Vários autores. *Anos 70: Trajetórias*. São Paulo: Iluminuras, 2006.

Veyne, Paul. *Sexo & Poder em Roma*. Rio de Janeiro: Civilização Brasileira, 2005.

_____. *Quando nosso mundo se tornou cristão*. Rio de Janeiro: Civlização Brasileira, 2010.

Vincent-Buffault, Anne. *História das lágrimas*. São Paulo: Paz e Terra, 1988.

Vrissimtzis, Nikolaos, *Amor, sexo & casamento na Grécia Antiga*. São Paulo: Odysseus, 2002.

Walton, Stuart.*Uma história das emoções*. Rio de Janeiro: Record, 2004.

Wiser, William. *Os anos loucos*. Rio de Janeiro: José Olympio, 1991.

_____. *Os anos sombrios*. Rio de Janeiro: José Olympio, 2010.

Yalom, Marilyn. *A história da esposa*. Rio de Janeiro: Ediouro, 2001.

Zeldin, Theodore. *Uma história íntima da humanidade*. Rio de Janeiro: Record, 1996.

_____. *Conversação*. Rio de Janeiro: Record, 1998.

Zschirnt, Christiane. *Livros*. São Paulo: Globo, 2006.

Este livro foi composto na tipografia
Minion, em corpo 12/16, e impresso em
papel off-white no Sistema Digital Instant Duplex
da Divisão Gráfica da Distribuidora Record.